WOGUO ZHULIUJ
JIQI GOUJIAN YA
(YANJIUBAOGAOJ

U0605973

国家出版基金项目

我国主流价值文化及其构建研究

（研究报告集）

江畅 戴茂堂 周海春 ／等著

人民出版社

目　录

前　言

　　我们的时代正处于大发展、大变革、大调整时期，全球思想文化的交流、交融、交锋也呈现出新特点。同时，当今世界仍然是"一球两制"的世界，西方发达国家大打文化牌，国际竞争也空前地表现为文化实力即所谓软实力的竞争。一方面，文化越来越成为民族凝聚力和创造力的重要源泉，越来越成为综合国力竞争的重要因素，文化争锋和文明冲突已经越来越危及国家安全。另一方面，全面建成小康社会既需要殷实富足的物质生活也需要丰富健康的文化生活，特别是当前人们精神文化需求日趋旺盛，全社会求知求乐求美的愿望更加强烈。在这种新的形势下，如何进一步繁荣发展社会主义文化，提高国家文化软实力，对内凝聚全国人民的意志，对外打造中国的良好形象，是摆在我们面前的一个重大而紧迫的课题。所以，党的十八大报告明确指出："文化是民族的血脉，是人民的精神家园。全面建成小康社会，实现中华民族伟大复兴，必须推动社会主义文化大发展大繁荣，兴起社会主义文化建设新高潮，提高国家文化软实力，发挥文化引领风尚、教育人民、服务社会、推动发展的作用。"①

　　文化就其实质而言就是价值观在社会实践中的对象化、现实化。文化的灵魂、精髓是它的价值观念或价值观，其深层结构是它的价值体系，而价值体系是价值观的具体化。价值观和价值体系一起构成了一种文化的价值层面，可以说是一种文化体系的价值文化层面。文化可以划分为心态文

---

① 胡锦涛：《坚定不移沿着中国特色社会主义道路前进，为全面建成小康社会而奋斗——在中国共产党第十八次全国代表大会上的报告》，人民出版社 2012 年版。

化（包括观念文化）、制度文化、行为文化、器物文化四大类型。价值文化属于观念文化，但又体现为制度文化、行为文化，甚至体现为器物文化。

从观念文化的角度看，价值文化就是价值观。价值观，特别是文化的价值观通常是成体系的，从这种意义上看，价值观也可以说是观念的价值体系。在价值观中，核心价值观或观念意义的核心价值体系（通常称为核心价值）处于核心的地位，它是价值文化乃至文化的灵魂和本质内涵，因而也是使一种价值文化与另一种价值文化、一种文化与另一种文化区别开来的根本规定性和主要标志。

作为观念的价值文化并不等于价值文化，而是价值文化的精神，是价值文化的内涵。只有当这种精神和内涵现实化了、对象化了，观念的价值文化才成为现实的价值文化，成为现实的价值体系，否则它就只是精神性或观念性的东西，而没有成为文化的深层结构。观念的价值文化与现实的价值文化的有机统一，或者说观念的价值文化见之于现实的价值文化，才是完全意义的价值文化。每一种文化都有其价值内涵，因而在这种意义上也可以说每一种文化都是价值文化，只是"价值文化"这个概念更强调文化的价值内涵。

观念的价值文化成为了现实的价值文化，并不意味着它就成为了主流的价值文化。主流价值文化是相对于非主流价值文化而言的。社会的文化通常不是绝对一元的。中国传统社会有春秋战国时期的"百家争鸣"，古希腊也出现过多元文化共存共荣的局面。即使在"罢黜百家"之后的中国专制社会，在天主教会一统天下的西方中世纪，社会的价值文化也不同程度地存在着多元的情形，只是在文化专制的压迫下，非官方推行的文化被压制、被排挤、被边缘化。在价值多元化的今天，社会的价值文化更是多元的。每一社会都有官方推行的价值文化，也存在着非推行的价值文化，但推行的价值文化并不一定就是现实的价值文化，更不一定就是主流的价值文化。

一种价值文化要成为主流的价值文化有两个条件：其一，一个社会必须是价值多元化的，或者不如说，社会管理者允许多种价值文化并存。如果一个社会是价值文化一统的，不允许所推行的价值文化以外的价值文化存在和流行，这个社会就不存在主流与非主流价值文化的问题，只有一种推行的价值文化流行。其二，在多种价值文化中，有一种价值文化真正能起主导作用，其他价值文化不与之相对立、相抗衡；相反，与之共存共荣，并且接受它的引领和指导。否则，即使有多种价值文化流行，也没有一种主流价值文化，我国春秋战国时期的情形就是如此。

如果社会大力推行一种价值文化，但这种推行的价值文化不能与其他价值文化共存共荣，不能对其他价值文化起引领和指导作用，那么它就不是主流价值文化。假若其他价值文化不但不接受推行的价值文化的引领和指导，相反与之相对立、相抗衡，甚至千方百计地攻击、削弱主流价值文化，力图争夺主流价值文化的地位，那么，这种推行的价值文化就面临着挑战、威胁，甚至危机，它就难以成为主流价值文化，难以为社会公众所接受。

我国主流价值文化是中国特色社会主义价值文化，其精髓和实质在于体现社会主义核心价值观和社会主义核心价值体系。关于社会主义核心价值体系，党的十六届六中全会明确规定："马克思主义指导思想，中国特色社会主义共同理想，以爱国主义为核心的民族精神和以改革创新为核心的时代精神，社会主义荣辱观，构成社会主义核心价值体系的基本内容。"[1] 党的十八大报告提出了培育和践行社会主义核心价值观的要求："推进马克思主义中国化、时代化、大众化，坚持不懈地用中国特色社会主义理论武装全党、教育人民，深入实施马克思主义理论研究和建设工程，建设哲学社会科学创新体系，推动中国特色社会主义理论体系进教材、进课堂、进头脑。广泛开展理想信念教育，把广大人民团结凝聚在中国特色社会主义伟大旗帜之下。大力弘扬民族精神和时代精神，深入开展爱国主义、集体主义、社会主义教育，丰富人民的精神世界，增强人民的精神力量。倡导富强、民主、文明、和谐，倡导自由、平等、公正、法治，倡导爱国、敬业、诚信、友善，积极培育和践行社会主义核心价值

---

[1] 《中共中央关于构建社会主义和谐社会若干重大问题的决定》，人民出版社2006年版。

观。"①社会主义核心价值体系作为社会主义核心价值观的体现，与其他社会文化的核心价值体系一样，也包括三个基本层次，即终极价值目标、核心价值理念和基本价值原则。我们认为，社会主义核心价值体系的终极价值目标就是国家富强、民族振兴和人民幸福，其中，人民幸福又更具有终极的意义。人民幸福就是全体社会成员幸福，因此，人民幸福也可解读为普遍幸福。对于社会主义核心价值理念，党的十八大已经作了明确的表述，这就是：作为国家发展目标的富强、民主、文明、和谐，作为社会价值导向的自由、平等、公正、法治，作为公民个人道德准则的爱国、敬业、诚信、友善。我们将社会主义核心价值体系的基本原则概括为十条，即：马克思主义原则，社会主义原则，爱国主义原则，共产党领导原则，依法治国原则，以人为本原则，科学发展原则，改革创新原则，公平正义原则和明荣知耻原则。这些基本价值原则是立党之本、立国之本，只有坚持和贯彻这些原则，中国特色社会主义事业才能不断地从胜利走向更大的胜利，才能始终走在健康而快速发展的轨道上。②

构建我国主流价值文化关键在于积极培育和践行社会主义核心价值观，建设社会主义核心价值体系。党的十七届六中全会通过的《中共中央关于深化文化体制改革推动社会主义文化大发展大繁荣若干重大问题的决定》明确指出："社会主义核心价值体系是兴国之魂，是社会主义先进文化的精髓，决定着中国特色社会主义发展方向。"因此，必须"推进社会主义核心价值体系建设，巩固全党全国各族人民团结奋斗的共同思想道德基础"，"必须强化教育引导，增进社会共识，创新方式方法，健全制度保障，把社会主义核心价值体系融入国民教育、精神文明建设和党的建设全过程，贯穿改革开放和社会主义现代化建设各领域，体现到精神文化产品创作生产传播各方面，坚持用社会主义核心价值体系引领社会思潮，在全党全社会形成统一指导思想、共同理想信念、强大精神力量、基本道

---

① 胡锦涛：《坚定不移沿着中国特色社会主义道路前进，为全面建成小康社会而奋斗——在中国共产党第十八次全国代表大会上的报告》，人民出版社 2012 年版。

② 参见江畅：《论中国特色社会主义核心价值理论》，《社会科学战线》2012 年第 10 期。

德规范。"① 党的十八大报告又强调指出："社会主义核心价值体系是兴国之魂，决定着中国特色社会主义发展方向。要深入开展社会主义核心价值体系学习教育，用社会主义核心价值体系引领社会思潮，凝聚社会共识。"② 构建我国主流价值文化就是要把社会主义核心价值观和核心价值体系融入文化建设的各个方面，使之转化为人民的自觉追求，发挥它在我国多种价值文化中的主导地位和引领作用。构建我国主流价值文化不是要"罢黜百家"，而是要在多种价值文化并存的情况下通过自觉地构建凸显主流价值文化，有效引领各种社会思潮、抵御腐朽文化影响，巩固我国社会主义意识形态和价值文化的主导地位，在共存共荣的前提下引导其他价值文化的健康发展。

自改革开放以来，构建我国主流价值文化的问题已经被日益迫切地提了出来。我国当前之所以要构建主流价值文化，其原因主要在于我国推行的价值文化尚未成为主流价值文化，或者说，我国推行的价值文化虽然是占统治地位的价值文化，但在价值多元化的冲击下面临着严重的挑战和威胁，在多元价值文化并存的今天，它尚未真正成为主流价值文化。

新中国成立以来，我国占统治地位的价值文化是马克思主义价值文化或社会主义价值文化。其价值目标是实现社会主义和共产主义。为了实现这种目标，我国建立了社会主义制度，包括社会主义的政治制度、经济制度、文化制度、社会制度以及相应的上层建筑和经济基础。社会主义制度的建立标志着我国进入了社会主义社会，也标志着社会主义价值文化占据了统治地位。但是，从新中国成立到实行改革开放以前，由于种种原因，我国是在封闭的条件下进行社会主义建设的。党和国家运用政治力量推行社会主义价值文化，并使之成为占统治地位的价值文化，西方价值文化被拒之国门之外，传统价值文化被批判、被否定，没有与社会主义价值文化并存的其他价值文化。

---

① 《中共中央关于深化文化体制改革推动社会主义文化大发展大繁荣若干重大问题的决定》，人民出版社 2011 年版。

② 胡锦涛：《坚定不移沿着中国特色社会主义道路前进，为全面建成小康社会而奋斗——在中国共产党第十八次全国代表大会上的报告》，人民出版社 2012 年版。

实行改革开放之后，一方面对外打开了国门，另一方面也打开了传统文化之门。国外的价值文化纷至沓来，传统的价值文化如雨后春笋般地得以复兴，并且得到了广泛的传播。于是，在中国大地上至少有了社会主义价值文化、西方价值文化和传统价值文化三种价值文化，而西方的价值文化又是多种多样的。一些人信奉西方价值文化，另一些人信奉传统价值文化，中国出现了多元价值文化并存的格局，占统治地位的社会主义价值文化面临着挑战和威胁。

在改革开放实行市场经济之后，中国社会出现了诸多过去从未出现过的社会问题。在这种情况下，传统的社会主义价值文化不能很好地解决这些问题，一些人就试图用西方价值文化解决这些问题，而另一些人则求助于传统价值文化，而且这些非社会主义的价值文化都非常活跃，大有取代社会主义价值文化之势。在这种情况下，党和政府一直在努力使传统社会主义价值文化转变为现代社会主义价值文化，其重要体现就是力图使马克思主义进一步中国化，同时努力使之时代化和大众化，创立中国特色社会主义理论。但马克思主义中国化、时代化和大众化有一个过程，这就为非马克思主义价值文化的传播和流行留下了余地。所以，直至今天，西方价值文化和传统价值文化在中国仍然很有市场。正是在这种背景下党中央提出建设社会主义核心价值体系，繁荣和发展中国特色社会主义文化。

在改革开放和世界各种文化相互交流、相互碰撞、相互融合的情况下，培育社会主义核心价值观和建设社会主义核心价值体系，不可能也不应该消灭各种非社会主义价值文化，回到改革开放以前的那种社会主义价值文化一统天下的局面，而只能在允许非社会主义价值文化存在和发展的前提下，使中国特色社会主义价值文化现实化，并使之成为引领和指导非社会主义价值文化的主流价值文化，从而实现社会主义文化的大繁荣大发展。

在社会主义价值文化受到严重挑战的情况下，要使之成为我国的主流价值文化，必须做两方面的工作，或者说，我国主流价值文化构建面临着两方面的任务：一是从理论的层面上对马克思主义价值文化进行重新阐释，并根据新的时代精神和实践需要发展马克思主义价值文化，形成中国特色社会主义价值文化，使我们推行的价值文化在理论观念上科学合理，有优势、有影响力、有竞争力，能得到社会公众的认同，能在党和国家各项工作中得到贯彻落实。这样，它才能够在多种价值文化并存的情况下立于不败之地，不仅不会被其他价值文化消解或排挤出局，相反能成为引领和指导其他价值文化的主流价值文化。二是在实践的层面上要使具有影响力和竞争力的中国特色社会主义价值文化的理论观念变为现实，同时成为主流价值文化，在与其他价值文化共存共荣的同时，使其他价值文化自觉自愿地接受它的引领和指导。

培育和践行社会主义核心价值观和建设社会主义价值体系，当然包括理论建设，而理论建设要通过加强哲学社会科学研究来实现，尤其需要做好三方面的工作：一是要根据党中央对社会主义核心价值观和核心价值体系的界定对其内容作深化研究，使其内容和结构更完善，并能与我国现实和当代世界对接。二是要研究社会主义核心价值观和核心价值体系如何现实化，特别是建设的方略、原则、途径、方法等问题。三是要对社会主义核心价值观和核心价值体系的内容和精神进行阐释和提炼，使之成为简明的理想、理念、原则，以便于社会公众接受，便于在党和国家工作中贯彻落实。

在党中央已经明确规定了社会主义核心价值观和社会主义核心价值体系内容的今天，从实践上建设便成为社会主义核心价值体系建设的重点。从现实建设的角度看，培育和践行社会主义核心价值观、建设社会主义核心价值体系需要着重做好四方面的工作，即使之现实化、主导化、大众化、国际化。现实化就是要使它从理论变为现实，特别是要使它渗透到我国的社会主义经济建设、政治建设、文化建设、社会建设以及生态文明建设之中，使它成为治国理政的观念和原则，对我国社会主义文化起指导和规范作用。主导化就是在现实化的过程中和前提下，使它能引领和指导其他各种非主流文化，通过它的引领和指导实现各种文化共存共荣，从而实现社会主义文化的大繁荣大发展。大众化就是在现实化、主导化的同时，通过对它准确而简明的阐释使它能为社会公众普遍接受和认可，并通过宣传教育使它成为具有凝聚力、向心力和渗透力的理想信念。国际化就是要将中国特色社会主义价值观打造成国际知名品牌，使其合理性得到世界的公认，并使它在当代世界多元文化格局中有影响力、竞争力。

党的十六届六中全会以来，社会主义核心价值体系问题的研究方兴未艾，但有关我国主流价值文化及其构建问题的专门研究相对较少。当前，对待我国主流价值文化的思想倾向并不一致，仍然有人主张中国要走西方的民主社会主义的道路或者宣扬西方的新自由主义，也有学者试图诉求中国传统文化解决当代我国主流价值文化构建问题。针对这种情况，我们必须旗帜鲜明地以马克思主义为指导，深入挖掘和弘扬传统文化的有益价值，吸收借鉴世界各民族文化优长，从当代中国特色社会主义伟大实践中汲取新鲜养分，以自主建设的姿态构建我国的主流价值文化，实现中国特色社会主义文化的大繁荣大发展，并为世界文化作出贡献。

目前，我们正在从事研究的国家社会科学基金重大课题"构建我国主流价值文化研究"（11&ZD021），正是在经济全球化、政治多极化、价值和文化多元化、国际竞争既注重经济、技术等"硬实力"，又注重文化"软实力"的时代背景下，在我国正在从致力于建设社会主义经济强国到同时致力于建设社会主义文化强国的新的历史条件下提出的。其主旨在于阐明构建我国主流价值文化的历史必然性，研究和回答什么是我国主流价值文化和如何构建我国主流价值文化问题，确立增强我国主流文化的竞争力、影响力和感召力的文化战略，为中国特色社会主义的核心价值理念和基本价值原则提供理论论证和辩护，并制订使之渗透于文化建设的各个方面，融入到精神文明建设全过程的、具有科学性和可行性的方案。因此，本课题研究具有重要的理论价值和现实意义。

本研究报告集是国家社科基金重大招标课题"构建我国主流价值文化研究"课题组主要成员研究我国主流价值文化及其构建的初步成果，也是本课题的一项阶段性成果。其基本考虑是，以有关我国主流价值文化的重大理论和现实问题为中心，适当考虑整体的逻辑结构，突出针对性、对策性和说理性，为党和政府进行相关决策提供参考。本研究报告集的提纲经过了课题组集体研究讨论，各篇研究报告则是由课题组主要成员分别研究和执笔完成的，初稿形成后课题组成员进行了集中讨论，并相互之间作了修改。全书由我策划和主持，由我和戴茂堂教授、周海春教授具体组织、修改、统稿和定稿。本书被列入国家新闻出版总署社会主义核心价值体系建设"双百"出版工程首批重点选题，并得到了国家新闻出版总署出版基金的资助。

　　本书的作者不仅是本书的作者，也负责相关方面的研究，因而均为本课题的子课题实际负责人。他们是（以篇章结构为序）：周海春，哲学博士，湖北大学哲学学院教授；徐瑾，哲学博士，湖北大学哲学学院讲师；杨鲜兰，哲学博士，湖北大学马克思主义学院教授；阮航，哲学博士，湖北大学哲学学院副教授；倪霞，哲学博士，湖北大学哲学学院讲师；陈俊，哲学博士，湖北大学哲学学院副教授；姚才刚，湖北大学哲学学院教授；江畅，哲学博士，湖北大学哲学学院教授；周鸿雁，哲学博士，湖北大学政法与公共管理学院副教授；戴茂堂，哲学博士，湖北大学哲学学院教授。同时，他们也都是"湖北省道德与文明研究中心"的研究人员。

2011 年国家社科基金重大课题

"构建我国主流价值文化研究"

首席专家　江畅

2012 年 12 月

报告一

正确理解我国主流价值文化

周 海 春

从现实和观念的价值文化结构来看，当今在中国大地上至少有了社会主义价值文化、西方价值文化和传统价值文化三种价值文化，中国出现了多元价值文化并存的格局，占统治地位的社会主义价值文化面临着挑战和威胁。在这种情况下，反思和明确当代中国的主流价值文化应当是什么，其内涵、意义和要求应当是什么，是构建我国主流价值文化的一个前提性问题。这两个问题可以归结为一个问题，即如何正确理解我国的主流价值文化问题。因此，正确理解我国主流价值文化的问题就成为构建我国主流价值文化的一个不得不高度重视的问题。

一、理解我国主流价值文化的角度

江畅提出，一种价值文化要成为主流的价值文化有两个条件：其一，一个社会必须是价值多元化的，或者不如说，社会管理者允许多种价值文化存在。其二，在多种价值文化中，有一种价值文化真正能起主导作用，其他价值文化不与相对立、相抗衡；相反，与之共存共荣，并且接受它的引领和指导①。当代中国流行着社会主义价值文化、西方价值文化和传统价值文化。那么，哪一种价值文化应当成为当代中国的主流价值文化呢？我国是社会主义国家，应当旗帜鲜明地主张，当代中国主流价值文化就是社会主义价值文化。从"社会主义"概念的提出到社会主义成为一种理论和实践，已经历了两百多年的历史，人们对社会主义及其价值文化的理解并不一致。我们所说的应当成为当代中国的主流价值文化的社会主义价值文化，不是什么别的社会主义价值文化，而是马克思主义的社会主义价值文化，而且是中国化、时代化和大众化的马克思主义的当代社会主义价值文化。

（一）历史与现实的视角

如何才能确立这一认识呢？首先需要从历史和现实相结合的视角来看待当代中国的主流价值文化。既不能沉迷在历史的回忆中，视现实的变化而不顾，也不能陷入文化虚无主义的泥潭，完全忘记自己文化历史的底蕴。

每个钟爱中国传统文化的人，都会为中国传统文化在近现代遭遇的飘零命运感到痛心。但不容否定的是：不能把当代中国的主流价值文化直接定位为儒家文化，或者把未来中国的主流价值文化直接定位为儒家文化。儒学并未死亡，但它是否依然是当代中国的主流价值文化呢？在这个方面，民间有肯定的声音，学者则提出了模糊的说法。一种看法是儒家思想体现为当今普通百姓的日常伦理，广泛地渗透在广大人民的观念、行为、习俗、信仰、思维方式、情感状态之中，自觉或不自觉地成为人们处理各种事务、关系和生活的指导原则和基本方针，构成了中华民族的某种共同的心理状态和性格特征，成为中华民族的"超稳定的"、"深层"的文化—

---

① 　参见江畅：《我国主流价值文化构建的三个问题》，《光明日报》（理论·核心价值版价值论坛）2012 年 6 月 21 日。

心理结构①。认定中国传统文化是中国的主流价值文化的依据是什么呢？在他们看来依据就是：起码中国普通老百姓身体力行的文化依然属于中国传统文化的范畴。其中的个别人还深深地渴望，中国传统文化能够在现代生活尤其是政治生活中再现辉煌。如政治儒学就积极地为当代中国构建儒家式的政治图景。持有浓厚的中国传统文化情结的人会说，即便是现实的儒家文化不是主流价值文化，但理应在未来成为中国的主流价值文化。

以中国传统文化为观察本位的思维模式也承认儒家文化在近现代遭遇了困境。他们承认 20 世纪是儒家文化经历解体、离散、飘零的历史。不过，这种思路并不认同这一飘零的历史已经根本上动摇了儒家文化的生存基础，更不承认儒家存在真精神的想法是一个自我迷恋的幻想。真精神丧失的说法是儒家的一个老思路，近代的早期改革派人物多持有这样的看法，他们想从先秦儒家中找到和西方文化匹配的真精神。在他们看来一旦儒家的真精神得以恢复，儒家文化就会在当前或者未来再现辉煌。以中国传统文化为观察本位的思维模式认为，除了对传统文化的批判态度以外，还存在着所谓的用西方文化作为参照系进行"研究"的态度。他们认为这种研究思路也是有问题的。因为这种思路"研中"，和"批中"一样不可能真正理解中国文化的真精神与真生命，相反，只能误解和歪曲中国文化。

在这种思路看来，恰好是儒家文化的飘零导致了现实生活出现了种种弊端。摩罗在《中国的疼痛——国民性批判与文化政治学困境》中认为当"五四"时贤成为中国舞台上的主流力量的时候，意味着那个代表孔孟儒学的知识精英群体已经从历史舞台上消失了，到"破四旧"的时候，把底层群体的文化定位为旧思想、旧文化、旧风俗、旧习惯统统都在扫荡革除之列，导致了底层群体失去了文化依托，不知所措。底层群体遭遇了文化权利危机和政治权利危机。在这种思路看来，反传统主义和反儒思潮带来了社会失序与价值混乱的局面。

---

① 参见李泽厚：《中国古代思想史论》，人民出版社 1985 年版，第 34 页；孙隆基：《中国文化的深层结构》，广西师范大学出版社 2011 年版，第 25 页；[美] 爱德华·希尔斯著：《论传统》，傅铿、吕乐译，上海人民出版社 1991 年版，第 406 页；陈来：《孔夫子与现代世界》，北京大学出版社 2011 年版，第 122 页。

在这种思路看来，"儒学并未死亡，它在离散之后作为文化心理的传统仍不自觉地以隐性的方式寓于文化和人的行为之中。但也正是因为它是支离的、隐性的，其表现便不能整全和健康，当前中国世态与文化的病症悉由于此。"① 这种思路坚信，复兴儒家文化是解决当代中国问题的关键。因为今天的中国问题源于积重难返的"国民性问题"。如鲁迅认为首在立人，如不改造国民根性，那么革命就如沙上建塔。这种思路认为，当代和未来一个时期文化工作的任务就是从"批判与启蒙"走向"创造与振兴"。

儒家文化在近现代中国遇到了逐步飘零的命运是事实，儒家文化有超越历史和中西的普遍适用的思想资源也是事实，现实生活出现的问题反儒思潮要承担一定的责任也是事实。但不能认为通过复兴或者让儒家文化成为主流价值文化就能解决所有的问题。儒家文化需要有一个良性发展的空间，需要有健康发展的路径，应该有自己应享的文化地位和文化使命。但儒家文化事实上是否还是当代中国的主流价值文化则是有疑问的，未来是否还有可能或者还有必要成为主流价值文化则更是一个悬疑的问题。

当代中国文化已经无法未来更是不能与西方文化脱离关系，但也不能仅仅从西方文化给予中国文化带来的些许变化来彻底否定中国传统文化的价值。而对西方文化情有独钟的人往往坚信西方文化应该成为中国的主流价值文化。这一思路认为中国传统文化依然是当今的主流价值文化，而这一文化从根本上是有问题的。北京大学王海明称之为最劣质的道德，在《儒家道德之我见》一文中，他把儒家说成是主张仁爱利他主义的。在王海明看来，仁爱利他主义把利己的目的看成了有害他人和社会的恶的源头，忽略了他有利于社会和他人的善的方面。儒家利他主义道德便是给予每个人的害与利的比值最大的道德，因而也就是最为恶劣的道德。在新批判主义看来，当下的中国主流价值文化依然是传统文化，这一文化带来了社会的种种弊端，所以需要新的启蒙。"中国启蒙的这种自我批判使启蒙者走回到了启蒙前的中国传统，回到了非理性。"②

---

① 陈来：《孔夫子与现代世界》，北京大学出版社 2011 年版，第 153 页。
② 邓晓芒：《儒家伦理新批判》，重庆大学出版社 2010 年版，第 302 页。

上述说法有一定的合理性，但在反映当代中国大众文化的现实上都有严重的欠缺。上述定位或者忽略了中国近现代以来所发生的文化变革，或者忽略了中国当代大众文化的特殊性。要解释当代中国文化的特殊性就要正确把握历史和现实文化的关系以及当代中国大众文化和其他国家大众文化的区别。一种探索性的思路是：当代现实的中国大众文化不能再归结为儒家文化或者是庸俗儒家伦理，或者是亚洲价值，或者是某种来自西方的工商业和大都市文化，而是一个以马克思主义为指导和主导方向的多种文化要素的混合体。这一混合体包括如下几个公认的部分：传统文化与现代文化、本土文化与外来文化、先进文化与落后文化、一元文化与多元文化等棘手问题。这是一个多样文化要素融合成的一个过渡形态的文化状态。

中西文化的碰撞在"五四"新文化运动时期达到了一个高潮，正是在这一时代背景下，中国共产党诞生了。中国共产党人一开始就积极地面对中西文化这一课题。经过革命经验的积累和深沉的思考，毛泽东同志在《在延安文艺座谈会上的讲话》中，对中国共产党人的文化价值观进行了充分的说明。在古为今用、洋为中用，批判继承、综合创新的大原则下面，以民族的、大众的、科学的三个基点，构建社会主义的新文化。在构建的过程中有着值得总结的经验，也有值得反思的教训。

历史的车轮依旧滚滚向前，历史的问题变成了今日的现实的问题，旧的问题没有完全解决，或者变换了存在的形式，时代又提出了新的课题，在这样的背景下，依然需要理性的思考和审慎的选择，给出历史和民族发展的方向指导。我们今天就站在这样一个历史发展的大开大合的文化转折时期，承担着重要的历史重任。需要以更大的文化自信，自觉地建设中国特色社会主义的新文化，推动中华文化繁荣兴盛。

（二）雅（理论）与俗（现实）的视角

理解我国的主流价值文化，不可忽视两个基本的视角，也就是高雅文化和俗文化的视角，理论和现实的视角。从某个单一的视角来理解我国的主流价值文化都会遇到理论和现实的盲点。

　　文化不仅仅是写出来的书籍，创作出来的文艺作品，更是实际的生活。把握我国的主流价值文化，需要看理论的层次，也要看到实际生活的层次。文化传统的概念强调的是受特定文化类型的价值系统制约，经过长期历史积淀而形成的，为全民族大多数人所认同的思想和行为方式上的习惯。"文化传统"不同于传统文化。传统文化是对保存下来的过去的、以典籍为主要表现和存在形式的文化的统称。前者更关注人的生活实践，后者更关注典籍文化。二者虽然密切相关，但也有一定的差异。尤其是不能用思想家实际上促成的人们的观念和行动取代典籍本身提出的问题、理想。"这种取代往往使人们只看到实际的文化传统，并以作为传统存在的对古人及其思想的理解当作思想家本人的观点而盲目地去肯定或否定古代的思想家。"[①] 要看到二者的差别，并采取不同的措施分别解决问题。解决现实的文化传统的革新问题单纯借助理论的批判是无法完成的，而强行用实践的批判来代替理论问题的讨论也是不行的。

　　首先，把握我国主流价值文化需要关注"国民性"问题，国民文化品性的进步不能止步。近现代以来，对现实文化传统的关注，最集中的话题就是国民性的反思。当代中国文化的发展和繁荣不能离开对当代中国大众文化的省思。这种思考以现实生活中运行的活的文化为立足点，谈文化首先谈的是人和人的生活。这一文化体现在人的情感、知觉和观点之中，体现在人的行为中，体现在人的交往中，体现在人的创造物中的。谈文化首先要谈的是民族的生命和生活方式，谈论国民性问题。

　　梁启超的国民性概念是和奴隶性相对的。这是一个有特定内涵的国民性概念。是针对只知道有家庭、有朝廷而不知道有国家的来说，国民是与国家相对的概念。梁启超是要呼吁拥有国民性。革命派也是这种思路，"脱奴隶就国民如何？曰革命。"[②]

　　后来国民性的概念就泛化了。国民性就是一个国家和一个民族中绝大

----

① 周海春：《传统文化和文化传统的界定》，《内蒙古社会科学》1996 年第 4 期，见前言。

② 章士钊：《读〈革命军〉》，见张枏、王忍之编：《辛亥革命前十年间时论选集》第 1 卷（下），三联书店 1960 年版，第 684 页。

多数人通过心理、思想和行为表现出来的人格特质。从某种意义上说人就是"文化人"，拥有特有的文化铸成的特有的文化性格。任何民族的文化性格都有优和劣的两面。梁启超的新民方案中包含如下基本内容：公德、国家思想、进取冒险、权利思想、自由、自治、进步、自尊、合群、生利分利、毅力、义务思想、尚武、民气、政治能力。关于如何新民，也有不同的途径和方法被提出、探讨和实践。今日的中国国民性虽然和传统的中国国民性有一贯之处，但也有创新。另外，对国民性的优缺点也要恰当地评价。我国主流价值文化建设需要有大量的实地调研材料为支撑，需要科学地把握我国国民文化品性的现状，给出合理的估计，找出问题所在，并规划出有生命力的发展方向。

其次，把握我国主流价值文化需要关注现实的文化体系。观察我国主流价值文化，另外一个立足点是以典籍文化为载体和核心的文化体系，所以一谈文化总是要谈某种文化体系。

以某种文化体系为立足点看中国现代文化的病相，最流行的当属儒家文化危机说。这种看法把中国近百年来的危机说成是文化的危机，把儒家思想在中国文化生活上失掉了自主权、丧失了新生命看成是中华民族的最大危机。以某种文化为本位或者立足点来思考中国现代文化的问题，自然就会把危机的根源进一步归结为如下两个方面：

第一是异质的文化冲击带来的。如以儒家文化体系为立足点来思考问题，自然就会把解决危机的思路定位为应对其他文化体系带来的挑战。如要求儒家文化应对西方文化的挑战。西方文化的挑战被认为是根本性的，而如何吸收与回应西方文化上的挑战，成为消除危机最为根本性的问题了。

第二是文化体系在生活领域中退出带来的，换句话说是文化生命和民族的生命。儒学在整体上退出了政治、教育、伦理和精神的领域形成了民族的生命和以儒家为主干的文化系统之间的不协调。如在牟宗三看来，一个民族如果不会表现观念的话就等于没有了生命。而中国文化的危机就是中国人因为儒家文化的退场而不太会表现观念了，中国文化的危机是民族生命和文化生命的不和谐。关于这一点列文森也进行了说明。他认为

"中国民族主义的起因及其实质是知识分子在感情上与中国传统文化的疏离。"① 在他看来，民族主义在情感上为背离传统提供了依据。

从儒家文化体系的视角观察现代或者当代中国文化的现状和处境，有其合理性，但也有明显的局限性。因为如果我们把立足点放在西方文化体系上来看，西方文化在现代中国也面临着儒家文化雷同的问题。一个问题是面临着儒家文化为代表的中国传统文化对其合理性的质疑，对其思想体系的缺陷的批评；另一个问题是西方文化也面临着中国化的问题。西方文化不是铁板一块，西方文化的影响有好有坏，而西方文化在中国影响的社会层面和深度、广度问题都需要实证的研究才能说明。显然，单纯地把西方文化说成是挑战是不行的。

我们如果把立足点放在马克思主义经典著作所体现出来的马克思主义文化体系来看，马克思主义经典作家所体现出来的文化思想体系来看，也有一个理论和实践相结合的问题，有中国化、大众化的问题，有维持指导地位的问题，有如何领导其他文化体系，保持主流价值文化的问题，有巩固核心价值体系的问题。

从理论体系出发把握中国文化的思路在某种意义上有普通民众缺场的问题。"由于文化的危机主要来自知识分子的观念，而不是普通民众，所以，以知识分子为对象的文化辨析必然在这个时代成为儒学的主战场。"② 但是且不可忽略民众在文化创造中的地位和作用。

把握我国的主流价值文化需要把两个视角有机结合起来。这是两个不同的任务，既不能截然分开，也不可完全等同。从理论的视角来看，解决文化危机基本上要采取自上而下的道路，理论性的工作是首要的任务，而宣传教育的工作是次要的任务。前者工作的重点是解决文化的合理性问题，后者的重点是解决文化的合法性问题。从典籍文化为核心体现出来的文化体系的立足点来看，某种文化的体系的危机主要是一个合理性的危

① 　[美] 约瑟夫·列文森：《儒教中国及其现代命运》，郑大华、任菁译，广西师范大学出版社 2009 年版，第 77 页。

② 　陈来：《孔夫子与现代世界》，北京大学出版社 2011 年版，第 257 页。

机，也就是不能产出足够量的适应社会需要的观念的危机。儒家文化的任务是产出应对西方文化的观念，产出应对现实生活的观念。投入和认同危机是一种合法性危机，合法性危机的解决是一个次要的任务。余英时对这两条道路有过一定的说明。在他看来，儒家的价值可以通过成为一套学院式的道德学说和宗教哲学来实现，也可以求在"人伦日用"中实现，如果是以学说的形式存在，儒学的现代命运就是"游魂"；如果是后者，则怎样在儒家价值和现代社会结构之间重新建立制度性的联系也是很困难的课题。从现实的文化传统的角度来看当代中国的主流价值文化，则要采取自下而上的道路，要从大众文化中看到文化的希望，发现文化的新火花，看到大众文化的创造性和自主性，并进行有效的升华。如此才能有效地解决现有的文化体系的合理性和合法性问题。

既要看到理论斗争的重要性，更要看到现实文化传统改造的必要性。既要认真解决阅读经典，更要认真研究现实问题。在双向反思的基础上需要实现理论和现实的联姻。如何使得社会主义核心价值体系成为人民群众的文化习惯，使得主流价值成为一种流传久远的有生命力的传统，深入到人民的心灵和行为习惯之中，还有很多的工作要做。主流价值文化自身还要更有时代感、实效性和亲和力，要做到能够和大众文化对话交流，关怀民生，理解民心，吸引大众，并让大众认同。主流文化自身还要避免僵化、形式化和高高在上，同时也要避免投入"低俗"的怀抱。主流价值深入到文化活动之中是解决这一问题的好思路之一。规范伦理向美德伦理转化要"落实"，要"对接"，要把规则化为"入脑"、"入心"的美德和变成实际的"德行"，进而凝结为道德人格。

（三）官与民的视角

主流价值文化当然是占主导地位的以意识形态为核心的文化，从这一意义上说，主流价值文化就是国家的文化、政府的文化、政党的文化，是官文化。但是也不能仅仅局限在这一角度来理解。因为如果占主导地位的文化不能反映和代表民众的文化取向，那么就成了"孤家寡人"的文化，失去了民众基础的文化，很难再说是"主导"，也就不能称之为"主流"。官文化集中了民众文化的精华和发展方向，才能成为主流价值文化。

另外，民间也有单纯强调民众的文化才是当代中国主流价值文化的看法。这种看法更为强调一种文化为人们所信奉和践行的人数上的比例。这种看法有一定的合理性，但也要看到，任何民众的文化都不是单纯的自发形成的，总是受到上层文化的引导，并且需要从文化精英的思想创造中汲取营养。

另外，进入现代以来，文化发展态势发生了很大的改变。市场机制使得不同地区的联系更为紧密，我国主流价值文化的话题是在经济全球化、政治多极化、价值和文化多元化、国际竞争从经济实力转向文化实力的时代背景下，在中国特色社会主义实践深入推进、我国正在从致力于建设社会主义经济强国到同时致力于建设社会主义文化强国的新的历史形势下提出的，是中国特色社会主义建设和发展面临的迫切需要研究解决的、具有重大历史感和现实感的重大理论课题和重大实践问题。市场力量虽然和政府的力量是相对的，市场的力量推动了文化的多元化和多样化的发展，但伴随着技术进步，以及电视、网络的发展和普及，民间文化和精英文化之间的界限正在模糊，甚至消失，文化越来越一体化、平面化。

与市场经济的高度发展、高新科学技术的研究与应用（如信息高速公路的建设）相伴随，全球一体化进程明显加速，地球正在变成一个"小村庄"，"全球市场"正在形成，普遍交往成为可能，一系列全球性问题也凸显出来。从全球性问题的角度来看，人类文明虽然已经高度发达了，但全球性问题还很多，如粮食问题、贫穷问题、环境和气候问题、发展问题、安全问题、和平问题。这些问题本身凸显出来的是人类现有的文明和文化背后的价值观还需要进行深刻的反思和检讨。这些问题不仅仅是政府关心的问题，也是民众关心的问题。新技术和市场的发展使得政府和民众有更多的共同关心的问题，这些问题是形成新的主流价值文化的话题纽带。民间文化日益变成政府的文化，政府的文化日益变成民间的文化。政府要从民间文化中汲取文化的营养，进行概括、提炼和升华，民间文化要从精英文化中汲取智慧，创造自身发展的活力，我国的主流价值文化一定是官民相得益彰的文化。

（四）中、西、马互动的视角

在当代中国，依然存在着三大主要的文化价值体系，也就是人们常说的"中、西、马"三大体系。这三大文化体系是各自为政、独立地成为一枝独秀的主流价值文化，还是在同其他价值文化体系的互动中成为主流价值文化呢？

显然，一枝独秀，彻底否定其他价值文化是不可行的，已经证明是行不通的。唯我独尊的文化心态往往会使得文化丧失了活力和生命力，陷入自我幻想的迷茫中，陶醉在自我迷恋造就的文化光环之中，其他文化成了批评的对象，成了显示自我高贵的简单的材料，而被看成是一无是处的。

唯一可行的道路是有主有次，让不同的文化在不同的层面发挥积极的作用，共同谱写中华文化的光辉篇章。

中国作为世界大家庭中的一员，中国的发展离不开世界，世界的发展更离不开中国。中国曾经以自己独特的文明和文化贡献给世界以经验和智慧，包括四大发明为代表的科学技术成果，包括系统有效的国家和政府的作用所发挥的集体效能，包括打造稳定的社会秩序的经验，包括文明的包容性和同化力导致的文化持续延续，包括和平主义的价值观对世界和平的贡献等等。但在面对西方的现代性文明的冲击，尤其是科学和民主两大先生背后所浓缩的西方文化成果的冲击下，中国人发现了自己的不足和缺陷。在近代，这些冲突表现为宗教的冲突，表现为对机械化和学习科学技术的持续争论，表现为对发展商业的不同看法，表现为对发展现代企业和民办与官办的不同思考，表现为维护君主体制和采取君主立宪体制或民主共和制度的痛苦抉择，表现为对文化背后的思维方法和精神意蕴的追问，表现为对国民性的痛苦反思。自马克思主义传入中国并指导中国共产党取得社会主义革命和建设胜利以来，中国文化领域就存在着马克思主义、中国传统文化、西方文化三个主要的文化价值体系。

今天的时代是价值文化多元化的时代。繁荣发展中国特色社会主义文化的重要任务之一，就是要使中国特色社会主义文化成为当代中国的主流文化。与此相应，构建中国特色社会主义价值文化也存在着如何使中国特色社会主义价值文化成为当代中国的主流价值文化的问题。在当代，任何一个社会都存在着多种文化，特别是存在着多种价值文化，这是不争的事实。在这种情况下，必须自觉构建主流价值文化，使主流文化真正成为社会文化中占主导地位的文化。否则，社会的价值文化就是杂乱的，就是无特色、无核心、无内在结构的价值文化大杂烩。价值文化是杂乱的，文化也必将是杂乱的，整个社会也必将是杂乱的。今天，我们要构建中国特色社会主义价值文化就是要构建当代中国的主流价值文化，通过这种构建实现作为主流文化的中国特色社会主义文化的繁荣发展，实现中国特色社会主义事业的繁荣发展。

三大文化体系除了面临上面提到的问题而外，还共同面临一个问题，即三大文化体系在人民群众中起作用的问题。三大文化体系都会有某种危机感，都需要不同程度的构建工作。危机意识产生于观念控制的无力感，并且总是与控制的不力相关联。人们对意义的把握出现了困难，对于经典文本的内容失去了理解和达成共识的能力是这种危机的一个典型的表现。不能很好地尊重和理解人类的优秀文化成果的意义内涵和价值追求，也表现在知识群体之中。还有就是不同文化体系内的研究者无法理解其他文化体系的成果的价值。对于普通民众而言，很多经典文献对于他们的生活来说是陌生的。文化遭遇到了较为普遍的意义危机。有文化，但却缺乏有意义的文化，文化变成了无意义、无思想的文化，知识技术的功利目的应用，阻碍人们深入典籍文化的意义世界之中，并借以思考和规范生活。读书无用论、读书考试论弥漫在生活中。

构建社会主流价值文化不是要实行文化专制主义，保留一种价值文化而扼杀其他的价值文化，而是要在多种价值文化并存的情况下通过自觉地构建凸显主流价值文化，巩固和加强主流文化的主导地位，在共存共荣的前提下引导其他价值文化的健康发展。同时，构建主流价值文化的过程，也是一个吸收其他价值文化的合理内容、抵制不良价值文化的过程。正是要通过这个相互影响、相互作用的良性互动过程，使社会价值文化成为一个"主旋律"与"多样化"协调和谐共存和发展的有机整体。构建主流价值文化的根本目的就是要带动和引领整个社会文化的繁荣和发展，使主流文化与非主流文化相辅相成，相得益彰，交映生辉，共同繁荣，实现整个社会和中华民族的文化繁荣发展。

如何整合多种价值文化资源，创建中国特色的社会主义核心价值文化？在全球化背景下，一个民族、国家，特别是有历史悠久、拥有独特文化的社会主义大国，不可能简单照搬世界上任何一种现成的发展模式，我们必须自主探索自己的发展道路。这要求思想理论界有强烈的自主创新意识，形成中国自己的有特色的发展理念，提出自己的发展理论，在改革开放、市场经济、民主政治条件下，必须建设一种与西方价值观相对应、与中国价值观相结合、以普遍价值（全球伦理）为基础、以马克思主义为指导、适应社会转型时期的中国特色社会主义文化价值观。这种主流价值文化立足中国文化传统和具体国情，立足中国特色社会主义实践，是"中国特色、中国风格、中国气派的马克思主义"新形态。

推进文化建设必须坚持以立为本、重在建设。我国主流价值观来自于现有的文化资源，但又不同于现有的文化资源，因而要"创建"，要"构建"。"创建"的主体是当代中国人民，要求确立当代中国人民在马克思主义价值文化中国化新形态创建中的主体地位。构建中国特色的主流价值文化是当代中国人民义不容辞的责任和权力，既不能寄托经典作家（包括国外或国内的马克思主义经典作家），也不能寄望国外马克思主义者，当然更不可能依傍形形色色的非马克思主义者、反马克思主义者，而只能以当代中国人民为主体。

尊重差异，包容多样，利用多种资源是构建我国主流价值文化的共识。对我国主流价值文化的研究现在比较重视，很多学者都是从马克思主义、共产主义理想的角度入手来谈我国在当代需要什么样的价值文化；另外，有部分学者从传统中国文化的角度来谈如何构建当代社会的主流价值文化，这方面的典型是现代新儒家的唐君毅、牟宗三等；还有部分学者从西方的价值观念入手，来探讨如何在当代中国借鉴西方的优秀思想来改善主流价值文化。就总体而言，虽然有不少学者在研究主流价值文化及其构建的现实途径，但是从中西比较的角度来探讨主流价值文化及其构建的现实途径的专门研究，目前尚缺乏完整的系统性专著。马克思主义从来就是在同各种思想观念的相互激荡和斗争中发展起来的，尊重差异，包容多样，是坚持和发展马克思主义的题中应有之义。

　　要以先进与落后问题的解决来回答中西古今问题，以马克思主义和社会主义价值观来带动中西问题的解决。对西方价值文化在中国发展持有激进态度的人，往往否定传统价值文化的合理性，甚至否认马克思主义和社会主义是西方价值文化发展的一个新阶段和高度浓缩。马克思主义传入中国以后，就发生了马克思主义和中国文化互动的过程。但在"中、西、马"交涉的过程中也出现了简单化的倾向。具体的表现是：或者把中国落后或者西方的缺陷都归结为中西文化本身；或者把中西文化仅仅当做一种材料来处理，仅仅用否定的眼光或者求同的眼光面对中西价值文化，对中西价值文化的能动性和积极性的方面视而不见，成为一种不能提供合理观念的材料。三种价值文化之间的确有着很大的不同，但不是没有可以对话、借鉴之处。如何借鉴、如何对话？可以从价值观的文化方面来寻找共同点，寻找沟通的话题。比如自由的价值、权利的价值、平等的价值、正义的价值、幸福的价值，马克思、恩格斯也是肯定和认可的，但是他们思考的方法和结论却与西方哲学常规的仅仅从理论上来辨析不同，马克思、恩格斯更为看重从历史的发展和社会实践来看待这些价值概念的内涵。这给以马克思主义为指导提供了可能。另外，马克思主义的实践哲学和实践观提供了对待不同文化成果的良好的态度和方法指导，当代实践和民族复兴，人民幸福的立足点让我们可以以更为开放的心态去面对不同的价值文化成果。对中西而言，应采取理性的评判、同情的理解、综合创新的态度。

二、正确理解当代中国主流价值文化应处理好
的问题

如何估计当代中国主流价值文化？对当代中国主流价值文化的估计不同，提出的任务和目标就会不同。中国进入近代以来，中华文化发生了重大的变革，中国特色社会主义新文化是当代中国的主流文化，这是一个基本的判断。在这一判断的基础之上，需要探讨如何丰富、完善和发展当代中国主流价值文化。

近现代以来，在中西古今文化冲突的大背景下，中国就面临着向何处去的问题，而中国向何处去的问题也是中国文化向何处去的问题。中国自近代以来，一直面临着重建中国文化的课题，面临着公民思想道德建设的课题，面临着重塑国民性的课题。以儒家为主导的传统文化遭受了前所未有的挑战，并逐步退出主导文化的舞台，而西方文化作为一种外来文化，还有个在中国生根发芽和中国化的问题。加上西方文化流派众多，一时间也难以成为核心的主流文化。时代的变迁凸显了中国传统文化指导现代社会生活的困境，同时，中国传统文化的优长和中国特殊的国情以及国民品格也反射出西方文化不能照搬到中国。经过历史的选择，马克思主义被中国人所理解和接受，并指导中国革命取得了成功。可以说，马克思主义成功地回答了中国向何处去和中国文化向何处去的问题。

马克思主义在今天依然可以成为中国人的价值指南，依然具有重要的文化意义。马克思主义不是与人类追求的基本价值格格不入的学说，也不应该把马克思主义变成与人类基本价值追求相冲突的学说。与人类基本价值追求相冲突的学说无法成为时代和历史的主流价值文化。马克思主义既要为人类的基本价值理想而奋斗，又要及时而充分地体现时代的价值特色，把握人心所向，保持先进性。

马克思主义既是一种科学的社会历史理论，又是政治观；既是社会主义的一种科学的形式，又是一种道德价值观。马克思主义不是一种与价值

无涉的社会历史学说，不是一种道德怀疑论和反道德主义的学说；不是一种伦理观，一种抽象地、永恒地适用于一切时代和一切情况的道德伦理学说；也不是一种纯粹的政治理想和政治学说；马克思主义是三者的有机结合体。需要研究的问题包括马克思、恩格斯视野中的劳动价值论、自由、权利、正义和平等概念范畴。

马克思主义或社会主义与伦理道德问题、马克思主义和社会主义所追求的价值问题也是近年来国内学者关注的问题之一。其基本观点有如下几种：一种认为，马克思主义把道德价值看作是一种受社会经济结构制约的社会历史现象，因而在马克思对资本主义的解释和对社会主义理想的描述中都拒绝任何道德原则和道德价值；另一种认为，在马克思主义的著作中充满着或明或暗的道德评判；还有一种认为，马克思主义是那种"价值无涉"或伦理中立的社会理论。这一问题涉及马克思主义处理和解决历史价值论的基本思维和方法论的问题，也涉及对马克思主义思想的整体理解的问题。

党的第一代领导集体以马克思主义为指导，在吸收中西文化优长的基础上进行中国文化综合创新的努力具有重要的历史意义。这一历史任务可以说是任重而道远，它是一项伟大的文化事业，将会开创一个中国文化思想史的新纪元。但是，在革命的背景下，文化建设工作虽然取得了很大的成效，但受时代所限，有一定的局限性。新中国成立以后，在艰巨的建设任务中，诞生了以集体主义价值为核心的价值文化，其中的核心价值观是全心全意为人民服务，个人利益要服从集体的利益。

改革开放以来，我国文化地位和作用的定位，经历了一个不断深化、逐步清晰的过程。随着中国特色社会主义实践的深入，党和政府越来越认识到文化是民族凝聚力和创造力的重要源泉，是综合国力竞争的重要因素，是经济社会发展的重要支撑。我国应当立足时代和实践新发展，以新的视角认识文化的重要地位和作用。对于这种地位和作用，云杉在《文化自觉、文化自信、文化自强——对繁荣发展中国特色社会主义文化的思考》一文中作出了深刻的阐述：文化是推动社会发展的重要手段，也是社会文明进步的重要目标；文化是凝聚人心的精神纽带，也直接关系民生幸福；文化直接贡献于经济增长，也对提升经济发展质量发挥着重要作用。①

正是对文化建设的重要历史意义的体认，中国共产党人在新的时代背景下，提出了社会主义核心价值体系的命题。2001 年 9 月 20 日中共中央颁布了《公民道德建设实施纲要》。胡锦涛在 2002 年发表了《发扬艰苦奋斗的优良作风，努力实现全面建设小康社会奋斗目标》的重要讲话。2004 年出台了《中共中央、国务院关于进一步加强和改进未成年人思想道德建设的若干意见》。2006 年胡锦涛发表了关于树立社会主义荣辱观的讲话。2006 年 10 月，在党的十六届六中全会上通过的《中共中央关于构建社会主义和谐社会若干重大问题的决定》中，明确提出了"建设社会主义核心价值体系"这个重大命题。于 2012 年 11 月召开的党的十八大，其报告指出：要深入开展社会主义核心价值体系学习教育，用社会主义核心价值体系引领社会思潮、凝聚社会共识。

今天，构建我国主流价值文化是在复杂的社会文化背景下进行的，涉及传统文化与现代文化、本土文化与外来文化、先进文化与落后文化、一元文化与多元文化等棘手问题。这种复杂的社会文化背景以及面临的诸多棘手难题，更强化了构建我国主流价值文化研究的必要性和难度。

历史发展到今天，我们担负着创建体现社会主义核心价值体系，融汇中西文化精髓的先进文化的历史任务，这一文化必将成为社会主义软实力的中枢和动力源。如何才能把握好前进的方向和道路？就是要正确估计近现代以来我国文化变革的基本态势。这个文化变革结果是诞生了中国特色社会主义制度，而新制度的诞生又促进了新的文化变革。中国特色社会主义的制度、理论和实践体现了中国特色社会主义的价值观。构建我国主流价值文化，要建立在中国特色社会主义的制度、理论和实践的社会基础之上。中国特色社会主义核心价值观是中国特色社会主义文化的内核和中国特色社会主义文化强国的灵魂；构建我国主流价值文化是繁荣发展中国特

---

① 参见云杉：《文化自觉、文化自信、文化自强——对繁荣发展中国特色社会主义文化的思考》（上），《红旗文稿》2010 年第 15 期。

色社会主义文化、建设社会主义文化强国的基本前提。

（一）传统与现代问题

古今问题对当今的中国依然很重要。传统文化曾经被打翻在地，今天或者未来还有希望吗？需要让她扮演什么样的角色？我们以什么样的态度和方法对待传统文化？有人把中国传统文化当成主流价值文化，而对传统的主流价值文化的认识也有差异，或者认为是儒家，或者认为是道家，有儒家主干说和道家主干说。以中国传统文化为核心和主流来构建我国的主流价值文化，显然已经成为一种不能实现的梦想。虽然传统文化不是汉学家所说的那样成了博物馆中的东西，成了没有灵魂的亡灵，它还活在人们的心中，活在当代中国人的情感中、思考中，活在中国人的交往中，活在经济、政治和文化生活中，活在各种组织的构成和组织运行体系中，活在不同民族和不同年龄、性别的中国人中。国学热、孔子舆论化虽然也有来自传统爱护者批评的声音，不过这种批评只不过是希望解释和传播得更加理性、更加合理一些而已。一部分思考希望以同情的理解，以研究的态度来对待传统文化。是怀疑，是复古，是释古？人们有不同的回答。但近代以来，以儒家为主流的传统文化遭受了前所未有的挑战，并逐步退出主流文化的舞台是一个基本的历史事实。以儒家文化为主流的渴望，自然有护短的文化心理发生，传统文化的优点容易被夸大。与此同时也有继承了怀疑古代精神的批判主义者。在批判主义者的心目中，当代发生的造假风、裙带风、浪费风、吃喝风无不与传统思维和价值观有着密切的关联，中国要想更进步，就要对传统的丑陋面貌进行更为深刻系统的揭露和批判，来一次新的启蒙。传统是资源，传统也是包袱。这是我们这个时代构建我国主流价值文化必须面对的一项特殊任务。构建我国主流文化，不能丢掉传统，要保护好、发展好中华优秀传统文化这个母体。这是从"古"的一面说的，从"今"的一面来看，应当始终不渝地坚持马克思主义的指导思想，发展革命文化，并吸收世界文化的精华。

（二）本土与外来问题

中西问题对当代中国非常重要。对西方，我们要什么不要什么，其中的界限和尺度在哪里？自"五四"运动以来，就有分歧。一种思路是把西方看成是帝国主义和殖民主义的。但是哪些因素是和帝国主义、殖民主义、资本主义有紧密关系的呢？科学技术是不是？能否和西方做生意？西方的哲学流派要不要讲，要不要学习和面对？市场经济要不要？西方的制度要不要挪到中国？如何对待西方的价值观？科技、市场等成了可以学习的东西，制度的界限是要坚守的，我们绝不能照搬西方的三权分立制度。西方的正义概念、权利概念已经为我国所接受。显然对西方价值观和文化要有一个宏观的研究。如有的把西方文化尤其是西方启蒙运动以来的文化当成是真理，希望中国以西方启蒙价值文化为灵魂，来一次启蒙。就今天的中国而言，有借鉴西方近代启蒙运动经验的任务，有借鉴西方马克思主义和后现代主义对现代性弊病的诊断、避免现代性问题的任务，有避免后现代主义的局限性的任务，有避免西方文明的整体局限性的任务。构建我国主流价值文化，要批判地吸收外来文化。任何一种文化都不可能与世隔绝，都需要从其他文化中汲取养分。对待外来文化，要有开放包容的胸怀，要有辩证取舍的态度，要有转化再造的能力。以什么样的态度对待外来文化，考验着一个国家的文化自信。越是自信，就越能够以积极的态度对待外来文化，越能够在同外来文化的互动交流中得到丰富发展。广泛吸纳、融汇一切外来优秀文化成果，是推动中华文化繁荣兴盛的必然要求。

（三）先进与落后问题

对于中国经济发展和文化建设来说，还有一个根本性的问题，即面对社会主义和资本主义、马克思主义和非马克思主义的问题。马克思主义自身也有不同的理论取向，如西方马克思主义、苏联的马克思主义、中国的马克思主义等等。马克思主义自身也有一个发展的过程，有一个与时俱进的过程，需要体现民族的特征，需要体现时代精神的精华，尤其是社会主义的实践一度面临挫折，出现了曲折。如何掌握马克思主义的核心价值观对于马克思主义非常重要，掌握马克思主义基本的世界观的关键还是价值观、方法论问题。社会主义的核心价值体系本身也需要研究。马克思主义与中国特色社会主义价值观之间既有继承的关系，也有发展的关系。共产党的价值观和马克思主义、中国特色社会主义价值观之间既有一致之处，也有一定的差异性。从价值观入手说明世界观和方法论，有利于从一个高度上给出标准和界限，同时给出兼容的可能性和道路。中西、古今、社会主义和资本主义三大问题的交织在价值文化上体现为我国主流价值文化的构建问题，体现在中国人的精神家园的构建问题，体现在中国人的人文世界的内涵问题。认真研究和回答何谓当代中国和未来中国的主流价值文化就显得非常必要。三大问题的解决是密不可分的，社会主义核心价值体系的确立离不开认真对待中西古今问题，而中西古今问题的解决离不开马克思主义。马克思主义来自西方，是西方学术传统的产物，马克思主义又超越了西方，在东方国家生根发芽，并产生了融贯中西古今的当代中国的马克思主义——中国特色社会主义。作为马克思主义中国化的中国特色社会主义理论从根本上代表了当代中国先进文化，代表着中国主流文化发展的未来方向，充满着生机和活力。构建我国主流文化就是要着眼于未来发展，在马克思主义和中国特色社会主义理论的指导下放眼世界、审视自己、展望未来，从世界发展大势中把握我国文化发展前景，从中国特色社会主义伟大实践中把握我国文化发展前景，从文化建设自身的良好局面中把握我国文化发展前景，从网络化、信息化的潮流趋势中把握我国文化发展前景。我们的文化自信，不仅来自于历史的辉煌，更来自于我们的核心价值观和文化的先进性，来自于当今中国文化的蓬勃生机和未来发展的光明前景。世界的变化、中国的进步、人民的伟大创造为我们文化的繁荣兴盛提供了历史性机遇和广阔舞台，通过构建，我们能创造出无愧于时代的具有中国特色的社会主义价值文化。

（四）一元与多样的问题

任何一个时期的文化都是多元一体、多样共生的，推进文化建设必须强化主导、壮大主流。文化总是以丰富多样的内容形式来展现的，但其中总有一种占主导地位、起着支配作用。特别是在阶级社会，占据主导的总是统治阶级的思想文化。在我国封建社会，尽管儒、释、道等多种思想文化长期并存，但长期居于正统地位的是儒家文化。近代以来的西方国家，虽然各种各样的文化表达和文化思潮不断涌现，但以个人主义为核心的资产阶级思想文化始终占据主导。当今世界，许多国家对建设自己的主流文化更加重视、更加自觉。美国就始终把反映垄断资产阶级利益的思想文化作为根本内容，以此来打造"美国梦"、强化"美国精神"。新加坡为团结国民共同致力于本国发展，以国会法案的形式，确定了以国家至上、社会为先、家庭为根、社会为本等为主要内容的共同价值观，在全社会加以推行。可见，培育和壮大主流文化，是古今中外的通行做法。

构建我国主流价值文化，要强化主导，壮大主流，实现弘扬主旋律与提倡多样化的有机统一，不断巩固和壮大社会主义主流文化，努力在多元中立主导、在多样中谋共识。对待多元文化，要坚持以马克思主义为指导，辨析主流和支流、区分先进与落后、划清积极与消极，有效引领各种社会思潮、抵御腐朽文化影响，努力营造"百花齐放，百家争鸣"文化繁荣发展局面。

三、我国主流价值文化的基本共识

理解我国主流价值文化，还需要深入把握我国主流价值文化的内容，把握其基本的价值共识。这些基本共识包括：

（一）灵魂与核心

"文化的灵魂是什么，就是凝结在文化之中、决定着文化质的规定和方向的最深层的要素，就是核心价值观。有什么样的价值观，就有什么样的文化立场、文化取向、文化选择。讲软实力、文化力，从根本上取决于核心价值观的生命力、凝聚力。"[①] 中国主流价值文化是中国特色社会主义价值文化，其核心在于社会主义核心价值观。

关于如何理解社会主义核心价值观的问题，学者比较一致的看法认为，社会主义核心价值观是社会主义核心价值体系的灵魂，是其中最基础、最核心的部分。学者们从什么是价值观、什么是核心价值观的角度提出了对什么是社会主义核心价值观的理解。就社会主义核心价值观而言，有学者认为，社会主义核心价值观是社会主义价值体系中最基础、最核心的部分，是我们民族长期秉承的反映社会主义本质和建设规律的根本原则和价值观念的理性集结体。它支撑着我们在建设社会主义长期实践中的行为指向和行为准则，从更深层次影响着我们在建设中国特色社会主义伟大征程中的思想方法与行为方式。社会主义核心价值观有以下三个基本特征：普遍性、民族性和崇高性。也有学者认为，社会主义核心价值观是社会主义核心价值体系的高度凝练和科学概括，从根本上规定着社会主义核心价值体系的基本标识和通俗表达。还有学者认为，社会主义价值观是对社会主义价值的总的看法和最根本观点。社会主义核心价值观，是指那些在社会主义价值体系中居统治地位、起指导作用的价值理念，比如富强、民主、文明、和谐、公平等，都属于社会主义核心价值观。以社会主义核心价值观为内核、全面体现社会主义意识形态本质要求的、系统化的核心价值理论，我们称之为社会主义核心价值体系。社会主义核心价值体系是建立在社会主义经济基础之上、反映社会主义经济、政治和文化制度要求、体现社会主义发展趋势的核心思想意识和价值观念。

---

① 云杉：《文化自觉、文化自信、文化自强：对繁荣发展中国特色社会主义文化的思考》（上），《红旗文稿》2010 年第 17 期。

中国的核心价值观不同于其他国家的核心价值观。这是由中国的特殊国情和历史文化传统决定的。从文化传统来说，中国是东方文化的发祥地，是东方文化的典型代表。从现实来说，当今的中国是世界上取得经济崛起的社会主义国家，是世界社会主义运动的希望，是世界社会主义运动发展水平的代表。

一般认为，社会主义核心价值体系与社会主义核心价值观，是两个既有内在联系又相互区别的概念，不宜将二者完全等同。二者之间的辩证关系主要表现在：从根本上来说，社会主义核心价值观与社会主义核心价值体系在本质上是一致的、统一的，它们都体现了社会主义的核心价值追求，是建设中国特色社会主义不可或缺的重要组成部分。但从严格的意义上来说，它们又是相互区别的。社会主义核心价值体系指的是社会主义意识形态中那些反映社会主义经济、政治和文化制度要求、体现社会主义发展趋势的核心思想意识、价值观念的总和，而社会主义核心价值观则是对社会主义核心价值体系核心内容和精神实质的高度凝练及抽象概括。从具体内容来看，社会主义核心价值体系是一个由马克思主义指导思想、中国特色社会主义共同理想、以爱国主义为核心的民族精神和以改革创新为核心的时代精神、社会主义荣辱观等多方面内容所构成的科学价值体系，而社会主义核心价值观则是集中体现这种核心价值体系的根本目标和要求，即"富强、民主、文明、和谐、公平"等社会最高价值追求。社会主义核心价值体系的内容比较具体全面，而社会主义核心价值观的内容则比较抽象概括。确立社会主义核心价值观与构建社会主义核心价值体系，是一个相辅相成、有机统一的过程。

什么是核心价值体系？有学者指出，社会核心价值体系，是指在社会生活中居于统治和引导地位的社会价值体系，它能够有效地制约非核心、非主导的社会价值体系作用的发挥，能够保障社会经济制度、政治制度、文化制度的稳定和发展。社会核心价值体系关系国家的兴衰成败，关系社会的进退治乱。在一个社会的多样价值体系中，总有一种处于主导、支配地位，反映现实生活和社会发展内在要求以及统治阶级根本利益的基本价值体系。社会的核心价值体系是引领人们的思想行为、社会的精神风尚和发展方向的灵魂，是关系社会稳定与国家兴旺的决定性因素。核心价值体系不仅作用于经济、政治、文化和社会生活的各个方面，而且对每个社会成员的世界观、人生观、价值观都有着深刻的影响。

胡锦涛在党的十六届六中全会上通过的《中共中央关于构建社会主义和谐社会若干重大问题的决定》（以下简称《决定》）中，明确提出了"建设社会主义核心价值体系"这个重大命题。《决定》指出："建设和谐文化，是构建社会主义和谐社会的重要任务。社会主义核心价值体系是建设和谐文化的根本。"《决定》指出，马克思主义指导思想、中国特色社会主义共同理想、以爱国主义为核心的民族精神和以改革创新为核心的时代精神、社会主义荣辱观，构成社会主义核心价值体系的基本内容。党的十八大报告要求推进马克思主义中国化、时代化、大众化，坚持不懈地用中国特色社会主义理论体系武装全党、教育人民。广泛开展理想信念教育，把广大人民团结凝聚在中国特色社会主义伟大旗帜之下。大力弘扬民族精神和时代精神，深入开展爱国主义、集体主义、社会主义教育。社会主义核心价值体系是一个有机的整体。对于当代中国来说，最有价值、最具意义的是什么呢？

其一，马克思主义理论。在迄今为止人类思想家所创造的所有理论体系中，可以毫不夸张地说，唯有马克思主义理论提出了系统的、科学的历史观，勾勒了人类社会由原始社会经由奴隶社会、封建社会、资本主义社会、社会主义社会，最终达到共产主义社会的历史发展图景。也唯有马克思主义才告诉我们资本主义不是人类社会发展的最后状态，也唯有马克思主义宣告了资本主义必然灭亡的历史命运。在各种理论这一价值事物之中，无疑马克思主义是对中国最为重要的理论"善业"。

其二，中国特色社会主义道路问题。一个国家走什么路，关系到每个人的前途和命运。中国走什么路的问题，关系到什么样的理论对于中华民族来说是最为重要的理论的问题。中国走的是中国特色的社会主义道路。构建我国主流的价值文化，要建立在中国特色社会主义的制度、理论和实践的社会基础之上。这一道路蕴含着民族的前途和目标的问题，社会理想的价值大于个人理想的价值。中国未来社会发展的理想是共产主义，共产主义是中华民族的远大理想。

其三，集体和个人哪个更为重要的"善业"的问题。国家的命运与个人的命运息息相关。要弘扬爱国主义精神、集体主义精神，但集体不是抽象的，是以民族、国家、企业、单位、家庭等不同的集体形式表现出来的。另外，集体是个人生活的结果，是个人生活的环境和场景，是个人实现自我的舞台。集体的价值不是抽象的道德价值，这个价值不能离开人民的日常生活过程。集体的价值与尊重人民的价值是一致的。中国传统价值观讲究内求，讲究自我完善，"个人、社群或民族的主要任务是尽可能地自我完善，这样他们也就间接地促进了他人的福祉。"① 集体的价值强调个体的自我约束，强调基层民主，人们在自己生活的群体中完善自我，并按照自己的良好的意愿管理自己的群体生活，强调个体的独立性和自由而全面的发展。传统价值观强调人首先要谦卑，要完善自我，然后才是关注家庭、同事和朋友，管理好自己的事情是道德的基本要求。人们对自己周围的人的切身的责任造就了一个既保持个体独立性又能够成就道德上凝聚的社会。人与人的紧张关系靠自我道德训练、同胞之情和宽以待人就能够得到很大程度的化解。

其四，集体的价值最终是体现在个人的价值得到尊重之中的。"八荣八耻"中的"以"后面是动词性词组：热爱祖国、热爱人民、团结友爱、遵纪守法、辛勤劳动、艰苦奋斗、崇尚科学、诚实守信。意动和使动用法是相通的，"八荣八耻"从使动用法的角度来理解，大致可以分成两个大的部分：一个是实体性的人类社会的基本组织，人群的共同体，主要是祖国、人民和人与人构成的社会；另一部分是人类社会的一些基本的价值观，如团结友爱、遵纪守法、辛勤劳动、艰苦奋斗、崇尚科学、诚实守信等。"八荣八耻"就是要求每一个社会个体不使祖国、人民、社会及其基本的价值观蒙受侮辱。从意动用法的角度来理解"八荣八耻"，就是要强调每一个社会成员都应当发自内心地实践和维护热爱祖国、热爱人民、团

---

① [美] 克莱·G. 瑞恩：《道德自负的美国：民主的危机与霸权的图谋》，程农译，上海人民出版社 2008 年版，第 11 页。

结友爱、遵纪守法、辛勤劳动、艰苦奋斗、崇尚科学、诚实守信八个基本的社会价值观。

在党中央已经明确规定了社会主义核心价值体系内容的情况下，践行价值体系便成为社会主义核心价值体系建设的重点。从现实建设的角度看，建设社会主义核心价值体系需要着重做好四方面的工作，即使之现实化、主导化、大众化、国际化。现实化就是要使它从理论变为现实，特别是要使它渗透到我国的社会主义经济建设、政治建设、文化建设、社会建设以及生态文明建设之中，使它成为治国理政的观念和原则，对我国社会主义文化起指导和规范作用。主导化就是在现实化的过程中和前提下，使它能引领和指导其他各种非主流文化，通过它的引领和指导实现各种文化共存共荣，从而实现社会主义文化的大繁荣大发展。大众化就是在现实化、主导化的同时，通过对它准确而简明的阐释使它能为社会公众普遍接受和认可，并通过宣传教育使它成为具有凝聚力、向心力、渗透力的理想信念。国际化就是要将中国特色社会主义价值观打造成国际知名品牌，使其合理性得到世界的公认，并使它在当代世界多元文化格局中具有强大的影响力、竞争力。①

（二）核心价值体系结构的三个层面

社会主义核心价值体系四个方面的基本内容是一个相互联系、相互制约的有机整体。围绕党中央对社会主义核心价值体系的内涵和实质的规定，学者从对什么是价值体系、什么是核心价值体系的角度、什么是社会主义核心价值体系进行了阐发。

关于什么是社会主义核心价值体系，有学者认为，社会主义核心价值体系是立足于社会主义经济基础之上的价值认同系统，它涉及经济、政治、文化、思想等社会生活的方方面面，集中体现了社会主义意识形态的

---

① 参见江畅：《我国主流价值文化构建的三个问题》，《光明日报》（理论·核心价值版价值论坛）2012 年 6 月 21 日。

本质属性，是社会主义思想道德建设的指导方针，是激励全民族奋发向上的精神力量和维系全民族团结和睦的精神纽带。社会主义核心价值体系是直接产生于并从属于科学社会主义理论体系的一种观念形态。只有当马克思恩格斯使社会主义由空想发展为科学，也就是说，当他们科学地揭示了资本主义必然灭亡、社会主义必然胜利的客观规律，并以科学预见的形式，大体上勾勒出社会主义社会的发展远景之时，社会主义核心价值体系才开始产生。社会主义核心价值体系是社会主义制度的内在精神和生命之魂，它决定着社会主义的发展模式、制度体制和目标任务，在所有社会主义价值目标中处于统摄和支配地位。社会主义核心价值体系具有广泛的适用性和包容性，是一个内涵丰富的有机统一的整体。

有学者对社会主义核心价值体系的内容进行了分析，认为在社会主义核心价值体系中，马克思主义指导思想居于最高层面。建设社会主义核心价值体系必须以马克思主义为指导，必须吸纳和借鉴世界文明的一切优秀成果。作为社会主义核心价值体系主要内容的马克思主义指导思想中，"以人为本"的思想和"人的自由全面发展"的思想无疑包含极大的超越性。马克思从人的解放意义出发追求人的自由全面发展的思想，传承了自古希腊到文艺复兴以来的世界人文主义精神。同时，"以人为本"思想又蕴涵着发展为了人民、发展依靠人民、发展成果由人民共享的当代中国人文意识。人的自由全面发展和社会经济的发展是一个既相互促进又相互制约的历史互动过程。从本质上考察，人的自由全面发展的内在超越性并不由于任何外在制度因素限制而被磨灭，被消解，恰恰会随着制度历史的曲折发展一再反复被提上人类精神生活的议事日程，并逐渐被人们所理解所接受而成为人类进步的根本精神动力。

有学者还研究了中国特色社会主义核心价值体系的责任主体，认为国家、社会的核心价值体系建设需要党和政府这一最高责任主体发挥领导作用，集中注意力，从深层次上加以思考。这是因为，一个国家、一个政党的价值观以及由之决定的核心价值体系，如果不是出现了混乱的话，就只能是一元而不是多元的。虽然建设社会主义核心价值体系涉及社会生活的方方面面，需要全社会每一个成员积极、共同参与，但党和政府要担负起引导责任、领导责任。作为核心价值体系建设的责任主体，党和政府有义务把社会主义核心价值体系融入国民教育和精神文明建设全过程、贯穿现代化建设各方面；有义务凝聚力量、激发活力，不断增强对中国共产党领导、社会主义制度、改革开放事业、全面建设小康社会目标的信念和信心；有义务增强党的思想理论工作的创造力、说服力、感召力；有义务以社会主义核心价值体系引领社会思潮，尊重差异，包容多样，最大限度地形成全社会的思想共识。

有学者还提出中国特色社会主义核心价值体系具有坚定理想信念、引领社会思潮、提供道德规范、激发社会活力、促进人的发展等基本功能。建设社会主义核心价值体系，必须坚持马克思主义在意识形态领域的指导地位，必须加强理想信念教育，用民族精神和时代精神凝聚力量、激发活力，必须坚持理论与实践、思想与行为的统一，大力加强社会主义荣辱观教育，在全社会形成知荣辱、讲正气、促和谐的文明道德风尚。只有这样，社会主义核心价值体系才能形成思想共识、引领社会思潮，才能为建设和谐文化提供根本保障。

上述这些研究有助于人们对社会主义核心价值体系理解的深化。不少学者在研究社会主义核心价值体系的过程中涉及社会主义核心价值观和社会主义核心价值体系的关系，研究了社会主义核心价值观问题。

党的十七届六中全会提出要"推进社会主义核心价值体系建设，巩固全党全国各族人民团结奋斗的共同思想道德基础"。社会主义核心价值体系建设面临着两项基本任务：其一是怎样使核心价值体系的内容和精神得到全国各族人民普遍认同；其二是怎样使核心价值体系的要求和精神贯彻落实到党和国家的各项工作之中。要完成这两项任务，其重要前提就是要使核心价值体系的内容和精神便于为人们掌握。《中共中央关于构建社会主义和谐社会的若干重大问题的决定》明确指出，"马克思主义指导思想，中国特色社会主义共同理想，以爱国主义为核心的民族精神和以改革创新为核心的时代精神，社会主义荣辱观，构成社会主义核心价值体系的基本内容。"显然，社会主义核心价值体系内容十分丰富，人们不容易记住，也不容易把握，更不容易在生活和工作实践中加以运用。因此，需要对社会主义核心价值体系的内容和精神进一步提炼和概括。这种提炼和概括工作是社会主义核心价值体系建设的一项基础性、前提性工作，值得高度重视。

自从党的十六届六中全会提出建设社会主义核心价值体系以来，不少学者意识到了提炼和概括核心价值体系的内容和精神的重要性，并且提出了一些方案。但目前主要局限于从核心价值理念提炼核心价值体系，而不注重提炼基本价值原则；注重从社会角度提出核心价值理念，而忽视同时从个体角度提出核心价值理念；还忽视了社会主义核心价值体系的终极价值目标。江畅教授认为，要从终极目标、核心理念和基本原则三个层次解读社会主义核心价值体系，而且要从社会和个体两个角度考虑核心价值理念。可以将社会主义核心价值体系的终极目标、核心理念和基本原则分别称为"中国特色社会主义终极价值目标"、"中国特色社会主义核心价值理念"、"中国特色社会主义基本价值原则"。①

作以上的解读就是以人们耳熟能详的简洁形式提炼概括社会主义核心价值体系的内容和精神。这种简洁形式便于社会公众熟记传诵，便于各级党政机关干部掌握和运用，从而有利于社会主义核心价值体系为社会公众接受、为党和国家在各项工作中贯彻落实。从以上三个层面进行解读突出了社会主义核心价值体系既兼顾了社会主义核心价值体系的完整性、系统性，又突出了重点，明确了目的与手段，可以防止出现目的与手段的异化。② 在社会主义核心价值体系中，中国特色社会主义终极价值目标是中国特色社会主义建设的终极价值追求，它是旗帜，是航标。中国特色社会主义核心价值理念是中国特色社会主义终极目标在现阶段的具体化，也是它的体现或简明精炼的表达。中国特色社会主义核心价值理念具有形成共识、鼓舞人心、凝聚力量的重要作用。基本价值原则是实现中国特色社会主义终极价值目标及其核心价值理念所必须遵守、不可违背的基本要求，是党和国家各项工作必须遵循的准则，也是检验党和国家各项工作是否正

---

① 参见江畅：《论中国特色社会主义核心价值理念》，《社会科学战线》2012 年第 10 期。
② 同上。

确有效的尺度。

1. 终极价值目标

任何一种价值体系中都包含着终极价值目标，只是有些是明确规定的，有些则是不明确的。终极价值目标的确立受一种价值体系的社会历史条件的制约，也与人们的认识有密切的关系。"幸福是人们的一个根本目标，幸福本身就是一种目标。对于其他我们所需要的事物就不是这样的，如工作保障、地位、权力，特别是金钱（收入），我们并不因这些事物本身而需要它们，我们之所以需要它们是因为它们能够给我们提供一种使我们变得更幸福的可能性与机会。"[①] 幸福的概念最能体现价值概念的基本逻辑关系。幸福是经验世界基本的价值原理，具有最大的公约数，不需要理论来说明，具有综合性和体系性，可以涵盖心灵生活的方方面面，可以涵盖一切价值事物。幸福感能够反映出什么？能够反映出人们对现实环境的适应度，以及在适应中的愉快感；反映出人们对社会的期望值以及阶层之间的差距；反映人们理性处理变化事件的能力。幸福也能够体现效用的价值。"效用能够也应该在主观福祉的形式下从基数的角度予以衡量。"[②] 主观的幸福往往是建立在客观的效用的基础上的，幸福价值可以体现效率的价值，收入增加确实能明显地在发展中国家提高幸福水平，幸福可以表现富强的价值。幸福还能够体现人们工作价值的实现程度，失业能使那些实际失去工作的人的幸福水平有所降低，它也能给那些有工作的人带来忧虑。幸福能够反映人们的家庭生活和健康的价值，幸福的人们更容易比那些不幸福的人们结婚，幸福人士往往会有比较好的健康。尤其重要的是，幸福能够反映政治价值的好坏，好的政治制度能提高幸福水平。

从我们党领导的社会主义革命、社会主义建设和改革的整个历史过程来看，价值体系的终极价值目标的确立有一个变化演进的过程，这个过程也与我们党对终极价值目标的认识有关系。在建党的初期，我们党就确立

---

① ［瑞士］布伦诺·S. 弗雷、阿洛伊斯·斯塔特勒：《幸福与经济学：经济和制度对人类福祉的影响》，静也译，北京大学出版社 2006 年版，第 192 页。

② 同上书，第 50 页。

了为共产主义而奋斗的最终目标。在共产主义的旗帜下，在新民主主义革命时期，我党确立的终极价值目标是推翻压在中国人民头上的帝国主义、封建主义和官僚资本主义三座大山，使中国人民翻身得解放。在社会主义革命时期和建设时期，我们党确立的终极价值目标是建立社会主义制度，解放生产力和发展生产力。党的十一届三中全会针对当时我国的社会历史条件，提出要以经济建设为中心，坚持改革开放，坚持四项基本原则，建设现代化的社会主义强国。党的十六大提出全面建设小康社会，加快实现社会主义现代化。党的十七大将全面建设小康社会作为党和国家到 2020年的奋斗目标。我们党在不同历史阶段提出的奋斗目标虽然不同，但都指向民族的解放和振兴、国家的富强和人民的幸福。

江泽民在建党八十周年的讲话中指出，中国共产党的八十年，是为民族解放、国家富强和人民幸福而不断艰苦奋斗、发愤图强的八十年。党的十六届六中全会通过的《中共中央关于构建社会主义和谐社会若干重大问题的决定》也把和谐社会看成是国家富强、民族振兴、人民幸福的重要保证。由此看来，民族解放和振兴、国家富强、人民幸福是我们党领导中国人民进行社会主义革命和建设所追求的最终目标。在这三个奋斗目标中，人民幸福又具有更终极的意义，因为民族解放和振兴也好，国家富强也好，最终都是为了人民过上幸福生活，民族解放和振兴、国家富强是人民幸福的基本保障条件。从这种意义看，人民幸福是中国社会主义事业的终极奋斗目标。

习近平总书记在 2012 年党的十八届中央委员会第一次全体会议新选出的中央政治局常委与中外记者见面会上说：人世间的一切幸福都是要靠辛勤的劳动来创造的。他指出人民对美好生活的向往，就是中国共产党的奋斗目标。以人民幸福为社会主义的终极奋斗目标也是与共产主义的奋斗目标相一致并且最终指向共产主义的。按照马克思的设想，共产主义社会是一种以每一个人全面而自由发展为原则的社会。自由而全面发展是幸福的基本内涵，当每一个人都能获得全面而自由发展的时候，社会就进入了普遍幸福生活的状态。在我国目前的条件下，尚不能完全达到这种社会状态，但正因为如此，我们要将达到这种社会状态作为我们的终极目标。我们应该以人民幸福作为中国特色社会主义事业的终极奋斗目标。人民幸福就是社会成员普遍幸福，将人民幸福作为中国特色社会主义的终极价值目标会得到全国人民的普遍拥护。①

2. 核心价值理念

虽然对社会主义核心价值观的理解比较一致，但对于概括社会主义核心价值观学者的意见则不尽一致。有学者对学者们的概括进行了疏理，归结出了以下15种不同的表述方式，实际上远不止这些表述方式："富强、民主、文明、和谐"与"人的自由全面发展"；"富强、民主、文明、和谐、自由"；"富强、民主、文明、和谐"；"劳动优先、共同富裕、公平正义"；"集体主义"；"促进人的自由全面发展"；"以人为本、共同富裕、公平正义"；"共同富裕"；"公平正义、民主自由、仁爱和谐、人本共享"；"共享共建"；"公平正义"；"民主、平等、公正、互助"；"共同富裕、公正民主、科学文明、人本和谐"；"人本、和谐、尊重、民主、富强"；"人本、公正、民主、和谐"。

对上述15种表述，我们通过合并与组合可以发现：目前，关于社会主义核心价值观的表述主要由"富强、和谐、发展、仁爱、自由、人本、正义、互助、共享、民主、文明、平等"12种要素组成。这些要素究竟哪些可以列入社会主义核心价值观，还可以进一步探讨、研究，逐渐取得共识。对于社会主义核心价值观有各种不同表述的情况，一方面表明如何概括社会主义核心价值观非常重要，另一方面要概括出鲜明、简洁、凝练、让人们易懂、易记、易表达的、得到普遍公认的核心价值理念难度很大。

关于中国特色社会主义核心价值理念（一些学者称之为核心价值观，准确地说应该是核心价值观念，它们属于核心价值观，是核心价值观的核心理念），国内有很多研究，提出过不少版本。相对较多的学者主张将"富强、民主、文明、和谐"作为核心价值理念或其中的主体部分。其主要依据是党的十六届六中全会明确地把"建设富强、民主、文明、和谐的社会主义现代化国家"作为中国特色社会主义的奋斗目标。其中"富强"是社

---

① 参见江畅：《论中国特色社会主义核心价值理念》，《社会科学战线》2012年第10期。

会主义经济的核心价值理念;"民主"是社会主义政治的核心价值理念;"文明"是社会主义文化的核心价值理念;"和谐"是社会主义社会和生态的核心价值理念。我们赞成这种看法,其理由主要是,这四大理念是实现人民幸福这一终极价值目标所必需的经济、政治、文化和社会以及生态条件。因此,它们就成为了中国特色社会主义的基本价值目标,也是中国特色社会主义建设所追求的奋斗目标。只有实现了这些目标,人民幸福才有保证。不过,"富强、民主、文明、和谐"这四大理念主要是从社会的角度提出来的,人们当然关心社会的现实状况和理想追求,但更关心个人自己在社会中的现实状况和理想追求。从历史上的核心价值理念看,更多地体现了社会个体的愿望和期许,我们提出的核心价值理念也要考虑个体的因素。

党的十八大报告指出要倡导富强、民主、文明、和谐,倡导自由、平等、公正、法治,倡导爱国、敬业、诚信、友善,积极培育社会主义核心价值观。根据报告的精神可以将当代中国社会主义核心价值理念概括为以下 12 种。如下表:

		富强
	国家	民主
		文明
		和谐
中国特色社会主义核心价值理念		自由
	社会	平等
		公正
		法治
		爱国
	个人	敬业
		诚信
		友善

社会主义核心价值体系要求"用中国特色社会主义共同理想凝聚力量"。中国特色社会共同理想是什么?目前尚未对这种共同理想作出具体的界定。倡导富强、民主、文明、和谐,倡导自由、平等、公正、法治,倡导爱国、敬业、诚信、友善,这十二大核心价值观可以看成是中国特色社会主义的共同理想的具体表达。富强、民主、文明、和谐是国家和民族

整体的价值追求；自由、平等、公正、法治是理想的社会状态体现的价值内涵，是实现普遍幸福的社会条件，而爱国、敬业、诚信、友善则是实现普遍幸福的个体条件。因此，这十二大价值理念应该成为中国特色社会主义的基本价值目标。只有实现了这些目标，人民的普遍幸福才有保证。①

何为富强？民富、民强和国富国强两个方面不可偏废，硬实力和软实力要相得益彰。还要在继承中国传统财富文化的基础上，发展新时代的富强文化，塑造可持续的富强理性。新时代的富强文化的核心要义应该是依靠辛勤劳动和美德来达到富强，依靠务实创新来达到富强，依靠改革开放来达到富强。

富强与民主密切相连。真正的富强一定是奠定在民富、民强的基础上的，没有民主就无法实现富强。民主即人民当家作主。民主既是一种目标，也是一种手段。如何实现民主？要用民主的办法实现民主。民主是一种理想，但实现民主要结合国情的现实。就我国很长时间的历史阶段来讲，要把党内民主和党外民主、社会民主与政治民主结合起来，要把精英民主和大众民主结合起来，要把民主和集中结合起来。

文明是一个历史范畴，是用来描述一个国家或民族乃至个人在改造客观物质世界和主观精神世界的社会文化实践中所获得的物质或精神性成果的程度或综合素质的高低的概念。文明具有相对性，一个是相对自己民族的过去，要变得更完善，包括生活环境、社会制度和社会风气，以及物质和精神生活。另一个是相对于其他民族而言，在各个方面具有公认的值得赞美的民族品格。

和谐就是在坚持民族成员的个体独立性和生活活力的基础上，社会成员之间能够和睦相处，构成一个有机的民族整体。和谐既建立在个体原则的基础上，在个体自律和个体自由的基础上实现，最终的落脚点是整体原则的实现。

富强、民主、文明、和谐是国家的价值观。从社会的角度来看，就是自由、平等、公正、法治的价值观。自由就是承认人的个体性，承认个人

---

① 　参见江畅：《论中国特色社会主义核心价值理念》，《社会科学战线》2012 年第 10 期。

的选择自由，弘扬个人负责的精神，承认自律，承认个人通过努力奋斗改善个人的生活，承认个体之间的有序竞争。平等是自由得以实现的重要条件，没有平等，个体的选择性就会落空，自由就无法实现。要实现平等，就要把个体置于一个统一的标准之下，这就需要坚持公正的原则和法治的原则。

在自由、平等、公正、法治给个人完善自我提供了良好的保障的前提下，个人的良心自由和道德选择得到了应有的尊重，同时对限制了不道德行为，诚实的个体和守信的个人就可以获得应有的尊重。个体就可以充分发挥自己的爱心，以友善的精神弥补法制的不足，使得社会更充满柔情和诗情画意，更富有道德的精神。人们就会焕发起更大的道德勇气去履行好自己的社会责任和民族责任，展现出爱国和敬业的美德。这样的社会就是一个普遍幸福的社会。

3. 基本价值原则

江畅教授认为要把社会主义终极价值目标和核心价值理念转化为人们的实践活动，需要根据它们的要求并结合社会现实，提炼概括社会主义基本价值原则，并通过法律的方式确定下来，使之成为国家的意志和人们的行为准则。中国特色社会主义基本价值原则是治国理政的基本要求，是立法、订立制度、制定政策以及从事各项党政工作的主要依据，也是对各项工作进行检查、督促、检验的基本标准。江畅教授依据党的基本路线，结合中国特色社会主义理论的新发展，将中国特色社会主义基本价值原则概括为以下十条：

	马克思主义原则
	社会主义原则
	爱国主义原则
	共产党领导原则
中国特色社会主义 基本价值原则	依法治国原则
	以人为本原则
	科学发展原则
	改革创新原则
	公平正义原则
	明荣知耻原则

在上述十条基本价值原则中，马克思主义、社会主义、共产党领导是中国特色社会主义信念层面的基本原则，具有前提性，它们既体现了社会主义的基本要求，也体现了中国特色的基本要求。中国特色社会主义核心价值体系、中国特色社会主义文化以至整个中国特色社会主义事业内含着对共产党领导的要求，共产党领导是中国特色社会主义价值体系的基本价值原则，也是中国特色社会主义事业不可动摇的政治原则。

科学发展、改革创新是中国特色社会主义主体内容方面的基本原则，它们体现了社会主义最新发展和时代内容的要求。科学发展原则的基本要求是全面协调可持续发展。全面发展，就是要以经济建设为中心，全面推进经济建设、政治建设、文化建设和社会建设，实现经济发展和社会全面进步。协调发展，就是要努力做到"五个统筹"，即统筹城乡发展、统筹区域发展、统筹经济社会发展、统筹人与自然和谐发展、统筹国内发展和对外开放，推进生产力和生产关系、经济基础和上层建筑相协调，推进经济建设、政治建设、文化建设、社会建设的各个环节、各个方面相协调。可持续发展，就是要促进人与自然的和谐，实现经济发展和人口、资源、环境相协调，坚持走生产发展、生活富裕、生态良好的文明发展道路，保证一代接一代地永续发展。改革创新要求突破陈规、大胆探索、勇于创造的思想观念，是不甘落后、奋勇争先、追求进步的责任感和使命感，是坚忍不拔、自强不息、锐意进取的精神状态。

以人为本、公平正义和依法治国是中国特色社会主义社会各个方面建设操作层面的基本原则，它们所要解决的是中国特色社会主义事业发展动力和社会环境的问题。以人为本原则在一定意义上也可以说是社会主义人道主义原则。它的基本内涵是以"人"为核心，以"人"为目的，保护人的基本权利，尊重人的尊严和价值，关心人，爱护人，帮助人，保障人的利益的实现。以人为本和法治相辅相成，要靠法治来保护人的权益，法治要贯彻以人为本的原则。公正原则是一种调节人际间利益或个人与集体之间利益的标准和尺度。社会公正原则大体上包括四个方面的内容：权利平等，机会均等，制度公正，分配公平。

爱国主义和明荣知耻原则是社会的每个个体都要坚持的价值原则。爱国主义是千百年来积淀起来的人们对自己祖国的一种深厚的政治伦理情感，是一个国家存续和发展的精神动力。它表现为对自己祖国山河土地的眷恋，对自己同胞的热爱，对祖国历史文化的尊重，对国家的忠诚，对民族国家之前途命运的关切和民族的自尊心、自信心等等。

坚持这些原则可以使社会主义永葆活力，使社会主义社会有序、和谐和美好。上述所有基本价值原则从精神层面到操作层面，与更具体的价值原则一起，构成一个相互关联、相互支持的价值原则体系，共同对中国特色社会主义事业起维护、支撑和推动作用。中国特色社会主义经济建设、政治建设、文化建设、社会建设和生态文明建设都要坚持这些基本价值原则。①

---

① 参见江畅:《论中国特色社会主义核心价值理念》,《社会科学战线》2012 年第 10 期。

报告二

我国主流价值文化的三种基本作用

徐　瑾

在全球化[①]背景下，各种价值观念充斥着当代中国社会。主流价值文化应当发挥什么样的作用，是关涉民族兴衰的重大课题。伴随着改革开放及经济与信息全球化的是非主流文化的日益流行。非主流文化既包括与主流文化的冲突及挑战的内容（反主流），也包括导致人们价值选择的矛盾、价值取向的偏差以及价值标准的模糊的内容。我国目前社会存在三种主要价值文化：社会主义文化、西方文化和传统文化。虽然在理论上社会主义文化是我国主流文化的核心和主导，但在现实中其地位需要得到进一步巩固，作用还需要得到进一步彰显。其原因一方面源于社会主义事业曲折发展的历史，另一方面也源于各种文化相互融合、干扰、对抗的现实。正因为如此，我们更要大力发扬主流价值文化在多元文化中的模范和导向作用。虽然在现实中主流价值文化确实在大力向群众、向基层靠拢，但总体上还是处于一种"阳春白雪"的地位，公众对貌似"俗气"的"下里巴人"式的文化更加接受。所以，就现实而言，我国当前之所以要构建主流价值

[①] 根据国际货币基金组织（IMF）的定义："全球化是指跨国商品、服务贸易、国际基本流动规模和形式的增加，以及技术的广泛迅速传播使世界各国经济的相互依赖性增强。" IMF: World Economy Outlook: Globalization–Challenges and Opportunities. Washington DC: International Monetary Fund, 1997:45.

文化，其原因主要在于我国推行的价值文化虽然是占统治地位的文化，但在价值多元化的冲击下面临着严重的挑战和威胁。① 因此，我们应当充分发挥主流价值文化对非主流文化的主导作用、范导作用以及对公众的感召作用，应对一切挑战和威胁，保障社会主义事业的顺利进行。

一、对非主流文化的主导作用

主流文化是指在一定的时代、范围内占主导地位的文化，如政治、经济、哲学、法律、科学技术、文学艺术等，主流文化往往带有官方色彩。除此之外，还有另一种文化存在于社会生活之中，具有民间色彩，通常不以书面形式展现，诸如婚姻、家庭、风俗、习惯等，这就是非主流文化。非主流文化包括两个大的方面：一个是明显表现出的与主流价值文化的正面冲突与潜在腐蚀的文化（包括与主流价值文化相背离的西方文化和传统文化）；另一个是与主流价值文化关联不紧或冲突不明显的文化，这集中体现为社会风俗习惯、民族宗教信仰、群体心理习性三个方面。狭义上的"非主流文化"主要指后者。为了论述的方便，我们将前者称之为"反主流文化"。

（一）坚决反对、遏制"反主流文化"

"反主流文化"与我们主流价值文化的正面冲突直接表现为敌视我国社会主义文化，宣传各种反动言论，妄图阻碍或者颠覆我国社会主义事业。早在冷战结束时，资本主义国家就在全球散布"社会主义是20世纪最大空想"、"美国式的自由民主体制作为最后形式取得了全世界的胜利"。② 在面对我国社会主义建设取得了举世瞩目的成就之后，美国等西

---

① 参见江畅：《我国主流价值文化构建的三个问题》，《光明日报》（理论·核心价值版价值论坛）2012年6月21日。

② 李希光：《再论"妖魔化中国"——中国新闻奖新闻论文作品选》，重庆出版社1998年版，第406页。

方国家又别有用心地宣传"中国威胁论",把我国当作是威胁西方价值观和政治制度的"头号敌人",从而采取或明或暗、或硬或软的手段对我国加以压制。这种冲突表现为:一是西方打着"人权至上,人权高于主权"的旗号,以西方价值观为标准,在国际外交和国际舆论上,公开攻击和指责我国的社会制度,丑化我国的国家形象,对我国施加意识形态压力;二是利用自己是全球化经济规则制定者的身份,把资本主义的制度模式强行作为全球唯一可行的规则强制遵守,否则便给予经济贸易上的制裁,以便达到在全球贸易中排斥社会主义的目的;[①] 三是利用自己的经济科技优势,把经济活动同政治附加条件相结合,通过经济制裁和贸易禁运对我国施压,企图迫使我国放弃社会主义制度与信念。

对我国主流价值文化的潜在腐蚀甚至比正面冲突的表现更为可怕,因为这种潜移默化的影响会慢慢混淆人民群众的视听,"千里之堤,溃于蚁穴"。而事实也证明,改革开放三十多年来,各种落后、腐朽甚至反动思想在社会上流传越来越广,对我国社会和谐和社会主义事业的建设产生了极大的负面影响。从表现上来看,这些负面影响主要来自于西方对资本主义价值观的贩卖(譬如宣扬极端利己主义、拜金主义)、暴力色情文化作品泛滥、三俗之风盛行、封建迷信死灰复燃、盲目信仰个人崇拜以及邪教屡禁不止等。就当前对我国影响最大的西方资本主义价值观而言,尽管在表面上美国人宣扬"普世价值",淡化意识形态色彩,但潜在宣扬的却是"美国文化中心主义"和"文化霸权主义",将美国文化当做普世价值的标准,并以此来评判其他文化,对不符合美国文化的进行批判和攻击,甚至给予制裁。正如托德·吉特林所说:"美国流行文化的全球传播,是长久以来人们为实现全球统一而做出的一连串努力中最近的一次行动,它代替了罗马帝国和基督教徒推行的拉丁语以及(共产党政府推行的)马克思列宁主义。"[②] 特别是一些通过非法途径入境的美国等西方国家的文化制

---

① 参见董娅:《全球化背景下我国主导文化面临的受动性冲击》,《西南师范大学学报》2002 年第 6 期。

② 张晓忠、刘光慧:《经济全球化条件下两种社会制度的新特点》,《红旗文稿》2001 年第 5 期。

品，大肆宣扬资本主义的文化价值和生活态度，表现资本主义社会奢侈颓废的生活方式及色情、暴力、犯罪、吸毒等丑恶社会生活，即使是一些所谓"好莱坞大片"也多是纯粹的以满足感官刺激为目的，这些文化制品传达出的价值观念、理想以及态度情感，已经潜移默化地影响了人民群众的思想观念和生活态度，从而极大地影响了社会稳定与和谐。由于改革开放之后我国经济发展较快，文化建设较为滞后，加上西方文化的腐蚀，一些封建腐朽思想及迷信观念也沉渣泛起，比如当前所盛行的风水、命相，不仅普通群众，甚至不少党员干部对此也深信不疑，报纸上屡有"请风水先生勘定政府大楼建造地址"等报道。加上目前网络发展太快，各种不健康思想和言论充斥网络，这些都极大地腐蚀了我国主流价值文化的主导地位以及党员干部群众的思想意识。

在面对"反主流文化或敌对文化"的挑战和冲击时，我们必须始终不渝地坚持我国主流价值文化的主导地位。文化是一个民族的根，主流价值文化能够从思想上保证改革开放和现代化建设沿着社会主义的方向前进，为我们社会主义建设提供思想保证，增强人民群众的向心力。主流文化价值文化是发展之本。当今世界，科技进步日新月异，科技已经成为第一生产力，人才作为科技的创造者、发明者、传播者和使用者，在经济社会发展中的作用越来越突出，成为促进发展的第一资源。一个国家能否持续发展，能否增强竞争力，在很大程度上取决于人才的培养和国民科学文化素质的提高，主流价值文化能够提供社会发展所需要的智力支持，促进社会持续发展。主流价值文化是复兴之源。一个国家、一个民族要兴旺发达，自立于世界民族之林，必须有强大的民族凝聚力和精神动力，主流价值文化能够提供人民群众强大的精神动力，从而凝聚全党和全国各族人民的力量为中华民族的伟大复兴共同奋斗。

正是源自历史与现实所必然选择的主导地位，我国主流价值文化更应当加强文化自信。我国主流价值文化体现了鲜明的中国精神与中国气派，具有得天独厚的优越性和先进性，而这正是我们价值自信的源泉，有了价值自信就能更好地把我国主流价值文化转换为人民的自觉追求，并发挥它在各种价值文化中的主导地位和引领作用。

　　为应对国内外各种各样的反主流文化或敌对文化的挑战和冲击，我国主流价值文化就必须做到随时代变化而发展，从而永葆活力。共产党人要为人民利益而奋斗，必须使党的理论、党的事业、党的建设与时俱进，而且要善于把握时机，既要反对超越时代的空想主义，也要反对落后于时代的教条主义，要永远做到解放思想，实事求是，与时俱进，开拓创新。在全球化的今天，我国主流价值文化应当以开放的心态、科学的态度走向世界，吸收人类文明的一切先进成果，应对一切挑战和冲突。在文化全球化语境下，简单地排斥外来的异域文化，完全以中国传统文化回应全球化进而实现现代化必然导致狭隘的民族主义，不现实也不可行；相反，全球化为中华民族文化吸收全人类先进的文明成果，实现中国文化的成长与跃进提供了重要机遇。因为文化交流必然带来文化冲突，而只有冲突才能凸显不同文化的优缺点，才能为各种文化的融合提供必要的前提和坚实的基础。因此，我们主流价值文化的与时俱进、开拓创新应当吸取人类一切优秀精神遗产，如先进科技、管理知识、法治文明、制度文明、契约精神、人文主义等。

　　当然，在这种吸收与包容之中，我们应当坚持科学的态度，坚持"以我为主，为我所用"的民族主体意识，使之适合我国现阶段的社会主义国情。譬如对于以美国为首的西方国家鼓吹的资本主义核心价值观而言，我们一方面要清醒地认识到进步性是资本主义核心价值观的一面，而虚伪性则是资本主义核心价值观的另一面。在资本主义发展过程中，资产阶级思想家和政治家以抽象的人性论为依据，以绝对的普遍性为方法，借助强势话语霸权，把"自由、平等、博爱"说成是代表整个人类社会普遍利益的"普世价值"，鼓吹承载这些价值理念的资本主义制度是人类社会永恒的发展趋势。而马克思曾一针见血地指出：以"自由、平等、博爱"为核心价值观的资产阶级意识形态，具有虚伪性、唯心性和欺骗性，因为在这些价值理念中，现实的个人利益往往被说成是普遍利益，因此"愈发下降为唯心的词句、有意识的幻想和有目的的虚伪"[①]，并认为只有到了共产主义社

①　《马克思恩格斯全集》第 3 卷，人民出版社 1972 年版，第 331 页。

会，"自由、平等、博爱"才可能真正实现。但是另一方面，对资本主义核心价值观进行彻底批判并不是要彻底地抛弃和拒斥"自由、平等、博爱"这些理念本身，而是要突破和超越资产阶级把自身少数人的根本利益冒充为人类普遍利益的局限性，彻底打破资本主义对"自由、平等、博爱"的话语专有权、话语霸权和话语垄断，剔除附于其上的资产阶级性质及其抽象的人性论含义和虚伪性、唯心性、欺骗性，赋予其以无产阶级本性和社会主义性质，把被资产阶级据为己有的"自由、平等、博爱"的核心价值观，还之以人类共同的文明成果与价值共识的本来面目和真实面目，在真正意义上实现这些价值理念，使之具有真实性、唯物性和现实性。① 只有以这种科学的态度、开放的心态走向世界，才能既吸收世界各国的先进文明成果，保持我国主流价值文化的民族性与独立性，真正做到代表先进文化的发展方向。

（二）正确引导、合理利用和有效控制"非主流文化"

与对"反主流文化"的坚决反对和遏制不同，对狭义上的"非主流文化"的处理更加复杂，因为面对的各种价值观念更加多样，但正因为复杂，所以对其进行正确引导、合理利用和有效控制就显得更为重要。

第一，对非主流文化正确引导、合理利用、有效控制的必要性。

非主流文化对社会的影响除了人际交往途径外，主要还包括以下三个方面：一是影视非主流（甚至反主流）文化的消极导向。近几年影片运作实行自负盈亏，票房价值制约了影片生产，从海外每年都引起的一大批非主流影片，充斥着暴力和色情内容，对人们（尤其是青年人）形成了极大负面影响。二是电视（网络）的非主流文化对大众造成了极大负面影响。电视、网络已普及千家万户，而黄金时间播出的影、视、歌多为非主流的庸俗文化，很多节目格调低下、粗制滥造，甚至不堪入目。而且一些电视

---

① 参见黄士安、戴木才：《正确看待资本主义核心价值观的历史进步性和现实欺骗性》，《光明日报》2012 年 2 月 18 日。

台层出不穷的"选美"、"相亲"节目非常庸俗、格调低下，以各种新奇古怪的装扮、言辞，甚至不惜编造、捏造事实来吸引观众，混淆视听，严重削弱了主流价值文化的影响力。三是非主流（乃至反主流）文化的书刊的影响。不论是从网上还是在出版物中，现在人们普遍阅读的都不再如改革开放以前的道德及科普书籍，取而代之的是各种"娱乐化"的书刊。不仅成年人，中小学生也深受其害，这些充满各种腐朽思想的书刊对人们，尤其是青少年学生造成了极大毒害。

非主流文化对社会既有积极影响，也有消极影响。非主流文化对社会的积极影响首先表现在非主流文化开拓了人们的视野。由于非主流文化具有主流文化所不具有的多元性，所以，在一些新兴的主流价值文化没有充分进入的领域如网络、动漫、娱乐等就成为大众讨论的主要话题，非主流文化的存在使人们相比于改革开放之前有了更加开放的意识、更加开阔的视野和更加强烈的创新意识。其次，非主流文化有利于培养人们的主体意识和个性发展。非主流文化崇尚弘扬个性、表现自我，这为人们（尤其是年轻人）的个性发展提供了有利的条件，赋予了人们积极的主体意识。最后，非主流文化可以促使人们更好地适应社会变化。由于非主流文化的自发性和非正式性，使得人们能够通过各种方式、各种渠道充分展示自己的真实情感和个性自我，自由地进行娱乐和交往活动，感悟不同价值理念的交锋、碰撞。这在客观上锻炼了人们的社会交往能力，并使他们在接触社会、接触他人的过程中明确自身的社会角色，承担自身的社会责任，促进自身的社会化。

非主流文化对社会的消极影响表现在：一是导致人们价值选择的矛盾。这种矛盾性突出表现在个性自由与传统约束的矛盾、以自我利益为核心和以为人民服务为核心的矛盾、强调个人主义与坚持社会主义集体主义的矛盾、个人发展与祖国需要的矛盾等方面。这种矛盾的产生主要是非主流文化不像主流文化那样具有较为清晰的价值观念的提倡、宣传和主导，而具有非常宽泛的内容和巨大的包容性，甚至各种完全相反的价值也包含其中，这直接导致了人们价值选择的矛盾性。这种文化冲突与矛盾使人们的思想容易产生焦虑和迷茫，而焦虑与迷茫程度越深，人们的盲目性和冲动性就越强，这就更加容易导致对主流文化所代表的价值观的怀疑和反对。二是导致人们价值取向的偏差。其主要表现是：非主流文化在引导人们张扬个性的同时，也会使人们陷入自我中心主义或极端个人主义的误区；非主流文化在促进人们社会化的同时，其消极面也会使人们在这个过程中陷入庸俗化、功利化的错取倾向。自改革开放以来，人们既得益于改革开放所带来的繁荣和发展，但也接触了解到了各种并不如意的社会现实，加上各种不良思潮（甚至敌对文化的渗透、侵袭）的影响，导致人们在价值取向上越来越不注重整体的、公众的、社会的、国家的利益，而越来越注重自身的利益。"生活在这样的社会里，我们的判断带有极大的偏见。捞取、占有和获利是生活在工业社会中的人不可转让的、天经地义的权利。"① 三是导致人们价值标准的模糊。所谓价值标准是指人们以什么样的价值观念来看待别人和自己的行为。现在人们通常是用奉献的精神去要求别人，但对自己却采取利己主义的态度，甚至连孔子所说的"己所不欲，勿施于人"② 以及"己欲立而立人，己欲达而达人"③ 都做不到。譬如对当代非主流文化影响最大的大学生而言，当代大学生习惯于以集体主义标准要求别人，对自己却采取利己主义的价值标准；对支援西部、见义勇为等行为观念上认同，但却不能转化为自己自觉的行动；认同诚信是做人的基本准则，但考试作弊、简历造伪、抄袭作业的现象却层出不穷等。

可以说，从对社会的影响上来看，非主流文化因其流行而对我国主流价值文化的消极影响更大。胡锦涛指出：社会风气是社会文明程度的重要标志、是社会价值导向的集中体现⋯⋯在我们的社会主义社会里，是非、善恶、美丑的界限绝对不能混淆，坚持什么、反对什么，倡导什么、抵制什么，都必须旗帜鲜明。要在全社会大力弘扬爱国主义、集体主义、社会主义思想，倡导社会主义基本道德规范，促进良好社会风气的形成和发展。④

---

① ［德］弗洛姆：《占有还是生存》，关山译，三联书店 1989 年版，第 75 页。

② 《论语·卫灵公》。

③ 《论语·雍也》。

④ 参见《人民日报》2006 年 3 月 5 日第一版中《胡锦涛等领导人分别看望政协委员并参加讨论》。

因此，主流价值文化对非主流文化的主导以树立良好的社会风气是关系社会主义事业持续发展的刻不容缓的重大课题，非主流文化对于社会的积极影响主要是增进了人们的认知能力，消极影响则是削弱了人们的道德意识，或者说激发了人们的求利动机，从而将道德观念置之脑后。因此，主流价值文化对非主流文化的正确引导、合理利用、有效控制就显得极其重要而且必要了。

第二，对非主流文化正确引导、合理利用、有效控制要达到的目标。

如上所述，非主流文化虽然表面看起来也能促进人们的知识和能力，比如提高人们的创新意识、开拓其视野、增强其社会交往能力，但从根本上来说，非主流文化无益于全面提升人们的道德文化素质，甚至在很大方面是对我国主流价值文化的腐蚀，削弱了主流价值文化在社会中的影响力。因此，我们必须对非主流文化加以正确引导，以培养合格的社会主义事业的建设者和接班人为导向；对非主流文化加以合理利用。非主流文化有着巨大的影响力，我们有必要合理利用非主流文化的各种方式、语境等增强主流价值文化的影响；对非主流的消极社会因素必须坚决加以控制，坚决消除其消极影响。"两个相互矛盾方面的共存、斗争以及融合成一个新范畴，就是辩证运动。谁要给自己提出消除坏的方面的问题，就是立即切断了辩证运动。"① 因此，一方面，我们并不主张（在当今全球化背景下的社会也不可能）形成以主流价值文化"大一统"的局面。因为非主流文化虽然没有主流价值文化这么强的意识形态因素，但是比主流价值文化涉及的面更宽更广，而且非主流文化也有其自身的合理性，因而"大一统"的（行政手段推行）方式是不妥当的；但是，另一方面，我们绝对不能对非主流文化中的一些消极因素视而不见，必须以主流价值文化对其加以正确地引导、合理地利用和有效地控制，以达到为社会主义建设服务，达到社会和谐、政治清明、经济发展、人民幸福的目的。

第三，对非主流文化正确引导、合理利用、有效控制的路径。

非主流文化为什么在社会上比较流行，原因大致上可以分为这三种：

---

① 《马克思恩格斯选集》第 1 卷，人民出版社 1995 年版，第 144 页。

一是政府对外来文化的不恰当干预。由此导致公众通过一些非正规渠道了解到国外"潮流"文化，满足了好奇心，但是由于公众对国外文化了解不深，从而错误地对外国（西方国家）和国内的状况进行了对比，并由此导致对我国主流价值文化的误解。二是本民族文化的空虚。我国有五千年文明史，但自"五四"新文化运动及"文化大革命"运动以后，由于完全彻底地抛弃传统文化，从而导致我国现在失去了文化底蕴与文化底气，这也间接导致了各种非主流文化的兴起。三是由空虚导致的虚荣心理，以为非主流就是个性，就是时尚，就代表潮流。这个因素在年轻人中间尤其普遍。

实现我国主流价值文化对非主流文化的正确引导、合理利用、有效控制的路径主要有如下三条：其一，公共管理领域的引导、利用和控制。公共管理领域是国家意志的体现，是意识形态的重要体现领域，因此，在公共管理领域必须严格加强主流价值文化对非主流文化的引导、利用和控制。具体措施可以包括转变公共管理理念，实现政治观念文明创新；完善法律制度与公共政策，实现政治制度文明创新；改进公共管理过程，实现政治行为文明创新等。其二，文化传媒领域的引导、利用和控制。要毫不动摇地坚持主流价值文化的发展方向，改进主流价值文化的传播方式。面对多元文化生态和多元价值的激烈碰撞与融合，一方面，要始终不渝地坚持以马克思主义为指导的社会主义核心价值观的主体地位，坚持社会主义荣辱观的教育方针，坚决抵制非主流文化的种种错误价值观念对公众的不良影响，引导人们理性地进行文化选择和价值选择；另一方面，要根据社会各个阶层的特点，有的放矢地改进主流价值文化的传播方式，采用人们喜闻乐见的方式，使人们更易于接受主流价值文化。其三，学校教育领域的引导、利用和控制。从根本上来说，学校教育领域是最为重要的领域，因为这关涉到接班人的问题。目前，学校教育领域存在着非主流宿舍文化、网络文化、手机文化、音乐文化、商业文化、恋爱文化等各种新鲜事物，如果不加以正确引导，就会使青少年失去社会主义远大理想，甚至沉沦、堕落下去。但是非主流文化客观上存在着巨大的影响力，因此，我们只能以潜移默化的教育方式去引导、利用和控制，这包括：弘扬民族精神，将体现民族文化优秀传统的价值观融入非主流文化；加强社会主义核心价值观教育，竭力控制劣性校园非主流文化的自由蔓延。

（三）实现主旋律与多样化的和谐

主流价值文化没有必要也不可能完全取代非主流文化，因为人们的物质文化生活的需求是多元的，强行寻求"大一统"反而可能导致适得其反的结果。但是，主流价值文化的主导地位是不可动摇的，需要以此来引导多元文化达到共同发展。

市场经济空前地激发了人们的求利动机（当然，这也是西方价值观长期影响的结果），导致物质利益与精神道德的矛盾日益激发。虽然我国经济得到了巨大发展，但诸如"毒奶粉"、"地沟油"等事件层出不穷，严重危害了人民群众的生命健康和社会稳定。而在改革开放过程中一些矛盾的激发和解决方式的不当也导致了各种诸如上访、强拆事件时有发生。这一方面说明主流价值文化的相对弱化，另一方面也让我们认识到了多元文化存在的根深蒂固性。保持社会和谐和政局稳定需要我们必须做到以主流价值文化为主导的多元文化共存共荣。坚持主流价值文化的主导地位，通过对非主流文化的正确引导、合理利用、有效控制来使得多元文化在健康的道路上得到全面发展，一方面作为主流价值文化的有益补充，另一方面也作为主流价值文化的更宽广的文化底蕴，只有这样，才能真正实现共存共荣。

那么，以主流价值文化为主导实现多元文化共存共荣是否可行呢？

首先，我国主流价值文化具有自身的优势。从历史和实践的层面我们看到，主流价值文化的主导地位是历史的必然选择和现实的实践证明。我国主流价值文化的"富裕、和谐、公正、法治、民主、自由、责任、德性、智慧、优雅"的价值理念已经深入人心，既能发扬非主流文化的积极作用，也能纠正非主流文化之偏。我国主流价值文化的马克思主义、社会主义、爱国主义、共产党领导、依法治国、以人为本、科学发展、改革创新、公平正义、明荣知耻原则也是社会主义事业多年建设的历史和实践证明了的真理。因此，我国主流价值文化具有"天然的"自身优势，能够对一切非主流文化进行正确引导。

其次，实现多元文化共存共荣符合世界文化多元化的趋势，有利于我国主流价值文化走向世界、影响世界。世界文化多元化表现为三个典型的特点：一是多元共存；二是"和而不同"①；三是融合创新。文化在任何时候都是一个动态的、开放的、不断变化着的系统，它的发展、壮大，永远离不开与其他文化的交流、沟通和传播。在当代西方国家把持话语权的环境下，我国主流价值文化必须走向世界，吸收其他文化的珍贵养料，迎接一切挑战和冲突，扩大自身的国际影响力和号召力，只有这样才能保证我国社会主义事业的不断前进。

最后，如何以主流价值文化为主导实现多元文化共存共荣呢？一是要充分发挥主流价值文化的显性引导原则。我国主流价值文化作为在国家意识形态指导下、以国家的意识形态为内核建构、由政府推动的文化形式，表达的是国家意愿与根本利益，传达的是一个国家意识形态和社会道德的基本观念，是一种处于支配地位的主流价值观。我们要充分发挥主流价值文化的权威性，通过（尤其是公共管理领域的）各种显性的宣传措施，使之在多元文化中处于主导和支配地位。二是要充分发挥主流价值文化的隐性默化原则。文化对人影响的特点一个是潜移默化。文化对人的影响一般不是有形的、强制的，也不都是消极被动、无目的地接受的，往往是自觉学习、主动感悟文化熏陶的结果。另外，文化对人的影响，无论表现在交往方式、思维方式上，还是表现在生活方式的其他各个方面，都是深远持久的。而且世界观、人生观、价值观是人们文化素养的核心和标志，一经形成就具有确定的方向性，对人的综合素质和终身发展产生持久的影响。因此，要充分发挥我国主流价值文化的隐性默化原则，通过人民群众乐意接受的方式，将主流价值文化在社会各个阶层进行传播，通过持续的对其他文化的影响来改变人们的人生观、世界观、价值观，而这是一项长期的战略。三是要充分认识到多元文化是主流价值文化必不可少的补充。以我国主流价值文化为主导绝不意味着同化、取消多元文化（非主流文化），

---

① 《论语·子路》："君子和而不同，小人同而不和。"

这正如毛泽东在 1957 年《关于正确处理人民内部矛盾的问题》中指出的那样："百花齐放、百家争鸣的方针，是促进艺术发展和科学进步的方针，是促进我国的社会主义文化繁荣的方针。"人创造了文化，文化也在塑造着人，优秀文化能够丰富人的精神世界，是培养健全人格的重要途径。人们对真善美的追求，也是塑造健全人格和全面发展的过程。在主流价值文化引导下的多元文化是不可缺少的重要组成部分，这是社会主义初级阶段适应不同阶层、不同文化层次、不同需求的各类人群的文化需要所决定的。主流价值文化的影响主要体现在意识形态上，多元文化作为主流价值文化的有益补充和更宽阔的文化内涵能够丰富人们的精神世界，促进其全面发展。

二、对主流文化的范导作用

作为观念的价值文化并不等于价值文化，而是价值文化的精神，是价值文化的内涵。只有当这种精神和内涵现实化了、对象化了，观念的价值文化才成为现实的价值文化，成为现实的价值体系，否则它就只是精神性或观念性的东西，而没有成为文化的深层结构。一种价值文化要成为主流的价值文化有两个条件：其一，一个社会必须是价值多元化的，或者不如说，社会管理者允许多种价值文化存在；其二，在多种价值文化中，有一种价值文化真正能起主导作用，其他价值文化不与相对立、相抗衡，相反与之共存共荣，并且接受它的引领和指导。[①] 我国目前社会存在三种主要价值文化——社会主义文化、西方文化和传统文化。虽然在理论上社会主义文化是我国主流文化的核心和主导，但在现实中其地位需要得到进一步巩固、作用还需要得到进一步彰显。其原因一方面源于社会主义事业曲折发展的历史，另一方面也源于各种文化相互融合、干扰、对抗的现实。正因为如此，我们更要大力发扬主流价值文化在主流文化中的模范和导向

---

① 江畅：《我国主流价值文化构建的三个问题》，《光明日报》（理论版）2012 年 6 月 21 日。

作用。

从社会现实层面来说，在主流文化中价值文化关涉整个社会的价值选择、价值标准、价值趋向，因而居于核心地位。价值文化属于社会意识范畴，是社会意识的本质体现，它受社会基本制度的制约，是由一定社会崇尚、倡导的思想理论、理想信念、道德准则、精神风尚等因素构成的社会价值认同整体。由于社会意识具有相对独立性的特征，因而任何民族、任何国家、任何社会的意识形态领域都是复杂多元的，都会呈现出多元价值体系并存的态势，但是任何一个民族、国家都会出于自己的需要，提出自己的主流价值文化来统治、引导、保障本社会经济、政治、文化制度的稳定和发展，以确保国家的兴旺发达和社会的发展进步。当今，中国共产党领导的社会主义事业建设需要主流价值文化的引领和保障，而基于社会主义核心价值观的主流价值文化毫无疑问是主流文化的核心，没有以马克思主义、社会主义、爱国主义、共产党领导、依法治国、以人为本、科学发展、改革创新、公平正义、明荣知耻为基本价值原则的主流价值文化的引领和保障，社会主义事业就会迷失方向。

（一）对主流文化范导作用的现状

就目前主流价值文化在主流文化中所处的地位而言，确实处于主导和核心的地位，但是在现实中这种主导和核心的地位并没有得到最大限度的彰显。这有历史与现实的原因，毕竟主流价值文化的形成是一个长期的、曲折过程。

近代以来，我国社会经历了由农业社会向工业社会转变、由封闭社会向开放社会转变、由传统社会向现代社会转变的急剧社会变革；经历了辛亥革命结束两千多年的封建专制统治，经历了我们党领导人民进行艰苦卓绝的新民主主义革命建立社会主义制度，经历了全党全国各族人民进行改革开放三次大的社会政治革命。正是由于社会变革和政治革命的急剧性、复杂性和多样性决定了我国社会价值观念变革和演进的急剧性、复杂性和多样性。从封建主义价值观到半殖民地、半封建社会带有一定资产阶级性质的价值观，从中国共产党人革命时期的价值观到社会主义建设时期的价值观，从计划经济时代的价值观到市场经济时代的价值观，从东方价值观到西方价值观（包括资本主义价值观），从中华民族传统价值观到世界各民族价值观，各种各样、纷繁复杂的价值观在我国急剧的社会变革和社会发展中同时并存，正确的与错误的、先进的与落后的、积极的与消极的相互交织、相互激荡，导致社会上出现种种价值裂变、价值冲突和价值矛盾。例如改革开放以来，人们对于改革开放的思想认识就存在不同的价值判断和价值选择。我国广大干部群众普遍赞成、拥护和支持改革开放，这是主流；但同时我们也发现，在我国社会现实中，也存在着误解、怀疑甚至否定改革开放的声音，有个别人甚至认为，我国改革开放的主导思想都是错的，认为改革开放是一种路线性错误；还有人认为，我国三十多年来的改革开放造就了由贪官、奸商、黑心学者所组成的社会腐败黑三角，认为贪官是社会腐败的政治力量、奸商是社会腐败的经济力量、黑心学者是社会腐败的思想力量。[①] 这些思想认识，在某种程度上就是一些错误的价值观在改革开放认识问题上的反映，是对改革开放价值评判上的误区和价值选择上的迷误。正是源自于各种价值观念的尖锐冲突和急剧变迁，所以主流文化的形成以及主流价值文化的形成和固定都经过了长期的甚至艰难曲折的发展。也正因为如此，在当代社会，虽然我国主流价值文化代表了先进文化的前进方向，具有重大的理论和现实价值，但其核心和主导地位在主流文化内部尚没有得到最大限度的彰显。

而在思想观念上人们对于什么是主流文化、什么是主流价值文化以及什么是非主流文化（包括反主流文化）理解不深，甚至很多党员干部也没有清晰的观念，思想比较混乱，由此导致对主流价值文化的重要性和核心地位认识不足。再者，就是人们对于文化的重要性认识不足，虽然宣传上强调主流价值文化的重要性，但在实际工作中却只注重经济发展，在实际生活中只注重个人利益，从而也削弱了主流价值文化的影响力。最后，就

---

① 戴木才：《社会主义核心价值观与核心价值体系的辩证关系》，《南昌航空大学学报》2012年第2期。

我国主流价值文化本身在客观上来说，还没有达到公众普遍完全一致性认同，并按照其规范自己行为的最大影响力，当然这其中的原因主要是没有充分采取适合公众的喜闻乐见的各种形式，没有通过各个层面的持续不断的宣传及潜移默化的影响来提高其感召力与凝聚力的原因造成的，而这也是当前主流价值文化建设所要解决的重大课题。

（二）范导作用的极端重要性

就价值观本身来说，它是一种内心尺度，在整个人性当中处于最高地位，支配着人的行为、态度、观察、信念、理解等，支配着人认识世界、明白事物对自己的意义以及自我了解、自我定向、自我设计等；也为人自认为正当的行为提供充足的理由。价值观是因人而异的，由于每个人的先天条件和后天环境不同，人生经历也不尽相同，每个人的价值观的形成会受到不同的影响，因此，每个人都有自己的价值观和价值观体系。在同样的客观条件下，具有不同价值观和价值观体系的人，其动机模式不同，产生的行为也不同。价值观也是相对稳定的。价值观是人们思想认识的深层基础，它形成了人们的世界观和人生观。它是随着人们认知能力的发展，在环境、教育的影响下逐步培养而成的。人们的价值观一旦形成，便具有稳定性和持久性。价值观在特定的环境下又是可以改变的。由于环境的改变、经验的积累、知识的增长，人们的价值观有可能发生变化。可以说，价值观是支撑人类生活的精神支柱，它决定着人类行为的取向，决定着人们以什么样的心态和旨意去开创自己的新生活，因而它对于人类的生活具有根本性的导引意义。正是源自价值观于人的重要性，我国主流价值文化对于主流文化而言具有非常重要的范导作用，这种作用表现为它对主流文化的引领，进而通过主流文化的引领主导整个多元文化的价值取向。

首先，社会主义建设实践需要主流价值文化体现"软实力背后的意识形态硬要求"。社会主义现代化建设的任务相当艰巨，是一项十分浩大的系统工程。必须要有正确的价值观作指导以把握社会主义现代化建设的本质，从而正确处理经济、政治、文化的关系，物质文明、政治文明、精神文明的关系，改革、发展、稳定的关系，这样才不偏离社会主义建设目标。在建设的过程中，主流文化作为被社会广泛接受的意识形态实际上是一种较为漫散性的权力或软力量，要凸显这种"软实力背后的硬要求"就必须强调主流价值文化对主流文化的范导作用，这样可以增强主流文化的凝聚力，为国家政策方针的制定提供理论支撑。一旦主流文化失去话语权，维持民族国家的精神支柱就会崩塌，正如马克思所说的："如果从观念上来考察，那么一定的意识形态的解体足以使整个时代覆灭。"①

其次，体制缺陷和道德体系缺陷要求主流价值文化对主流文化的正确引领。当代中国正处于社会经济、政治、文化思想大变动的时期，存在体制的滞后和缺陷以及一定程度上的"道德失范"，这就需要主流价值文化的引导乃至匡正。从体制方面来说，政治体制发展滞后于经济和社会的发展，譬如权力制约机制滞后等问题就严重干扰了社会的进一步发展。主流价值文化应当在体制改革等方面发挥更大的作用，通过主流价值文化所提供的理念和价值原则为政治体制改革制定大的发展方向，为经济建设和社会发展保驾护航。在社会道德层面，以前比较适合计划经济体制的伦理道德体系对社会的规范和引导作用急剧下降，而适应社会主义市场经济体制的新的较为完善的伦理道德体系尚未系统建构起来，从而不可避免地造成了社会道德失范。在这种情况下，基于个体性价值的追求迅速兴起，导致人们在社会价值的追求上重利轻义和贬低精神价值，把功利和效果当做一切，与这种拜金主义和享乐主义相伴的是道德良知的丧失和道德精神的麻木。各种错误的思想观念一方面混淆了甚至颠倒了人们对善恶进行价值判断的界限，涣散和消解了人们的道德意识，动摇了人们的道德信念，破坏了正常的道德评价机制，使社会道德水平出现了明显的倒退；另一方面使得社会上的消极思想和丑恶现象得到了蔓延的机会，带来了社会主义思想阵地的混乱，严重削弱精神文明建设的成效。"所谓精神文明，不但是指教育、科学、文化（这是完全必要的），而且是指共产主义的思想、理想、

① 《马克思恩格斯全集》第 34 卷，人民出版社 1972 年版，第 137 页。

信念、道德，革命的立场和原则，人与人的同志式关系，等等。"① 在人们的精神道德追求遭到削弱，没有强有力的价值文化感召公众，市场经济的逐利动机又导致了人们越来越强烈的物欲化倾向的背景下，主流价值文化应当对主流文化进行正确引领，不仅要加强物质文明建设，更要将以意识形态为主的社会主义精神文明建设提高到一个最高的层面上来，只有这样才能不断完善政治体制，建立适合社会主义发展的道德体系。

最后，社会阶层的复杂价值诉求要求主流价值文化去明确规范、整合和引导。改革开放三十年对于我国社会的最大变化就是社会结构的剧烈变迁。以前相对简单的工农为主的社会阶层以及"为人民服务"的无私奉献精神，现在变成了各种阶层、各种价值诉求充斥社会的复杂现状。面对这种极端复杂多变的社会现实，主流文化往往难以有一个清晰的导向和目标，这个时候就需要主流价值文化对主流做出范导作用。改革本身就是社会利益结构的调整，利益结构的调整必然会使一些集团或群体获得利益，同时导致另一些集团或群体的利益受损从而推动社会分化加剧。目前，我国的社会阶层处于一种复杂的结构化过程中，社会利益结构变迁十分迅速，各个社会利益群体正在分化、解组、贫富差距有日益扩大的趋势，不过在当代社会也并未形成十分稳定的社会阶层体系，很多的社会阶层出现了明显的过渡性特性，由此也导致了各个阶层的利益诉求和精神需求各不相同。在这种状况下，主流价值文化需要对各个社会阶层的价（利益）诉求做出明确规范、整合和引导，为主流文化做出范导以协调整体性与个体性价值等各方面矛盾，从而保持社会稳定和谐与发展。

（三）发挥范导作用应当处理好的关系

第一，要处理好整体性价值与个体性价值之间的关系。在整个主流文化中，我国一直是一个以"整体主义"为核心的文化。中国人的整体意识来源于以农耕为主的与自然作物质交换的小农经济生产方式，这种方式

---

① 《邓小平文选》第二卷，人民出版社 1994 年版，第 367 页。

以一家一户为生产单位，使用十分简单的生产工具，在分散的土地上耕作，为人们提供的时空关系是固定的、静态的。由于抵御自然灾害的能力低下，人们必须以家庭或宗族为单位协同劳作，共同生活，这就造成了中国人的整体本位观念。生存环境越是恶劣，个体的独立生存性就越是困难，个体对整体的依赖性就越大。中国人从生到死都生活在固定的家庭、单位、社团群体之中。由于地缘特征和群体氛围，因此如陈独秀所说："西洋民族以个人为本位，东洋民族以家庭为本位。"就整体和个体的关系而言，强调个体作为整体的部分依附于且服从于整体。梁漱溟说："在中国没有个人观念，一个中国人似不为其自己而存在。然在西方，则正好相反……在中国几乎看不到有自己，在西洋恰是自己本位，或自我中心。"张东荪在《理性与民主》中也指出："中国的社会组织是一个大家庭而套着多层的无数小家庭。可以说是一个'家庭的层系'。所谓君就是一国之父，臣就是国君之子。在这样的层系组织之社会中，没有'个人'观念。所有的人，不是父，即是子。不是君，即是臣。不是夫，即是妇。不是兄，即是弟。"[①] 在传统中国文化里，整体的"我们"才是积极概念，"我们"是被普遍原则所概括、所抽象的共同体，它赋予个人以本质，使其领有存在的权利。

但是，自"五四"新文化运动以后，西方文化逐渐成为了主流文化，虽然到新中国成立后有中国特色的社会主义文化成了主流文化，但西方个体主义思潮依然在社会中有着巨大影响。整个西方文化的出发点是个人主义的。就个人自身来看，西方价值观念突出个人自由和个人权利，提倡个性解放，宣扬个人独立，推崇个人建树，追求个人享受，完善个人人格。自我意识在西方文化中占据着中心地位，自我是价值观念的轴心，也是衡量一切的价值尺度。古希腊思想家普遍强调人在宇宙中的中心地位，坚信自身对自然的独立性和自主性。"吾爱吾师，吾尤爱真理"的亚里士多德就这样说："实体，就其真正的、第一性的、最确切的意义而言，乃是那既不可以用来述说一个主体，又不存在于一个主体里面的东西，例如某一

---

① 转引自戴茂堂、江畅：《传统价值观念与当代中国》，湖北人民出版社 2001 年版，第 44 页。

个个别的人或某匹马。"① 时至今日，这种以"具体个体"为第一实体的个体主义思想依然在西方占据着主导地位。康德说"人是目的"、"人为自然立法"，即使在讲到个人服从群体或服从普遍精神（上帝）的时候，也首先以承认人的个体性为第一前提的。可以说，在西方不是群体意识而是个体意识得到极高推崇。

因此，发挥主流价值文化的范导作用首先就必须处理好整体性价值和个体性价值之间的关系。在我们传统的教育观念中，强调集体的价值，个人对集体并不具有优先存在的地位，这种强调社会整体价值的传统有其积极合理的因素，但是如果以片面强调社会的整体性价值来否定个体性价值，社会就会变成压制人的社会。如果只谈集体而不谈个人，那这样的集体也只是虚幻的集体，是不为个人所依托的集体；相反，如果只谈个人而不谈集体，那这样的个人也只是孤独的逐利的个人，只是失去社会和精神寄托的个人。前者是用集体淹没了个人，后者则是用个人否定了集体，因而都不是合理的价值观。发挥主流价值文化的范导作用，就是既要将个人利益和集体利益有机结合起来，既承认集体和个人的价值主体和利益主体地位，又发挥人们的主观能动性和积极性；既大力提倡集体主义，又反对忽视个人的价值。在整个主流文化的导向中，需要我们在实践中处理好整体性价值和个体性价值的辩证统一关系。

第二，要处理好多样性与选择性之间的关系。任何价值观念都根植于社会实践，尤其是现实生活之中。当前，我国经济体制深刻变革，社会结构深刻变动，利益格局深刻调整，思想观念深刻变化，伴随着这种空前的社会变革和变化的是主流文化需要包含的内容越来越多，需要面对的环境和情况越来越复杂。在这种情况下，就必须处理好多样性与选择性之间的关系，主流价值文化应当在处理这种关系中做出表率，从而对主流文化产生整体的引领作用。诸如非主流文化所带来的各种影响必然对主流文化产生消极的或积极的影响，而这些影响是无法回避或从根本上予以消灭的，尤其是在整体性价值与个体性价值相冲突的东西方传统文化的碰撞下，人

---

① ［古希腊］亚里士多德：《范畴篇·解释篇》，方书春译，三联书店 1959 年版，第 13 页。

性中"生而好利"的倾向与追求精神道德的冲突也凸显出来。在这种状况下，人们（尤其是青年人）虽然一方面也开阔了视野、增进了知识与能力，但另一方面也可能导致政治信仰迷茫、理想信念模糊、价值取向扭曲、诚信意识淡薄、社会责任感缺乏、艰苦奋斗精神淡化、团结协作观念较差、心理素质欠佳等问题。特别是随着他们思想活动的独立性、选择性、多样性、差异性的明显增强，在价值观念和价值追求上就会日益呈现出多样化的趋势，多样化所带来的直接弊端就是容易失去正确的意识形态方面的引领。人类社会的发展规律表明，社会越是分化就越需要社会整合，同一社会虽然可以有多个层次和多元并存的思想价值体系，但国家层面的指导思想、理想信念、意识形态应当是共同的、一元的。换言之，"文化强国"战略需要我们把握意识形态背后的硬要求，那就是必须坚持社会主义核心价值观。因此，作为主流文化核心与主导地位的主流价值文化来说，必须妥善地处理好多样性与选择性之间的关系，在纷繁复杂的价值观念中坚持正确的导向，尤其是在培养社会主义事业的建设者和接班人的问题上，更要从指导思想的高度以社会主义主流价值文化统一他们的思想和行为。

第三，要处理好理想性与现实性的关系。对于大多数人来说，对眼前的现实性原则容易接受，但对于较为长远的理想性原则难以理解，所以在现实中表现出急功近利的功利主义倾向，导致对马克思主义和共产主义失去信心。因此，主流价值文化对主流文化的范导必须充分考虑并处理好理想性与现实性之间的关系，只有坚持以马克思主义、社会主义原则为核心的主流价值文化，才能以科学发展观和公平正义的原则去解决各种人与人之间的各种矛盾，才能以对人类未来文明和后人负责的态度去解决人与自然之间的矛盾，才能以人的全面、自由发展要求去解决人的生活方式中物质追求与精神追求之间的矛盾，更好地形成社会的文明道德风尚，同心协力地构建社会主义和谐社会。

（四）发挥范导作用的现实路径

基于上述分析，发挥主流价值文化范导作用应当从下面三个方面着手：

一是坚持主流价值文化对主流文化的范导作用，发展先进文化，支持有益文化，改造落后文化，抵御腐朽文化。在全球一体化进程中，各种文化的碰撞、冲击是不可避免的，也是我们必须面对的挑战和冲击。在当今世界，文化和经济、政治相互交融，在综合国力中的地位和作用越来越突出。先进高尚的文化能够陶冶情操，昂扬斗志；腐朽庸俗的文化能够消磨意志，腐蚀心灵。每一个社会人都存在于特定的文化氛围之中，潜移默化地接受着文化对人的思想、修养、气质、眼界、能力等各个方面产生的影响。主流价值文化作为主流文化的核心与主导，应当承当起引领整个社会风气的重任，大力发展社会主义先进的主流文化，有效改造、引导、控制各种腐朽、落后文化对社会的影响，最大限度地提升人民群众的精神道德水平。

二是以主流价值文化为导向，开展积极、健康、有益的群众文化活动，占领主流文化阵地。党中央提出了"文化强国"战略，借此契机，我国文化建设更要从战略高度来大力推进。在实践工作中，要大力加强城市社区文化、广场文化、企业文化和校园文化建设，同时大力加强农村文化建设，全面提高农村人口的思想文化素质。在广泛开展"三下乡"等文化扶贫活动的同时大力培养乡土文化队伍，加强农村文化阵地建设，满足农民文化需求。随着时代的发展，文化资源在经济建设中的地位和作用更加突出，已成为生产力的重要内容，主流文化的建设需要着力挖掘文化资源，以主流价值文化为导向，发挥民俗文化、地方文化的优势，对采取积极、健康、有益的群众文化活动潜移默化地影响人民群众的思想意识，将主流价值文化的价值理念和原则贯彻到各个阶层，为经济建设和社会发展提供精神动力。

三是完善文化产业政策，以文化产业实体的形式大力提升主流价值文化的影响力。随着"文化强国"战略的进行，近年来各地大力发展的群众文化产业已经初见成效，这既是精神文明的进步，也是物质文明的进步。譬如在搞活经济的方针政策下，一些地区把文化和旅游有机地融合起来，以文化激活旅游，以旅游促进文化，收到了很好的效果。主流价值文化要利用好文化产业实体的宣传渠道，要进一步加大对文化产业的支持力度，不断完善文化产业政策，优化文化产业环境。在积极倡导文明新风尚，进一步迈开经济文化一体化新路子的过程中，我们要有意识地以文化产业实体的形式宣传主流价值文化，提升主流价值文化的影响力和号召力，充分发挥主流价值文化的范导作用。

三、对公众的感召作用

（一）对公众感召作用的现状

对公众的感召作用是我国主流价值文化的现实落脚点。但是，当前我国主流价值文化对公众的感召力颇有点像宋玉所说的"阳春白雪"的意思，虽然宣传灌输的不少，但在公众中产生的影响并没有达到理想中的高度。相反，非主流文化（尤其是庸俗文化）反而在公众中有着巨大影响力。毛泽东《在延安文艺座谈会上的讲话》曾说："就算你的是'阳春白雪'吧，这暂时既然是少数人享用的东西，群众还是在那里唱'下里巴人'，那么，你不去提高它，只顾骂人，那就怎样骂也是空的。现在是'阳春白雪'和'下里巴人'统一的问题，是提高和普及统一的问题。不统一，任何专家的最高级的艺术也不免成为最狭隘的功利主义；要说这也是清高，那只是自封为清高，群众是不会批准的。"事实上，社会上更加流行是一些"俗文化"，譬如在酒桌上，人们往往谈论更多的是一些庸俗的话题，甚至认为没有"荤段子"就没有气氛；而在农村，乡干部召集村民开会，村民屡屡不来，而打麻将、赌牌时却不呼而至。这一方面显示人民群众需要主流价值文化的正确引导和教育，但另一方面也显示出主流价值文化需要更加紧密地联系群众，以公众认可的方式广为传播以提高其感召力。

主流价值文化对于公众的感召作用有点走入"阳春白雪"式的处境，其表层的原因是非主流文化对人们思想的腐蚀。如上所述，非主流文化对于公众来说带有新鲜感，尤其是改革开放以来各种新思潮的大量出现，导致人们在短时期内接受了大量以前从未接触过的思想观念，从而直接导致对我国一直提倡的社会主义主流价值文化的怀疑和迷茫，甚至产生抵触和反对情绪；再加上西方敌对势力利用经济、政治、宗教、民族及文化自身的各种途径有意识地影响我国社会，这也进一步加大了公众价值取向的混乱与迷失。为什么非主流文化（包括反主流文化）能够对公众产生更大的影响呢？这涉及更深层次的人性根源。正如上面所提到的整体性价值与个体性价值、物质利益追求与精神道德追求之间的矛盾，非主流文化空前地激发了人们的利己动机，从而将个体性价值置于一切价值之上，以"自我"为中心衡量一切社会现象，只要触犯了或不满足自我利益的行为、观念乃至政治、经济制度都将其视为错误的，从而产生物欲化、以自我为中心、敌视一切非自我的价值文化的错误思想。可以说，种种社会不和谐现象的出现都是因为主流（价值）文化的感召力不够，导致公众被非主流文化所诱导产生的。因此，我们必须大力加强主流价值文化在公众中的公信度、认同度和凝聚力、渗透力，"化性起伪"，引导公众树立正确的价值取向及行为方式。

（二）民心向背的根本性问题

我党六十多年来执政的成功经验可以凝聚为一句话，即"坚持立党为公、执政为民，始终保持党同人民群众的血肉联系"。中国共产党来自于人民、植根于人民、服务于人民，在领导人民群众夺取政权过程中获得了最广大人民群众的支持。可以说，执政党的执政能力建设过程实际上是如何持续不断地提高对人民群众的感召力、获得人民群众支持和认同的过程。执政能力越强，越容易得到人民群众的认同；相反，执政能力越弱，感召力和认同感也越低。一个政党要维持和增强人民的认同，巩固自身执掌政权的地位，就必须不断提高执政能力，特别是随着社会的发展进步，人民群众对于执政党的要求和期望不会停留在一个水平上，时代的发展和变化不断给执政能力增添新的内容和要求，执政党必须通过变革和创新，适应时代的发展，从而赢得人民群众最广泛的认同和拥护。

　　改革开放三十年来，人民群众的物质生活确实得到了极大提高，国家的综合国力也得到了极大提升，公众的民族自豪感和爱国热情也有所增加。但是不可否认的是，改革开放"以经济建设为中心"的战略在取得了经济上的巨大成就的同时，也不可避免地凸显了其他方面的问题。一方面，是经济建设自身暴露出的问题。突出表现是贫富差距的日益扩大，社会阶层之间的收入差距是导致人们心态失衡的重要原因。这种贫富差距不仅仅表现在东西部、发达地区与欠发达地区之间收入的差距，也表现在不同行业之间的贫富差距，从年收入上千万的公司老总到仅够温饱的山区农民，从开豪车住豪宅的"富二代"到卖报纸捡垃圾的下岗工人，从社会上不时曝光的"炫富"事件，到更为普遍的"仇富"心理，在贫富差距没有明显缩小的情况下，公众当然对道德教育等非物质利益之外的东西难有兴趣；另一方面，伴随着经济问题的是道德文明水平的急剧滑坡。虽然说，人们的自由意识、个体意识增强了，这是社会文明的进步，但道德修养确实产生了极大滑坡，很多在以前不可想象的"不以为耻，反以为荣"的事件（如"艳照门"等）层出不穷，一些人竟然连基本的"道德廉耻"都置之脑后，取而代之的是求名、求利的极端利己主义思想。面临经济、道德领域的种种问题以及无时无刻不影响着人们思想观念的非主流文化的冲击和腐蚀，如何提高我国主流价值文化的感召力就成了摆在执政党面前的首要任务。实践表明，党的执政能力从根本上还是要解决人民群众的政治认同感问题，从这一意义上讲，获得人民群众的支持和拥护是中国共产党最大的执政能力。

　　我国主流价值文化的感召力问题实质上关系的就是民心向背问题，民心向背是一个政党、一个国家、一个民族生死存亡的根本：民心就是党心。民心问题本质上是执政者与人民群众的关系，也就是执政者如何对待人民群众的问题。民心就是方向。立党为公、执政为民不能停留在口号和一般要求上，必须一切从民心出发，围绕人民群众最现实、最关心、最直接的利益来落实，努力把经济社会发展的长远战略目标和提高人民生活水平的阶段性任务统一起来，把实现人民的长远利益和当前利益结合起来。民心既是人民群众对执政党的愿望和要求，也是执政党奋斗的目标和方向。如果我们所做的一切，顺民心、合民意，执政党和人民群众就可以建立起良性互动的合作型关系，人民群众不仅拥护、支持执政党的领导，而且还成为推动历史前进的火车头。人民群众不仅要求党和政府帮助他们解决眼前具体的实际困难和问题，同时也十分关注经济和社会的长远发展以及他们的长远利益问题。想问题、办事情、作决策要树立科学的发展观和正确的政绩观，以不断满足人民群众根本利益要求为出发点和归宿。民心就是裁判：我们党是以全心全意为人民服务为宗旨的党，维护最广大人民的根本利益是我们一切工作的出发点和落脚点。无论是发展社会生产力，还是建设先进文化，其目的都是为了实现最广大人民的根本利益。只有一切依靠人民群众，一切为了人民群众，才能真正维护广大人民群众的根本利益，党才会在人民群众中有地位、有威信，人民群众才会真正把党看成自己的"代表"。党要能反映民意，让民心做裁判作为客观评价我们工作的重要标准，让民心这杆"大秤"称出我们党工作政绩大小和分量的轻重。让民心做裁判，就是要把人民当家做主的权利交给百姓。① 夯实党的执政基础就必须保障人民群众的民主政治权利，让人民群众当家作主。这样，人民群众才会和我们党心连心，帮助党和政府及时改进工作中的缺点和错误，使党永远保持强大的凝聚力和战斗力。

"权为民所用，情为民所系，利为民所谋"已成为党和政府执政思路的核心，一系列亲民、利民、惠民的政策已经广为人民群众所拥护。我国主流价值文化要代表这个前进的方向，对于在改革发展过程中遇到的问题和矛盾要在充分考虑人民群众利益的基础上得到解决，提高在人民群众中的影响力和感召力，带领全国人民踏踏实实地沿着社会主义道路继续前行。

（三）增强感召力刻不容缓

增强主流价值文化对公众感召力具有广泛的群众基础。2012 年 5 月 6

---

① 曹学成：《民心向背是衡量党执政基础是否牢固的根本标准》，《理论前沿》2005 年第 4 期。

日中国社会科学院在北京发布了《2011 年中国城市竞争力蓝皮书：中国城市竞争力报告》①，蓝皮书首次将幸福感竞争力指数引入城市竞争力评价体系。通过全国 294 个城市的 33 个样本城市居民幸福感调查结果显示：幸福感与收入之间并非正比关系，甚至可能是"钱多了，幸福感少了"的状况；中国城市居民的幸福感程度随着人均可支配收入的增加而上升，但二者并非直线关系，在一定阶段出现了下降或者不再敏感；一些发达城市的幸福感并不符合其发达程度，如香港、上海、北京等，这说明我国城市也开始呈现发达程度与幸福感背离的现象。事实上，中国快速增长的经济并没有保证国民幸福感的持续增长。美国"盖洛普世界民意调查"在 2005—2009 年间访问了来自 155 个国家及地区的数千名民众，让他们对自己的生活进行评价，并对"是否有足够的休息、能否受到尊重、健康状况是否良好、是否有有益的休闲"等问题进行了回答。研究者据此进行"幸福排名"，结果显示中国大陆位列 125 位，香港排名 81。荷兰伊拉斯谟大学曾对中国国民的幸福感进行了 3 次调查，其中 1990 年国民幸福指数 6.64（1—10 标度），1995 年上升到 7.08，但 2001 年却下降到 6.60。到了 2009 年 12 月，美国密歇根大学社会研究所公布的幸福调查显示，中国人的幸福感仍在下降，现在的中国人没有十年前快乐了。国内与幸福感相关的调查近些年也层出不穷，2011 年 8 月，在首届中国国际积极心理学大会上发布的一项调查研究结果显示，6.9 万参与者中，90% 的被调查者有孤独感，46.9% 的受访者对生活满意度不太高，19.1% 的人甚至表示对生活非常不满意。② 从上述资料我们可以看出，尽管改革开放以来人民群众的经济收入比以前确实得到了较大幅度的提升，但是"幸福感"不仅没有上升，反而处于下降的趋势。在少数人群里这种幸福感的下降趋势更大。为什么呢？其原因大致说来有如下几种：缺乏信念，在经过二十多年冲刺般的财富赛跑后，一些人除了赚钱，不知道人生中的目标与追求到底是什么；爱攀比，现代人追求的不是如何幸福，而是怎么比别人幸福；不善于发现阳

---

① 新华网，http://www.xinhuanet.com.

② 同上。

光面，"放大了别人的幸福，缩小了自己的快乐"是其真实写照；不知道奉献，现代社会中乐于无私奉献的人越来越少，斤斤计较的人越来越多；不知足；相互不信任；过于焦虑等。

导致人们"幸福感"下降的主要原因是"精神信念的丧失"。客观地说，改革开放三十年来人们的生活水平发生了翻天覆地的变化，但是物质文明不断进步的同时，精神文明建设并没有与之始终保持同步提高。人们不再像毛泽东时代那样，虽然物质消费低下，甚至很多人难以保证温饱，但是人们乐于奉献，感到生活充实，人生充满了意义。而现在，人们不再把精神追求作为人生目的，而是把物质欲望的满足当做人生的唯一价值，从而迷失了自己的价值追求和理想信念。"幸福感"的下降一方面反映了我国社会主义事业建设出现的问题，但是另一方面这恰恰说明了人民群众对健康、积极向上的价值观的呼唤。面对当前贫富差距、道德滑坡的现实状况，很多老年人非常怀念毛泽东时代，觉得那个时候的生活才真正是幸福生活；一些中年人、年轻人也认识到了道德文明建设的重要性，在心底里还是非常希望有一个对公众有着强大感召力的价值观的引领，让整个社会的道德文明水平得到提高和飞跃。尽管人们对于自身物质利益的追求不会一下子淡薄下来，但这种对道德文明的期盼还是非常强烈的。我们必须清醒地认识到这一点，认清提升我国主流价值文化感召力的群众基础，通过大力加强马克思主义、社会主义、爱国主义、共产党领导、依法治国、以人为本、科学发展、改革创新、公平正义、明荣知耻原则的教育和宣贯，提高整个社会的道德文明水平，让人民群众过得更加幸福。

增强主流价值文化的感召力主要包括增强其凝聚力、影响力、创新力、保障力等几个方面。文化凝聚力是主流价值文化所应当具有的团结和组织全体公民的向心力，是激发社会改革和经济持续增长的原动力，是保持国家统一和民族团结的内聚力。增强我国主流价值文化的凝聚力一方面要继承中华文明的优良传统，不断增强文化自觉和文化自信，用广泛认同的中华传统文明凝聚海内外炎黄子孙，为祖国统一和民族复兴提供强大动力；另一方面就是要全面贯彻主流价值文化在社会各种阶层的认同和落实，使之成为社会全体成员普遍理解接受、自觉遵守奉行的价值理念，成为全民族奋发向上的精神力量和团结和睦的精神纽带，在文化认同基础上实现文化自觉，在文化自信基础上走向文化自强。文化影响力是指一个国家的文化在世界上产生认同的广度和深度，是"文化强国"的重要体现。增强我国主流价值文化的影响力，一方面，意味着我国的主流价值文化要坚持"有中国特色"，因为我国是坚定不移地走有中国特色社会主义道路，正缘于此，主流价值文化没有必要丢掉"中国特色"而一味追求所谓"普世价值"，因为在当前西方国家鼓吹的"普世价值"往往带有以此为手段干涉中国内政的政治目的。另一方面，在坚持中国特色的情况下要充满自信地面对世界，努力扩大主流价值文化在全世界的影响力，提高文化向外辐射的广度和深度，从而达到增强我国话语权的目的。文化创新力是将社会主义建设事业不断推向前进的重要保证。没有创新就没有发展，在加强建设社会主义文化强国的过程中，我们必须坚持与时俱进、开拓创新，让社会主义先进文化一直保持一种动态的发展，始终代表先进文化的前进方向，从而在与世界多元文化的碰撞中保持自身的"中国特色"，又彰显出自身的"中国气派"。文化保障力是建设文化强国的要求，也是以文化指引、保障、服务社会经济、政治发展的要求。文化保障力体现在两个方面：一是要推进文化体制改革，加强主流价值文化在文化领域中的引导和影响，这包括对文艺作品、文化产业、文化科技的引领等；二是要打造文化强国的人才大军，形成全社会尊重人才、培养人才的良好氛围，从而形成优秀的文化产品，让人们共享文化发展的优秀成果。

文化源自群众，又回到群众，是增强主流价值文化公众感召力的路径。文化源自群众回到群众首要的是转变执政者（党员干部）的作风。主流价值文化是执政者所认同、支持、宣贯的文化，执政者自身作风的好坏对主流价值文化的公信力、认可度起着决定性的作用。对于共产党人来说，再高的职位、再大的权力都是人民群众赋予的，拥有它们的唯一目的就是要服务群众，造福社会。但是，近几年来发生的如"乌坎事件"等严重群体性事件已经为我们敲响了警钟，党员干部沉不下去，不愿，甚至惧怕和群众面对面，导致想不到群众所思、听不进群众所讲、弄不清群众所盼、搞不懂群众所为，干部和群众成了"油"和"水"，而主流价值文化对社会的引领就会成为空中楼阁。因此，提高主流价值文化的感召力首先表现在对党员干部的教育上，以主流价值文化为引领确立党员干部正确的人生观、价值观、世界观，党员干部要继承和发扬党的优良传统，沉到基层，拜群众为师，与群众交友，了解民情、反映民意、集中民智、珍惜民力、符合民愿。只有党员干部以身作则，成为带头践行主流价值文化的先进和模范，一切为了人民、一切依靠人民、全心全为人民服务，才能在广大人民群众中产生实际影响，才能让人民群众从心底里接受主流价值文化，才能带领人民群众齐心协力建设社会主义美好家园。

在具体措施采取中，提高主流价值文化的感召力除了要更加注重主流文化在传统公共管理、文化传媒、学校教育领域的传播外，对于深受群众喜爱的形式也要引起高度重视（即使这看起来貌似"很俗"）。比如作为社会主义先进文化重要组成部的"群众文化"的地位正在不断提高，它的功能和作用不断增强，在丰富和活跃人民群众的文化生活方面发挥着巨大的作用。所谓"群众文化"是指人们主要利用业余时间自我参与、自我娱乐、自我开发的社会性文化，是以人民群众活动为主体，以自娱自教为主导，以满足自身精神生活需要为目的，以文化娱乐活动为主要内容的文化现象。物质生活水平的提高必然带来对精神生活的追求，人们已经不满足于作为观众去欣赏节目，而是要参与其中，表现自我，体现自我的价值，展示自我的风采，群众文化活动的广泛的参与性正应和了人们的这种需求。群众文化来自于广大人民群众生活实践及其所创造的精神财富，满足了人民群众的精神文化需求，这是广大群众参与的前提，也是群众文化工作赖以生存的基础。群众文化工作来自于群众，其价值体现在为广大群众服务，群众文化工作的目的就是通过丰富多彩的活动使人民群众放松身心、得到愉悦，为社会稳定服务，为经济建设提供精神支持。我国主流价值文化的建设更要充分利用群众文化这一途径，广泛开展社区文化、村镇文化、企业文化、校园文化、家庭文化等日常性群众文化活动以及各种主题性群众文化活动，激发人们的参与热情，使得广大群众在各种健康有益的文化活动中通过自编自演的文艺节目展示风采、提升道德素质；通过这种群众喜闻乐见的文化活动方式来增强我国主流价值文化在人民群众中的公信度、认同度和凝聚力、渗透力，努力使群众文化在先进文化引领下更好地发挥作用。

马克思曾说："只有在集体中，个人才会获得全面发展自我才能的手段，也就是说，只有在集体中才可能有个人自由。"[①] 无论是提升人民群众的"幸福感"，还是处理好整体性价值与个体性价值的矛盾关系，我国主流价值文化始终要以人民群众为依托，从群众中来，到群众中去，始终不渝地坚持社会主义先进文化的前进方向，以社会主义核心价值体系引领社会思潮、弘扬社会正气、培育文明风尚，塑造崇高人格和民族精神品格，培育和谐的人际关系，凝聚起人民群众团结奋斗的共同意志，为建设和谐幸福的精神家园和中华民族的伟大复兴而奋斗。

---

① 《马克思恩格斯全集》第 13 卷，人民出版社 1972 年版，第 34 页。

报告三

我国主流价值文化与社会意识形态

杨 鲜 兰

胡锦涛在党的十六届四中全会上明确指出：意识形态领域历来是敌对势力同我们激烈争夺的战略要地，如果这个阵地出了问题，就可能导致社会动乱甚至丧失政权。东欧剧变、苏联解体，一个根本原因就是动摇了马克思主义的指导地位，丧失了意识形态的控制权。在经济全球化的社会背景下，多元文化的冲击，多样性的社会存在，对我国意识形态和价值文化提出了严峻挑战，使我国社会价值观以及意识形态领域呈现出纷繁复杂的局面。因此，必须大力构建我国的主流价值文化，树立主流意识形态的权威，为中国特色社会主义建设与发展提供持久的精神动力。

一、意识形态对于构建主流价值文化的作用

意识形态概念自从提出以来，已经具有了多种意义和用法。然而，马克思主义认为，意识形态是一个总体性概念，是各种具体的政治思想、法律思想、经济思想、社会思想、教育、伦理、艺术、宗教、哲学等构成的有机的思想体系。一定的意识形态属于一定的阶级或利益集团的思想观念，具有阶级性，但占主导地位的社会意识形态又会成为一定社会共同体

中所有成员共同具有的认识、思想、信仰、价值等，是他们共同的指导思想和精神力量。它反映了该共同体的利益取向和价值取向，为共同体的集体行为提供了合理性辩护，同时也对个人行为提供了一套约束。意识形态是社会存在的反映，它的存在和发展归根结底都要从社会物质生活条件中得到说明，同时它又具有相对独立性，并对经济基础和社会生活具有一定的反作用。

（一）意识形态与主流价值文化

1. 意识形态与价值文化

文化和意识形态的概念和功能有很多重合的地方，英国著名文化理论家约翰·斯道雷认为："两者的主要差异在于'意识形态'为这一概念范畴提供了政治的维度。"[①] 西方马克思主义的法兰克福学派通过分析文化与意识形态的相关性，揭示出文化执行意识形态的各种功能，从而实现他们的文化批判，甚至在马尔库塞看来，文化屈从现实，成为意识形态的辩护工具，这是文化的俗化和堕落。尽管这些观点需要我们辩证思考，但也从另一个角度说明了文化与意识形态的密切联系。意识形态由一定的政治、法律、哲学、道德、艺术和宗教等社会学说组成。马克思在1859年的《〈政治经济学批判〉序言》中明确指出："随着经济基础的变更，全部庞大的上层建筑也或慢或快地发生变革。在考察这些变革时，必须时刻把下面两者区别开来：一种是生产的经济条件方面所发生的物质的，可以用自然科学的精确性指明的变革，一种是人们借以意识到这个冲突并力求把它克服的那些法律的、政治的、宗教的、艺术的或哲学的，简言之，意识形态的形式。"[②] 而政治、法律、哲学、道德、艺术和宗教等属于文化的范畴，这是意识形态和文化在内容上重合的地方。但意识形态是系统地、自

---

① ［英］约翰·斯道雷：《文化理论与大众文化导论》，常江译，北京大学出版社2010年版，第6页。

② 《马克思恩格斯选集》第2卷，人民出版社1995年版，第33页。

觉地、直接地反映社会经济形态和政治制度的思想体系，是社会意识诸形式中构成观念上层建筑的部分。在文化的组成部分中还有不构成观念上层建筑的部分。

意识形态和价值文化两个概念之间也有很多重合的内容。价值文化是价值观的体现。价值观也称价值观念，是人们对于价值的根本观点和看法。就其内容而言，价值观念包括价值目标、价值取向、价值追求、价值信念、价值标准和价值规范等。意识形态具有强烈的政治倾向性。每一种意识形态都包含自己的特定的价值取向。所以，有的时候意识形态被人们直接称为政治价值观念。这是就意识形态整体的价值取向而言的，从这一意义上说价值观更为抽象。

意识形态与价值观密切相连。意识形态常常渗透在文化传统和风俗习惯之中，渗透在个体和群体价值观之中，使得人们受到意识形态的牵引、按照一定的规范思考问题、采取行动而并不自知，意识形态的地位和作用容易被人忽略。其实，无论是就个体还是就群体而言，意识形态的制约作用是无处不在，无时不有。就个体而言，我们的价值观的形成和发展绝不是孤立的，一方面，"一个人的世界观由意识形态来形成，它不仅影响着人与外在的社会、政治、经济和教育系统的关系，而且它形成着一个人内在的存在感、自我身份感以及尊重感。一个人最终怎样将自己和这些制度关联起来，决定着他对自己身份、角色、功能、期待和命运的态度。"① 另一方面，个体往往隶属于一定的群体，群体价值文化的熏陶和影响造就了个体。群体所推崇的价值观中意识形态的中心地位更容易体现出来，特别是在民族冲突和文化较量时，意识形态的重要地位就会凸显出来。美国前总统尼克松说："如果我们在意识形态领域的斗争中失利，我们所有的武器、条约、贸易、外援和文化交流将毫无意义。"② 葛兰西甚至主张把意识形态定义为"一种在艺术、法律、经济行为和所有个体的及集体的生活中

---

① ［美］杰拉尔德·古特克：《哲学与意识形态视野中的教育》，陈晓端译，北京师范大学出版集团、北京师范大学出版社 2008 年版，第 169 页。
② 参见屈全绳等：《和平演变战略及其对策》，知识出版社 1990 年版，第 67—68 页。

含蓄地显露出来的世界观"。① 价值观是世界观的灵魂和核心，是区分一种世界观和另一种世界观的根本标志。

德国的政治经济学家和社会学家马克斯·韦伯认为意识形态是一种信仰体系。他指出："任何统治都企图唤起并维持对它的'合法性'的信仰。"② 美国人类学家克利福德·格尔茨则把意识形态定义为符号价值和信仰的不可分割的系统。澳大利亚学者安德鲁·文森特认为："诸种意识形态都是概念、价值和符号的集合体，它们包含了对人性的种种概念，并因而指明了人可能获得了什么，不可能获得什么；是对人的交往本质的批判反思；是人要么应反对要么应赞赏的价值观念；为了满足人的需要和利益而做的社会、经济和政治上的正确的技术性安排。"③ 美国教育学家杰拉尔德·古特克认为："意识形态常被界定为一个群体的信仰体系，它向外建基于对过去的解释之上。群体信仰主要始于历史、社会、政治和经济的背景，而非始于那些试图超越这种文化特征的形而上学系统。对过去的意识形态的解释意味着过去怎样创生，并形成个体、群体现在的情形；从这一解释出发得出有关社会变迁理论，试图预测社会发展的过程。"④ 从这些论述来看，意识形态是价值文化的集中表现，是社会中占主导地位的价值文化。社会意识形态与社会价值文化具有密切的联系，而且，主流意识形态对于构建主流价值文化起着关键的作用。

2. 主流意识形态与主流价值文化

在任何国家中，作为政治合法性论据的官方意识形态只有一种，称其主流意识形态。作为一种统治工具的主流意识形态是代表统治阶级根本利益的思想观念、价值追求的总和。由此，从本质上说，意识形态在实际社会生活中，不仅是具有鲜明政治倾向的政治文化，而且是政治文化核心观

① 转引自俞吾金：《意识形态论》，上海人民出版社 1993 年版，第 240 页。

② ［德］马克斯·韦伯：《经济与社会》上卷，林荣远译，商务印书馆 1997 年版，第 239 页。

③ ［澳］安德鲁·文森特：《现代政治意识形态》，袁久红译，凤凰出版传媒集团、江苏人民出版社 2005 年版，第 24 页。

④ ［美］杰拉尔德·古特克：《哲学与意识形态视野中的教育》，陈晓端译，北京师范大学出版集团、北京师范大学出版社 2008 年版，第 158 页。

念的思想基础，也是某一个阶级、利益集团的整个价值观体系的思想内核和思想基础。而主流意识形态是统治阶级和执政党彰显自身宗旨和特征的鲜明载体，是统治阶级和执政党动员、组织、号召、凝聚民众并得到民众支持和拥护的有力武器，也是统治阶级和执政党对各种反对力量进行斗争的有力武器。

不同的意识形态都有其相应的主流价值文化作支撑。或者说，主流价值文化具有意识形态功能。主流价值文化无论是文化目标，还是文化发展，都必然反映统治阶级和执政党的执政目标、执政理念和根本利益。在经济全球化的今天，一些发达国家借文化交流之名，行意识形态渗透之实。就一个民族国家而言，主流价值文化是一个民族生产、生活的规范、方式的凝结，主流价值文化生存是民族生存的前提和条件，一旦一个民族的主流价值文化遭遇威胁和侵略，则必然带来文化危机，甚至是民族危机。早在1983 年邓小平就已针对文化威胁可能造成的危害，指出："如果我们不及时注意和采取坚定的措施加以制止，而任其自由泛滥"，"后果就可能非常严重"，"关系到党和国家的命运和前途。"[①] 西方国家正是借助于经济全球化将文化扩散到世界的每一个角落并逐渐渗透到其他民族深层次的文化心理结构中，从而极大地影响了发展中国家的生活方式和生活观念，使发展中国家的文化、价值观念受到冲击。因为，主流价值文化是综合国力的重要组成部分，而且，随着社会发展，它的地位变得越来越突出，被称为"软权力"（soft power），这是现代国际政治中的一个重要的全新理念。西方学者对软权力有较多认识，软权力一般被界定为价值标准、市场经济、西方文明这三方面要素，其特点是强调吸引力，而不是强制力。

美国新自由主义国际关系学派学者约瑟夫·奈提出了行为权力的"软硬"概念。认为"硬权力"（hard power）是以军事和经济的传统权力资源为主的强制性权力。"软权力"是同化性权力，是影响他国意愿的能力与无形的权力资源，如文化、意识形态和政治制度等领域的力量，主要通过价值观输出、留美外国学生的影响、文化出口、国际组织等渠道向他国发

---

① 《邓小平文选》第三卷，人民出版社 1993 年版，第 44—45 页。

挥"吸引"和"说服"作用。"软权力与硬权力有所不同，硬权力基本上可以在一定的政治共同体内得到和扩展，而软权力更依赖于国际间对一定文化价值的承认，依赖于一定的体制在国际上得到支持，所以国家的软权力更加依赖国际文化的势能，即国际整个文化和价值的总趋向。"软权力的力量来自其扩散性，软权力实现于文化、价值观的传播、推行、扩散、侵略过程中，没有这些过程，软权力无法发挥作用，而且随着活动范围的扩大，软权力发挥的作用就会越来越大。那么，在实际过程中，谁能利用软权力，谁能获利呢？"总的软权力态势对谁有利，谁就能在国际社会中占据较为优势的地位。"①

历史上侵略以及强势民族的称霸多半是通过硬权力。随着历史的推移，过去的掠夺方式因为太过暴露而容易引起别国的反抗，西方大国特别是美国吸取了历史经验教训，以更为隐蔽的方式在国际社会中构建了一种新的霸权模式，即在注重发挥传统权力资源优势的同时，更注重在文化、经济和科技领域的超强实力的影响和渗透。美国利用自己强大的经济优势，牢牢控制着文化输出的主导权。它通过各种文化传媒，把自己的意识形态和价值观念强行推向世界，无时无刻不在对其他国家进行文化渗透，企图形成西方文化精神的全球性垄断。正如托夫勒指出的："强有力的通讯工具，在各国政治领导人和全球社会之间，也将发生力量的转移。因此，新的广播媒介大王，虽然不一定是有意的，却大大改变了'全球性舆论'在世界上的作用。正像在过去的一世纪中，一国的领袖在全国'舆论'的法庭面前为自己的行动辩护一样，明天，一国的领袖将面对更有分量的'全球舆论'……今天，各位传播媒介大王的活动也将把更多的千百万人带到全球性的决策过程中来。"②亨廷顿也认为："软权力只有建立在硬权利的基础上才成其为权力。硬的经济和军事权力的增长会提高自信心、自负感以及更加相信与其他民族相比，自己的文化和软权力更优越，并大大

---

① 王沪宁：《作为国家实力的文化：软权力》，《复旦学报》1993 年第 5 期。
② ［美］阿尔文·托夫勒：《力量转移》，刘炳章等译，新华出版社 1996 年版，第 379 页。

增强该文化和意识形态对其他民族的吸引力。"①

　　主流意识形态和主流价值文化之间既可以是一致的关系，也会有矛盾的关系。如官方信仰主流意识形态，而广大人民群众有自己的主流价值文化。这样一来对主流意识形态来说就构成了一种危险的情况。另外，也可能发生理论和现实的矛盾。如主流意识形态只是停留在口头上、理论上和观念上，而在实践上另有一套主流价值文化。主流意识形态和主流价值文化之间还有历史与现实的关系。如主流价值文化主要是历史遗留的文化，而主流意识形态是新生的事物。主流意识形态只有成为主流价值文化才能成为本阶级和集团成员的行为指南，成为思想和行为习惯，才能焕发意识形态的功能和作用。而主流价值文化只有与主流意识形态保持一致才能抹平理论与现实的裂痕，才能统一和凝聚本阶级和集团成员。如果主流意识形态体现的价值和现实的主流价值文化之间不一致、不统一，主流意识形态就会流于口头文章，变成了口号，而没有实际的力量。如果主流意识形态体现的价值和现实的主流价值文化之间不一致、不统一，也可能意味着本阶级和集团内部的分裂，不利于凝聚阶级和集团的力量。

（二）意识形态是构建主流价值文化的核心要素

　　美国教育学家杰拉尔德·古特克认为："意识形态是行动的而非仅仅是理论的，它常常用来指导政治、社会、经济和教育政策的制定……意识形态的作用在于赋予一个群体的世界观、期望、计划和行动以理论上的合法性。意识形态并非表面上看来的以个人或群体的专门利益为基础的，意识形态的正当性或合法性诉诸于一种更高层次的，似乎更具有概括性，因此更具有适用性的权威……意识形态也可以用来辩护、决定两个对抗性的群体之间的权力关系。"② 由此可见，意识形态对社会现实的功能和作用是

---

① ［美］亨廷顿：《文明的冲突与世界秩序的重建》，周琪等译，新华出版社1998年版，第89页。

② ［美］杰拉尔德·古特克：《哲学与意识形态视野中的教育》，陈晓端译，北京师范大学出版集团、北京师范大学出版社2008年版，第158页。

多方面的，在与社会存在的辩证关系中，它既有反映社会存在的认识功能，也有引导社会进步的功能；既有维护社会现状的功能，也有批判社会现实的功能；既有整合调控社会的功能，也有主导人的活动的功能，如此等等。所以，构建主流价值文化离不开意识形态的指导，意识形态在构建主流价值文化中居于核心和统领的地位。

　　意识形态之所以会在构建主流价值文化中居于核心和统领的地位，是由意识形态的功能决定的。

　　第一，意识形态具有认知功能。意识形态是人们认识世界、描绘世界、评价社会的一种重要力量。意识形态对人们的其他知识起到引领或控制作用，对人们的情感和意志起着激励或抑制作用，也主导着其他知识发挥作用的方向。现实中，人们往往会因为意识形态的差异而对同一事物产生不同的认识和看法，甚至产生对抗。意识形态的差异决定着人们认知立场的差异。美国人类学家克利福德·吉尔兹说过，意识形态"赋予社会状态以意义——而非如此社会情势便无法被理解，并由此解析社会状态，以便有可能在其中采取有目的的行动"。① 目的属于价值的范畴，人的价值目的会因对社会的认识而不同。而人对社会的认识在很大程度上是意识形态左右的。杰拉尔德·古特克也认为："意识形态能给一个群体赋予某种身份，因此，它常常被用来形成共同观念、共同目标以及共同承担义务的观念。"② 某个群体的目标和义务观念会受到意识形态的影响。意识形态的认识功能在形成主流价值文化过程中起到凝聚共识的作用。

　　第二，意识形态具有整合功能。意识形态，特别是统治阶级的意识形态具有极强的整合功能。西方马克思主义者葛兰西提出了著名的"水泥说"，他认为："在保持整个社会集团的意识形态上的统一中，意识形态起了团结统一的水泥作用。"③ 作为一定社会共同体的意识形态，它是共同体

---

① 参见［美］雷迅马：《作为意识形态的现代化——社会科学与美国对第三世界政策》，牛可译，中央编译出版社 2003 年版，第 21—22 页。

② ［美］杰拉尔德·古特克：《哲学与意识形态视野中的教育》，陈晓端译，北京师范大学出版集团、北京师范大学出版社 2008 年版，第 168 页。

③ 转引自宋昌惠：《当代社会意识形态》，中共中央党校出版社 1992 年版，第 25 页。

的指导思想和精神导向，也是共同体成员根本利益的反映，代表着共同体成员的基本诉求和主张。因此，它具有聚合力和统摄作用，为社会成员提出了共同遵从的价值取向和道德规范，甚至是宗教信仰，成为社会成员的精神支撑。同时，占统治地位的意识形态运用独有的强势的权威力量，把其他的非主流且非对抗性的社会意识形态同化或融合起来，并使之顺应于统治阶级，为统治阶级所利用，而把对立或对抗性的意识形态孤立、分化或消解掉，使之无法产生负面影响。正如马克思所说："每一个力图取得统治的阶级，即使它的统治要求消灭整个旧的社会形式和一切统治，就像无产阶级那样，都必须首先夺取政权，以便把自己的利益又说成是普遍的利益，而这是它在初期不得不如此做的。"① "每一个企图取代旧统治阶级的新阶级，为了达到自己的目的不得不把自己的利益说成是社会成员的共同利益。就是说，这在观念上的表达就是：赋予自己的思想以普遍性的形式，把它们描绘成唯一合乎理性的、有普遍意义的思想。"② 另一个西方马克思主义者阿尔都塞也认为，政治国家机器是意识形态整合的硬元素，意识形态国家机器是意识形态整合的软元素。这就从不同角度说明了意识形态在社会结构和社会运行中具有强大的整合力，既有观念的整合、价值的整合，又有制度的整合、行为的整合，且意识形态整合具有强制性。离开了意识形态的整合功能，尤其是价值整合功能，主流价值文化往往很难形成和发展，而一种价值文化要成为主流价值文化不可避免地会谋求成为社会意识形态。

第三，意识形态具有控制功能。由于意识形态属于一定阶级的思想观念，因此，不同阶级的意识形态，特别是统治阶级意识形态往往会运用强大的物质手段、国家机器和舆论工具对社会制度和人们思想进行驯化和牵引，使社会运行遵守意识形态的指引，使社会秩序保持在意识形态整体框架内，使意识形态冲突限制在一定的程度内，以免影响到统治阶级意识形态的绝对权威。同时，通过多种手段使人们把统治阶级的价值观、意识形

---

① 《马克思恩格斯选集》第 1 卷，人民出版社 1995 年版，第 84—85 页。

② 同上书，第 100 页。

态内化为自身的价值理念、行为规范，并外化为自己的实际行动，从而确保社会制度的稳定、统治地位的巩固以及社会思想的高度统一和价值观的高度融合。特别是在科技日益发达的今天，不同的阶级、政党会积极抢占制高点，充分地利用科技和传播手段，改革意识形态控制的形式，从传统的政治意识形态和思想意识形态控制转换为现代科技、文化产业和多媒体的控制。哈贝马斯认为，意识形态合法性的物质力量基础，是作为政治国家的暴力功能。[①] 葛兰西认为，现代资本主义国家的统治阶级都特别重视意识形态的领导权问题，因为，意识形态的领导权可以变成控制或统治社会民众政治倾向、思想意识和价值观的强大手段和工具，瓦解不同的思想观念。阿尔都塞之所以提出"意识形态国家机器"的概念，就因为在他看来，意识形态从另一方面实现了国家机器的功能，带有强制性。意识形态可以通过宣传教育或舆论引导，统一人们的思维方式、价值观和政治信仰，保证统治阶级意识形态的权威性和统治地位，从而保证现存生产关系、现存社会制度的巩固以及现存利益格局的长久稳定，总之，是要确保统治阶级牢固的统治地位。

（三）主流意识形态在构建主流价值文化中起关键作用

在一定的社会形态里，往往有三种不同的意识形态：一是反映这个社会占统治地位的经济制度和政治制度并为其服务的意识形态；二是旧社会的意识形态，它反映已被消灭和正在消灭的旧经济制度和政治制度，为复辟旧社会制度造舆论；三是反映现存社会里孕育成长着的新社会诸因素的新意识因素，并为新社会的诞生呐喊。由于在一个社会形态里意识形态多元，且任何一种意识形态都是一定阶级、集团利益的反映，因此，对于破坏或者阻碍阶级利益实现的观念或行为都将受到代表这个阶级利益的意识形态的攻击和批判。因此，多元的意识形态必然对主流价

---

① ［德］尤尔根·哈贝马斯：《重建历史唯物主义》，郭官义译，社会科学文献出版社 2000 年版，第 272 页。

值文化的构建产生强大的阻碍，而统治阶级的意识形态往往是主流或主导的意识形态，占统治地位的主流意识形态在构建主流价值文化中发挥着关键作用。

这种作用主要体现在两个方面：一方面，主流意识形态与主流价值文化具有内在的一致性。占统治地位的主流意识形态在社会价值体系中占据核心地位，其目标体系为人们的社会活动提供了价值导向。它既要代表居于统治地位的阶级、阶层或社会集团的利益和要求，又"把自己的利益说成是全社会成员的共同利益"。① 因此，统治阶级的文化领导权确立后，主流意识形态的世界观、人生观和价值观能为社会提供价值导向，使全体社会成员自觉遵循主流意识形态的价值规范。然而，主流意识形态要真正发挥其作用，必须要通过主流价值文化来体现、来表达。因为，在社会运行中、在人们的生活中，价值文化有着更具体的表达、更宽的外延。当然，主流价值文化需要主流意识形态来牵引、来指导。另一方面，主流意识形态的认同是统治阶级获得力量的根本所在，统治阶级一定会借助于各种手段维护其意识形态的控制力、整合力，而主流价值文化的宣传教育、发展完善是其重要途径。因而，统治阶级必然加强主流价值文化建设，以增强统治阶级意识形态的影响力。

二、对我国意识形态的现状的反思

任何阶级、任何政党都十分重视意识形态工作。我们党历来重视意识形态的作用。新中国成立前夕，毛泽东就提出了中国人民精神上的主动权的命题："自从中国人学会了马克思列宁主义以后，中国人在精神上就由被动转为主动。"并且科学地指出了意识形态在社会结构中的地位，他在《新民主主义论》中指出："一定的文化（作为观念形态的文化）是一定的政治和经济的反映，又给予伟大影响和作用于一定社会的政治和经济；而

---

① 《马克思恩格斯选集》第 1 卷，人民出版社 1995 年版，第 100 页。

经济是基础，政治则是经济的集中表现。"① 因此，意识形态在社会结构中居于非主导地位。但是又必须十分重视意识形态工作，因为意识形态在社会结构中具有相对独立的地位，决定了它能给予社会发展以重大的影响，或者促进社会的进步，或者阻碍或社会的发展，它的作用不可小视。为此，毛泽东进一步指出："至于新文化，则是在观念形态上反映新政治和新经济的东西，是替新政治和新经济服务的。"②

党的十一届三中全会以后，邓小平指出："光靠物质条件，我们的革命和建设都不可能胜利。过去我们党无论怎样弱小，无论遇到什么困难，一直有强大的战斗力，因为我们有马克思主义和共产主义的信念。有了共同的理想，也就有了铁的纪律。无论过去、现在和将来，这都是我们的真正优势。"针对改革开放以后新的国际国内形势，邓小平正确地分析了当代资本主义和社会主义的现实特征，对意识形态领域的斗争作出了科学的总结。认为，由于有强大的经济和科技作后盾，当代资本主义意识形态对社会主义国家的影响力加强了，而且，意识形态领域的渗透已成为资本主义对社会主义"和平演变"的主要途径。邓小平指出："西方国家正在打一场没有硝烟的第三次世界大战，所谓没有硝烟，就是要社会主义国家和平演变。"③ 现实正是如此，面对经济全球化的挑战，伴随社会转型的影响，我国意识形态领域呈现出越来越复杂的局面。在新的历史条件下，我们党高度重视文化建设和意识形态工作。党的十七届六中全会就深化文化体制改革推进社会主义文化大发展大繁荣作出了重要决定。

（一）我国目前意识形态的现状及问题

由于社会历史条件的差异，不同时期的意识形态领域里的斗争会呈现出不同的特点。我们正处于经济全球化时代，随着我国改革开放的不断深

---

① 《毛泽东选集》第二卷，人民出版社 1991 年版，第 663—664 页。

② 同上书，第 695 页。

③ 《邓小平文选》第三卷，人民出版社 1993 年版，第 344 页。

入，意识形态领域的斗争也愈演愈烈。现阶段，我国意识形态领域表现出了新的特点。

1. 东西方意识形态的冲突加剧

自从社会主义在世界上诞生的那一天起，东西方意识形态的冲突就存在，直到今天。只是因为时代不同，社会历史条件不同，意识形态领域冲突的特点有差别。在冷战时期，以政治、军事较量为主，东西方意识形态的对立与冲突非常尖锐，对立的方式和途径基本上是相互间的战略遏制，采取激烈的战略对抗，冷战热战交替上升，战争气氛浓厚。冷战结束后，和平与发展成为世界的两大主题。并且，在经济全球化条件下，虽然各民族国家交往频繁了，命运关联性增强了，但是价值观念冲突以及意识形态领域的纷争并没有消退，而是比以前更具普遍性，意识形态领域的纷争已在全球展开。而且，意识形态的斗争方式多样，途径复杂，很富变幻性。因为，在文化多样性的前提下，西方文化占据了主导地位，在文化传播中，发达国家和发展中国家的地位是不平等的。由于消费文化的输入和渗透，逐步实现了物质文化的趋同，而政治文化和心理文化的趋同也在不同程度和不同范围内加紧进行。在西方强大的文化霸权下，一些发展中国家为了在西方文化中占有一席之地，取得对方的认同与对话资格，进入西方主流文化的视野，自觉不自觉地放弃了自己的价值体系与选择权利，转而以西方文化和体制为楷模，自觉地向美国审美标准看齐。在我国，东西方意识形态的冲突呈现出更为严峻的态势。在美国对华的《十大戒令》中第一条就是"尽量用物质来引诱和败坏他们的青年，鼓励他们藐视、鄙视，进一步公开反对他们原来所受的思想教育，特别是共产主义教条。替他们制造对色情奔放的兴趣和机会，进而鼓励他们进行性的滥交，让他们不以肤浅、虚荣为耻辱。切记：一定要毁掉他们强调过的艰苦朴素、吃苦耐劳的精神。"现实表明，任何政治斗争都大量地表现为意识形态领域的思想斗争，发达资本主义国家所实施的和平演变战略，主要就是通过意识形态的渗透使我们放弃四项基本原则。树欲静而风不止，因此，"在世界范围内各种思想文化相互交织、相互激荡的复杂背景下，在我国经济体制深刻变革、社会结构深刻变动、利益格局深刻调整、思想观念深刻变化的新形势下，建设社会主义核心价值体系，具有极强的针对性和紧迫性。意识形态领域是西方敌对势力对我国实施西化、分化的前沿。我们同各种敌对势力在意识形态领域的斗争，本质上是社会主义价值体系与资本主义价值体系的较量。"[1] 而且，东西方国家的意识形态纷争采取了更为隐蔽的形式，被盖上了一层温情脉脉的面纱，不易被察觉。具体说来，严酷的意识形态冲突被淹没于各种形式的经济的、政治的、科技的、文化的、教育的交往和合作活动之中。

2. 各种落后陈旧的思想观念根深蒂固

众所周知，由于私有制社会在人类历史上已存在几千年，特别是我国，封建社会长达两千多年，半殖民地半封建社会也有一百余年之久，封建社会的发展非常完善，封建社会的意识形态在我国有很深的根基，影响也极其久远，其遗毒至今仍未完全消除，有时还相当严重。受长期封建专制和小农经济的生产方式的影响，以致在我国社会主义革命完成后的很长一段时间里还有诸如家长制度、忠君思想、三纲五常、男尊女卑等封建社会的意识形态观念，中国人传统意识中的唯书、唯上、个人崇拜等现象非常严重，直到今天仍然存在。中共十一届三中全会以前，我国长期"左"的思想和以阶级斗争为纲的政策束缚了人们的思想，片面强调集体、全局利益，完全否认或取消个人正当利益。改革开放后，一些旧的商品经济意识又不断再现，拜金主义、个人主义、利己主义、享乐主义人生观依然存在。当然，尽管封建主义残余思想和其他腐朽思想在社会还存在，但其影响远不及以前了。当前，中国正处于社会转型时期，由于社会经济成分、组织形式、物质利益、就业方式日益多样化，人们的思想观念也就日益多元化和自由化。随着经济领域里的变化，文化也随之出现二元结构，即传统文化与现代文化并存。因而，在现代中国人的心灵中就反映着不同文化、不同价值观的矛盾、对抗和冲突，一些陈旧的东西又死灰复燃了。虽然我们党一贯坚持马克思主义的指导地位，坚持用先进思想构筑全国人民的精神支柱，但也不能否认，封建社会小农意识、资本主义腐朽思想在社

---

[1]　中共中央宣传部编：《社会主义核心价值体系学习读本》，学习出版社2009年版，第2页。

会上还有广泛影响。邓小平曾明确指出了我国当代思想领域的复杂性和变动性。认为"必须把肃清封建主义残余影响的工作，同对于资产阶级损人利己、唯利是图思想和其他腐化思想的批判结合起来"。[①]

3. 主流意识形态社会认同弱化

当今中国，社会思潮日趋多元化，主流意识形态的社会认同度不断弱化。相当一部分民众，包括一些青年学生在价值取向上出现了偏差，一些以"金钱至上"为原则，或者把权力的追逐作为人生奋斗的目标，在很大程度上存在着人们的理想、信仰、信念危机。具体说：或表现为自由主义对集体主义和公有制思想的消解。自由主义崇尚自由化、私有化和市场化，在政治、文化上主张欧美式的多党制、政治多元化和文化欧美化，与个人主义也有着密切的关系，不可避免地对集体主义的价值观形成强烈的冲击。尽管新自由主义最初是作为一种经济思潮而出现的，但是其影响力早已渗透到政治、文化等社会发展的各个层面，对于我国主流意识形态——马克思主义的影响和冲击是巨大的，严重影响了广大人民群众，特别是青年学生对马克思主义的信仰和对共产主义的信念。同时新自由主义割裂了个人与集体的有机联系，它的扩张必然会消解人们对集体主义道德观念的信赖和遵守；或表现为民主社会主义思潮对科学社会主义的对抗。有人将中国已有的成就归功于民主社会主义的实施，认为社会主义不是力求从资本主义社会向社会主义社会过渡，而是对现存社会关系不断调整，对资本主义不断改革，进行民主化改革。甚至强调"民主即社会主义"，更有人在高呼"只有民主社会主义才能救中国"；或提出可以对传统儒学思想加以改良，就能成为中国社会发展、中国现代化建设的指导思想，不需要马克思主义的指导；或将爱国主义与社会主义完全割裂开来，使爱国成为虚无。甚至在香港、澳门回归的问题上还有不少青少年错误地认为帝国主义能救中国，帝国主义能发展中国，所以有人就提出"爱国，但不崇尚社会主义"的言论；或表现为消费主义、极端个人主义、享乐主义、物质主义、拜金主义的泛滥，严重地扭曲了人们的世界观、人生观和价值

---

① 《邓小平文选》第二卷，人民出版社 1994 年版，第 338 页。

观，导致信仰迷茫、理想淡漠、道德滑坡、精神贫困。如此等等都对主流
意识形态、主流价值文化产生了严重的冲击，使主流意识形态的社会认同
度在不断弱化。

4. 淡化意识形态倾向

当前，尽管意识形态的冲突明显地存在着，这是有目共睹的，但是，
西方发达资本主义国家竟然鼓吹"意识形态因素下降"论，有些人，包
括西方社会的一些人，也有发展中国家的一些人，极力鼓吹"淡化"意
识形态问题，这必须引起我们的高度注意。如美国哈佛大学教授丹尼
尔·贝尔 20 世纪 60 年代曾在《意识形态的终结》一书中提出"淡化意
识形态"的理论。西方发达国家鼓吹"淡化"意识形态，其目的是为了
"西化"、"分化"发展中国家，实现资本主义的全球扩张。比如，面对中
华民族的迅速崛起，美国政府有些恐慌，过去的杜勒斯要把社会主义中
国消灭在摇篮中，当今的美国等资本主义国家对中国的"西化"、"分化"
图谋一直没有改变，而且变本加厉，手段繁多。在对中国进行意识形态
灌输、渗透上一直是用足心思的。美国的中国问题专家费正清在《美国
与中国》一书中指出：美国是以自由主义方法"拯救"中国，不过最后
是失败了。西方世界为了把他们的意识形态强加给世界各国，采取的手
段多样善变，既有和平演变的策略，也有极端的战争办法。这种情形能
让人相信当今社会意识形态问题"淡化"了吗？其实，西方社会一刻也
没忘记意识形态的对立和斗争，而且还把这种斗争提到全球战略的高度。
在美国的《国家安全战略报告》中，意识形态已经占据了比经济利益更
重要的位置。①

而近几年来，在国内的理论界和社会上也有一股"淡化意识形态"倾
向。理论界有些学者存在"主动放弃"意识形态阵地的现象，他们提出了
学术与意识形态分离的口号，主张在研究中远离意识形态，追求所谓单纯
的"学术情结"。甚至有人极力鼓吹淡化意识形态，其目的是"拿来"资
本主义的一切东西，向所谓的"发达的、现代的社会"看齐，其最终的结

① 张召忠、周碧松：《我们明天安全吗》，浙江人民出版社 2001 年版，第 140 页。

果必然是掉进西方资产阶级意识形态的陷阱。与此同时，面对市场经济大潮的冲击以及生活工作的多重压力，一些人，其中不乏青年大学生把注意力转到对金钱和物质生活的过分向往，无暇顾及理想信念，甚至出现"把灵魂交与上帝"的做法，干脆参与到宗教活动中去。

（二）导致问题的原因分析

1. 经济全球化的影响

从现象上看，经济全球化表现为生产、贸易、投资、金融等方面的全球化，是一种经济活动过程。然而，从更深层次上看，经济全球化绝不是单纯的经济活动过程，而是一个有特殊政治、文化寓意的历史运动。因而，经济全球化过程的实质就是以西方发达资本主义国家率先倡导并至今占主导地位，维护其自身利益和价值观的过程，它本身包含有政治的、思想的、文化的、价值观的、意识形态的种种因素，是其经济、政治与文化的整体运动，它给各国的经济政治秩序、思想意识形态带来的冲击不仅是全方位的，而且是深刻的。各个国家、各个民族的价值观念体系在这种强大冲击中必然会发生严重分化和重构。接受经济全球化进程中相关的游戏规则，差不多就是接受一种文化、一种价值标准。后果会是两方面的：一方面，是促进了各民族国家之间优秀文化的交流；另一方面，也不可避免地存在着一种文化霸权主义倾向，使各国特别是第三世界国家的文化建设和人文、社会科学研究受到巨大冲击。

发达资本主义国家是经济全球化的积极推动者，也是最大受益者。他们凭借其经济优势向全球不断扩展经济实力和实施政治干预，并进行文化、价值观以及意识形态的渗透，建立起有利于发达资本主义国家的国际经济政治文化秩序。而广大发展中国家由于经济、技术都很落后，具有较弱或很弱的竞争力，只能是经济全球化的被动参与者，并受到不合理的国际规则的制约，处于与发达资本主义国家不公平竞争的地位。发达资本主义国家在经济全球化公平竞争旗号的掩护下，依靠强大的经济、科技实力，自觉不自觉地强行推销自己的文化产品和价值观念，以便同化他国文化，不断加强对发展中国家的文化渗透。美国在对外关系中为了维护美国的国家利益，可以把它的领域伸展到世界的每一个角落，政治、经济、文化、军事各个方面都不放弃，特别是文化、意识形态等方面。"没有文化方面的考虑，对外政策就不可能是有效的。"①

长期以来，西方国家"西化"、"分化"的主要手段是采用"经济问题意识形态化、意识形态问题经济化"，所以，经济全球化存在着意识形态的陷阱。长期以来，西方国家把矛头指向社会主义国家。如：冷战时期，美国新闻署直属的美国之音宣传提纲中规定：1. 宣传西方生活方式；2. 宣传社会主义是一种力图为统治世界而发动战争的侵略势力；3. 宣传社会主义没有"人权"，是一种"极权主义"的社会；4. 煽动社会主义国家的民族情绪和宗教情绪；5. 动摇听众对共产党的信任；6. 报道社会主义国家存在的困难，而且是不可避免和无法消除的；7. 宣讲改良主义，抵制马克思主义，宣传社会主义必然向资本主义演变；8. 将资本主义与时代精神、自由民主等同。②当20世纪末国际共产主义运动陷入低潮时，资本主义世界欣喜若狂，尼克松认为是"不战而胜"，福山认为是"历史的终结"。

事实也如此，在经济全球化条件下，由于有了经济的、军事的、科技的强势力量作后盾，有了计算机网络技术作工具，有了西方话语霸权作载体，西方文化在全球范围内实现了畅通无阻的蔓延，对发展中国家的文化传统有压倒、摧毁之势。这种状况在很大程度上改变着发展中国家人们的生存方式、思维方式、价值观念、意识形态等。在经济全球化条件下，产生了两种文化价值观的对抗：一种是承认文化的多元化的价值观。持这种价值观的人认识到，文化的多元化应是经济全球化条件下文化发展的主流，因此，每一个国家对文化都应采取开放态度。另一种是主张文化西方化，实行文化霸权主义。在文化霸权主义看来，只有西方文化主要是美国

---

① [美] 罗伯特·布路姆编：《美国文化事务与对外关系》，北京翻译社译，世界知识出版社1965年版，第5页。

② 参见侯尚智：《和谐论：全球化时代理性思维的选择》，《东方论坛》2001年第1期。

文化才是最好的，全球文化应该西方化，应该统一按照西方的价值标准办事。马克思主义认为，一定的文化是一定的政治经济的反映，并为一定的政治经济服务。文化价值观念冲突是由经济、政治价值观念决定的，是为经济政治价值观念服务的。今天，文化霸权主义的价值观念实际上是为西方国家经济上的全球扩张、政治上的霸权主义的目标打好思想基础。

2. 社会发展的不足

我国是一个社会主义的发展中大国。新中国成立六十多年来，特别是改革开放三十多年来，我国取得了巨大的成就，综合国力提高了，人民生活水平提高了。当然，国情决定了我国仍然处于并将长期处于社会主义初级阶段。我国虽然建立了社会主义公有制，但这种公有制的水平不高，存在着多种经济成分、多种分配方式等，分配结果不合理的矛盾仍较突出。人们还处于解决温饱、奔小康的状态，面临着住房、求学、就业、医疗等多重困难。我国是一个农业大国，国内市场还不发达，自然经济和半自然经济还占相当比重。虽然我们逐渐远离传统的计划经济体制，但还没有完全地脱离。虽然我们逐渐走近了现代社会，但还没有完全地深入进去，我们正处于过渡阶段，这可以从社会发展的各个方面显现出来。我国严重地存在着各个地区、各个部门、各个行业、各种群体之间收入、分配上的差距过大的问题。由于分配上的不公平，造成了许多人的心理失衡，从而引发了许多社会问题。

社会政治文明程度较低。目前，虽然我国正在逐步建立和完善社会主义市场经济体制，但与之相适应的制度和法律体系没有完全建立起来，民主制度，特别是基层民主制度不太健全，法制建设也不完善，官大于法、权大于法等腐败现象依然存在。有些政府机关存在着滥用职权、违法行政的行为。有些司法机关存在着有法不依、执法不严、违法不究等行为。有些企业为了追求眼前利益、局部利益就损害国家、其他企业和消费者的利益。有些人以权谋私、贪污腐败。同时各种犯罪活动时有发生。总之，整个社会生活的民主化、法制化程度不高。

总之，这正如马克思恩格斯所说，在这一阶段，社会主义"它在各方面，在经济、道德和精神方面都还带着它脱胎出来的那个旧社会的痕迹"①。而社会存在决定社会意识，马克思曾明确指出：生产力，特别是生产工具对社会活动、社会发展和社会意识的制约性，认为"随着新生产力的获得，人们改变自己的生产方式，随着生产方式即谋生的方式的改变，人们也就会改变自己的一切社会关系。手推磨产生的是封建主的社会，蒸汽磨产生的是工业资本家为首的社会"。② 同时，社会生产力的发展还可以带给人们新的交往方式、新的需要和新的观念。恩格斯指出："正像达尔文发现有机界的发展规律一样，马克思发现了人类历史的发展规律，即历来为繁芜丛杂的意识形态所掩盖着的一个简单事实：人们必须首先吃、喝、住、穿，然后才能从事政治、科学、艺术、宗教等等。"③ 由此可见，社会生产力水平的高低、政治文明状况的好坏决定着人们的思想观念、价值取向和意识形态水平。

3. 文化建设不力

一般而言，精神文化大体上包括知识系统、认知系统、思维方式和价值观念等四个要素，为人提供认识世界、改造世界和认识自我的知识和方法，还提供道德、审美、价值、理想、情操等关于生命的意义及其选择和评价的尺度。人是文化的动物。而对一个民族国家而言，文化生存是民族生存的前提和条件，文化的生存状况不仅积淀着一个民族国家过去的全部文化创造和文明成果，而且还蕴涵着它走向未来的一切可持续发展的文化基因，是它存在和发展的全部价值与合理性之所在。文化是维系一个民族国家的精神纽带，文化具有很强的意识形态功能。

然而，在全球化背景下，由于西方强势文化的威胁，中华民族的传统文化受到了严峻的挑战，民族文化认同感在严重削弱。面对这种挑战，我们就要加强社会主义文化建设，而无独有偶，我国在改革开放的很长一段时间里，存在着单纯经济增长的片面发展观以及在这种发展观影响下的发展实践，导致精神文明建设、文化建设一手不抓或抓而不硬的情况。人们

---

① 《马克思恩格斯选集》第 3 卷，人民出版社 1995 年版，第 304 页。
② 《马克思恩格斯选集》第 1 卷，人民出版社 1995 年版，第 142 页。
③ 《马克思恩格斯选集》第 3 卷，人民出版社 1995 年版，第 776 页。

对"以经济建设为中心"作了狭隘的理解，甚至把"中心"直接变为"唯一"。于是，经济建设是中心，科学、文化、教育、卫生等文化建设、精神文明建设、社会建设、生态文明建设就是边缘、可有可无；经济建设是急任务、硬任务，而文化建设就是缓任务、软任务。有人认为抓文化建设会影响和妨碍经济建设这一中心，挤占经济建设的资源和精力投入，因此提出了"文化搭台，经济唱戏"的口号，完全忽略了甚至错误地理解了文化建设的功能和价值。也有人主张在经济建设与文化建设之间文化建设要付出必要的代价的"代价论"，认为可以等经济水平上去了、国家富裕了再去进行文化建设，这是一方面。另一方面，大众文化对主流意识形态的冲击是显而易见的，加上文化教育市场又过度开放，对网络等新型媒体、强势媒体监管不力，广播、报刊和网络等大众媒体对主流意识形态宣传的力度不大、理论深度不够。因此，出现的结果是文化建设的任务、目的、功能被片面地了解，许多文化事业单位被迫改行或压缩，文化建设经费少之又少，文化设施改作他用，主流价值文化传播渠道狭窄，各种非马克思主义意识形态争夺思想阵地，而各种低俗、庸俗文化迅速蔓延，渲染色情、凶杀、暴力的书刊大行其道，人们的思想观念充满着混乱，一些腐朽没落的观念又卷土重来，各种犯罪活动也接踵而至。

4. 思想政治教育失误

美国学者阿普尔认为："教育并非一个价值中立的事业。"[①] 杰拉尔德·古特克也认为："在美国化意识形态指导下的教育政策是用正式课程的特定成分来创建一元化社会。教育、阅读和文字的语言是英语。不讲英语的孩子就得学习英语，放弃他们自己的语言，变得和主流群体相似。"[②] 思想政治教育更是如此。思想政治教育是我们党的传统优势，在革命战争年代，在社会主义现代化建设时期，在改革开放的今天，思想政治教育一直是我们党克难奋进的法宝，是我们党的"生命线"。而且思想政治教育

---

① [美] 迈克尔·W. 阿普尔：《意识形态与课程》，黄忠敬译，华东师范大学出版社 2003 年版，第 1 页。

② [美] 杰拉尔德·古特克：《哲学与意识形态视野中的教育》，陈晓端译，北京师范大学出版集团、北京师范大学出版社 2008 年版，第 170 页。

具有很强的意识形态功能，"意识形态性是思想政治教育的本质属性，意识形态功能是思想政治教育的主导功能。不了解思想政治教育的意识形态功能，就无法真正了解思想政治教育的本质及其在社会系统中的地位，以及对社会发展进步所发挥的作用，也无法正确地解读思想政治教育的价值。"①

现阶段，国际国内的种种复杂局面使我们应从实践上认识到重视意识形态工作的重要性和必要性，要重视思想政治教育的重要性和必要性。国内有些人消极地对待意识形态领域的斗争，采取"一手硬、一手软"的政策，使各种自由化思潮泛滥。同时，在社会转型过程中，追求物质财富似乎成为人们唯一的目标。如此等等都使得意识形态情形十分复杂，特别是思想政治教育显得软弱无力。这一方面来自于一些人思想观念上的不重视，将思想政治教育排斥于专业学习之外，认为思想政治教育与社会大背景格格不入。另一方面来自于思想政治教育的实效性不强，思想政治教育工作者在教育的内容、方式方法、手段等方面缺乏创新，使之在现实面前多了空洞说教，少了说服力。从实质上说，思想政治教育应是我们党向人民群众宣传其意识形态、巩固并发展其意识形态的重要实践活动，是实现马克思主义大众化的重要实践活动，是寻求主流意识形态认同的过程。早在民主革命时期，毛泽东就指出："掌握思想教育，是团结全党进行伟大政治斗争的中心环节，如果这个任务不解决，党的一切政治任务是不能完成的。"② 新中国成立后，他又指出，新的社会制度要巩固，"必须实现国家的社会主义工业化，坚持经济战线上的社会主义革命，还必须在政治战线和思想战线上，进行经常的、艰苦的社会主义革命斗争和社会主义教育"。③ 面对社会转型，邓小平也强调："思想政治工作和思想政治工作队伍都必须大大加强，绝不能削弱。"④ 而正是这一重要实践活动在改革开放

---

① 李辽宁：《当代中国思想政治教育意识形态功能研究》，武汉大学出版社 2006 年版，第 7 页。

② 《毛泽东选集》第三卷，人民出版社 1991 年版，第 1094 页。

③ 《毛泽东文集》第七卷，人民出版社 1999 年版，第 268 页。

④ 《邓小平文选》第三卷，人民出版社 1993 年版，第 145 页。

的过程中出现过严重的失误。面对 20 世纪 80 年代末的一场严重的政治风波，邓小平曾说过："十年最大的失误是教育，在这里我主要是讲思想政治教育。"① 深刻的教训告诉我们任何时候也不要忽视意识形态的作用，任何时候也不要放松思想政治教育。

（三）解决意识形态问题的根本出路

1. 发展社会生产力

马克思恩格斯认为，贫穷不是社会主义，社会主义是"以生产力的巨大增长和高度发展为前提的"，"因为如果没有这种发展，那就只会有贫穷的普遍化；而在极端贫穷的情况下，就必须重新开始争夺必需品的斗争，也就是说，全部陈腐的东西又要死灰复燃"②。因此，我们要加大力度发展社会生产力。

改革开放以来，我国的社会生产力水平有了很大的提高，现阶段要使社会发展更好更快，必须要做到：一是积极参与经济全球化进程。中国的发展离不开世界，只有积极参与全球化，迅速提高我国经济发展水平，才有可能赶超发达国家。毛泽东说："应该学习外国的长处，来整理中国的创造出中国自己的、有独特的民族风格的东西。这样道理才能讲通，也才不会丧失民族自信心。"③ 邓小平说："应当把发展问题提高到全人类的高度来认识，要从这个高度去观察问题和解决问题。"④ 当然，在复杂的国际局势下，我们要正确地对待外来的东西，正如毛泽东所说："我们的方针是，一切民族、一切国家的长处都要学，政治、经济、科学、技术、文化、艺术的一切好的东西都要学。但是，必须有分析有批判地学，不要盲目地学，不能一切照抄，机械搬运。"⑤ 二是进一步完善社会主义市场经济，加快社会主义

---

① 《邓小平文选》第三卷，人民出版社 1993 年版，第 306 页。

② 《马克思恩格斯全集》第 1 卷，人民出版社 1956 年版，第 39 页。

③ 《毛泽东著作选读》（下册），人民出版社 1986 年版，第 753 页。

④ 《邓小平文选》第三卷，人民出版社 1993 年版，第 282 页。

⑤ 《毛泽东著作选读》（下册），人民出版社 1986 年版，第 740 页。

现代化建设。发展社会主义市场经济是适应社会主义自我完善、自我发展的客观要求，也是提高生产力水平的客观要求。三是加快科学技术的发展，实施"科教兴国"战略。科学技术是第一生产力，科学技术的每一次进步都能带动经济、社会发展。在新的历史条件下，可以说，科学技术的进步对社会发展具有更为重要的作用。中国要实现现代化，首要目标是科学技术现代化，把加速科技进步放在经济社会发展的关键地位。大力推进信息化，以信息化带动工业化，使国民经济保持持续快速健康发展。推动科学技术的创新。显然，在一个文化程度和科技水平很低或较低的国度，是无法实现现代化的。总之，我们通过大力发展社会生产力，不断提高人们的物质生活水平，为主流意识形态的巩固和完善提供坚实的物质基础。

2. 发展社会主义政治文明

意识形态与政治的关系最为直接，二者都反映了一定阶级、集团的要求，其核心内容是政权和阶级利益，所以意识形态具有很强的政治性。而且社会主义意识形态建设是与社会主义政治文明建设的方向是一致的。因此，加强社会主义意识形态建设必须加强社会主义政治文明建设。

邓小平指出："我们为社会主义奋斗，不但是因为社会主义有条件比资本主义更快地发展生产力，而且因为只有社会主义才能消除资本主义和其他剥削制度所必然产生的种种贪婪、腐败和不公正现象。"[①] 在社会主义社会里，我们应该发展社会主义民主，健全社会主义法制。然而，在社会主义初级阶段还存在诸多矛盾的地方：我国公民的民主法制意识增强了很多，但仍然比较淡薄；我们社会主义民主和法制有巨大的优越性，但仍然存在着一些不足。社会主义社会生产关系同生产力之间、上层建筑同经济基础之间是基本适应的，但是，现实的社会主义初级阶段，生产关系、政治法律制度及相关的机构设施、社会意识形态等方面都存在着局限性。党内腐败现象十分严重，有些党员干部大搞面子工程、形象工程，严重影响了群众情绪。有些党员干部作风不正，工作方法粗暴，与民争利，党群关系、干群关系恶化以及党内腐败问题给党和国家带来了巨大的损失，严重威胁

---

① 《邓小平文选》第三卷，人民出版社 1993 年版，第 123 页。

到社会稳定和党的执政地位的稳固，也威胁着执政党的意识形态功能和作用的发挥，也失去人民对执政党的信任。因此，我们要继续推进政治建设和政治体制改革，坚持和完善社会主义民主制度，大力预防和惩治腐败现象；要加强社会主义法制建设，改革和完善党的领导方式和执政方式，改革和完善决策机制，深化行政管理体制改革，推进司法体制改革，深化干部人事制度改革，加强权力的制约和监督，维护社会稳定。总之，通过建设社会主义政治文明，为主流意识形态的巩固和完善提供坚强的政治保证。

3.发展中国特色社会主义文化

在价值观的形成过程中，文化的作用不能忽视。价值观是文化的核心，不同的文化就会形成不同的价值观。中西文化、古今文化的不同，最根本的是价值观的不同。文化的社会作用，最主要的是价值观的作用。任何一个社会，都有属于自身的文化，都有社会成员共同拥有、信奉的价值观。任何社会的形成，都是由于社会成员的文化认同，由于一种大家共同认可的价值观、一个共同追求的理想目标而走到一起。胡锦涛在党的十七大报告中指出："当今时代，文化越来越成为民族凝聚力和创造力的重要源泉、越来越成为综合国力竞争的重要因素，丰富精神文化生活越来越成为我国人民的热切愿望。要坚持社会主义先进文化前进方向，兴起社会主义文化建设新高潮，激发全民族文化创造活力，提高国家文化软实力，使人民基本文化权益得到更好保障，使社会文化生活更加丰富多彩，使人民精神风貌更加昂扬向上。"

当前，西方大国，特别是美国以更为隐蔽的方式在国际社会中构建了一种新的霸权模式，即在注重发挥传统权力资源优势的同时，更注重在文化、经济和科技领域的超强实力的影响和渗透。在多元文化的交流碰撞中，我们要加强社会主义文化建设。首先，在发展社会主义市场经济的过程中，要加强社会主义文化建设。市场经济强调利益驱动原则，但在社会主义条件下我们绝不能把经济原则当做整个社会的最高尺度，把人的关系简单归结为商品货币交换关系，我们应为社会主义市场经济注入社会主义人文精神，强调公平竞争与共同发展意识，防止物质财富丰富而精神贫乏和人格扭曲的现象在我国社会生活中泛滥。因此，我们必须进行与社会主义市场经济相适应的社会主义道德建设，坚持正确的价值导向。其次，在加强对外开放的过程中，要加强社会主义文化建设。虽然和平与发展是当今世界的两大主题，但各种竞争异常激烈，其中包括文化的较量。因此，我们在加强对外开放的过程中，一方面，适度保持文化的开放性是十分必要的。我们要站在时代前沿，面向世界，自觉学习和吸取借鉴包括西方先进文化在内的所有人类优秀文化成果，把中国的文化发展自觉地融入到世界文明的发展大道。另一方面，要坚决抵制腐朽文化的侵蚀，弘扬伟大的中华文化，增强人们对中华民族先进文化的认同感，致力于中华民族思想道德水平和科学文化水平的提高。总之，针对当前中国文化发展的现实，我们要站在历史的高度，坚持和巩固马克思主义的指导地位，努力繁荣社会主义先进文化，为主流意识形态的巩固和完善提供坚实的文化基础。

三、完善意识形态，构建主流价值文化

意识形态具有社会历史性，随着社会历史条件的变化和发展，社会意识形态有一个不断发展和完善的过程。社会主义意识形态也是如此。党的十八大政治报告提出，要在积极培育和践行社会主义核心价值观的过程中，"牢牢掌握意识形态工作领导权和主导权，坚持正确导向，提高引导能力，壮大主流思想舆论"。[1] 我们要按照党的十八大报告的要求，努力使构建中国特色社会主义价值文化与不断完善社会主义意识形态相互促进、相得益彰。

（一）意识形态的主流价值文化化

现阶段我国存在多元意识形态，意识形态领域斗争纷繁复杂，而每一种意识形态又都有对应的价值文化作支撑。但是统治阶级的指导思想只能是一

---

[1]　胡锦涛：《坚定不移沿着中国特色社会主义道路前进，为全面建成小康社会而奋斗——在中国共产党第十八次全国代表大会上的报告》，人民出版社 2012 年版，第 32 页。

元的，向广大民众传播的主流价值文化也只能是一元的，否则就会使人们的思想产生混乱，无所适从。任何社会，如果没有占主导地位的意识形态来统一社会成员，这个社会必然是一盘散沙。因此，要增强统治阶级意识形态的权威性，弘扬主流价值文化，实现意识形态的主流价值文化化，即既密切主流意识形态与主流价值文化的内在统一性，又牢固确立主流意识形态的主导地位，使主流意识形态成为社会的主旋律，成为社会全体成员的指导思想。然后，通过价值碰撞、价值冲突可以使落后、保守的意识形态边缘化，并逐渐淡出历史舞台，也可以吸收新鲜元素根据时代发展的需要对主流意识形态中不适合社会发展的内容进行改进，并增加新的内容，以保持主流意识形态的先进性，从而促进当下社会主流意识形态的完善和发展，使之主流价值文化化，以至于更符合社会需要。这也是意识形态发展的趋势和基本路向。

要实现意识形态的主流价值文化化，一是要确保主流意识形态的权威。这个权威的树立，一方面要靠具有这一意识形态的政治集团，包括统治阶级和执政党通过特殊强制手段使其他人和其他集团来服从或信仰。这是统治阶级常用的做法。因为，一个执政党的政治统治要靠它的组织领导，更要靠它的思想领导及其主导的意识形态的政治控制。在我国，作为执政的中国共产党，必须借助于强大的政治力量保持马克思主义意识形态的主导地位，并最终实现社会主义意识形态、共产主义思想彻底战胜资产阶级意识形态、封建残余思想。现阶段，我们应当在四项基本原则的指导下影响和整合各种意识形态，离开了四项基本原则，用别的什么政治观点来影响和作用于其他意识形态，必然会偏离方向。在思想文化领域中必须坚定正确信仰，自觉全面地掌握马克思主义完整、严密的科学思想体系，确立马克思主义意识形态的主导地位，强调马克思主义是党的指导思想和理论基础。党的十八大报告指出："对马克思主义的信仰，对社会主义和共产主义的信念，是共产党人的政治灵魂，是共产党人经受住任何考验的精神支柱。"[1] 要确立马克思主义意识形态的主导地位，就必须有计划、

---

[1] 胡锦涛：《坚定不移沿着中国特色社会主义道路前进，为全面建成小康社会而奋斗——在中国共产党第十八次全国代表大会上的报告》，人民出版社 2012 年版，第 50 页。

有步骤地进行思想政治教育，在群众中普及马克思主义，实现马克思主义中国化、时代化、大众化，不断提高全民的思想道德和理论素质。马克思主义不是抽象的教条而是行动的指南，是人们用以改造世界的武器。马克思主义越是为无产阶级和劳动群众广泛地掌握，越是化为广大人民群众的实践，就越能体现它的彻底的革命性。近几年来，各种非马克思主义、反马克思主义的思潮泛滥。有些人别有用心地谈论所谓"超越意识形态"、"淡化意识形态"等问题，甚至鼓吹"指导思想多元化"等，我们对此必须有一个清醒的认识和明确的态度，坚定地捍卫马克思主义并维护其指导地位。过去的教训使我们认识到，在现阶段要想整合各种意识形态，就要旗帜鲜明地坚持四项基本原则和正确的政治方向。

要确保主流意识形态的权威，另一方面要靠这一意识形态的理论体系的科学性、合理性和号召力。意识形态属于思想文化体系，意识形态的地位和作用的发挥仅靠强制手段是不够的，一种意识形态能否得以保持，一种思想文化能否得以延续，必然取决于民众的认可和接受程度。马克思曾经说过："理论一经掌握群众，也会变成物质力量。理论只要说服人，就能掌握群众；而理论只要彻底，就能说服人。"[①] 任何意识形态要想在社会中树立起自己的权威，就必须有一套科学的理论体系和理论样式，具有理性的魅力，能说服人。一种意识形态的权威必须以其现实影响赢得人心，让人相信、让人信仰。正如马克思所说："不是意识决定生活，而是生活决定意识。"[②] 意识形态的产生是对现实生活的概括，是系统地反映社会经济形态和政治制度的思想体系，是一定的阶级或集团对于社会发展的系统的思想信念和价值观念。所以，意识形态一旦确立，必须要用来指导人们改造现实的实践活动。当然，如果不能完成这一使命的，必然是"虚假的意识"，马克思认为资产阶级的意识形态是"虚假的意识"。同时，社会发展的趋势必须要契合主流意识形态

①　《马克思恩格斯选集》第 1 卷，人民出版社 1995 年版，第 9 页。
②　同上书，第 73 页。

主张的价值理想，只有意识形态的理论性和实践性是统一的，全体社会成员才有统一的意志、统一的目标和统一的行为规范和价值系统，人民群众才能自觉地听从与信仰意识形态的指引，即使出现一时的彷徨和抵触，也不会危及意识形态的主导地位。马克思主义作为无产阶级乃至全人类自由和解放的学说，是时代的产物。马克思主义普遍原理与中国革命和建设的具体实际相结合，产生了中国化的马克思主义，开创了中国特色社会主义伟大事业。中国特色社会主义理论体系是马克思主义中国化的最新成果，是全国各族人民团结奋斗的共同思想基础。创新是马克思主义理论的固有品格。马克思主义产生及演进的过程就是不断创新的过程。马克思主义的科学性与其创新性是连在一起的，决定了马克思主义意识形态的理性权威。

二是要通过各种舆论工具大力弘扬主流价值文化，确立起主流意识形态的主导作用。现阶段，我们要大张旗鼓地宣传社会主义、共产主义意识形态。一方面，在同国外的思想意识方面的交往中，我们要坚信先进的科学的社会主义意识形态具有强大的威力。另一方面，我们要重视新闻出版、广播电视、图书馆等文化设施的作用，特别是要关注网络的作用，因为它们是贮存和传播意识形态的物质手段。这种物质手段越完备、越先进，就越能促进意识形态的发展，但其内容必须是先进的社会主义意识形态，否则就会产生适得其反的社会效果。国外敌对势力正是通过他们的比较完善的宣传工具来从事渗透活动，我们也应通过各种渠道宣传社会主义、共产主义意识形态，使之深入人心并形成一股抵制反动思想、错误思想的强大力量。总之，可以说，马克思主义意识形态、社会主义意识形态可以通过舆论宣传得以弘扬，而各种非马克思主义意识形态、非社会主义意识形态也能通过它们得到传播以至泛滥。因此，把握好各种舆论工具、坚持正确的舆论导向，使马克思主义意识形态得以广泛传播，是意识形态工作中的重要任务。邓小平十分重视各种舆论工具、舆论宣传对于意识形态工作的重要性，强调要确保大众传播媒介等的有力把握和正确运行。他指出："要使我们党的报刊成为全国安定团结的思想上的中心。报刊、广播、电视都要把促进安定团结，提高青年的社会主义觉悟，作为自己的一项经常性的、基本的任务。"① 当前,"新闻媒体是思想文化传播的重要载体,是推广主流价值观念的主渠道,必须始终坚持正确的舆论导向,大力唱响社会主义核心价值体系这一主旋律。要把社会主义核心价值体系的要求贯穿到日常宣传报道之中,大力宣传科学理论、传播先进文化、塑造美好心灵、弘扬社会正气,给人以积极向上的力量。要发挥党报、党刊、电台、电视台的主力军作用,发挥都市类媒体、网络媒体的自身优势,确保各类新闻报道、专题节目、娱乐类、体育类节目以至各类广告都符合和反映社会主义核心价值体系的要求,实现媒体全联动、舆论全覆盖,共同奏响社会主义核心价值体系建设的大合唱。"②

三是大力加强社会主义核心价值体系建设。社会主义核心价值体系包含着丰富的内容。其中,马克思主义指导思想是灵魂,中国特色社会主义共同理想是主题,以爱国主义为核心的民族精神和以改革创新为核心的时代精神是精髓,社会主义荣辱观是基础。这几个方面的内容是关于社会主义核心价值体系的最基本概括。它体现了我们党领导人民建设中国特色社会主义的价值取向、思想理论、理想信念、精神支撑和道德基础。它是我国主流价值文化的核心,也是我国主流意识形态的核心,它体现了思想道德建设的先进性和广泛性,集中体现了社会主义道德规范和行为规范的基本要求,并且,以其强大的引导力和整合力,成为联结、凝聚全党和全国各族人民的精神纽带,成为激励全党和全体人民团结奋斗的巨大精神力量。社会主义核心价值体系是中国特色社会主义事业的精神支柱和力量源泉,是全党全国各族人民团结奋斗的共同思想基础。应该在社会主义初级阶段的价值体系建设中起着引领作用。

党的十七大指出:"社会主义核心价值体系是社会主义意识形态的本质体现。"这里明确地指出了社会主义核心价值体系与社会主义意识形态的内在联系。因此,我们要充分明确,"建设社会主义核心价值体系,抓住了我国社会主义意识形态建设的关键和根本"。"社会主义意识形态是

---

① 《邓小平文选》第二卷,人民出版社 1994 年版,第 255 页。
② 中共中央宣传部编:《社会主义核心价值体系学习读本》,学习出版社 2009 年版,第 69 页。

以马克思主义为指导的意识形态，集中反映着社会主义社会的经济、政治生活，反映着社会主义制度的本质要求，体现着最广大人民的根本利益。社会主义核心价值体系集社会主义价值观念之大成，把我们党倡导的基本理论、思想观念和价值取向系统凝练地整合在一起，是社会主义意识形态的核心内容和最重要组成部分，决定着社会主义意识形态的性质和方向。"①

（二）加强对非主流价值文化的控制与引领

对于一个社会而言，除了有主流意识形态外，还有非主流意识形态，除了主流价值文化外，还有非主流价值文化。而主流意识形态通常是统治阶级的意识形态。在各种意识形态之间，存在着不同程度的冲突与融合。作为统治阶级意识形态的主流意识形态具有一定的包容性，对于非主流意识形态不是一味的排斥，特别是同质的非主流意识形态，或者是作为其重要补充，或者是对此加以合理的借鉴和扬弃。主流意识形态通过与其有内在关联的主流价值文化也对非主流价值文化形成控制和引领作用。当然，任何一个国家的统治阶级，为了维护和巩固其统治地位，都要维护和发展其占统治地位的意识形态，即主导意识形态。为了维护主导意识形态的统治地位，统治阶级往往采用各种手段对社会民众进行意识形态教化，传播统治阶级的政治、法律、思想等，使社会主流意识形态得以弘扬和广泛认同，使统治阶级的统治合法性得以牢固树立。

随着我国社会转型，人们的思想观念日益多元化和自由化，价值观的融合与冲突都不可避免。在现代中国人的心灵中就反映着不同文化、不同价值观、不同的道德观的矛盾、对抗和冲突。"当前，我国改革发展已进入关键时期，呈现出许多新的阶段性特征，社会思想观念和价值取向复杂多样，主流的与非主流的同时并存，先进的与落后的相互交织，呈现出多

---

① 中共中央宣传部编：《社会主义核心价值体系学习读本》，学习出版社 2009 年版，第 1、5 页。

元、多样、多变的特点。社会思潮越是纷繁复杂，越需要主旋律，越需要用一元化的指导思想引领多样化的社会意识，牢牢掌握我国意识形态领域的主导权、主动权、话语权，最大限度地凝聚社会思想共识。"①

要加强主流意识形态建设，发挥其主导作用。首先，必须加强对各种非主流意识形态、非主流价值文化以及社会思潮的批判性分析。只有掌握了其核心内容、精神实质，才能在必要时进行斗争和扬弃。如：我们要认识到，在社会主义初级阶段，多样化的思想观念、价值取向是必然的。因为，一个社会基本的价值观念，归根结底是建立在现实的经济生活的基础之上，并由这种经济生活所决定的。马克思恩格斯指出："思想、观念、意识的生产最初是直接与人们的物质活动，与人们的物质交往，与现实生活的语言交织在一起的。人们的想象、思维、精神交往在这里还是人们物质行动的直接产物。表现在某一民族的政治、法律、道德、宗教、形而上学等等的语言中的精神生产也是这样。"② 在一定的历史阶段，由于社会发展的复杂性，就决定了社会价值观的多样性和复杂性。在社会主义初级阶段，我国政治、经济和文化等方面都有其特殊性，社会的经济成分和经济利益、社会生活方式、组织形式、就业方式和分配方式的多样化，必然带来人们思想观念、价值取向的多样化。而且，从社会总体情况看，我国社会生产力水平较低，社会政治文明程度较低，人们的思想观念比较落后。社会主义初级阶段的经济、政治、文化诸多特点必然反映到思想道德领域中来，形成社会主义初级阶段的多层次的、复杂的价值文化体系。有爱国主义、集体主义、社会主义的价值体系，也有自由主义、享乐主义、个人主义的价值体系等。在整个社会的价值文化体系中，多种价值文化同时存在，有传统的、现代的，也有积极的、消极的等。不同的价值文化之间有交流、融合，也有碰撞、冲突，也正是在此过程中使价值文化得以变化和发展。把握了各种非主流意识形态、非主流价值文化的情形，才能有的放矢，汲取精华，去其糟粕。再如：对于当前存在的各种社会思潮，包括新

---

① 中共中央宣传部编：《社会主义核心价值体系学习读本》，学习出版社2009年版，第8页。
② 《马克思恩格斯选集》第1卷，人民出版社1995年版，第72页。

自由主义、民主社会主义、消费主义、新儒学、历史虚无主义、公共知识分子等，我们要研究其产生的内外部条件、社会历史根源、所依据的理论基础、内部结构以及精神实质等，唯有如此，才能更好地对其进行评价和引导。

其次，必须加强对非主流意识形态、非主流价值文化的控制。其实，各种意识形态，无论是先进的意识形态，还是落后的意识形态，无论是主流的意识形态，还是非主流的意识形态，都有社会控制功能。这不仅是力量的较量，更是一个不断斗争的过程。当前，随着我国文化教育市场的不断开放，各种非马克思主义甚至反马克思主义的意识形态、社会思潮争夺思想阵地，腐蚀和瓦解着人们艰苦朴素、吃苦耐劳的意志品质，动摇着国家苦心培养起来的集体主义、爱国主义、社会主义的理想和信念，摧毁着人们努力坚守的民族文化认同感。如果这一切不能得到遏制，任其蔓延，马克思主义的指导地位就会被削弱，共产党的执政地位就会被动摇，改革开放就会偏离社会主义的方向，社会就会发生混乱。所以，一定要强化和巩固马克思主义、社会主义主流意识形态的主导地位，加强对非主流意识形态、非主流价值文化的控制。这不仅是不同的意识形态之争，也是民族国家的前途与命运之争。就对待社会思潮而言，当社会思潮与主流意识形态在性质上不同的时候，一定社会的主流意识形态可以通过，也必须通过对社会思潮进行批判和限制，从而决定社会思潮的生存空间和发展方向，或吸收其合理内核，为我所用，或对其进行批判，消除其不利影响，以实现主流意识形态对社会思潮的控制。通过控制和引领各种社会思潮，最大限度地形成社会思想共识。

再次，必须加强对非主流意识形态、非主流价值文化的引导。面对多种社会思潮的存在，我们在弘扬社会主义主旋律的同时，要"坚持尊重差异、包容多样，有效引领社会思潮。差异是社会存在的客观现实，多样是社会发展的趋势。核心价值体系能否发挥主导作用，很大程度上要看它能不能包容和整合大多数社会群体的思想意识……尊重差异、包容多样，并不是随波逐流、无所作为，而是要站在时代潮流的前头，坚持以马克思主义为指导，密切关注社会思想变化，因势利导、顺势而为，在尊重差异中扩大社会认同，在包容多样中形成思想共识，有力抵制各种错误思想和腐朽文化的影响，引导社会思潮朝着积极健康的方向发展。"[①] 这正如毛泽东所指出的："正确的东西总是在同错误的东西作斗争的过程中发展起来的。真的、善的、美的东西总是在同假的、恶的、丑的东西相比较而存在，相斗争而发展的。当某一种错误的东西被人类普遍地抛弃，某一种真理被人类普遍地接受的时候，更加新的真理又在同新的错误意见作斗争。这种斗争永远不会完结。这是真理发展的规律，当然也是马克思主义发展的规律。"[②]

在此，要发挥社会主义核心价值体系在社会价值观体系中的引领、提升作用。社会价值观体系是指在一定的社会历史条件下形成的以核心价值体系为主导的所有层面价值观与之相结合的综合体系。一个社会基本的价值观念，归根结底是建立在现实的经济生活的基础之上，并由这种经济生活所决定的。在一定的历史阶段，由于社会发展的复杂性，就决定了社会价值观的多样性和复杂性。而核心价值体系往往是在社会多样的价值观中具有主导性的价值观。在社会主义初级阶段，我国政治、经济和文化等方面都有诸多特点必然反映到思想道德领域中来，形成社会主义初级阶段的多层次的、复杂的价值观体系。我们要积极倡导，大力践行，将社会主义核心价值体系贯穿于国民教育和精神文明建设的全过程，贯穿于全面建设小康社会、进一步推进现代化建设的各方面，使它引导社会主义初级阶段不同层次的价值文化向更高水平发展，从而实现整个社会价值文化的提升。

总之，主流意识形态怎样在最大限度地包容、整合其他意识形态、其他价值文化、其他社会思潮内容的同时，确保自己的主导地位。这是当前和今后很长时期我们党要面临的艰巨任务。

---

① 中共中央宣传部编：《社会主义核心价值体系学习读本》，学习出版社 2009 年版，第 62 页。
② 《毛泽东著作选读》下册，人民出版社 1986 年版，第 785 页。

（三）发挥意识形态作用应注意的问题

1. 明确意识形态的地位和作用

社会存在决定社会意识，"每一历史时代的经济生产以及必然由此生产的社会结构，是该时代政治的和精神的历史的基础。"[①] 一般而言，意识形态在社会结构中处于非主导地位，意识形态水平的高低要受到生产力和生产关系的制约，要受到经济基础和政治上层建筑的制约，意识形态必须反映生产力的发展要求，才能为发展社会生产力提供精神动力和智力支持。意识形态必须反映经济基础的发展要求，才能为现存的社会制度提供正统性或正当性证明。因此，我们不能过分夸大意识形态的作用，将它凌驾于社会生产力和生产关系之上。如我们在对社会主义制度分析时就应该有科学的态度。社会主义制度的优越性不能仅仅体现在社会主义意识形态的先进性上，而应全面体现在社会主义国家的综合实力上、体现在社会生产力水平和人民的生活水平上。邓小平认为，社会主义制度的优越性应该"表现在比资本主义有更好的条件发展社会生产力"。[②]"发挥社会主义的优越性，归根结底是要大幅发展社会生产力，逐步改善、提高人民的物质生活和精神生活。"[③]

当然，我们既不能夸大意识形态的作用，但是也不能否认意识形态的作用。哲学家福柯就曾经说过关于意识形态中立性的这种观念。其实，意识形态是有其政治性和阶级性的。"自18世纪启蒙运动以来，意识形态已经对社会、政治、经济和教育的思想形成和表达了强大影响力，这种影响依然存在。一系列伟大的革命，例如，1776年在美国爆发的独立革命、1789年法国革命、1917年布尔什维克革命、中国1949年的共产主义革命在很大程度上都是意识形态这一影响的见证。"[④] 杰拉尔德·古特克的话揭

---

① 《马克思恩格斯选集》第1卷，人民出版社1995年版，第252页。

② 《邓小平文选》第二卷，人民出版社1994年版，第231页。

③ 同上书，第251页。

④ [美] 杰拉尔德·古特克：《哲学与意识形态视野中的教育》，陈晓端译，北京师范大学出版集团、北京师范大学出版社2008年版，第157页。

示了深刻的道理。马克思主义、社会主义意识形态无疑在中国社会主义革命以及社会主义社会的建设、改革和发展过程中具有十分重要的作用。

这就告诉我们，意识形态工作不能越过自身应有的位置，我们不要过于拔高或刻意贬低意识形态的作用，而应把它置于恰当的地位。在这一方面我们过去有过深刻教训。

2. 完善意识形态工作的方式和方法

意识形态工作是一定的阶级、政党通过必要的手段、方法对广大民众进行说服教育，使他们认同其意识形态，包括指导思想以及衍生的路线、方针、政策、价值取向等。意识形态认同主要发生在人们的思想领域，这就决定了我们在具体开展意识形态工作时，在寻求意识形态认同时，要采取积极、稳妥、冷静的方法。"我们要坚决摈弃那种教条化、抽象化、泛化、虚化、非理性的意识形态工作样式，杜绝非持续性的、运动性、口号化、泛政治化、强制性的主流意识形态的主导方式，强化内在的、自觉的、持续性的、科学的、理性化的主流意识形态的主导方式。"[①] 具体而言，可以坚持摆事实讲道理的办法。意识形态是人脑中的观念，它不同于社会的物质关系，旧的经济制度、政治制度可以依靠强大的物质力量去摧毁，但思想认识问题的解决，是不能靠武力，也不能靠行政命令、组织手段。意识形态不可能采取剥夺物质的办法去剥夺，一定的物质手段只能为解决思想问题创造客观条件，并不等于解决思想问题本身，思想问题需要靠开展长期的思想斗争才能解决。必须坚持摆事实讲道理的办法。摆事实讲道理的办法是先进意识战胜落后意识的最好办法。因此，我们不能把意识形态领域的斗争，简单地看成政治斗争。新中国成立后六十多年正反两个方面的历史经验告诉我们，对于意识形态领域里的问题，必须慎重行事。

同时，必须坚持贯彻"百花齐放、百家争鸣"的方针。在意识形态领域里，存在着真理同谬误、社会主义思想同封建主义残余思想及资产阶级

① 刘明君等：《多元文化冲突与主流意识形态建构》，中国社会科学出版社2009年版，第8页。

腐朽思想的矛盾和斗争，通过这些矛盾的统一和斗争而推动科学、文化、艺术的繁荣和发展。因此，"双百"方针是一个揭露矛盾，正确开展意识形态领域的斗争，推动社会主义科学、文化、艺术繁荣和发展的唯一的方法。我们现在提倡"双百"方针，通过辩论，开展真理和谬误的斗争或不同意见之间的讨论，从而发现真理和发展真理以及发展先进文化和先进意识形态。

3. 营造良好的社会氛围

意识形态工作是一项长期而又紧迫的工作，它关乎执政党地位的巩固，关乎社会的稳定，关乎民族国家的未来。因此，这不仅是宣传部门的事，而应贯穿于社会的各个领域，需要全党全社会的共同努力。首先，要靠各级党组织和党员干部的力量。各级党组织要有很强的政治意识、大局意识、责任意识，积极开展意识形态工作，而且要常抓不懈。而"党员是社会的先进分子，党员干部的言行影响着人民群众，决定着政风、民风和社会风气。党员干部做实践社会主义核心价值体系的模范，是贯彻党的宗旨的要求，是保持共产党员先进性的要求。"① 其次，要靠全社会的努力，特别是宣传思想工作者。正如邓小平所指出的："思想战线上的战士，都应当是人类灵魂的工程师。在当前这个转变时期，在社会主义精神文明建设和整个社会主义建设事业中，他们在思想教育方面的责任尤其重大。十年动乱的消极后果和历史遗留的种种因素，新形势下出现的新的复杂的问题，在人们的思想上引起各种反映，包括一部分模糊和错误的认识。作为灵魂工程师，应当高举马克思主义的、社会主义的旗帜，用自己的文章、作品、教学、演讲、表演，教育和引导人民正确地对待历史，认识现实，坚信社会主义和党的领导，鼓舞人民奋发努力，积极向上，真正做到有理想、有道德、有文化、守纪律，为伟大壮丽的社会主义现代化建设事业而英勇奋斗。"② 所以，全党都要重视意识形态工作，必须通过全党、全体人民对社会主义意识形态理论的学习和把握，自觉指导自己的实际活动，提

① 中共中央宣传部编：《社会主义核心价值体系学习读本》，学习出版社 2009 年版，第 65 页。
② 《邓小平文选》第三卷，人民出版社 1993 年版，第 40 页。

高自身的思想认识水平。唯有如此，才能真正发挥社会主义意识形态的巨大生命力，并使之成为中国特色社会主义建设事业的巨大推动力量。

4. 加强青少年的意识形态工作

国外敌对势力企图在我国对青少年实施和平演变，"西化"、"分化"的重点就在青少年身上。美国对华《十大戒令》中有两条专门是针对青少年的，其中在第三条中要求："一定要把他们青年的注意力从他们以政府为中心的传统引开来。让他们的头脑满足于感情表演、色情书籍、激情享乐、迷恋电子、网络游戏、犯罪性的电影以及迷信宗教。"另一方面，在文化全球化以及信息化社会的建构过程中，青少年所受的冲击是最大的。在青少年的成长过程中，多种文化的交流碰撞，随之而来的是大量的殖民文化入侵、大众文化泛滥、低俗文化充斥、高雅文化消失。在我国，很多青少年喜欢购买奢侈品，浪费现象严重，追逐西方生活方式，急功近利，社会责任感下降等。其实，随着社会的发展进步，人们生活水平的提高，中国都市青少年的消费娱乐追求时尚、追求新潮、追求现代，这都无可厚非，然而，就是这"时尚"、"现代"几乎都是以西方价值观念来定位的，这就要引人深思了。还有一点，青少年是网民的主体，各种鱼目混珠、良莠不齐的信息在网上畅通无阻，凶杀、暴力、色情对青少年的诱惑超出了人们的预计，使青少年犯罪不断增加。由于社会多样、文化多元，使一些青少年理想信念迷失，精神陷入迷茫。

然而，在社会主义现代化建设中，青年一代必须担当起民族复兴的重任。我们务必注意青年一代的培养，努力培养和造就千百万中国特色社会主义事业的建设者和接班人，"青少年是祖国的未来、民族的希望。学校是意识形态的重要阵地。建设社会主义核心价值体系，必须从青少年抓起、从学校教育抓起。"[①] 能否把他们培养成社会主义事业的接班人关键在于能否用社会主义核心价值体系、科学的先进的社会主义、共产主义意识形态武装他们的头脑。因此，加强青少年的意识形态工作任重而道远。

---

① 中共中央宣传部编：《社会主义核心价值体系学习读本》，学习出版社2009年版，第68页。

5. 警惕文化帝国主义

文化帝国主义的有关论断始于 20 世纪 60 年代，主要指称文化霸权。文化帝国主义的出现与经济全球化的当代扩张密切相关。过去，在相对封闭的社会环境下，也有价值观、意识形态的渗透与反渗透现象，特别是在资本主义体系与社会主义体系之间，但渗透与反渗透行为大多由政府来实施。但是现在，其他方面力量发挥的作用往往要大得多，如大众传媒。美国的大众传媒借助经济全球化的发展不断扩大和强化美国文化在全球传播的范围和力度，成为世界上传媒最发达的国家，其媒体覆盖全球。美国新闻署早在 20 世纪 80 年代就已在 128 个国家设立了 211 个新闻处和 2000 个宣传活动点，在 83 个国家建立了图书馆；它使用 100 多种文字，向 100 多个国家和地区、2 万多用户昼夜发布新闻。"美国之音"每天以 19 种语言 48 个国际频道向 100 多个国家播音。"美国之音"每周华语普通话广播 84 小时、藏语广播 8 小时、粤语广播 14 小时，大肆宣传美国对华政策和美国文化。美国还充分利用好莱坞电影、流行歌曲等形式。拉美地区占世界人口的 9%，却只占世界文化出口的 0.8%；除巴西和墨西哥拥有自己的巨型影视企业可以称作文化产品的全球经济的组成部分，其余绝大部分国家在新闻及娱乐节目方面都是"净进口国"，几乎所有的节目都从美国引进。而且即使像巴西、墨西哥和阿根廷，70% 的电影和连续剧都从美国进口，在黄金时间播出的节目中，美国的节目超过一半以上。[①] 美国还控制了世界上 75% 的电视节目，其电影产量虽然仅占世界的 7%，却占去了世界电影放映时间的 50% 以上。[②] 事实证明，美国传媒都是美国文化、价值观念、意识形态、思维方式乃至生活方式全球传播的强大载体。通过传媒的作用，让他国人民肯定、认同直至接受美国精神，而同时怀疑、动摇甚至丢弃本民族文化、价值观甚至意识形态，给各民族国家，当然主要是发展中国家，带来文化危机和民族危机。汤林森指出："大众媒介正以

①　联合国教科文组织：《世界文化报告》(1998)，北京大学出版社 2000 年版，第 128—129 页。

②　数字转引自方立：《美国全球战略中的文化扩张与渗透》，《前线》1999 年第 6 期。

平稳而快速的步调扩张其技术能力，在西方社会当中，它们对于公私领域的生活，挟其渗透、报导及再现的能力，已经具备非凡的影响效果。"这种非凡影响一方面表现为"某种文化之媒介"（文本及媒介之运作过程与行为）支配了另一种文化媒介，另一方面还表现为"'经由大众媒介所中介的文化'已然扩散全球。"①

　　国际互联网在思想文化领域发挥了重要作用，它已成为重要的国际思想舆论斗争的新领域。然而，由于科技实力的不平等，西方国家与非西方国家占有的网络资源不平等，在这场网络大战中胜负似乎已有定论。当前，国际互联网正在走大规模商业化和社会化道路，这种做法将进一步助长西方社会在全球推广它的文化与价值观念的气势。美国凭借其强大的信息技术优势，拥有在计算机网络上的"信息霸权"地位，制定着信息进程中的诸多"游戏规则"，并且是按照美国的价值标准。由美国主导的网络文化交流必然会使交流缺乏对等性和交互性，只能是单向度的灌输和渗透。事实上，利用网络对与自己有着不同制度、不同价值导向的国家进行意识形态乃至全方位的文化渗透，已成为美国等一些西方发达国家推行其国际战略的重要手段。

　　总之，从当前情况看，西方强势国家凭借自己的科技、经济等方面的优势向外大量输出文化产品和价值观念，加强对欠发达国家的文化渗透，而发展中国家在对外文化交流中往往处于不利的地位。因此，发展中国家在加强与发达国家的文化交流时，必须要确保国家的文化安全和社会稳定，坚决抵制文化帝国主义。

---

① ［英］汤林森：《文化帝国主义》，冯建三译，上海人民出版社 1999 年版，第 45—46 页。

报告四

构建我国主流价值文化面临的双重任务

阮　航

要着手构建主流价值文化，就得明确任务，亦即我们需要做些什么以及如何去做。可以从理论与实践两方面来思考，也就是说，需要解决两方面的问题：如何合理地构建主流价值文化的理论体系与实践体系，并考虑如何实现理论与实践之间的沟通。本报告力图就此做一般性的理论探讨。

一、构建我国主流价值文化面临的理论任务

这里所讲的理论任务，指的是在构建主流价值文化的理论体系之时，我们必须思考的一些问题，必须秉持的基本策略。总体上讲，构建主流价值文化的理论体系包括三个大问题：一是这种理论体系应呈现出何种性质？二是这一理论体系应如何构成？三是对该理论体系中的基本组成部分作必要的检讨。以下分述之。

（一）我国主流价值文化理论体系的性质

从政治的角度看，我国价值文化理论体系的基本性质已经明确："社

会主义核心价值体系是兴国之魂，是社会主义先进文化的精髓，决定着中国特色社会主义发展方向。""要坚持马克思主义指导地位，坚定中国特色社会主义共同理想，弘扬以爱国主义为核心的民族精神和以改革创新为核心的时代精神，树立和践行社会主义荣辱观。"[①] 但在着手构建价值文化的理论体系之时，我们应该注意到，文化发展有其自身的特点和规律，因而有必要从社会和文化的角度推进对这一问题的思考。当然，这种思考必须结合中国文化发展的历史和现状来进行。

首先，这种理论体系应当为当代中国人提供共同信念，在我国社会主义价值系统中发挥价值核心的作用。这种共同信念的性质应该是伦理的，这是基于中国文化的历史、现状而做出的判断。

历史地看，当代中国亦是传统中国的延续，不能脱离中华民族自身的价值文化传统。这一价值文化系统奠基于先秦时期。先秦是中国文化的黄金时代，诸子百家争鸣，形成了多元价值观共存的文化格局，为其后中国文化的发展提供了基本的思想资源。汉武帝倡导"罢黜百家，独尊儒术"的文化政策，儒家文化成为主流。自此下迄清末，中国文化的基本格局就是以儒家为主流，儒、道、释三家共存。它们渗透于传统中国人生活的方方面面，形成了中国文化的基本品格。

梁漱溟指出，中国传统价值文化的一个重要特点是伦理本位，以伦理代宗教之用。这是比照着一般意义上的西方主流价值文化而言的。西方主流的价值文化或者说在民众伦理生活中发挥主导作用的，是以基督教为主的各种宗教传统。近代以降，宗教传统在西方的影响已趋式微，但其或强或弱的价值支撑作用仍不可否认。而在传统中国社会，其价值文化之中宗教不占主流，而主要是通过伦理价值来发挥核心作用。其主流价值文化的重心在于人伦事理，在信念层次缺乏宗教的形式，但不乏宗教意识。如在春秋时代即已为政治精英们广泛认同的"三不朽"、孔子的"三畏说"、孟子的"尽心说"，乃至宋明理学的"心性说"等，无一不是融伦理精神与宗教意识于一体，起信念支持之用。在构建当代中国主流价值文化的观念

---

① 《中国共产党第十七届中央委员会第六次全体会议公报》，2011 年 10 月 18 日。

体系之时，我们要考虑自身的历史文化传统，就必须注重对伦理价值的提炼和诠释，并在社会生活中予以倡导与实践。

就现状来看，当代中国的特点和走势，与我国的现代化进程息息相关。这一进程至少自清末即已开始。据郑永年的观察，"从清末改革运动到孙中山再到毛泽东，在改革开放之前，中国人一直处于持续的革命之中，探索的重点在于建立一个什么样的国家。尽管毛泽东领导的共产党人最终建立了人民共和国，但对于共和国应当是怎样的一个国家，一直处于艰难的探索之中，对很多问题的理解只能在实践中进行。'继续革命'可以说是改革开放前三十年的共和国的主要特点。""前三十年为一个主权独立国家奠定了基础结构，而对如何建设这个新国家，只能说为后人留下了很多宝贵而代价极高的教训与经验。"[①] 在这样的政治与社会背景下，我们主要着力于经济现代化与政治现代化，亦即寻求国家富强与维护民族的独立与尊严。文化现代化虽然不乏讨论，但究竟该如何选择、如何构建，始终是一个未完全明确、悬而未决的问题。

文化现代化直接关系到中国现代文明秩序的建立，是中国社会现代性转型之中的一个深层次问题。不可否认，欧美由启蒙运动建构的新文明形态是现代性的最早个案。中国现代文明秩序的建立，自觉不自觉地都是以欧美的文明形态为参照系[②]。然而，由于着力于国家富强与主权独立，我们对欧美文明的关注主要在于政治经济的层面，而对其文化尤其是价值文化方面缺乏深入的了解，对其中的利弊得失缺乏清醒的认识。

从西方的经验看，现代化的进程伴随着社会领域的不断分化，政治、宗教、经济等领域日益相分离而表现其独立性。西方的现代性展现为一个理性化和职业化的发展过程，它带来了现代社会伦理生活的日益分化，由此各个领域的职业伦理取得了其相对独立的意义。对于一个社会来说，仅有在局部领域有效的价值规范，不足以形成较强的社会凝聚力，而势必引

---

① 郑永年：《中国模式：经验与困局》，浙江人民出版社 2011 年版，第 3 页。

② 参见金耀基：《现代性与中国社会转型丛书总序》，转引自丁学良：《辩论"中国模式"》，社会科学文献出版社 2011 年版，第 3 页。

向各领域之间价值的冲突与分裂。当代人的价值失落问题与此不无关联。当代中国正处在现代化进程之中，与现代化相伴随的价值失落问题已现端倪。要克服这一流弊，就必须从伦理的层面展开深入的探讨，构建合理的伦理观念体系，从而为社会主义文化在各领域的表现提供统一的方向和基本的支撑，构筑中华民族共有的精神家园。

其次，这种理论体系应基于自身的文化传统，表现中国特色。我们自身的文化传统，不仅包括以儒家为主体的传统文化，也包括在中国已发展近百年的马克思主义传统。而表现中国特色，说到底就是要处理好文化的民族性与世界性之间的关系。对此存在着一种不恰当的认识，即认为它等同于民族文化与世界文化的关系问题。有必要先予以澄清。

严格地说，世界文化的提法难以成立，至少其实际指称是模糊的。它始于西方的启蒙运动。不少启蒙思想家如孔多尔塞、伏尔泰等持有一种"世界主义"的观点，即全人类都应当在一些普世皆准的观念指引下，不断实现科学与技术的进步、理性的进步，从而共趋一种世界文明，实现一个人间的天堂。在相当程度上，它是由西方启蒙运动产生的一个乌托邦。由此发展至今，对于世界文化，大概有两种理解：一种是视之为人类各种文化进步的共同目标；另一种认为它是从人类各种文化中抽出一些共同的因素，予以组合而成。但这两种理解都是空洞而不切实际的。因此，不少现代思想家指出，世界文化的概念是一个非常贫乏而简略的概念。[①] 文化应该是实实在在的，简单地说就应该是人们的一种生活方式、一种活法，并表现于思想、制度与物质生活的方方面面。

可以说，世界文化在提出之时只是作为一种文化理想，尚有其积极意义。而随着西方物质文明的发展及其文化趋于强势，这些普世皆准的观念已逐步被世界主义者明确为西方价值，其西方中心论的色彩愈益鲜明，往往成为推行西方价值观的工具。对此必须有清醒的认识。从这种观点来看，所谓民族文化与世界文化的关系是一个不恰当的提法。因为"现实上

---

① 莱维－施特劳斯：《种族与历史》，转引自河清：《破解进步论》，云南人民出版社2004年版，第64—66页。

世界政府是不存在的，文化的问题亦然。只有不同民族的文化来参与，通过其间的交流而创立世界文化，除了这一应有的世界文化形态之外，实体性的世界文化是不存在的。"①

由此来看，文化的民族性与世界性，其实应该是指自身文化的发展及其与其他文化的交流问题，而不是与某种实际存在的世界文化之间的关系。鲁迅先生曾指出，"只有民族的，才是世界的。"只有立足于自身文化的发展，发展好了才能对其他文化的人们产生吸引力，产生世界性的影响。文化的民族性是根本，世界性应该是民族文化充分发展而产生的效果。这与中国传统儒家文化的思路是一致的。孔子说："远人不服，则修文德以来之。既来之，则安之。"（《论语·季氏》）《中庸》说："凡为天下国家有九经，曰：修身也，尊贤也，亲亲也，敬大臣也，体群臣也，子庶民也，来百工也，柔远人也，怀诸侯也……柔远人则四方归之。"其中包含两层意思：一是重视自身文化力的培育，以此为基础对其他文化中的人们产生影响；二是文化力发挥的方式不是靠强制推行，而是靠"怀柔"，让他人觉得有吸引力，主动来学习。唐代以降，儒家文化在东亚国家的传播及其重要影响，在相当程度上也是以这种方式实现的。这种方式的特点可以用《礼记》中的一段话来概括："礼闻取于人，不闻取人。礼闻来取，不闻往教。"（《礼记·曲礼》）"礼"是儒家文化的代表，它发挥作用、产生影响的方式，是靠他人主动来取经，而不是靠强势推行来让他人接受的"往教"。在相当程度上，近现代西方基督教在世界范围的传播方式主要就是"往教"。两者形成了鲜明的对照。

文化的交流应该是双向的，因而文化的世界性还表现在对其他文化中有益成果的吸取。胡锦涛曾指出，要坚持从我国国情出发，坚持以我为主、为我所用，辩证取舍、择善而从，积极吸收借鉴国外发展的有益成果，更好地推动我国文化的发展繁荣。这不仅说明了借鉴其他文化成果的必要性，而且指出这种借鉴必须立足且服务于自身文化。它是我们在此问题上的基本方针，也是对文化的民族性与世界性关系的高度概括。

---

① ［日］竹内好：《近代的超克》，李冬木等译，三联书店 2005 年版，第 280 页。

再次，这种理论体系应侧重于建设而不是批判。建设是要肯定具有积极意义的观念，批判则是否定消极负面的观念。如前所述，改革开放前的近百年，革命是中国社会的基本特点，在理论层面也是如此。我们注重的是消除传统观念和西方观念的消极影响，在如何营建健全的价值观念方面则着力不够。应该说，这一文化方向在革命时期有其合理性，对于破除不良观念的影响、迎接新中国的诞生起到了积极作用。但要看到，在此过程中一些优良的观念也难免被解构和误解，乃至作为负面的东西加以否定。这样执著于批判的后果，往往是将孩子和洗澡水一并倒掉。

随着社会主义建设的展开，这种文化发展的思路应有所改变。汉儒陆贾曾指出，"得天下"与"治天下"需要不同的思路。借用到文化建设方面来说，"立国"与"治国"所需的文化理论也应有所区别。尤其是我们面临的主要任务是实现中华民族的伟大复兴，在文化方面则是建设社会主义核心价值体系，那么继承和吸收各方面的优秀传统观念，就是目前的当务之急。这就要求我们发展文化的重点，应该是建设而非批判，是要有所"立"而非"破"：选择和论证优秀的观念，并通过适当的疏导，接续到当代中国的社会生活，为解决当代问题发挥积极作用。

最后，这种理论体系的内容不应是单一的，而应以某种价值系统为主导，吸取其他价值系统中的有益因素，主流价值文化的理论内容必须兼收并蓄。这是适应当代文化发展的合理选择。

一般说来，在一个社会中总是存在着多种价值观，价值合理多元更是现代社会的特性之一。在当今的全球化时代，随着文化交往的日益密切，在一个社会之中存在着多元价值观，已成为显见的事实。但应当注意的是，"从伦理意识的历史的或民族的差异这一事实，不能推导出一种'伦理相对主义'"。[①] 一种缺乏主流价值文化的社会必然带来社会生活各层次上的分裂，难以形成稳定而优良的社会文化秩序。这样看，价值多元的事实毋宁说凸显了构建主流价值文化的迫切性与必要性。其中的关键在于，主流价值文化如何去发挥引导社会文化的作用，怎样对待与之共存的多元

---

① ［德］舍勒：《价值的颠覆》，罗悌伦等译，三联书店 1997 年版，第 2 页。

价值。

"引导"，不等于靠压服其他价值来主导，更不是强制；而应该是以理服人，以情感人，体现自己在价值理论与实践上的优势。《中庸》说："万物并育而不相害，道并行而不相悖。小德川流，大德敦化。"一种理想的社会文化状况，并不是仅存一种价值系统或单一的思想体系，而是在无根本的、原则性冲突的情况下容许其他的价值观存在，并且在一定的情况下还应鼓励它们发挥积极作用。这就要求发挥引导作用的主流价值要具有包容性，自身首先是能包容"小德"的"大德"，是能为"小道"提供大方向的"大道"；同时也应有一种开放而宽容的胸怀，要能容许作为"小道"、"小德"的多元价值文化的存在，鼓励它们在不与大方向相悖的情况下发挥积极作用。当然，这些都应基于主流价值文化自身理论有较为充分的发展、实践上能产生良好的效果，从而能吸引民众，产生积极而深远的影响。

综上所述，从其一般性质来看我们所构建的主流价值文化的理论体系，大致可概括出如下四点：其所提供的共同信念应当是伦理性质的，即表现为伦理精神；应基于自身的文化传统，表现中国特色，处理好文化的民族性与世界性的关系；应侧重于建设而不是批判；其理论内容必须兼收并蓄，是以某种价值系统为主导、吸取其他价值系统中的有益因素而成。

（二）我国主流价值文化的理论来源

所谓价值文化的理论来源，可以作多个角度的理解，这里主要从两个相互关联的角度来看：一是从其组成看，构成理论资源的观念所来自的价值系统；二是从文化的层次看，构成理论的观念所来自的主要社会阶层。从第一个角度看，我国主流价值文化的理论应来自三方面的价值系统，即马克思主义、中国传统文化以及近现代西方的价值文化。这是由中国文化发展的历史和现实决定的。当然，这只是个大概的说法，其实每个价值系统都并非铁板一块，其中纠结了不少复杂的问题，将在下一部分集中讨论。本部分主要从第二个角度做些说明。

价值文化与人们的生活方式紧密相关。同一种价值文化，在不同的社会生活中不同阶层的人身上，其表现形式会有所不同。这是我们在做出观念选择时必须注意的问题，以下以儒家文化为例从历史与现实两方面来说明。

历史地看，儒家文化至少可分为三类：知识精英的儒学、作为官方意识形态的儒家，以及日常百姓身上表现出的儒家生活观念。它们虽然都持有对儒家的价值认同，但其实质内容有很大的差别。

作为一种精英理论，知识精英的儒学留存于历代流传的儒家典籍，包含着极为丰富的理论内容。它们注重对儒家精神的把握和厘清、对儒家文化理想的发挥，凝聚着历代有代表性的儒学思想家对宇宙、社会与人生的思考。其中的价值观念较为明确，具有深刻的理论内涵，但要践行相应的生活方式需要很高的精神境界，或许只有极少数大儒才能真正做到。作为官方意识形态的儒家则夹杂不少政治实用的考量，往往只是简单借用儒家的某些观念。日常百姓身上表现出的儒家生活观念，则往往是以不自觉的形式留存于习俗之中。

就价值文化的理论来源来说，如果我们要对儒家文化去粗取精，就必须对这三种不同的表现形式有所鉴别。知识精英的儒学理论性较强，思考的是人类带有普遍性的问题，其中不少价值观具有超时代的意义。它应当成为我们价值文化理论体系的一个重要组成部分。冯友兰先生在解放初期提出的"抽象继承法"，就包含了这层意思。作为官方意识形态的儒家，其价值文化难免带有对其时政治现实问题的考虑，较多受时代所限的因素。那么我们在借鉴之时就不能奉行简单的拿来主义。如传统的"三纲"观念，显然其主旨在于维护传统的政治结构。历代大儒也多有批判。又如《大学》的"生财之道"："生之者众，食之者寡，为之者疾，用之者舒，则财恒足矣。"显然其所针对的是秦汉之际以农业为主导的经济方式。我们要有效地吸取其中的合理因素，首先需要回到历史背景之中去理解，然后进行一番"解构"的工作，剔除其中为历史所限的因素，由此才能做出合理的判断。就"生财之道"来说，其具体主张显然过时了，但其中包含的精简政府支出、尊重农业生产规律乃至生态和谐的思路，仍然具有一定的意义。质而言之，对于这一形态的儒家文化，我们应当关注的不是其具体主张如何，而是其背后的各种思路，以及如何从观念走向现实的实现机制。对于生活观念形态的儒家，同样也应看到古今社会的背景差异。《三字经》、《幼学琼林》等传统启蒙读物之中包含不少有价值的儒家生活观念。但必须看到，传统社会的家族形式和当代中国的家庭有很大的差异。简单套用可能其效果适得其反。只有在充分考虑这些社会结构差异的基础上做适当的转化，才能真正发挥其生命力。

现实地看，随着近现代中国社会与思想的发展，儒家文化已被"边缘化"，对于当代中国社会生活的影响力相当微弱①。要着手梳理儒家文化价值观以作为我们构建主流价值文化的理论来源，需先认清儒家文化的这一现状及其肇因，否则难免产生各种混乱和误判。首先，儒家的边缘化是在与近现代西方文化的碰撞中发生的。这既是由于儒家自身含有一时难以适应时代发展的因素，也与西方近现代文化的强势扩张相关。西方近现代文化所孕育的科学与民主，不仅促成了西方国家的迅猛发展与日益强盛，也使西方文化逐步占据了世界舞台的中心。其次，儒家的边缘化与清朝统治及其相关制度（尤其是科举制）的解体有莫大的关联，由此儒家文化不再拥有可确保其中心地位的制度保障②。最后一点与前两点相关，同时也与构建主流价值文化理论体系这一问题直接相关的是：针对儒家价值观的批判直接导致儒家价值文化由中心走向边缘，并逐步衰落。这一反儒家传统的批判思潮始于20世纪初、滥觞于"五四"运动到"文化大革命"而趋于极端，其余响至今未绝。当代不少学者在谈论文化自信与文化自觉问题之时，无不谈及这一反传统的思潮及其影响。我们要从以儒家文化为主体的传统文化中吸取营养，以为理论来源之用，那么这一反传统的进程也尤其值得进一步反省和检讨。这里仅就与本部分相关的内容略述几点：

其一，批判的最初动机乃基于如下判断：儒家价值观与传统政治形态、传统社会结构是密不可分的。应该说，这是一个针对当时现实的判

---

① 参见蒋国保：《儒学普世化的基本路向》，《中国哲学史》2003年第3期。

② 参见干春松：《制度化儒家及其解体》，中国人民大学出版社2003年版。

断，但并不说明儒家精英形态的文化价值观就没有独立于其社会政治结构、超越时代的意义。可以从中西思想史的角度来看这个问题。任何思想家的思考当然都不可能脱离其时代背景，但这并不妨碍其中的某些思路具有超时代的意义。否则不仅孔孟思想已过时，就是柏拉图、亚里士多德等的思想也未尝不如此。如果从前述的三种价值文化形态来说明，就更清楚了。尤其在一个相对封闭的社会中，一个时代占强势的往往是作为官方意识形态的价值文化，但强势并不代表更强的可持续性。更具超时代意义和持久生命力的往往是精英形态的文化。清末以降的各种改革之流产，促使不少思想家首先关注的是当时占强势的、意识形态化的儒家传统，并对之采取日益激烈的批判态度，以求从深层次上解决问题。这既是在内忧外患的压力下做出的自觉选择，也是面对政治社会现实提出的救治之方。但是，我们当代的某些批判仍然简单套用这些带有历史印记的结论，而对自身传统持彻底否定的态度。这就需要反省和检讨了。如《河殇》有一个观点认为，儒家文化与小农经济和封建政治是结合在一起的，已经过时因而应予以根本否定。这其实一方面是两种形态的儒家价值文化混为一谈，另一方面也是没有把握五四时期思想家的问题意识而做了简单化的处理。

其二，20 世纪初至五四运动的反儒家传统思潮，其批判对象有一个渐进的过程。对这些批判对象的认识有助于我们对儒家文化价值观的定位。批判初期针对的乃是意识形态的儒家文化价值观，如"三纲五常"等带专制色彩的观念。进而扩展到对生活形态的儒家文化批判，如鲁迅对国民性的批判，陈独秀对传统家族制度的批判，以及"剪发辫"运动等。最后发展至对儒家文化价值观的全盘否定。这些批判者往往有着深厚的传统文化功底，其中不少对儒家精英形态的核心价值观抱有同情态度。他们之所以采取与传统决绝的姿态，一方面是时势使然，认为"救亡图存"时不我待，必须在传统价值与现代价值之间做个决断；另一方面是认为儒家文化价值观与民主、科学等西方价值绝不能容。我们现在平心静气地思考这一问题，当会有不同的结论，至少应该作为一个开放性的问题而有进一步讨论的必要。

总之，从历史和现实两方面看，将不同形态的儒家价值文化予以区别对待，对于我们梳理价值文化理论体系的来源问题来说是极有必要的。在如何对待马克思主义价值传统与西方价值传统的问题上，也存在类似的问题。将在下一部分详论。

（三）构建我国主流价值文化必须解决的基本理论问题

构建我国主流价值文化，必须基于对当代社会背景的把握，这就需要对当代中国所处的内外环境保持清醒的认识。就内部环境而言，自改革开放以来，随着社会自由的初步扩展，当代中国各种社会思潮此起彼伏。[①]它们彼此之间的相互交流、交锋和交融，应该说是有利于价值文化创新的好气象，但同时也是对建构主流价值文化理论体系的一种挑战。就有利的方面说，我们所建构的主流价值文化理论体系可以从各种思潮中吸取有益的思想养分，让其中的合理因素发挥启迪之用。就挑战而言，我们所建构的主流价值文化理论体系必须具备一定的开放性和包容度，具有较强的对话能力才能发挥引领作用。从外部环境看，西方价值文化仍处强势，而其发展形态表现出新的特点：一方面其理论构成日益复杂，在现代西方启蒙价值仍占主导的情况下，各种后现代思潮的影响已不容忽视；另一方面自苏东剧变以来，其意识形态化的价值文化在全球范围的扩张态势有增无减，引发其他国家政治动荡的事件屡见不鲜。如 20 世纪初苏联国家的颜色革命，以及始于 2011 年至今未息的、阿拉伯世界的政治动荡。

这些都要求我们着手构建之时对一些重大的理论问题得有所思考，具备一定的理论自觉。以下简单谈谈两个问题。

其一，中国化的马克思主义与马克思主义的中国化问题。应该说，这是有区别而又有着内在关联的两个问题。中国化的马克思主义是在中国已发展出来的马克思主义理论及其实践。总结其经验和教训，当是我们把握马克思主义的理论资源、进一步发展马克思主义，以及进一步完善我党自

---

① 参见马立诚：《当代中国八种社会思潮》，社会科学文献出版社 2012 年版，第 2—7 页。

我纠错机制的基础。马克思主义的中国化，则是选择和运用马克思主义的各种理论资源，将之与中国国情相结合，以创造性地指导和运用于中国特色社会主义的理论和实践的过程。

就前一问题来说，中国共产党在九十多年的理论和实践探索中，形成了不少富有成效的社会主义理论，如毛泽东思想、邓小平理论、"三个代表"重要思想、科学发展观等，取得了举世瞩目的社会主义成就。同时也难免会有失误。如"大跃进"对国民经济的损害、"文化大革命"的"左倾"错误对文化和经济发展的负面影响。这些经验和教训，都应通过总结和反思，化为我党和中国特色社会主义发展、我们构建主流价值文化的宝贵财富。

就后一问题而言，首先要有一个较为开放的态度。马克思的思想经过一百多年的梳理和诠释，在当代已形成了多种马克思主义的理论形态和观点。在与马克思的根本价值观不相悖的基础上，这些理论资源应该进入我们构建价值文化的理论视野，通过恰当选择并与中国国情相结合，推进马克思主义中国化的发展。曾有一段时间，我们以苏联意识形态化的马克思主义为标准，来着手马克思主义中国化的工作，其结果是将马克思主义教条化、绝对化，对我们的价值文化和思想发展带来了不利影响。通过马克思主义的中国化，马克思主义的文化价值系统应当成为随时代发展而发展的开放体系，随中国社会主义实践的不断丰富而发展出新的内容。其次，马克思主义中国化的新成果应适当而及时地反映于我们的教科书之中，这样才能更好地满足文化理论和实践的需要。最后还应发展中国马克思主义的对话能力。这既是开放态度的延续，也是适应当代价值文化发展的需要。由此我们就应注重对其中基本价值的合理论证和充分说明。

其二，传统与现代的关系问题。这个问题对于我们如何继承和发展中国传统文化乃至如何看待西方价值文化的发展，有着重要的意义。它直接关系到我们应以何种态度看待各种价值文化传统，以何种方式去吸取传统的滋养。

对于这个问题的讨论，最初是在西方社会学的范围内展开的，并对中国思想界产生了重要影响。西方社会学在起步阶段的主流观点认为，"现代"意味着与"传统"在物质技术和价值取向的双重意义上都是不同质的，"现代性"在价值内涵上与"传统性"相"断裂"，也就是说"现代"在价值取向上具有与传统根本不同的性质。这种社会历史发展上的"进化观"与西方"启蒙"观念中的乐观主义或"进步"观念一脉相承，表现于社会学则是有着一条"故事主线"的宏大历史叙事。① 由这种观点来看，相对于"传统"，"现代"具有无可争议的优越性。"传统"或应被遗弃，或应根据现代的价值指向进行改造。这种传统与现代的两分法的理论基础可概括为两方面：一是可以从性质上对传统和现代做出判断从而可将两者明确区分；二是两者在价值上是一种不对等关系，"现代"代表着"进步"和判断好坏的标准。两次世界大战根本动摇了西方人的这一观念，人们开始重新关注传统的意义。美国社会学家希尔斯的观点具有代表性。他指出，"传统是社会结构的一个向度"，"无论其实质内容和制度背景是什么，传统就是历经延传而持久存在或一再出现的东西"。② 希尔斯在《论传统》中以翔实的材料和缜密的社会学方法说明了传统和现代的关系：传统和现代不可分，传统内在于现代生活；割裂现代与传统的联系既不可能，也不合理。可以说，希尔斯的观点意味着传统与现代之间是一种"源"与"流"的关系，它们在连续性的时空中通过互动而彼此相连。在当代，越来越多的文化学学者倾向于接受希尔斯的这一观点，即将传统与现代理解为一种价值上的对话和交流关系，并认为由此来看待传统更为合理。现代与传统的两分法则有其局限性，它既以西方特定历史时期物质文明的巨大发展为根据，也以其特定历史时期形成的观念为理论依据。可以说，它体现的主要是西方现代性启动期的价值叙述，其中包含了西方现代化时期的各种因素，如相对于其他民族在物质文明上的优势以及这一优势转化为文化价值观的自信和优越心理等等。③

---

① 参见 [英] 安东尼·吉登斯：《现代性的后果》，田禾译，译林出版社 2000 年版，第 4—5 页。

② [美] E·希尔斯：《论传统》，傅铿等译，上海人民出版社 1991 年版，第 9、21 页。

③ 参见 [美] 郝大维、安乐哲：《先贤的民主》，何刚强译，江苏人民出版社 2004 年版，第 6—8 页。

在中国 20 世纪的绝大部分时间里，中国人眼中的"传统"与"现代"是两个截然不同的概念。它们远非仅代表一种时间上的区分，而是意味着随之而来的经济、政治、文化等的不同性质。而"现代"的内容主要通过"现代化"表现出来。就其产生和典范看，"现代化"都与"西方化"联系在一起。据西方学者的观察，中国自"五四"运动以来发展出一派看待"西方现代化"的极端乐观观点。乐观派认为，"现代化源于欧洲'启蒙运动'，是其强大的推动所造成的一个后果，而这个后果则又是个人、社会、经济和政治等一系列活动理性化的结果"。只要"照搬自由主义民主制度"和"自由竞争资本主义再加上不断合理的技术"，"就会得到进入现代化年代的种种回报：个人权利、不断增多的自由、高水平的生活，以及对自己天地更大地自主控制"①。所谓"极端乐观"，意味着即使仅从理论上说，这种意图通过西方化来达到现代化的观点也至少在两个方面有偏失：一是没有看到传统与现代之间的关联性。从社会整体发展和文化发展的角度看，"以统一的速度抛弃所有昔日的事物，这根本就不合乎社会的本质"②。二是没有看到西方的现代化与西方文化自身的逻辑发展是相互渗透的，而且西方现代化实践给人类带来的并不全是福音，其负面后果随着现代化的深入也日益凸显。可以说，要发展出属于自身的现代化，发展属于自身的主流价值文化，首先就要抛弃这种看待传统与现代的排斥性的两分法，还应当把现代性在中国的启动与中国自身现代化的发展这两个问题区分开。就现代性在中国的启动看，中国主要是被"卷入"而不是经过"自主发展"进入现代，即中国是在西方强势文化的压力下改变传统的社会组织结构和生活方式而进入现代的。可以说，由于西方现代性的全球扩张，在现代性的启动上非西方国家普遍地受到西方文化的影响。但这种"普遍的历史事实"并不意味着西方文化价值观的普遍真理性，不能简单地将现代化与西方化等同。因此，要发展出中国自身的主流价值文化，并避免西方现代化

---

① 参见［美］郝大维、安乐哲：《先贤的民主》，何刚强译，江苏人民出版社 2004 年版，第 6 页。

② ［美］E·希尔斯：《论传统》，傅铿等译，上海人民出版社 1991 年版，第 53 页。

过程中的偏失，在理论上就需要做两方面的分析：一是分析西方现代文化价值观及其相应的制度形式，在与自身文化资源平等对话的基础上寻找相容性，通过可与自身相通的方式，借鉴其可以促进自身发展的长处，力避其偏弊；二是充分挖掘并分析自身的价值文化资源，在现时代的背景下重新诠释和评介，寻求可以创造发展的空间。后者是基础，前者则是发展的必要条件。

二、构建主流价值文化面临的实践任务

所谓实践任务，指的是所构建的主流价值文化要为当代中国人提供精神家园、为实现中华民族的伟大复兴提供文化支持，就必须面对当前中国特色社会主义实践中的重大现实问题。分述如下。

（一）国内政治经济稳定发展所面临的挑战

我们所构建的主流价值文化，首先应服务于国内秩序的稳定，为我国政治经济的稳定发展创造良好的文化环境。改革开放取得了巨大的成就，让我们走上了强国之路，同时也给人们的思想观念带来了冲击。这是一个社会转型通常会面临的挑战。我们的挑战主要表现在如下几方面：

其一，工业化和城市化的挑战。我国原来一直是一个农业人口占绝大多数、农业占国民经济比重极大的农业大国。农业经济的低流动性、以乡土为根本等特点，孕育着以熟人伦理为特征的生活观念：人们"世代定居是常态，迁移是变态。""人不但在熟人中长大，而且在熟悉的地方长大。"生活很安定，注重的是"面对面的"熟人关系①。改革开放以来，我国的工业化和城市化迅速发展，由此出现了"民工潮"、大量征用农业用地搞房地产开发等现象。这些都是以熟人伦理为特征的生活观念难以适应的。

---

① 费孝通：《乡土社会》，北京出版社 2005 年版，第 3、25 页。

工业化和城市化意味着流动性的提高，人们的日常生活交往要经常面对陌生人，私人空间与公共空间有了明显的区隔。如果不通过适当的文化引导以改变原来的生活观念，就会引发各种社会问题。如农民工问题、富士康跳楼事件、拆迁难题，等等。这些问题如果任其发展，终将危及社会稳定。从文化的角度看，这些社会不安定因素的消除，需要人们改变就业观念以及与他人交往的思维定势和交往方式，以新的生活观念为指导，这就需要相应的文化价值观和制度设计来支持。

其二，市场化的挑战。改革开放意味着从社会主义计划经济向社会主义市场经济的转型。作为一种经济体制，市场经济起初是在西方资本主义国家发展成熟的，而且以前被视为资本主义与社会主义相区别的标志之一。我国社会主义市场经济体制，是将市场经济作为一种发展经济的手段而做创造性的使用。这是一个人类前所未有的新尝试，取得了丰硕的成果。但有些问题需要进一步探索来予以解决，其中文化价值观的引导不可或缺：第一，我国的社会主义市场经济体制是通过学习和借鉴西方资本主义市场经济来启动的，如何消除资本主义市场经济的某些不良观念的影响，对原来市场经济的文化观念做创造性诠释和发挥，是我们确立社会主义市场经济的文化基础之中必须予以解决的。如市场原教旨主义对"理性经济人"的解释，就需要我们在反思和探索中予以修正。第二，发展与社会主义市场经济体制相配套的政治体制和文化体制，都是没有先例可循的系统工程，需要我们集思广益、运用自身智慧在有中国特色社会主义实践中不断探索和完善。第三，作为一种高效率的资源配置手段，市场经济本身难免带来贫富分化、经济生活与伦理生活相脱节乃至社会生活"经济化"的现象。这一方面需要辅之以恰当的调控手段，另一方面也需要文化价值观尤其是伦理规范的引导才能得以解决。如自 20 世纪 80 年代以来发展起来的经济伦理学，对这些问题做了较为系统的说明，并提出了不少有益的解决思路。

可以说，如果没有优良的文化价值观的支持，就难以确立健康而可持续的社会主义经济秩序，难以克服市场经济本身带来的社会不稳定因素。

其三，世界化的挑战。随着中国日益融入世界，世界其他国家的文化价值观对中国人的观念也产生了重要影响，其中以目前仍占强势的西方文化价值观的影响最著。这种影响是复杂的，传递来的价值观也良莠不齐。从文化的角度来谈"世界化"，其实是一个中国人如何理解、欣赏和接纳他国文化，进而与他国人顺利展开文化对话和交往的问题。而世界化的挑战，意味着应通过确立自身主流价值观来引导这一过程，让包括西方文化价值观在内的他国文化价值观发挥正面影响而消除其负面影响。如果这个问题解决不好，就可能出现两个极端化的现象：要么由于仇外而自我封闭，要么由于媚外而出现文化及身份认同危机，如近年出现的"富豪移民"、送子女到国外接受中学教育等现象，其中一部分可归因于文化认同危机。可以说，不加强自身的主流文化价值观建设，就难以应对"世界化"的挑战，难以根本解决中国人的文化身份认同问题，终将危及国内秩序的稳定。

（二）为塑造良好稳定的国际环境提供文化支持

邓小平曾指出，和平与发展是当今世界的两大主题。中国要通过和平崛起而成为强国，实现中华民族的伟大复兴，需要有良好稳定的国际环境。但近二十年来，国际政治经济领域并不太平。政治上，苏东剧变、巴以冲突、阿拉伯之春、以美国为首的西方国家发动的伊拉克战争、阿富汗战争和利比亚战争、国家分裂主义组织和国际恐怖主义组织猖獗；经济上，先是有 1997 年的亚洲金融危机，而后 2008 年以来席卷世界的金融危机尚未完全平息，近来又发生了欧债危机，等等。这些都说明国际政治经济领域存在着不少不安定因素。中国虽然自改革开放以来，享有和平稳定的发展条件，我们自身拥有的国际环境相对稳定而友好。但不可否认，其中潜在的不安定因素并未完全消除，而近年来有浮出水面之势。这些不安定因素是我们进一步发展过程中必须予以正视的，而缺乏文化力的支持则难以根本消除。这就要求我们必须确立自身的主流文化价值观，使之富有成效地发挥积极影响。以下分述之。

其一，大国和平崛起的思路必须有自身的文化价值观支持。从近代历史看，大国崛起总是伴随着征服和战争。从近代西方大国的大规模海外殖民[①]到第二次世界大战，无不见证了这一点。但要看到，这是与西方资本主义的文化逻辑有着内在关联的。我们现在讲中国要走和平发展、和平崛起之路，仅靠展示我们如何做，不足以打消他国尤其是西方大国的疑虑。近两年美国提出将战略中心转向太平洋，除了按照其文化逻辑来思考维护自身国家利益的问题之外，在深层次上不能不说含有对中国崛起是否和平的疑虑。

在此问题上，依靠民族主义情绪来回应是不行的，其结果将适得其反，也有悖于和平崛起的国家战略[②]。根本上说，必须建立一套与西方有差异的、属于自身的解释体系，其核心就是自身的主流价值观。这样才能提供令人信服的解释，说明我们这样而不是那样做的理由，树立健康积极的国家形象。

其二，塑造良好的周边政治经济环境需要文化软实力的支撑。中国的边境线较长，邻国最多。与其中绝大多数国家的边境纠纷问题都已解决，这是一项了不起的成就。但近两年与日本的钓鱼岛纠纷、与菲律宾等国的南海岛屿纠纷，有趋于激烈之势。其中有大国推波助澜的因素，但不可否认，也有对中国和平崛起的不信任感在起作用。如菲律宾向国际社会申诉的理由就是中国以大欺小，担心这是中国扩张的表现而不愿妥协。日本除历史认识问题外，还混有由于近年国内政治不稳、经济不景气而带来的失落感，不甘心失去以前亚洲经济老大的地位。但从深层次上说都表现出对中国崛起的某种不信任感，认为对他们造成了威胁。

要从根本上解决问题，塑造良好的周边环境，就必须重建信任。信任的建立，仅靠物质力或硬实力是不行的，最多治标，不能治本，必须依托我们的文化力才能奏效。这就必须确立我们自身主流价值文化的理论体系，增强我们的理论说服力和文化影响力。历史上看，东亚大多数国家都受到了儒家文化的深刻影响，这正是我们由于拥有自身主流价值文化而发挥文化力的成功范例。

---

① 参见 [美] 彭慕兰著：《大分流》，史建云译，江苏人民出版社 2003 年版，第 250—251 页。
② 参见马立诚：《当代中国八种社会思潮》，社会科学文献出版社 2012 年版，第 154—155 页。

其三，树立健康而积极的中国人形象需要属于自身的文化底蕴。随着经济全球化的发展，中国经济与世界经济依存度不断提高，中国与其他国家经济和文化交往日益频繁和加深，走出国门的中国人也越来越多。树立健康而积极的中国人形象，既是增强自身文化认同、民族凝聚力的需要，也是塑造和传播中国文化力的一个重要环节。这方面我们还做得不够，由近年突出的两个问题可见一斑：一是有些海外旅游的中国人给当地人的观感不佳，对中国人的形象产生了负面影响。本来旅游可以拉动经济，他国对中国游客的总体态度是欢迎的，但有些游客不文明的举止和炫耀式的消费，给人以暴发户的形象。二是有些在国外经营的企业与当地人发生暴力冲突，甚至出现伤亡事件。这两个问题值得从文化的角度加以反思：为什么总体上说有益于他国经济发展的行为得不到尊重，乃至引起反感？缺乏文化底蕴是其中的一个因素。尊重是相互的。中国自古就有"入乡问俗，入国问境"的说法，这是一种尊重他者文化的态度，也是文化交往的前提。在此基础上如何展示自己的文化修养，则关系到我们自身主流价值文化的建构及其实现问题。只有确立了富有成效的主流价值文化，才能真正塑造中国人自身的文化认同，才能增强这些走出国门者代表中国人形象的意识。而这一形象是否健康与积极，也有赖于我们主流价值文化自身的健康与生命力。

总之，从国家形象、理论形象和个人形象三方面看，要塑造良好的国际环境，就必须构建好我们自身的主流价值文化，为我国的持久健康发展提供文化支持。

(三) 为中国特色社会主义的发展模式提供价值根据

改革开放以来，中国特色社会主义取得了举世瞩目的成就。这引起了其他国家尤其是原来的第三世界国家来学习成功经验的兴趣，也引发了不少专家和学者的讨论。但总的说来，这些成功经验并没有得到很好的总结，更缺乏从价值文化等较深理论层次的反思。中国特色社会主义要成为一种模式，表现持久的生命力和吸引力，没有相应的主流价值文化作为价值根据是难以实现的。以下拟在简略回顾两个相关提法的基础上做进一步的说明。

其一，"北京共识"。在以理论形态概括中国特色社会主义成功经验的概念中，"北京共识"是最早引起国内学者兴趣和讨论的提法，但它却是由一位美国学者雷默于 2004 年针对"华盛顿共识"而提出的。雷默几乎没有赋予"北京共识"以确定的内涵，而是承认它有足够的灵活性，几乎不能成为一种理论，只能概括出几条带"不"字的观点：不搞全面的企业私有化；不搞快速的金融业自由化；不听从以美国为首的西方国家的建议，坚持走自己的政治经济发展道路①。可以说，"北京共识"的提法是以否定"华盛顿共识"的形式出现的，带有明显的西方意识形态色彩和"对比"意识。就其内容而言，对于解释中国特色社会主义模式几乎没有实质意义，也不符中国的实际。其意义在于，从一个西方学者的视角，承认除以美国为首的西方成功模式之外，尚有另一种成功的发展模式存在，并且对其他国家产生了吸引力。因此，尽管其理论内涵模糊不清，但"北京共识"提法指示出一个论题的存在，此即后来讨论更多的"中国模式"。

其二，"中国模式"。"中国模式"的提法显然宽泛得多，但也因此难以给予明确的定义和归类。西方世界有许多试图描述"中国模式"的术语，如国家资本主义、新威权主义、儒家资本主义、市场列宁主义等②，但都不恰当。在我们看来，这一方面是由于中国模式有着不同于西方的独特体制和经验，很难以沿用的西方术语简单拼接来概括。另一方面是由于我们的文化体制改革和文化建设滞后于政治经济改革，因而很难让西方学者明确了解我们秉持的主流价值观是什么，也因此，对于中国模式的讨论，较明确的结论主要集中于政治与经济模式方面。据郑永年的概括，中国模式的特征主要表现为复合经济模式、渐进式民主、鼓励公民政治参与和非政府组织的成长等；对文化模式的讨论则较开放：以人为本的社会主义、

① 参见丁学良：《辩论"中国模式"》，社会科学文献出版社 2011 年版，第 4 页。

② 同上书，第 41 页。

五四精神的继承与修正、民族主义与自由主义的存在等①。

从对以上两个提法的讨论看，对中国特色社会主义的发展模式或者说中国模式的成功经验总结，主要集中于政治与经济方面，文化价值方面只能说有些尚未确定的开放性观点，不够系统。那么能否为中国特色社会主义的发展模式找到价值根据呢？这应该是构建我国的主流价值文化中必须着力解决的问题，它首先必须基于对中国特色社会主义实践中文化建设得失的总结和反思。

仅就改革开放以来的经验看，至少应该从三个角度做细致的研究和思考：第一，通过研究和分析我党的重大理论成果，如邓小平理论、三个代表重要思想、科学发展观等，梳理其中关于文化发展的基本精神和重要指导方针。第二，从问题的角度梳理改革开放以来理论界关注的热点问题，如关于人道主义和异化问题的讨论、关于道德的本质的讨论、对集体主义的认识问题、市场经济的伦理效应问题、制度伦理问题、儒家伦理的现代化问题、公平与效率的关系问题、社会公正问题等，分析其中的理论得失和文化价值观，当能为我们构建主流价值文化的理论体系提供启迪。第三，分析改革开放以来中国的主要社会思潮如有学者指出的八种社会思潮：中国特色社会主义思想、老左派思潮、新左派思潮、民主社会主义思潮、自由主义思潮、民族主义思潮、民粹主义思潮和新儒家思潮②，理清各种思潮的来龙去脉，由此来了解当代中国社会的思想状况，并为我们的理论选择提供参考。

要构建我国的主流价值文化理论体系，只有从上述不同的侧面对中国特色社会主义的发展模式做深入的理解，我们的理论探讨和反思才能富有针对性，才能符合中国的实际。由此才能顺利完成为中国特色社会主义发展模式提供价值根据的理论任务，才能为中国特色社会主义实践的进一步开展提供文化动力。

---

① 郑永年：《中国模式：经验与困局》，浙江人民出版社 2011 年版。

② 参见马立诚：《当代中国八种社会思潮》，社会科学文献出版社 2012 年版，第210—223页。

三、理论与实践的互动：主流价值文化的理论实现与实践检验

我们所构建的主流价值文化，要真正为人们所认同，并具有现实生命力，无论理论上还是实践上都应当是一个与时俱进、随着中国特色社会主义实践的不断丰富而不断发展的开放体系。要做到这一点，就必须考虑两个问题：一是主流价值文化的理论实现问题，也就是如何使之融入中国特色社会主义的伟大实践之中，现实地发挥指导作用。二是理论的不断修正问题，即，要通过实践考察其效果，同时根据实践效果，以及实践内容的不断丰富来调整、补充和修正我们的理论体系。前一个方面是用理论来指导实践，体现理论的现实生命力；后一个方面是通过实践的检验作用，将实践的要求反映到理论。

（一）主流价值文化的理论实现问题

主流价值文化的理论实现，需要以恰当的方式、合理的实现机制来进行。对此，报告六中已有专门的讨论。这里拟从另一个侧面来说明，即结合我们以往建设主流价值文化的经验教训，说明在理论实现过程中通常会遇到的问题。

其一，主流价值文化的理论与实践之间的脱节问题。理论应高于现实，但不能脱离实际，同时还要注重理论如何才能符合实际的过渡过程。对于价值文化理论来说尤其如此。以下从三个方面做简要的讨论。

第一，理论的层次。一般地说，价值文化理论首先必须展现值得人们向往和追求的核心价值，然后说明这些价值能否实现的问题，最后提出如何实现的方式。从伦理学的角度来看，它们大体可对应于信念或信仰、伦理和行为规范这三个层次。如果层次不清或相互混淆，就会产生理论与实践的脱节：理论上能服人之口却不能服人之心，让人能"知善"却不足以

引导人"行善"，最终给人以唱高调或华而不实的印象。优秀的价值文化理论由于人们对其理论层次的误解而让人望而却步，思想史上这样的例子并不鲜见。

如孟子的弟子公孙丑就对孟子之道提出疑问，认为其道陈义过高，让人可望不可即，建议降低要求以便切实可行。孟子的回应有两层意思：一是基本价值立场不可改变；二是教法重在引导，能不能做到则在于受教者自己的能力①。稍作分析可以看出，师徒两人其实是在不同的层次上谈论问题。公孙丑关注的是可行性，是理论如何实现的伦理和规范问题；孟子关心的是价值信念或道德理想的纯粹性。康德的道德哲学曾遭到类似的质疑，他在《论一个习语：理论上不错，实践中行不通》中的一个基本回应是：虽然现实生活中人们很难完全出于道德法则去履行义务，但道德法则的揭示，对于强化人们的道德动机，以自觉并努力趋向于一种纯粹的道德，对于维护道德基础的纯洁性，具有根本重要的意义②。这里康德同样是在信念的层次上讨论问题，强调道德理想和实践信念的重要性。

就主流价值文化理论而言，价值信念的层次不可或缺，而且应当有理论高度。但必须注意，价值信念所起的作用主要是指示出理想状态，提供理论根基，不能混同于对人们的现实要求和评价即规范和伦理的层次。尤其是我们的主流价值文化理论不是仅停留于理论探讨，而且最终是要得到大众的接受和认同，那就必须层次分明，明确各层次的内容、适用范围和对象，这样才能有效地指导实践。否则难免流于空洞的形式，甚至造就压抑人们性情的虚伪道德。如理学就其产生而言首先是要树立儒家信仰以抗衡佛教，"心"、"性"、"理"主要是在抽象的理论层次展开以解决价值信念的问题。在伦理层次也主要讨论自我的道德修养，以及知识精英应当追

---

① 见《孟子·尽心上》。原文如下：公孙丑曰："道则高矣美矣，宜若登天然，似不可及也。何不使彼为可几及而日孳孳也？"孟子曰："大匠不为拙工改废绳墨，羿不为拙射变其彀率。君子引而不发，跃如也。中道而立，能者从之。"

② Immanuel Kant, On the Common Saying: 'This Way Be True in Theory, But It does not Apply in Practice'. See *Kant Political Writings*. Edited by H. S. Reiss, ©Cambridge University Press 1970, 1991, p.69.

求的精神境界，贯穿着浓厚的伦理精神和宗教意识。但落到传统的政治和社会现实，却被统治者做了不当的借用和发挥。价值信念本在于指出理想的方向和境界，却往往流为对行为的现实评价标准；道德修养本来首先是求于己的，却流为对他人横加指责的资具。这种层次错置的结果即如戴震痛斥理学流弊时所言，"人死于法，犹有怜之者；死于理，其谁怜之!"[①] 我们的文化建设虽然总体上是不错的，提出的规范要求大多注重人们力所能及且易于实行。如我们所倡导的"五讲四美"等，都是很好的文化建设举措。但不可否认，我们在某些时期也犯了类似的失误。如"文化大革命"时讲"狠斗私字一闪念"，其本意或是强调行为动机的纯洁，但往往成为评价人们现实行为的标准之一，其结果是造成不少捕风捉影的冤假错案。

第二，与现实的政治经济条件相配合。价值文化理论要切实可行，还必须考虑现实的政治经济发展状况。人们的文化生活并不孤立于政治生活和经济生活之外，政治、经济、文化本来就应理解为同一社会生活的不同侧面，只是为了思考、讨论和解决问题的便利才做了相对的区分。脱离现实政治经济条件的价值文化理论，其生命力必然有限。从大的方面说，中、西、马的价值文化之中包含了具有理论活力的资源，但都存在如何与当代中国的政治经济发展状况相配合的问题。这种配合应该是相互的，一方面，我们所选择的合理而正当的价值资源应面向现实社会生活的问题做创造性的解释和转化；另一方面，我们应当创造有利于这些文化价值实现的制度环境和社会环境。

就前一方面说，不考虑政治经济生活的变化而简单套用以前成功的观念和做法，难免造成理论与实践的脱节，是主流价值文化由理论进入实践之时应当避免的。例如我们对雷锋精神的倡导。在改革开放之前，我们学雷锋的效果不错，对社会生活风气产生了积极而健康的影响。但我们现在也不时开展学雷锋活动，其影响却有限。这并不是雷锋精神本身有问题，而是我们在理论和现实两方面的转化工作都做得不够，往往只是沿用或简单改装以前的做法。学雷锋的具体做法无疑带有时代的印记，不乏其时较

---

① ［清］戴震：《孟子字义疏证》，中华书局 1982 年版，第 10 页。

"左"的政治环境的影响，但其中蕴涵的"与人为善"的精神，"从小事做起"的思路，无疑仍有生命力。若能结合当前社会状况发展出新的实现途径，当能更积极有效地发挥作用。

从后一方面看，由一种健全的文化价值引申出来的行为规范，必须有相应的政治经济制度之支持才能实现，这种价值才能成为社会主流价值。康德指出了一个基本假定，即"我们如果被要求应当做某事，那就能做某事。"① 这被现代西方伦理学概括为"应当蕴涵能够"（Ought implies can）。反过来说，超出人们能力范围的"应当"要求就是不合理的。在规范的层次上，文化价值观也会对人们提出"应当以某种方式做事"的要求，但如果缺乏相应的制度保障，缺乏实现这类行为的社会环境，人们也就难以按照这种要求去做。这样的价值文化即使具备再强的精神感染力，也难以成为该社会的主流，难免流为空洞的形式。

第三，主流价值文化体系的规范要求应该有一定的针对性，因不同的对象和领域而有所区别。这是就现代社会的特点而言的。随着现代社会分工的发展以及人们交往范围的扩大，社会生活趋于职业化和民主化，公共领域与私人领域也有了较明显的区隔。我们的主流价值文化体系应针对这些特点，在规范要求方面做适当的考虑和安排。

主流价值文化体系的规范要求应根据公私领域的不同而有所区别。公共领域的价值文化建设，属于社会公德的范围；对私人领域的规范，则属于道德教育、个体人格培育的范围。对待这两个领域的价值文化建设，需要有不同的处理方式。公共领域的规范要求所关注的是基本社会秩序的维护与健全。其规范应该是一种带有强制性的要求，一种对所有公民都同等的底线要求，因而可以采取教导、外部规范的方式，其内容亦多是禁止性的、消极意义上的规范。个体人格方面则需要个体的内心认同，也应该是个人的一种自主自愿的选择，因而不宜采取教导、外部规范的方式，而只能是各种积极意义上的引导。大体说，我们主流价值文化的理论体系在此

---

① Immanuel Kant, *Kant's Theory of Ethics*. Trans by Thomas Abbott. Longmans, Green and Co, 1923, p.119.

所能提供的，一是培养公民的择善能力，二是提供多种具有感染力或说服力的善生活之可能性，以拓展合理选择的空间①。当然，这只是相对的区分，两者背后的伦理精神均应得到主流价值文化的信念支持。

主流价值文化体系的规范要求还应根据各职业的特点而进一步具体化。在此可以吸收国内外应用伦理学的有益成果，如企业伦理、科技伦理、生态伦理、医学伦理、网络伦理等，使之与主流价值文化体系的伦理精神相贯通，这样不仅可以丰富和发展我们的理论，也会因规范的有针对性而更具现实活力。

其二，对主流价值文化建设本身的逆反心理问题。这里所讲的"逆反心理"，大概有两种情况：一是由于我们以前在此问题上的某些失误如重视不够或流于形式等，而产生抵触情绪；二是从根本上反对确立主流价值文化，以为这是对个人自由的压制和干涉，因而坚持价值多元或价值相对主义。对于第一种情况，我们如果能避免第一点所讨论的理论与实践相脱节的问题，发展出具有现实活力的主流价值文化，那么这种"逆反心理"当能随之克服。第二种情况则与西方近现代以来的自由主义思潮相关，其中不少来自大众对自由主义的误解，有必要稍做辨析。

要消除这种逆反心理，首先应消除大众对自由主义的误解。可以说，作为西方自由主义的核心概念，"自由"（liberty/freedom）一词在最初译介为中文之时就伴随着理解上的分歧和混乱②。大众更是茫然，鲁迅先生在《阿Q正传》中对此做了尖锐的讽刺和揭示。在不少人眼里，西方的"自由"与庄子的"逍遥游"是同一家族，成了主观上的"随心所欲"和社会政治上的"无政府主义"。这种浪漫主义的理解在当代大众文化中并不鲜见。由此观点来看，"自由"似乎是我们即使在社会生活中也无须任何约束和代价而必得的好东西，因而无论我们倡导的主流价值文化如何，他们都难免产生逆反心理。这种情况应该通过厘清"自由"的含义来消除。

①　参见阮航：《楚文化的伦理精神与湖北的道德文明建设》，《湖北大学学报》2009年第6期。
②　参见许纪霖、宋宏编：《现代中国思想的核心观念》，上海人民出版社2011年版，第420—421页。

其次，必须看到，西方的自由主义也是其近现代的一种主流价值观，是经过宗教改革，从其宗教传统之中衍生而出的。现代西方的自由观就其产生看，离不开对上帝与人之间关系的思考，有其特定的宗教意识①。而这种现代的个人主义自由观在孕育出独立自主的现代个人的同时，也意味着个人必须自我选择和决策，并为自己的选择负责。就此而论，自由对应于责任。

再次，我们构建主流价值文化的理论资源是可以与自由主义相容的。前已说明，我们的理论资源主要来自中、西、马三大价值系统。马克思主义本身就是在西方自由主义的基础上的进一步发展，追求"人的自由全面发展"，实现作为"自由人的联合体"的共产主义社会。而中国的传统价值文化，其基本思想资源即使不能与自由主义相通，也至少是可以相容而共存的。

最后，确立主流价值文化并不意味着对个人自由的压制，而是对个人作为社会合作者的价值引导，以及为了不妨害他人自由而进行必要的约束。当代西方的自由主义并不否认对社会生活中的个人进行约束的必要性，只不过强调尽量减少不必要的约束，而且这本身就是西方的一种主流价值观点。

由以上辨析看，对于第二种情况的逆反心理问题，我们一方面需要澄清误解以消除任性的自由观和无政府主义，另一方面需要通过对话和合理的理论说明来疏导。

其三，主流价值文化建设的效益问题。主流价值文化建设应该说是一个艰巨而长期的任务，这是由文化本身的发展规律决定的。但这不意味着不考虑效益问题，即我们的文化投入如何能取得最佳的效果。投入很大而收效甚微，这种现象在我们以往的理论宣传中并不鲜见。以下略述其中应注意的几个问题。

首先是文化工作者必须具备相应的理论素养。文化工作有其特殊性，在一定意义上是个"传心"的工作，要能让人信服进而心服。那么文化工

---

① 参见［德］弗洛姆著：《逃避自由》，陈学明译，工人出版社 1987 年版，第 133—135 页。

作者自己就得先把自己所要说明的观点理解透彻，不能流于浮面。

孤立地看，所要说明的观点无非几点结论，难免"断章取义"。但这个"义"取得是否恰当，光看那"断章"是不够的，必须将观点的来龙去脉都了解清楚。这正如我们写文章的引用。字面上，引用都是"断章取义"，但恰当的引用肯定是要将这"断章"的上下文乃至原作者的整个思想都把握好。当然，如果要求文化工作者对主流价值文化的理论全都像这样理解透彻，那恐怕不合实际，精力和时间不允许。但要求将其所要说明的那一部分充分领会，应该不难做到，也只有这样才算是真正负责。另外还可以通过专门的培训来提高。国外许多大企业都设有伦理官员，大部分伦理官员并不是什么专业学者，但通过培训，他们对其所负责的那一部分极为熟练。我们在文化建设中可以借鉴类似的做法。

其次文化工作应针对不同的对象而采取相应的方式，千篇一律的宣传难以收到好效果。文化工作不仅是要"传心"，也要和对方"交心"。要真正说服人，就必须站在对方的位置去思考；要让人心服，还必须在尊重对方的基础上体会其情感和需求。《中庸》说："君子以人治人，改而止。忠恕违道不远，施诸己而不愿，亦勿施于人。"（《中庸·第十三章》）这段话，曾有人望文生义将之理解为专制式的"人治"，其实讲的是要换位思考，将心比心：是要站在对方的位置去考虑，理解对方，以忠恕之道来交往。做个简单的类比。我们的街道办事处在年终时一般都会给孤寡老人送温暖，赠送钱物。这当然不错，体现了对老人的关心。但试想一下两种做法：一是千篇一律每年给每位老人送一样的钱物；二是事先了解每位老人各自的需求，然后用同样的投入按照老人各自的需求分别送上不同的礼物。显然第二种做法效果会更好，它与第一种做法的区别在于先有个理解对方的过程。我们的文化建设在具体实施之时如果也能换位思考，效益应该会有所提高。

最后还有个时机的问题。价值文化建设说到底是要引领人们的价值追求，是个启发人的工作。时机得当则事半功倍。孔子曾讲其教授弟子的"启发"方法："不愤不启，不悱不发。"（《论语·述而》）"愤"、"悱"都是一种未想通问题而寻求解答或者说思维遇到瓶颈的状态，这时候予以

"启"、"发"，加以点拨，收效最佳。我们的价值文化建设也可以借用孔子的"启发"方法：在人们遇到价值选择的难题时，根据我们的主流价值观予以及时的解答。比起我们不管对方有无兴趣就拿出自己的观点来解释，"启发"的效果肯定要好得多。尤其是现在中国互联网已经普及，这样的时机应该不少。如果我们能抓住其中的热点、焦点问题，有理有据地及时加以说明，应该会取得不错的效果。

（二）主流价值文化的实践检验问题

我们的主流价值文化要展现出持久的生命力，就必须接受实践的检验；要有活力，就必须与时俱进，将不断丰富的新的实践内容及时反映到理论中去。由此我们就应该充分发挥实践的检验作用，推动理论的自我修正和更新。可以分如下三个方面来思考这个问题。

其一，注重收集民意。这应该是检验理论的一个基础性工作，也是古今中外的一贯做法。当代的实践形式日益多样化，收集民意的渠道也应当多元化，并保证每个渠道的畅通和良性运转。

首先学术界可以就主流价值文化的理论和观点开展充分的讨论。这既是一个检验理论的过程，看能否与其他观点抗衡，能否容纳其他观点，进而发现理论上的不足以求改进；其实也是一个理论进入实践的过程，我们把主流价值充分展现给持不同价值观者，力求说服他们，争取他们的理解和认同。这种探讨不应局限于国内，也应注重与国外学者的研讨。这样，不仅可以从不同的观点中得到启发，也可以加强我们的主流价值文化的影响。只有在与不同观点的交锋中，我们的理论活力和潜力才能充分展现出来。

其次可以有针对性地进行民意测验，设计出合理的问卷并收集反馈意见。民意测验既可以了解一定人群的思想状况，从而有利于调整文化建设的具体措施；也可以考察理论的适用性和说服力，以便调整使之更切合实际。

再次可以通过信访办及相关部门，接纳相关建议，将民间的文化要求反映上来。

最后应注重网络意见的收集。网络有匿名、反馈迅速、信息范围和信息量大等特点，但同时容易出现信息混乱、观点片面极端等现象。因此，在收集的时候应注意分门别类，加以鉴别，以此为根据进行适当的疏导和沟通，以便更好地传递文化信息。

其二，考察文化制度的效果，根据实际情况做适当调整。文化制度的范围较广，既包括基本的教育制度、新闻制度，也可以涵盖大量的非正式制度，如各地的风俗习惯，等等。因此，考察文化制度的效果，也就是一个极为繁重的工作，对不同的文化制度需要采取不同的考察和调整方式。一般地说，越是重要、正式的制度如教育制度等，越是需要加大考察的力度，仔细分析各个层次和环节。但对于根据考察得出的修正意见也更需谨慎对待，必须经过反复论证、检验和试验才能付诸实施。非正式的文化制度建设也不容忽视。它们往往与基层和民间的文化活动相关，不仅关系到一般民众对主流价值文化的认同问题，而且是整个文化秩序稳定的基础。对基层文化制度的考察，应注意发现其中与正式制度和主流价值文化不一致的做法，以及一些具有创新意义的举措。对不一致的部分需认真分析其原因，发现问题所在，然后对症下药：要么纠正基层制度，要么调整其上一层的制度，层层追溯，乃至作为我们调整文化建设思路的参考。对于具有创新意义的举措，则可视为我们文化实践的新内容，分析其中的意义以备借鉴之用。

其三，以科学的方法进行实地调研。实地调研是我们发挥实践检验作用的一个基本环节，可以让我们获得关于主流价值文化建设的第一手反馈材料。但调研要取得预期的材料，产生良好的效果，则必须注重科学的方法。

首先应根据调研目的来选择恰当的调研对象。这是调研前必需的准备工作。先得明确调研目的，即我们的调研想要了解什么，想要考察主流价值文化哪一方面、哪一层次的内容。由此再有针对性确定调研对象，调研对象必须具有典型性，能集中反映我们想要考察的内容。其次，组建配置适当的调研团队。根据调研的各个环节，确定相应的具有专业素养的调研者，由此组成分工合作的调研团队。再次，采取恰当的调研手段。调研手段应根据调研目的以及调研对象的特点来确定，并根据实际调研的情况做适当调整。最后是对调研结果的分析。

总之，发挥实践对理论的检验作用，关键是要落实为各种具有可操作性的机制。在相当程度上，这些机制并不是仅凭理论说明去推导的，而是要靠我们在实践中摸索、发展出来。随着这些机制的发展成熟，我们的主流价值文化理论也就有了自我纠错和更新的实践机制。

报告五

政治文明创新与主流价值文化构建

倪　霞

　　社会主义核心价值观和核心价值体系，是顺应时代和社会发展需要，反映时代基本特征，代表社会发展方向的当代人类最先进的核心价值观和价值体系。在加快构建我国主流价值文化的过程中，要加大政治文明建设的力度，注重政治文明创新。一方面，要在社会主义核心价值观和价值体系的指导和规范下加大政治文明创新的力度，使我国的政治文明成为当代人类最先进的政治文明；另一方面，要通过政治文明创新强有力地推进社会主义核心价值观和核心价值体系的培育、践行、贯彻和落实，使之现实化为主流价值文化。

一、主流价值文化构建迫切需要政治文明创新

　　作为社会主义革命和建设事业的领导核心，中国共产党一直致力社会主义价值文化建设，在构建我国主流价值文化方面做出了巨大努力，取得了相当大的成就。但是，我们也应该看到，一方面，在价值文化多元、各种价值文化相互竞争和撞击的新的历史条件下，我国主流价值文化面临着严峻的挑战，党中央所凝练和倡导的主导价值文化需要得到全社会的普遍

认同和广大社会成员的普遍践行；另一方面，随着经济、社会的进一步发展，政治体制改革面临许多困难。在这种情况下，我们需要进一步通过政治文明创新推动我国主流价值文化建设。

（一）主流价值文化建设与政治文明建设相适应问题

长期以来，我们对构建主流价值文化与政治文明进步和创新之间的内在关系关注得不够，没有使两者有机地结合起来，存在着政治文明建设与主流价值文化建设不相适应的问题。

改革开放以前，我们党一直注重价值文化建设，强调理论宣传和思想教育在民众认同和接受主导价值观方面的重要作用，通过各种途径和方式向社会大众广泛宣传主导价值观，以广大党员、青少年和知识分子为重点进行主导价值观教育，形成一个又一个宣传、学习主导价值观的高潮。但是，主导价值观没有得到社会的普遍认同，主导价值观也没有充分体现在党和政府的各项工作之中，个别地方、部门和少数工作人员完全甚至背离主导价值观，一些有悖于主导价值文化的法律制度、公共政策，个别部门不合理的工作方式和方法，少数公职人员的不当言行，漠视和侵犯了人民群众的基本权利和合法利益。严重降低了主导价值观本身的说服力、感染力和感召力。

党的十一届三中全会以后，党的工作重心转移到经济建设上来，实行经济体系改革，发展社会主义市场经济，并不断致力于政治体制改革和政治文明。党的十六大就明确提出了政治建设和政治体制改革的任务。十六大报告指出，发展社会主义民主政治，建设社会主义政治文明，是全面建设小康社会的重要目标。必须在坚持四项基本原则的前提下，继续积极稳妥地推进政治体制改革，扩大社会主义民主，健全社会主义法制，建设社会主义法治国家，巩固和发展民主团结、生动活泼、安定和谐的政治局面。党的十八根据新的历史条件和时代要求，对我国政治体制改革作出了新的部署。十八大报告指出，政治体制改革是我国全面改革的重要组成部分。必须继续积极稳妥推进政治体制改革，发展更加广泛、更加充分、更加健全的人民民主。必须坚持党的领导、人民当家作主、依法治国有机统一，以保证人民当家作主为根本，以增强党和国家活力、调动人民积极性为目标，扩大社会主义民主，加快建设社会主义法治国家，发展社会主义政治文明。

在经济体制改革和政治体制改革的过程中，党中央非常重视社会主义价值文化建设。党的十六届六中全会通过的《中共中央关于构建社会主义和谐社会若干重大问题的决定》明确提出，社会主义核心价值体系是建设和谐文化的根本，并且指出，建设社会主义核心价值体系，形成全民族奋发向上的精神力量和团结和睦的精神纽带。该决定对社会主义核心价值体系的基本内容作出了明确规定，这就是：马克思主义指导思想，中国特色社会主义共同理想，以爱国主义为核心的民族精神和以改革创新为核心的时代精神，社会主义荣辱观。《决定》要求，坚持以社会主义核心价值体系引领社会思潮，尊重差异，包容多样，最大限度地形成社会思想共识。党的十七大报告明确指出，社会主义核心价值体系是社会主义意识形态的本质体现。报告要求巩固马克思主义指导地位，坚持不懈地用马克思主义中国化最新成果武装全党、教育人民，用中国特色社会主义共同理想凝聚力量，用以爱国主义为核心的民族精神和以改革创新为核心的时代精神鼓舞斗志，用社会主义荣辱观引领风尚，巩固全党全国各族人民团结奋斗的共同思想基础。报告号召，全党全社会要兴起社会主义文化建设新高潮，推动社会主义文化大繁荣大发展。党的十七届六中全会通过的《中共中央关于深化文化体制改革，推动社会主义文化大发展大繁荣若干重大问题的决定》要求全党充分认识推进文化改革发展的重要性和紧迫性，更加自觉、更加主动地推动社会主义文化大发展大繁荣，努力建设社会主义文化强国，推进社会主义核心价值体系建设，巩固全党全国各族人民团结奋斗的共同思想道德基础。党的十八大报告又进一步明确指出，要深入开展社会主义核心价值体系学习教育，用社会主义核心价值体系引领社会思潮、凝聚社会共识。倡导富强、民主、文明、和谐，倡导自由、平等、公正、法治，倡导爱国、敬业、诚信、友善，积极培育和践行社会主义核心价值观。

改革以来的实践证明，党中央始终注意社会主义价值文化构建与政治文明建设相协调、相一致，并且在全党全社会形成了普遍共识，取得了巨大的成就。但是，我们也要注意到，由于种种复杂的主客观因素影响，我国政治文明建设与主流价值文化构建、政治体制改革与经济体制改、理论与实践还存在着不够同步、不够和谐的问题。这些问题正是我们当前要着力解决的问题。就构建主流价值文化来说，在理论上构建先进的、科学的价值体系固然重要，在实践中使价值体系现实化更为重要。

价值文化的主流化意味着其内容和精神实质得到全国各族人民的普遍认同、接纳和践行，意味着广大民众在态度上支持、情感上依赖、观念上接纳并内化主导价值文化。在推动主导价值文化主流化的实践中，我们强调思想观念的转变，高度重视对主导价值观念的宣传教育。但是，"追求利益是人一切活动的动因，人们奋斗所争取的一切都同他们的利益有关。"① 纯粹的外部理论灌输既无力直接影响人们的现实利益，也无法触动人们的思想情感，从而不可能介入日常生活世界。因此，仅仅靠宣传号召、理论学习与思想教育并不能保证人们实际地践行主导价值观。只有借助那些对社会日常生活和普遍利益主体直接产生持久强大影响的政治化途径，主导价值文化才能作用于日常社会生活并进而实现主流化。另外，我们把构建主流价值文化仅仅看作是政治思想文化领域的工作，没有意识到政治实践的基础性作用，未能有意识地推进主导价值文化的政治实践化进程，缺乏政治文明这一有效载体和有力保障。主流价值文化建设仅仅停留在理论和思想意识层面，而不渗透到政治层面，是不可能真正使主导价值观现实化和主流化的。

以上问题的症结在于，以往我们在构建主流价值文化时，仅仅强调的是理论构建，忽视其现实化路径；在主导价值文化主流化实践中，仅仅强调思想观念等意识领域的主流化，却没有意识到社会思想观念根本转变是以社会生活本身的根本转变为基础的。

仅仅靠理论宣导、思想教育，主导价值观不可能主流化；主导价值观

---

① 《马克思恩格斯全集》第 1 卷，人民出版社 1956 年版，第 82 页。

主流化实践中的形式主义、非政治化途径，必然会降低主导价值观本身的说服力、感染力和感召力。缺乏实践化的主导价值观只能停留在思想理论层面，外在于、表层化于社会生活，不仅不能引导社会的其他价值文化，甚至会造成广大民众的冷漠、疏离，甚至抵制，乃至动摇民众对社会主义道路的信念。因此，主导价值文化需要通过政治文明来作用于社会日常生活；政治改革和发展需要先进的、科学的价值文化提供思想基础和理论依据。构建主流价值文化与政治改革、发展紧密相依，不可分离。

（二）构建主流价值文化需要政治文明创新

历史经验证明，构建主流价值文化与政治发展、政治文明进步相互影响和制约。任何忽略一方而单方面推进另一方发展的努力都不可能取得令人满意的成效。

价值文化既属于观念文化，又体现为制度文化和行为文化。观念形态的价值文化即价值观实质上是价值文化的内涵，体现的是价值文化的精神。只有当这种内涵和精神对象化了、现实化了，才能真正从观念形态获得现实存在。观念形态的价值文化的对象化，就是价值观的现实化、物化。作为价值文化内涵的价值观，其对象化在过程上表现为人们在价值观的驱动和指引下的有意识、有目的的实践活动过程，在形态上表现为人们在实践活动过程中形成的各种制度、规范和规则以及实践活动对现实世界的改造结果。现实世界的发展与进步，包括物质世界的发展、精神世界的发展、社会生产关系的发展以及人类自身的发展。这表明，价值观的现实化，既表现为物态的制度、规范和社会进步状态，也表现为过程性的实践活动过程本身。其中，制度是其现实化的固化物质载体，是其固化形态；行为是其外在表现，是其动态呈现。因此，价值文化表现为人们改造物质世界、主观世界、社会生产关系和人类自身的实践活动过程及其成果。

政治文明是人类社会政治生活的进步状态。它是人类在改造社会时所获得的积极政治成果的总和，又表现为人类政治发展进步的具体过程。人类社会生活的发展和进步，首先表现为一种精神意识的发展和进步，其次才表现为制度和行为的发展和进步。有了进步的政治观念，才能建立起进步的制度和规范，人们才能在进步的政治观念的驱动和指引下，运用这些制度和规范来约束自己的政治行为。因此，政治文明是由政治观念文明、政治制度文明与政治行为文明三部分组成的有机整体。其中，政治观念是政治制度文明和政治行为文明的观念指导；政治制度文明是政治观念的物化、规则化和程序化，是指导政治行为的具体规范；政治行为是政治文明的外显，是政治观念和政治制度作用于环境的活动，是政治观念和政治制度在具体情境中的体现。

可见，政治文明与价值文化同构，政治发展的过程就是社会价值观物化、对象化的过程，政治文明是社会价值观在政治社会领域的现实化成果和体现，是社会价值文化的重要组成部分。政治观念文明是价值观的发展和进步在政治社会领域中的观念表现，其中，价值理念体现在政治社会领域中就是政治理念；政治制度文明是先进的价值观在政治社会领域中现实化的物化形态和物质载体；政治行为文明是价值观在政治社会领域中对象化的动态呈现和外在表现。

进步的价值文化能够促进政治文明的发展。人类社会的进步往往以文化的发展为先导。先进的价值文化推动着政治文明建设，促进政治文明发展。先进的政治观，作为先进价值观在政治领域中的体现，是政治发展的强大精神动力，能够通过政治实践转变为现实的社会力量，使政治朝着政治理念所指定的方向发展，使之符合先进价值文化的取向。同时，政治观作为一种潜在的精神力量，通过向社会成员传授政治文化知识，形塑人们的政治认知，使人们产生某种政治倾向，形成某种政治价值观念，从而直接或间接地影响政治发展，并通过政治实践的扩散功能和强化作用，将这种政治观，尤其是其政治理念，传播到整个社会生活的各个领域和层面，扩散为具有普遍意义的价值文化，塑造出相应的价值理念。简言之，在特定价值文化的指引下，能够发展出符合其基本精神和内容要求的政治文明；同时，政治文明，尤其是政治观念的实践进程，可以引导并形塑与之相应的现实的价值文化。

当前，党中央提出的社会主义核心价值体系，是党中央确立的主导价值观，是党和国家应当坚持的立场和发展目标，也是引领社会成员生产、生活和发展的公共价值取向。主流价值文化是社会成员在实践过程中，对生产、生活和发展的实际价值取向。构建主流价值文化，就是在多元价值文化并存的情形下通过自觉地巩固党和政府倡导的价值文化的主流地位，使之在多元价值文化中主导、引领和规范其他价值文化的健康发展。因此，主导价值文化的主流化涉及党和政府推行的社会主义价值文化与其他价值文化的关系问题，从根本上说体现的是党和政府等政治权威与社会民众的关系问题。所以，构建主流价值文化是社会主义政治文明建设与发展进程的有机组成部分。要实现社会主义价值文化的主流化，就需要进一步完善党和政府与社会、公民的关系，进行政治文明创新。

首先，社会主义政治文明建设是构建社会主义价值文化的基本途径之一，其建设成果必须表现为社会主义价值文化的主流化。政治文明中，观念文明是精髓，制度文明是核心和保障，行为文明是外化，而大众政治观念文明是最终结果。文明的政治，从根本上说，是在文明的政治理念指导下，在一定的政治制度规范下的文明的政治行为，最终形成大众政治观念文明。大众政治观念的文明程度直接反映着政治文明的程度。大众政治观念文明，即社会广大群众的政治观念发生变化，先进的政治观念取代落后的政治观念。社会主义核心价值体系，明确了政治文明建设就是构建文明的政治理念，在此基础上建立文明的政治制度，并以此引导政治行为规范化，最终形成大众政治观念文明。反过来说，主流价值文化的成功构建，即意味着社会主义核心价值体系从主导转化为主流，其关键在于广大群众情感上认同、心理上接纳社会主义核心价值体系，并将之作为行动的指南和价值评价的标准。

其次，主流价值文化的现实化需要政治文明的大力支持和有力保障。社会主义核心价值体系，从根本上明确了中国社会主义事业的终极奋斗目标，也明确指出了中国社会主义各项事业的最终奋斗目标。作为社会主义建设事业的一部分，社会主义政治文明建设，就是要将核心价值体系的终极价值目标作为自己的最高价值追求目标，将社会主义核心价值体系的核心价值理念和基本价值原则体现在各项政治制度与政治工作之中，体现在党员干部的政治行为之中。因此，主流价值文化的现实化，需要以社会主义终极价值目标为政治终极价值目标，建立体现社会主义根本价值理念与基本价值原则的政治制度、法律规范，并因此引导、规范党和政府及其工作人员的各项工作和广大社会成员的日常社会生活。社会主义核心价值体系还确认了党和政府与社会、人民群众的关系，明确了党和政府的工作目标和工作原则。为此，需要厘清党和政府与社会、人民的关系，明确党员干部与广大人民群众、与社会公民之间的关系及各自的权利与义务；明确党组织、政府部门、人民权力机关、各种社会组织之间的相互关系、各自的职权与责任；确定各类主体的活动领域、活动方式和活动程序。这一切都需要通过政治制度和法律规范确定下来，并通过制度的力量来维护和保障。

再次，主流价值文化要成其为主流，必须经过大众化的过程，而其大众化需要以政治文明为中介。政治文明，尤其是政治制度，不仅是限制政治权力的手段和解决社会问题的方式和程序，而且能够通过政治制度的规范作用，将核心价值体系的精神和内容凝结、转化为对人们的政治行为的基本要求，使之渗透于人们的生活日用之中，内化于人们的心灵之中，并借助人们的政治行为进一步传播开来。政治制度因其自身的长期性和稳定性，在一定程度上能够形成社会大众某种特定的组织、思想习惯和风俗。另一方面，政治文明通过产生科学合理的政治、法律制度，规范化、程序化的政治行为，通过政治、法律制度的有效运转和规范实施，充分展示主流价值文化的先进性、科学性与成效性，从而说服和吸引广大人民群众，使民众接受主流价值文化。

最后，构建社会主义主流价值文化，需要政治文明创造和维护安定团结的政治环境。邓小平曾明确地指出，中国的建设和发展需要稳定的环境。没有稳定，不仅什么也搞不成，而且难以确保已取得的成果。在主导价值文化主流化的进程中，不可避免地会触及一些组织和个人的既得利益，会触及反社会主义及社会主义核心价值体系者的敏感神经，这些都需要政治文明通过发挥维护国内外环境安全的作用来抑制。

以上所述表明，主流价值文化的现实化，既需要将社会主义核心价值体系的内容和精神充分体现在政治文明的政治观念、政治制度和政治行为的文明化进程之中，又需要政治文明提供支持和保障。主流价值文化的大众化，需要充分发挥政治文明在社会生活中的导向功能、教育功能和示范作用。简言之，由于政治文明在社会主义建设事业中的重要地位与作用，构建社会主义主流价值文化，离不开政治文明创新。从我国的现实情况来看，政治文明创新对于主流价值文化构建来说也是刻不容缓的。

随着经济体制改革的不断深入和社会主义市场经济的不断发展，社会主义民主政治得到较快发展，但也显露出相对于经济发展的滞后性。有些人认为，社会主义政治文明发展的根本任务就是服务于经济建设；政治文明建设的主要任务是要解决上层建筑中组织、结构、制度和管理方面的问题，促进物质文明和精神文明的发展，同时保证物质文明和精神文明建设的性质和方向。这种看法忽视了政治文明建设相对独立的价值目标、根本价值理念和基本价值原则，误把物质文明建设当作社会主义社会发展的全部，重视经济发展而忽视公民权利与社会正义，强调经济建设而忽视政治、文化、社会和生态建设。

中国特色社会主义政治文化是以马克思主义为指导、以社会主义核心价值体系为核心，充分体现社会主义民主、公正与和谐的先进政治文化。但是，在社会主义政治文化的形成和发展进程中，以专制和人治为核心的传统观念长期束缚着人们的思想，"官本位"价值取向依然严重，宗法观念根深蒂固，家长制积习难除。同时，异质性价值文化悄然出现，一些没落、腐朽的政治文化侵蚀着主流政治文化，一些人的政治信仰、政治态度和政治价值取向与社会主义政治文化相去甚远，甚至背道而驰。[①]

建设社会主义、发展社会主义民主，制度建设更具有根本性、全局性、稳定性和长期性的意义。[②]但是，我们的政治制度也还存在一些问题，如民主选举机制不够完善，人民代表的议政能力和水平有限，未能充分代

---

① 参见李景治、熊光清等：《当代中国政治发展与制度创新》，中国人民大学出版社2009年版，第391—398页。

② 《邓小平文选》第二卷，人民出版社1994年版，第333页。

表广大人民群众的普遍利益和共同呼声，选举制度无法规避选举中曲解或背离民意的情况；政治主体分工不明确，职权和责任不够明晰；司法制度还不够完善，司法独立性不强，司法权不断受到其他权力的干扰；权力监督和制约机制不够完善，人大未能充分发挥其监督效力，对党和政府及其成员的外部监督与制约短缺。

就政治行为方面来说，我国的具体政治制度直接根源于计划经济的需要，不能适应市场经济和现代社会发展的要求，政治治理没有完全摆脱传统治理模式的影响，社会主义法律体系尚未完全建立，缺乏依法治理的根据；政治决策系统发育不成熟，决策程序不够科学、规范，未能充分发挥对社会主义现代化建设的应有功能；中国特色社会主义核心价值体系从理论上解决了中国特色社会主义建设和发展的终极价值目标、根本价值理念和基本价值原则。如何推动理论向实践的转变，用终极价值目标、根本价值理念和基本价值原则引领和指导社会主义社会各项事业的建设和发展，是构建主流价值文化需要解决的实践问题，也是中国共产党作为中国社会主义建设事业的领导核心必须要解决的现实问题。社会主义政治文明创新是在坚持社会主义根本政治制度不动摇的前提下，社会主义具体政治观念、政治制度和政治行为的转变、调整、健全和完善。它要回答的问题是：在坚持马克思主义、社会主义基本原则的前提下，如何更好地推进社会主义人民民主建设以实现人民幸福。对此，中国特色社会主义核心价值体系已经从理论层面回答了这一问题。当前的任务是如何在现实的政治文明发展实践过程中，将社会主义核心价值体系的精神和内容外化、对象化和实践化为政治理念、具体政治制度法律规范和政治行为。显然，政治文明创新已经成为构建主流价值文化的关键。

二、政治文明创新在构建主流价值文化中的重要作用

构建主流价值文化内在地要求处理好党和政府与社会、广大人民群众的关系。政治权威与社会、人民的关系是政治文明的根本内容。社会主义

价值文化能否真正成为我国的主流价值文化，其中的一个关键就在于社会主义政治观念、政治制度和政治行为能否充分发挥其应有的功能和作用。

（一）政治观念文明创新对构建主流价值文化的重要作用

政治观念是政治社会生活在人们头脑中的反映，是政治社会的意识、观念形态。政治观念是政治生活的精神性因素，是政治制度和政治行为的内在灵魂，是政治制度得以运作和政治行为得以展开的精神力量。没有文明的政治观念，就不可能有文明的政治制度和政治行为，更不可能实现主导价值文化的主流化。

政治观念文明是合理的政治关系的主观表现。因此，政治观念文明既包括头脑中对合理的政治关系及其合理表现形式的构想，也包括社会现实中合理的政治关系及其表现形式在人的头脑中的反映。前者是头脑所构想出的政治关系和政治生活的应然状态，后者反映的是政治关系和政治生活文明的实然状态。应然状态的政治观念文明蕴含着人类社会政治理想的美好愿望，主要表现为政治终极目标和具体价值理念。政治理念是人们关于理想社会及其实现条件、方式、方法之认识，是社会政治生活的理想状态的观念表达，是政治发展的根本价值目标。它是社会发展的精神支柱和价值标准，是构建政治制度的观念前提和思想基础。任何一种明确的政治理念，都要求建立与之相应的政治制度安排和程序规范，以实现社会政治生活的理想状态。实然状态的政治观念文明，是进步的政治生活和合理的政治关系在人的头脑中的反映，是人们在合理、文明的政治生活实践中形成的关于现实政治关系和政治生活的认知、情感和态度等，是对合理的政治关系和政治生活的认知和正向的情感、动机、态度。它是政治理念社会化、现实化、对象化后的结果，是社会生活，尤其是政治生活合理化发展、完善的结果，往往表现为大众政治观念文明。它真实地反映了人类社会生活，尤其是政治文明的发展状况。人类社会的发展与进步，在政治领域中，不仅表现为理想政治社会的不断现实化，而且也表现为大众政治观念的不断文明化。

主导价值文化能够获得主流地位的根本原因在于，相对于其他价值文化来说，它的终极价值目标与人类社会社会的发展方向与内在要求一致，其社会理想具有更加坚实的现实基础和更为可行的现实化途径。政治观念的文明是对人类社会发展之终极价值目标作出了更加确切的理解、对实现人类社会理想状态之必要政治社会条件获得了更加准确的把握，对达到这些政治社会条件之方式、方法、手段有了更加科学的认识。因此，主流价值文化是以更加文明的政治理念为前提基础的。同时，正是由于其思想前提和基础的科学性、合理性和现实性，主流价值文化相对于其他价值文化来说，更加先进、科学、合理、现实，从而具有更大的吸引力，能够吸引广大社会民众选择并践行它的价值理念和价值原则；具有更强的导向性，能够引领和指导其他价值文化的发展。因此，政治观念文明是主流价值文化获得主流地位的前提和基础。而大众政治观念的文明，不仅是文明的政治理念社会化、大众化的结果，也是其相应的社会价值文化之主流地位确立的标志。

党和政府所推行的价值文化要成为主流价值文化，首先必须具备理论上的科学性与合理性。而从理论上构建科学、合理的社会价值文化，需要政治观念创新。

政治观念文明创新，首先要确立以人类政治社会发展的全部理论成果为基础、以人类社会发展的终极价值目标为最终指向、代表最广大人民群众根本利益的政治观念。在当代中国，这种政治观念的重要体现就是中国共产党的先进性，也就是要代表中国先进生产力的发展要求，代表中国先进文化的前进方向，代表中国最广大人民的根本利益。政治观念文明创新就是要始终保持中国共产党的先进性，使我们党的政治观念较其他政治观念更加先进、文明，能够更好地推进人类社会的文明进程，从而具有更强的吸引力、凝聚力和感召力，能够被更多的人认可、接受和内化，能够为中国特色社会主义价值文化在方向上引领、在理论上指导其他社会价值文化奠定坚实的基础。同时，政治观念文明创新，要更加科学地认识人类社会发展与进步的本质规律和内在机制，更加准确地把握人类社会发展的方向与内在要求，更加深刻地理解广大人民群众的根本利益诉求，从而为实现人类最终价值目标和人类社会理想提供更为切实可行的方案、策略和方法、路径。以此为基础的社会价值文化，将具有更强的现实性与合理性，能够更好地引领和指导其他价值文化的发展，能够更充分地发挥价值文化对社会建设与发展的引领功能。此外，政治观念文明创新，要对政治关系及其表现形式与实现方式的合理构想与安排，并为这种构想与安排提供理论基础。它能够进一步明确党、政府、社会与人民群众各自在社会生活中的角色与作用，并确定各种价值文化之间的关系、各主体在构建主流价值文化中的地位和作用。由此，在构建主流价值文化时才能正确对待推行的价值文化与其他价值文化之间的关系，确保构建主流价值文化的必要条件，也才能选择正确的途径、合理运用恰当的手段来推行主导价值文化，确保其主导性的主流地位。

大众政治观念文明创新对构建主流价值文化也具有非常重要的作用。大众政治观念文明创新，能够使广大社会群众在价值观上更好地辨识各种价值文化的政治目标和政治理念，在价值方位上更准确地区分不同价值文化的高下优劣，并在情感上倾慕、在态度上倾向于、在行动中选择更加先进、科学的价值文化，从而为先进、科学的主导价值文化的主流化扫清思想上的障碍，奠定良好的思想基础。因此，广大人民群众的政治观念文明创新，能够为社会主义主流价值文化的实践化与大众化，扫清思想观念上的障碍，提供良好的群众心理基础。

（二）政治制度文明创新对构建主流价值文化的重要作用

政治制度文明是政治文明的核心，是政治观念文明的物化与物质载体。任何一种政治制度都是在一定的政治观念指导下建立起来，并旨在保证此观念转变为现实的社会状态。社会主义价值文化通过根本政治制度确立的统治地位并不意味着它在社会生活中、在思想观念上实际地占据主导地位。要使社会主义价值文化真正成为主流价值文化，必须重视政治制度文明的创新。

政治制度是对社会政治权力与利益的制度性安排。它通过一定的规章和法律确保政治权力能够广泛影响和作用于社会的各个方面。文明的政治制度意味着社会政治权力得到更加合理的分配和更加规范的行使。政治制度的文明状况，反映着政治权威与社会生活中政治关系及其运行的文明程度，是衡量一个社会政治文明程度的重要尺度。政治制度是一个完整的系统，大体可以分为根本政治制度、具体政治制度和法律规范三个部分。其中，根本政治制度反映着社会政治的性质和特点；具体政治制度是根本政治制度的具体形态；法律规范是根本政治制度和具体政治制度的现实化和保障。政治制度文明创新就是要使政治制度从根本上维护和实现最广大人民群众的根本权利与利益，推动社会发展以更好地促进广大社会成员的幸福。这与中国共产党的执政理念、与中国特色社会主义核心价值体系的内在精神完全一致。中国共产党的执政理念的核心是全心全意为人民服务，立党为公、执政为民。政治制度文明创新就是要进一步完善实现中国共产党核心价值理念的政治制度，使之为中国特色社会主义核心价值体系的现实化开辟道路。

根本政治制度是政治制度系统的基础和本质部分，它表明特定政治形态的本质特征和特定历史阶段的政治文明的特征。根本政治制度往往以统治阶级所倡导的价值文化为思想基础，以其终极价值目标和根本价值理念为理论前提而构建起来。因此，根本政治制度具有鲜明的价值导向性，是统治阶级的主导价值理念，尤其是其政治理念的物化和外化。根本政治制度从根本上规定着各种社会政治主体之间的相互关系及其运动方式。文明的根本政治制度应当与社会发展的终极价值目标一致，并有助其实现。它以先进的价值理念为理论前提，指向先进价值文化的终极价值目标和根本价值理念。根本政治制度一旦建立，就会要求其赖以为基础的先进价值文化成为主流价值文化，并通过制度的力量确保这种先进的价值文化在社会生活中取得主流地位。

根本政治制度创新，就是要更加充分、全面地体现其赖以为基础的价值文化的先进性与科学性，更加充分、全面地展现主流价值文化之终极价值目标与根本价值理念的先进性、合理性与科学性，使主流价值文化的精神上升为国家意志，将其终极价值目标和根本价值理念落实在国家的根本制度安排中，使之从理论形态走向现实化。同时，指导具体政治制度和法律规范更好地服务于主流价值文化的价值目标和价值理念，更加充分地体现主流价值文化的价值原则。

具体政治制度、法律规范等的构建是以根本政治理念、根本政治制度为前提，服从并服务于根本政治制度，因此，它体现并服务于主导价值理念与价值原则。同时，具体的政治制度、法律规范是对现实的社会政治权力关系之活动方式与方法的规定，受现实政治权力关系及其运行的制约，受社会价值文化的深刻影响，具有明显的时代性与现实性特征。因此，具体政治制度、法律规范的文明状况直接体现着社会价值文化的文明程度。文明的具体政治制度、法律规范，意味着现实政治权力关系运行方式、方法的理性化、合理化。理性、合理的权力关系运行方式、方法，既有助于先进价值理念的实现，又是先进的价值原则的具体体现。因此，文明的具体政治制度、法律规范既是先进的价值文化对社会政治领域的要求，也是先进的价值文化在社会政治领域的体现。由于具体制度和法律规范直接规定着人们的社会交往途径和方式，直接影响人们的社会生活。它构成社会交往的基本规则，制约着社会主体的行为，从而塑造社会成员的行为模式和引导价值取向。因此，先进的具体制度和法律规范，是主流价值文化现实化的基本途径，能够为先进的价值文化提供良好的社会秩序，奠定良好的群众基础，为主流价值文化充分发挥其功能和作用创造条件。

具体制度和法律规范创新，就是要将先进价值文化的基本价值原则转变为社会生活的内在原则和现实规范，实现主导价值文化对社会生活的主导作用，从而使理论形态的主流价值文化的基本原则内化为社会生活的基本规则，真正体现主流价值文化对社会生活的塑造与引导功能；能够使民众切实感受到主流价值文化的先进性与科学性，从而增强其现实说服力；能够为不同社会主体间的交往互动创造良好的条件和环境，使各种社会价值文化得到充分展示与发展、交流与对话，有助于广大社会成员充分了解和比较各种价值文化并从中选择这种最能代表社会前进方向、促进社会发展和人民幸福的先进价值文化。一旦人们通过自己的比较而选择了这种价值文化，就会长期坚守并以之为自己的价值标准和行为准则。此外，通过制度创新而形成的科学、理性、规范、有序的社会政治生活，能够提高社会成员的素质，塑造他们的思维习惯和行为模式，使主流价值文化潜移默化地融入人们的社会生产生活之中，发挥作用，成为社会成员社会生产生活的一部分，从而嵌入其生产生活之中，对其日常生活产生影响。

（三）政治行为文明创新对构建主流价值文化的重要作用

一个社会的政治文明状况，从根本上说，决定于该社会政治主体的素质和能力的文明程度。政治主体的素质和能力最终通过其政治行为表现出来。因此，政治主体的政治行为文明程度是衡量该社会政治文明状况的标尺。构建社会主义主流价值文化，就是要推动主流价值文化在实践层面的社会化、大众化，即是要使主流价值文化得到广大社会成员的普遍认可、广泛接纳和自觉践行。而广大社会成员对主流价值文化的认可、接纳和践行，体现在他们的行为，尤其是政治行为之中。因此，构建主流价值文化必须高度重视政治行为建设。

政治行为是人们在政治生活中的各种活动。政治行为文明，是对合理的、进步的、符合人道的政治行动、方式、方法、手段的统称。从理论上说，政治制度与法律规范所承载的价值理念最终会落实到制度的功能和政治主体的行为上；政治主体，尤其是政治机构及其成员的政治行为，是价值通过制度、规范、机构现实化的末端。政治行为是制度、规范、机构设计与安排是否合理有效的检验者。因此政治行为文明是政治文明的重要内容，甚至可以说，政治文明更多地体现为政治行为文明，政治文明程度最终表现为政治行为的文明状况。文明的政治观念和政治制度，最终要落实到政治主体的行为之中；同时，政治行为的文明程度归根结底取决于政治观念和政治制度的文明程度。因此，判断政治行为是否文明的标准，从形式方面说，在于该行为是否符合既定的形式与程序；从实体方面说，在于该行为是否符合政治观念，尤其是政治理念和政治原则的要求。因此，政治行为文明承载着价值，包含着文化性因素。

政治行为文明既是政治现代化的目标之一，又是政治发展的手段和途径。任何政治行为都是政治主体在政治意识的驱动下，为着一定的政治目的，参与社会政治生活，进行政治活动的外在表现。它内含着一定的政治理念和政治原则，围绕一定的政治权力和利益而展开。通过政治行为，可以洞察政治行为主体的政治价值取向、根本政治理念和基本价值原则。因此，政治行为文明是政治主体之先进、合理的政治价值取向与根本政治理念、科学合理的基本价值原则在具体政治生活中的外化和实践。政治行为文明创新，就是要在先进、合理、科学的价值文化的指引下，完善政治行为模式、改进政治行为方式和方法，使之规范化、程序化、制度化，高效能地达到预期效果，服务于行动目标。因此，政治行为文明创新，内在地要求构建起先进、合理、科学的价值文化，并以此为理论指引，践行该价值文化。这意味着，政治行为文明创新既是推动主流价值文化之理论建设的动力，也是主流价值文化从理论走向实践的手段和途径。文明的政治行为是衡量构建主流价值文化之成效的指标之一。

在现代社会中，政治行为主体主要包括政治权威和广大社会成员。其中，政治权威主要指政党和政府；社会成员则包括社会政治集团和公民个人。政治权威和社会成员有着各自不同的政治利益和诉求，在政治关系中居于不同的地位，在政治生活中扮演着不同的角色。因此，他们在社会生活中有着不同的政治活动内容和行动模式，发挥着不同的作用，对主流价值文化产生着不同的影响。政治文明创新既要求政治权威的政治治理创新，也要求社会公众的政治参与创新。

主流价值文化是政治权威凝练、倡导和推行的官方价值文化。政治权威是主流价值文化的倡导者与推行者。政治权威的政治活动主要表现为社会治理。因此，它会通过各种治理手段来推行主流价值文化，将主流价值文化的精神和内容贯彻到政治治理的各个环节，通过治理来展示主流价值文化。政治权威的治理，是在一定的政治理念指导下，为着一定的政治目的，采用一定方式和手段，遵循既定的程序和规范干预社会生活，使之朝既定方向发展的过程。从根本上说，政治权威对社会生活的干预与管理，都包含着既定的政治目标，并最终服务于其所设定的社会发展目标；其实际治理过程必然遵循既定的程序和规范并体现一定的价值原则；其治理方式和手段会对社会生活产生积极或消极的影响。政治权威的政治行为文明就是主流价值文化的对象化和外化。政治权威之文明的政治行为是主流价值文化现实化的成果之一，生动地展示了主流价值文化的先进性、合理性与科学性。政治权威的任何不文明的政治行为，都有损主流价值文化之先进性、合理性与科学性的展现。同时，由于政治治理是对社会生活有意识、有目的的干预和影响，旨在推动社会朝既定方向发展。因此，政治治理就是主流价值文化之理论的实践，其效果是对主流价值文化的科学性、合理性的检验。

具体说来，治理行为文明的创新，内在地要求构建主流价值文化。治理是党和政府对社会生活，尤其是政治生活的治理，需要更加切合社会发展规律，以正确体现社会发展目标的终极价值目标、根本价值理念和基本价值原则为思想指南，需要以科学、合理、规范的政治制度、法律规范为行为指导。这就要求构建起先进、科学、合理的主导价值文化及观念形态的主流价值文化。治理行为文明的创新也是主流价值文化之现实化的途径之一。主流价值文化的现实化，就是要将主流价值文化的精神和内容贯彻到党和政府的各项工作之中，落实在各级党和政府组织及其成员的各项活动之中。这要求党和政府及其成员转变理念、转换思路，不断改进工作方式方法，提高工作效能。这从根本上说就是党和政府政治行为的全面创新。主流价值文化的先进性、科学性与合理性，只有在具体社会生活实践中才能展现出来。党和政府是主流价值文化的倡导者和主要推动力量，也是社会生活，尤其是政治生活的主要引领者和主导力量。党和政府的治理活动就是对主流价值文化的践行，治理的过程能够充分展现其主导价值文化的精神和内容，治理效果能够充分揭示主流价值文化之先进性、科学性、合理性与有效性的实际状况。通过对党和政府的治理活动过程及其效果的观察和切身体验，民众获得对主流价值文化实践化的认知，作出相应的价值判断，并形成相应的情感、态度等心理倾向，最终决定其是否认同、接纳和选择主流价值文化作为自己的价值观和行动指南。所以，党和政府推动主流价值文化的社会化、大众化进程，需要改进治理行为方式方法，推动治理行为文明化进程，以更充分地展现主流价值文化的理论魅力和现实说服力。

政治参与是普通公民通过一定的方式直接或间接地影响政治权威的决定或与政治权威活动相关的公共政治生活的政治行为[①]。这是社会成员进行社会政治生活的主要方式。因此，社会成员的政治行为文明就表现为文明的政治参与。政治参与是公民自下而上地影响政治生活的过程。通过政治参与，公民能够影响政治权威的决策，使之向有利于参与者利益方面倾斜。政治参与的产生与扩大是政治发展和文明的产物，体现了政治权威与社会成员关系的变化，意味着政治权威在价值观念、根本政治理念和基本政治原则方面的转变，也意味着政治权威所倡导和推行的价值文化的变化。文明的政治参与行为，是先进的价值文化、政治理念和基本政治原则的产物。广大公民的政治参与行为的文明状况，直接反映着主导价值文化的精神与内容的先进性、合理性及现实化、大众化的程度。

政治参与行为文明创新是主流价值文化大众化的途径之一。文明的政治参与行为是制度化、规范化的政治参与行为。政治参与行为文明创新，就是要在提高社会成员政治参与素质与能力的前提下，将政治参与行为纳入制度化、规范化、程序化的轨道，提高政治参与的效能。提高社会成员的政治参与素质和能力，需要以先进、合理、科学的理论武装人们的头脑，唤起人们参与的热情与积极性，使之在实践中转化为现实的行动力量。这意味着通过各种宣传途径、教育方式，使民众不仅知晓主流价值的精神和内容，而且认识到主流价值文化的先进性、合理性与科学性，并以主流价值文化作为价值标准来衡量和评价社会现实生活，形成改进社会、实现和维护社会公共利益与自身权益的强烈愿望和迫切要求。从这个意义上讲，政治参与行为的文明，是先进、科学的价值文化社会化、大众化后的现实化产物，表明广大社会成员认可、接纳并践行了先进、科学的价值文化。将政治参与行为纳入制度化、规范化、程序化的轨道，需要民众意识到制度、法律的先进性与合理性，意识到规范、程序的科学性、合理

---

① 参见王浦劬:《政治学基础》，北京大学出版社 2006 年版，第 166 页。

性，并自觉遵守各项制度和法律规范。因此，文明的政治参与行为，既意味着主流价值文化现实化的成功，也是制度所蕴含的价值理念和价值原则大众化的胜利。

三、创新政治文明，推进主流价值文化构建

构建社会主义主流价值文化就是要以先进的、科学的价值文化来引领社会全面健康协调地持续发展。这意味着调整和协调社会生活中各种权力、利益关系，尤其是政治权利、政治利益关系，使社会政治权力和利益关系更加合理、文明。政治权力和利益关系的合理化、文明化，需要先进、进步的政治观念，科学、合理的政治制度和文明规范的政治行为。因此，推进主流价值文化构建，必须全面推进政治文明改革，创新政治观念、政治制度和政治行为，必须进行政治文明创新。

（一）政治文明创新的目标和任务

目标是前进的方向，是行动的指南。进行政治文明创新，首先应当明确政治文明发展的归宿与终极价值目标。

"政，是众人之事；治，就是管理。政治是管理众人之事。"① 政治总是与国家关联在一起。国家不论是作为阶级统治的工具，还是作为社会公共事务的管理者，都是少数人对多数人的管理。这不仅产生了代表国家行使公共权力的特殊集团与广大社会成员之间的关系，即政治权威与广大社会成员的关系，也造成个人与政治国家的分离、疏远和孤立，掌有公共权力、专门从事管理的特殊集团的特殊利益与社会广大成员之共同利益的分离、疏远和对立。随着人类社会的发展和个体意识的不断觉醒，社会主体日渐积极主动地寻求各种方式和途径对国家权力及其运行方式产生影响，力图通过国家权力

---

① 《孙中山选集》（下），人民出版社 1981 年版，第 661 页。

及其运行来实现和维护自己的利益。政治权威与社会民众之间关系及其表现形式、方式发生改变，即政治理念、政治制度和政治行为方式变化。随着社会从低级阶段向高级阶段的发展，从不文明状态向文明状态的进步，权力主体参与政治生活的深度和广度不断拓展，政治权力逐渐成为广大群众的权利；政治权威与广大社会成员之间的矛盾开始缓和，对立开始松动，最终将外在于社会的公共权力消融于广大社会成员对社会生活的共同意志之中，社会的自我管理取代专门的特殊机构对社会生活的支配，政治权力消融于每一个人都充分享有的自由而全面发展的权利之中。

要实现每个人的全面而自由发展，不仅需要发达的物质文明、精神文明为基础，也需要高度的政治文明为条件和保障。作为社会主义国家，我国确立起人民民主的社会主义制度，从根本上消灭了阶级压迫和阶级剥削，为每一位公民的自由而全面发展奠定了坚定的制度基石。这是任何其他政治制度都无法达到的伟大成就，代表了人类政治发展的必然趋势，是以往政治文明孜孜以求的目标。但是，我国的社会生产力水平还不够发展，社会关系还不够完善，人民还未充分拥有自由全面发展的必要条件。在这种情形下，政治文明发展就是要推动经济和社会的快速发展，尽可能公正地分配各种社会资源，争取为人们追求幸福创造更多的机会，为人民的全面而自由发展提供更充分的条件。这种发展是要在保持和深化已有的成果基础上的发展，是在坚持社会主义根本政治制度不变的前提下的中国特色社会主义政治文明的探索和变革。

这种探索和变革必须以人民普遍幸福为标准和旨归。我国社会主义社会建立起了真正公正的保障人民民主的根本政治制度，体现了社会公平正义。人民民主意味着人民是国家的主人，对国家和社会事务享有决策权和管理权。这为公共权力回归社会、实现社会自治开辟了道路，也为广大社会成员追求幸福奠定了基础。社会公正意味着在承认和尊重每一个公民追求幸福这一基本自由权利的基础上，通过一定的制度来安排和调解人们之间的利益，实现基本的公平，维护每一个公民全面而自由发展的权利，使每一个公民公正平等地享有追求幸福的条件。社会公正以每个人全面而自由发展为最高目标，也是每个人全面而自由发展的必要条件。社会主义主流价值文化以人民幸福为最终价值目标，要构建主流价值文化，就需要不断创新政治文明，使人民民主、社会公正成为社会大众的基本价值原则、普遍政治理念，具体化为党和国家的各项具体制度规范，落实在各项政治行为之中时，真正实现人民民主、社会公正，才能为人民幸福奠定基础并提供保障。

政治文明是政治观念文明、政治制度文明、政治行为文明有机结合、相互作用的文明系统。因此，在选择政治文明创新的路径时，必须注意政治文明本身的结构性与系统性，明确各要素之间的相互关系及各自在系统中的特定地位和作用。从总体上看，在明确社会主义政治文明发展的价值取向是社会主义核心价值观的指导下，创新政治制度；通过制度来规范政治行为；通过政治制度和政治行为创新来形塑广大民众文明的政治观念。首先，要依据主流价值文化创新政治制度。我们党和国家领导人历来重视制度建设，认为制度问题更带有根本性、稳定性和长期性。"这种制度问题，关系到党和国家是否改变颜色，必须引起全党的高度重视。"① 因此，政治制度创新在政治文明创新中具有非常重要的意义。随着经济社会生活的发展，政治制度必须不断发展和创新。其次，要以制度规范政治行为。政治制度的直接目的就在于规范政治行为。我们在进行政治行为文明创新时，必须重视政治行为文明与政治制度文明的内在联系，以文明的政治制度来规范政治行为。社会主义社会以人民普遍幸福为终极价值目标。因此，需要以旨在人民普遍幸福的政治制度来引导和规范政治主体的各种政治活动和政治行为，使之在这一制度框架下合乎理性地自由发展，获取和维护实现自身幸福的必要条件，通过实现个体幸福而达到社会成员普遍幸福。最后，要通过制度和行为形塑大众政治观念文明。在社会主义社会，大众政治观念文明是党和政府所倡导的价值文化转化为主流价值文化的标志和外在表现。社会主义核心价值体系要从主导走向主流，成为广大社会成员的共同的大众政治观念，要以文明的政治制度和政治行为来塑造文明的社会生活，使广大人民群众在文明的社会生活实践中形成与社会主义核

---

① 《邓小平文选》第二卷，人民出版社 1994 年版，第 333 页。

心价值体系相同或同向的政治观念，并在这种政治观念指导下自由自觉地参与社会政治生活，通过追求自身幸福来实现社会普遍幸福。

（二）政治文明创新的内容

进行政治文明创新，应当从政治观念、政治制度和政治行为方面着手，推动政治观念、政治制度和政治行为的合理化、文明化进程。

首先，要加强政治观念文明的创新。政治观念的核心是政治理念，创新政治观念文明的根本任务是政治理念的创新。文明的政治理念是政治终极价值目标的具体化，也是实现政治终极价值目标的条件。中国特色社会主义政治发展的终极目标是每个人自由全面发展，实现人民幸福。民主、公正、和谐不仅是每一个人自由而全面发展的内在要求，也是实现人民普遍幸福的根本条件。以人民幸福为最终旨归的政治文明，必然要求以民主、公正、和谐作为终极政治价值理念。

"人民民主是社会主义的生命。"[①] 人民当家作主是实现社会普遍幸福的前提条件。我们已经建立了人民民主的根本制度，确认了人民当家作主的基本权利，并规定了人民行使民主权利的具体方式、程序和步骤，实现了人民主权。但是，广大社会成员民主意识和民主能力还不强，社会民主程度还不够高，特别是社会主义协商民主制度、基层民主制度还不够健全。正因为如此，党的十八大报告把支持和保证人民通过人民代表大会行使国家权力、健全社会主义协商民主制度、完善基层民主制度作为推进我国政治建设和政治体制改革的重要任务。现阶段，只有坚决贯彻落实十八大报告提出的民主建设任务，人民的民主权利才会有坚实可靠的政治基础，人民普遍幸福才会有切实的现实化道路。

"每个人的自由发展是一切人自由发展的条件。"[②] 普遍幸福以每一个

---

① 胡锦涛：《高举中国特色社会主义旗帜　为夺取全面建设小康社会新胜利而奋斗》，人民出版社 2007 年版，第 28 页。

② 《马克思恩格斯选集》第 1 卷，人民出版社 1979 年版，第 294 页。

人的幸福为条件。社会主义社会所致力于的人民幸福，不是某个人或某些人的幸福，而是社会成员的普遍幸福。这意味着广大社会成员平等地享有谋求个人幸福的权利，公正地获取实现幸福所必需的各种条件和机会并实际地享有幸福生活。因此，社会主义社会理应是公正的社会。在这种公正的社会中，每一个人的潜能都能够得到充分的开发和发挥，并能够得到与之匹配的社会报酬。这种公正的实质，就是每一个人的自由而全面的发展。可见，社会主义的公正，不仅是人民普遍幸福的根本条件，其本身就是人民的普遍幸福，理应成为社会主义的终极政治价值理念，成为指导和规范社会主义社会各项事业的基本价值理念。

人民普遍幸福的社会必然是和谐的社会。和谐，不仅是人与自然环境之间的和谐，也是人与人、人与社会之间关系的和谐。和谐的社会，合理也合情，有序也友爱，是人类社会的理想状态。只有在这种和谐社会中，每个人才能自由而全面地发展成为自由自觉的、个性丰富的、全面的人；同时，每个人的自由发展才真正成为一切人自由发展的条件，广大社会成员才能得到自由而全面的发展。因此，社会和谐不仅为个人的自由而全面发展、为人民普遍幸福提供良好的外部环境，其本身就表现为人民普遍幸福。因此，社会和谐不仅具有工具性价值，其本身就是一种值得追求的终极性价值目标。从政治层面来说，政治制度的构想与设计、政治行为的选择与展开，不仅应当规范化、程序化，更应当以社会主义和谐社会为终极价值理念，通过政治制度和政治行为来营造社会和谐，实现和谐的社会。

其次，要加强政治制度文明的创新。政治制度作为一种规范形态，承载着政治价值并规范着政治行为。新的政治理念只有体现在政治制度和法律规范之中，才能借由制度的力量在社会生活中发挥作用，对社会生活产生影响。"政治制度是政治理念理论得以实现的物质载体和根本保证，只有通过政治制度，政治理念理论才能体现出来。"[①] 因此，政治制度文明的创新要以终极政治价值理念为思想基础，服从并服务于终极价值目标。

---

① 刘钰等：《第三种文明：社会主义政治文明建设研究》，南京大学出版社 2004 年版，第122 页。

　　政治制度创新必须坚持法治原则。人民主权是现代国家的本质特征。我们的政治制度创新就是要围绕人民民主这一本质规定，重新确认政府权力与人民权利的应然关系及实现这种关系的最优方式、方法和程序，并通过制度的形式固定下来，使政府权力更好地服务于人民权利。这表明，政治制度创新本身不仅体现了宪法精神，而且就是在执行宪法，依法治国，推动政府权力更好地服务于人民权利。换言之，具体政治制度内容的创新，不论是创新程序性制度的内容，还是创新实体性制度内容，都必须坚持依法治国原则，体现宪法的基本精神。

　　坚持法治原则的社会主义政治制度创新，要服从并服务于社会主义中国国家宪法的最高权威性，使政府的权力及其运作积极致力于人民权利。我国宪法明文规定，国家权力属于一切人民。它揭示了国家权力的公共性，社会主义的国家权力是全体人民的共同权力。政治，不论是作为一种特殊的社会关系，还是作为社会治理方式，都具有公共性。社会主义政治制度，代表全体社会公民的共同意志，维护全体公民的共同利益。因此，我们的政治制度创新，应当坚持公共性原则，在过程和成果两方面都代表和维护全体公民的共同意志与共同利益，使政治创新过程成为各种利益力量和利益群体共同发挥影响的过程，使创新的制度充分体现全体公民的共同意志，保障和维护每一位公民的基本权利和合法利益。

　　政治制度创新还应当坚持民主协商。作为社会主体，公民的愿望和要求、利益和诉求充满多样性、差异性和矛盾性。只有经由各种利益力量和利益集团的平等对话、协商和协调，才能最大限度地形成最广泛的共同意志和公共利益；只有通过广大人民的充分争辩、讨论和交流，才能形成代表最广大公民意志和愿望、维护最广大人民群众的权利和利益的政治制度。① 因此，政治制度创新的公共性原则决定了政治制度创新在形式上应当坚持协商民主的原则。人民民主，不仅是人民主权，也不仅是形式上的

---

① 在汉娜·阿伦特的政治哲学中，强调了政治是公共言谈和讨论。在她看来，只有人民在相互交往的实践基础上，通过公共领域的争辩、讨论和交流等新式，才能使民主制度保障人民主权。参见汉娜·阿伦特：《人的条件》，竺乾威译，上海人民出版社1999年版。

人民平等权利，更是一种根本的政治运作形式。它通过包容、平等、公正、自由的讨论沟通机制，为公民参与集体决策过程提供有效的平等机会，也为每个公民表达自己的愿望、实现和维护自己的权力和利益提供有效的平等机会。因此，社会主义民主应当在"坚持人民代表大会制和共产党领导的多党合作制"框架下，进一步完善协商制民主；社会主义政治制度创新实践中，应当坚持协商制民主，通过广大社会公民的广泛政治参与，实现政治制度创新的公共性。

再次，要加强政治行为文明的创新。政治行为文明创新就是要将政治观念和政治制度的创新成果转换为现实的政治行为实践，其实质是政治观念和政治制度之创新成果的具体化、现实化和实践化。民主、公正、和谐的政治终极价值理念和体现法治、公共和民主协商原则的政治制度下的政治行为文明创新应当体现法治精神和服务意识。

政治行为文明创新应当坚持法治原则。政治行为的合理性在很大程度上表现为它的规范性，即接受各种程序性和实体性法律规范的约束。这意味着，法治是政治行为文明的内在要求。法治是现代政治文明的基本特征。法治不仅是一套完整的具有强制约束力的行为规范体系，更是一种价值体系和行为模式。[①] 它指向政治的制度模式，强调法律制度在生活中的主导地位，要求所有人和机构在社会活动中必须在形式上和实质上遵循经民主程序制定的各项制度，使行为在本质上符合宪法的内在精神。具体言之，全体社会成员包括党和政府及其工作人员在宪法和法律框架下活动，政府的一切权力及其行使都纳入宪法的轨道并接受宪法的制约。在政治生活中，不仅要"以法"行动，更要"依法"行动。因此，政治行为文明创新应当在宪法和法律框架下进行，作为创新成果的新的政治行为也应当合乎宪法和法治的内在精神。

政治行为文明创新必须体现公共服务意识。任何政治行为都是围绕政治权力、社会成员权利而展开的。社会主义国家权力应具有最大限度的公共服务性；凡是行使国家权力的政治行为必须体现权力的公共服务性。具

---

① 参见衣俊卿：《现代化与文化阻滞力》，人民出版社 2005 年版，第 357 页。

体言之，一切代表人民行使国家权力的组织、机构，包括各级党和政府部门、公有制企业和事业单位、一些特殊社会团体（工、青、妇）的所有行为，都必须以人民的共同意志和公共利益为出发点和旨归，绝不能背离人民的共同意志和公共利益，更不能有公共权力部门化、公共利益私人化。政治行为文明创新，就是要使所有行使国家权力的行为目标与人民共同意志和公共利益一致[①]，服从人民的共同意志，服务于人民的共同利益，为每一个社会成员的自由全面发展创造良好的条件。

在政治行为文明创新实践中必须实现法治精神与公共服务意识的有机结合。其中，法治精神是政治行为的根本行动规范；公共服务是政治行为的功能目标。法治精神是政治行为之公共服务性的前提和保障；公共服务性是政治行为之法治精神的内容和旨归。

（三）政治文明创新的现实途径

政治作为"管理众人之事"，是对社会成员的公共生活进行管理。公共管理体现了政治的基本功能，是连接政治与社会的中介。因此，政治文明创新应当以革新社会生活管理为现实途径。

第一，转变公共管理理念，实现政治观念文明创新。从政治的功能角度看，民主的政治理念必然体现为社会成员共同管理社会公共生活的实践，管理者对社会生活的管理应当转变为所有社会成员对社会生活的共同治理。这意味着管理者不再是社会成员的外在力量，也不再是社会成员的代表者，而是地位平等的广大社会成员。他们通过自由、平等、充分的交流、沟通、对话、协商，形成公共利益并达成共同意志，从而，每一个社会成员不仅在形式上而且在实质上享有平等的民主权利，不仅享有形式上的平等而且享有实质上的公正；社会成员之间休戚相关，相互依赖，彼此关照。显然，这种社会治理模式不仅充分体现了民主、公正、和谐的政治

[①]　参见桑玉成：《现代政治文明的起源及其演进》，见郑慧主编：《社会主义政治文明若干问题研究》，人民出版社 2004 年版，第 149—260 页。

终极价值理念，更将这种政治终极价值理念转化为了现实的日常生活状态。这种日常生活必然培育出文明、进步的大众政治文化。因此，政治观念创新必须转变现有社会生活管理模式，从政治权威代表社会成员管理共同生活转变为政治权威与社会成员共同治理社会公共生活的共同治理模式。

第二，完善法律制度与公共政策，实现政治制度文明创新。社会主义社会发展的目标是每个人的全面自由发展，实现"自由人的联合体"。每个人的全面自由发展，以稳定有序的社会生活为前提，以科学、理性、普适的行动规范为条件；"自由人的联合"，以所有成员共同自觉遵守相同的活动规则和行为规范为基础。这种活动规则和行动规范，只能是立足于社会主义宪法，通过协商民主确立起来的全面体现公共性原则的活动规则和行动规范。法律规范和政策法规涉及社会共同生活的各个领域所有方面，直接决定着社会共同生活的方式、方法和程序、步骤。政治制度创新就是在法治原则和公共性原则前提下，通过协商民主，健全和完善现有法律制度和公共政策，使之科学、有效并得到每个社会成员普遍认同和自觉遵守，从而实现自由人的联合。其创新的外在表现形式就是社会主义法律法规和公共政策的完善过程，简言之，政治制度文明创新必然要求并体现为法律制度和公共政策的完善过程和结果。因此，进行政治制度文明创新，就必须不断完善法律制度和公共政策，使其在内容规定中和运作程序上充分体现法治、公共性和协商民主的原则。

第三，改进公共管理过程，实现政治行为文明创新。人们介入政治生活、开展政治活动，在共同的社会生活中表达、实现和维护自己的政治权力和利益，以此来实现或维护自己的权利与利益。因此，各种政治活动和政治行为必然涉及社会公共生活，会对社会公共生活产生或大或小的影响。进行政治行为文明创新，必然要求并表现为公共管理过程的改进和优化。只有通过改进公共管理过程，使其通过程序化、规范化的过程来维护和推进社会公共利益和社会成员合法权益，才能实现公共行为文明创新。

公共管理过程是法律制度和公共政策直接作用于社会生活的过程。公共管理必须充分实现人民民主，在各具体环节上都以人民群众的公共利益和每一个社会成员的合法权益为价值目标和评价标准，公共管理活动的所有参与者都严格依照法定程序来展开行动。公共管理的全部过程都应当体现法治精神和服务意识，在宪法和法律框架下展开，服务于全体人民的公共利益和每一个社会成员的合法权益。社会公共生活治理模式从政治管理向公共管理的转变过程，是在转变社会治理理念的基础上，完善法律制度和公共政策，改进公共管理过程的过程。这一过程是政治文明创新的具体化和现实化过程。因此，进行政治文明创新，必须着眼于人民普遍幸福这一终极价值目标，不断改进对社会公共生活的管理，不断推进公共管理的科学化、合理化和合法化。

报告六

主流价值文化社会认同面临的困境及其化解

陈　俊

党的十六届六中全会明确指出："马克思主义指导思想，中国特色社会主义共同理想，以爱国主义为核心的民族精神和以改革创新为核心的时代精神，社会主义荣辱观，构成社会主义核心价值体系的基本内容。"[①] 党的十七届六中全会又要求，"必须强化教育引导，增进社会共识，创新方式方法，健全制度保障，把社会主义核心价值体系融入国民教育、精神文明建设和党的建设全过程，贯穿改革开放和社会主义现代化建设各领域，体现到精神文化产品创作生产传播各方面，坚持用社会主义核心价值体系引领社会思潮，在全党全社会形成统一指导思想、共同理想信念、强大精神力量、基本道德规范。"[②] 因此，社会主义核心价值体系建设面临的一项基本任务就是如何使核心价值体系的内容和精神得到全国各族人民普遍认同并贯彻落实到党和国家的各项工作之中。我们在此强调作为我国主流价值文化核心的社会主义核心价值体系的社会认同重要性的原因在于：一方面，因为核心价值作为一种观念的力量，是国家整合社会公众思想的重要

---

① 《中共中央关于构建社会主义和谐社会若干重大问题的决定》，人民出版社 2006 年版。

② 《中共中央关于深化文化体制改革推动社会主义文化大发展大繁荣若干重大问题的决定》，人民出版社 2011 年版。

手段。"一个没有共同信仰的社会，就根本无法存在，因为没有共同的思想，就不会有共同的行动。"① 因此，一个社会的主流价值必须获得民众的广泛认同，否则就起不到聚合社会人心的作用，甚至在某种程度上可能被严重弱化。另一方面，因为随着全球化和改革开放的深入推进，我国社会呈现出利益主体多元化、利益关系复杂化和社会信仰多元化的发展态势，这些特点导致在思想文化上出现了对原有的价值体系的认同危机。因此，积极推进社会主义核心价值体系的社会认同成为当前构建我国主流价值文化的重要问题之一。

一、当前我国主流价值文化社会认同的现状

社会认同是指个体对自己所属身份或群体的一种带有肯定性的心理判断和情感归属，社会认同对象的内在逻辑只有符合人的内心期待，才有可能被人们所接受；只有与人们的心灵产生共鸣，才能获得公众认同。因此，社会认同对于个人来说本质上是一个心理过程。而价值的社会认同则是个人将某种在社会中占主流地位的价值理念内化为自己行动的动机和行为正确与否的判定标准。价值的社会认同是个体行动的意义与经验的来源，如果一个社会的主流价值体系得到广泛的认同则往往会带来人们思想和行动上的一致，而一个社会的主流价值如果与民众普遍的社会心理相悖，就很难存在与发展。马克思曾指出："如果从观念上来考察，那么一定的意识形式的解体足以使整个时代覆灭。"② 法国社会学家涂尔干则认为，单靠市场契约是无法维持现代社会正常运行的，还必须有"契约背后的非契约因素"，即人们共同的价值观和认同感。而意大利理论家安东尼奥·葛兰西曾把主流意识形态的社会整合功能形象地比喻为"社会水泥"，

---

① ［法］托克维尔：《论美国的民主》（下），董国良译，商务印书馆 1988 年版，第 524 页。

② 《马克思恩格斯全集》第 46 卷（下），人民出版社 1980 年版，第 35 页。

它用来塑造"普遍共识"或赢得大众的积极赞同。因此，一个社会价值的主流地位并不是由少数统治者和传播者决定的，而是由社会公众认同状况决定的，只有得到大众认同并达成共识的价值观，才会最终形成这个社会的主流价值。

当代中国正处于一个政治、经济、文化急剧转变的时期，全球化和改革开放的深入推进进一步加剧这种转变。社会转型期的中国，表现出巨变社会典型的价值认同的无序与冲突。生活方式、价值取向和文化模式的改变与混乱，使得"主流价值"的重构与认同成为当前中国面临的严峻挑战。当前我国主流价值认同危机主要存在以下几个方面的问题。

（一）主流价值自身的碎片化倾向与认同危机

美国伦理学家麦金太尔是这样描述西方道德价值危机的现状："我们身处其中的现实世界的道德语言处于一种严重的无序状态。我们所拥有的只是一些概念构架的诸片断。"中国现代化的发展是在对传统文化的批判超越和对外来文化的吸收借鉴过程中确立起来的，工业社会取代传统农业社会，市场经济取替计划经济，使得文化价值规范出现种种不适，价值文化的碎片化使处于转型期的部分中国人陷入严重的"价值迷失"境地。

当代中国主流价值形态是以马克思主义和中国特色社会主义理想为指导的社会主义意识形态。长期以来，我们主要是借助于政治权威和领袖人物的个人魅力来维系和贯彻这种主流价值，并取得了巨大效果，极大地凝聚了人心，调动了社会各阶层参加社会主义建设的积极性。但在新的时期，这种依靠政治性权威来建构主流价值形态的做法已经不能适应人们价值诉求多元和个体意识凸显的现实需要，以至于出现了普遍的信仰危机。因为，如果我们过分倚重和夸大了政治权威的作用，而忽略不同社会阶层的心理需求，结果就会出现了"曲高和寡"的局面。"凡是企图不用说理而用压力来维护任何意见的权威性的人，也许用意是好的，但事实上却会造成严重的危害。认为撇开真理的内在的说服力而可以通过任何其他媒介去传播真理乃是一种严重有害的错误。"① 一个价值体系要让人接受，必须给出让人接受的理由，而且必须让人们觉得这个理由是站得住脚的。主流价值是否真正具有说服力和合法性，公众认同是其中最重要的基础和条件。我们必须意识到，价值所表达的实质关系是利益关系，群众的心理是重经验判断，人民群众只有从利益满足和情感归属中才能实现对主流价值的广泛认同。"大多数民众对于一种意识形态（意义系统）的把握，一般都会根据自己的社会阅历、知识积淀以及具体的生活需求将之转化为某种可以操作或者触摸的形象化指标……然后，人们就会用这些形象化的指标来衡量、评价意义系统提供主体为他们提供的实际的物质的或自由的条件。"②

2010 年，《人民论坛》杂志联合人民网、新浪网等进行了调查，其中一个问题是："您认为当前主流文化面临哪些问题"，73.6% 的受调查者认为"主流文化缺乏现实关怀"，54.3% 的受调查者认为"宣传得多，说教得多，难以打动人心"，41.2% 的受调查者选择了"主流文化缺乏鲜明的价值诉求"，24.2% 的受调查者选择了"主流文化没有与时俱进"。③ 可见，我国主流价值正面临着巨大的认同危机。产生上述问题的原因有多个方面：一方面，主流价值形态缺乏现实的人文关怀，不能及时地和有效地回应当代民众的利益诉求，对一些社会问题缺乏令人信服的解释力，因而无法在民众中引起情感共鸣。另一方面，主流价值形态引导民众的方式和方法存在缺陷，不能够与民众心理需求相吻合。"目前我们有些主旋律的思想宣传报道、理论文章、文艺作品之所以受欢迎的程度不高，主要是因为不同程度地存在着公式化、概念化、粗糙化、说教式的弊病。主流意识形态宣传的形象，依然存在着简单化的倾向。"④ 再加上西方自由主义文化的

---

① ［英］威廉·葛德文：《政治正义论》第 2、3 卷，何慕李译，商务印书馆 1980 年版，第 433 页。
② 李友梅等：《社会认同：一种结构视野的分析》，上海人民出版社 2007 年版，第 28 页。
③ 艾芸：《73.6% 受调查者认为主流文化缺乏现实关怀——"主流文化怎么了"问卷调查分析报告》，《人民论坛》2010 年第 24 期。
④ 童世骏：《意识形态新论》，上海人民出版社 2006 年版，第 98—99 页。

强势入侵，特别是美国文化以娱乐的名义和资本的推力，试图把全球文化生活引向某种统一的"格式"。这些都在某种程度上使得以马克思主义和社会主义理想为核心的价值形态的主流地位日益遭到削弱。

作为主导意识形态中规范人们日常行为的集体主义原则一直是改革开放之前中国社会伦理规范的最高原则。在计划经济时期，实行的是高度统一的集体管理体制。作为维系计划经济体制运行的价值因素，集体主义价值观发挥着社会的价值整合功能。集体或单位，作为工作场所与生活场所的结合体，是人们交往的基本范围，且承担着广泛的政治和社会服务职能。单位与个人互依互济的关系造就了个人与集体融合统一的"螺丝钉"精神，使得整体主义、群体和社会价值处于主导地位。改革开放后，经济体制的转换逐渐导致人们的生存方式发生转变，其集中体现是个人主体性的增强，整体性的生存方式被替代。原来意义上的"单位"或集体日益瓦解，生活领域与工作领域日益分裂，个人、家庭原子化、个性至上、效率优先等新型原则冲击着既有的价值理念；公司"雇佣—契约"关系替代单位"身份—隶属"关系；企业管理中所倡导的工作"团队精神"已远远不同于曾为人们提供工作、生活、情感整体寄托的"集体主义"。市场经济条件下日益增强的个人主体性与计划经济所倡导的集体主义价值取向之间的张力模糊了人们的价值认同。至此，集体主义虽然仍是学校教育和主流媒体的主导型价值诉求，但由于失去了体制基础，其整合功能日渐式微。这一诉求由于没有一种系统的社会支持而注定沦为空洞的价值符号。

一直在传统中国社会发挥主流影响的亲情伦理在日益多元的价值冲击下也被逐渐瓦解。中国伦理家庭血缘关系的特殊地位奠定了亲情伦理在传统中国社会中的特殊地位。传统中国社会中，家庭生活是社会最基本的生活，中国人追寻的美德便是在家庭血亲关系基础上的"亲亲"美德。宗法式的社会关系是以家庭关系为纽带建立起来的，是家庭关系的扩大化。"家国同构"、家庭伦理"亲亲"原则渗透至社会生活的各个领域，发挥着道德整合规范作用。然而随着全球化和我们城市化进程的加剧，乡村共同体逐渐消亡、乡村生活日益边缘化，人们公共生活领域呈现扩大化趋势。公共生活领域的扩展必然需要与之相契合的公共道德要求和伦理价值规范，但是，作为传统承载者的我们仍然擅长通过"亲亲"甚至是"拟亲情化"的方式调节人们在公共领域的行为，挥舞着传统亲情伦理的残简断片做人行事。显然，这种"拟亲情化"并不能如愿以偿，它在现代广阔的新型公共生活中显得捉襟见肘。亲情伦理的诸德性要求作为传统文化的惯性要求，仍然是一种普遍存在的道德语言符号。但是，这一语言符号发挥功能的历史语境已经蜕变，其整体意义也已丧失，但它仍然以片段的方式参与到转型时期诸价值语言的协调与竞争之中。这也必然会导致在人们日常生活中出现传统与现代价值的激烈冲突。

现阶段，传统的伦理价值规范日益显示出与现代经济发展和社会生活之间的不相容乃至分离，逐渐失去其巨大的社会整合功能，而与中国市场经济发展相契合的文化价值规范尚未确立。鉴于西方现代化进程的经验，诸如"法制"、"契约"、"信任制度"、"重利益的规范性伦理"等西方的道德价值规范被积极借鉴，以期可以规范人们的行为并构建起一个普遍信任、合作的社会以适应并促进当前中国市场经济的健康理性发展。这些新的规范已经广为人们所熟知，但它们并没有发挥其应有的整合功能。问题的关键在于，一些承载传统价值文化的思维方式和价值规范，诸如传统中国"熟人社会"熟人圈中的"面子"、"轻利重义"、"习俗性信任"、"重情感的德性伦理"，由于其强大的历史惯性使得这些"舶来"的西方价值在中国缺乏内在精神的生长，移植的往往是表象。这就使得我们一方面想摆脱传统价值的束缚，另一方面，我们又没有真正地建立西方"契约"精神所彰显的价值文化。当代中国在中西文化的选择上陷入迷茫与困境之中。

（二）多元价值冲突与主流价值的认同危机

多元价值冲突也造成了当前主流价值认同的困境。在纷繁复杂的"价值体系"中，价值冲突是与价值认同同时客观存在的。现代化导致了新旧更替的意义危机，而全球化则不断地冲击着本土文明。"新旧更替、多元并存"，全球化语境下的当代中国所呈现出的价值冲突是深刻的、全方位的，这使得当代中国大众的主流价值认同产生危机。当代中国主流价值重构中的多元价值冲突主要表现在三个方面：

一是由于"文化断裂"造成的传统伦理道德与现代价值规范之间的历时性价值冲突。市场经济的发展要求一种新的文化伦理和价值体系作为自身的动力与规范。但一方面，涤荡了旧的价值观念体系的市场经济所孕育的道德价值观念在传统文化中没有规约，处于"无根化"境遇；另一方面，传统文化现代意识缺乏，新的道德要求和价值规范因缺乏与传统文化的对接而难以发挥作用：转型时空下的"文化断裂"是传统道德价值与现代市场经济价值规范之间的历时性冲突的真实原因和生动写照，诸如"义利之辩"、"个人美德与社会公德"、"集体主义与个人主义"、"亲情诚信与商业诚信"、"中庸之道与讲求实际"、"勤俭节约美德与享乐消费主义"等价值冲突。人们在参与社会交往活动的过程中，其行为总是会受到其灵魂深处价值观念与伦理道德的支配和约束。传统文化内含的道德价值凭借其渗透力、延续性，仍以很大的惯性支配着当前人们的思维和行为方式。传统文化价值在新的时代条件下无力发挥作用，而与市场经济相契合的新的价值体系尚不健全，传统伦理道德与现代价值规范之间的历时性价值冲突使人们在价值认同的问题上遭遇困境。

二是由于"全球化"造成的一切异域价值和本土价值之间的共时性价值冲突。全球化首先是一个经济发展过程，其实质是民族国家经济规则的修改和向世界市场开放。但经济活动作为人类社会的基础性活动，又是一种巨大的观念载体，随着各类经济要素频繁地跨国流动，价值、理念、习俗、生活方式等精神要素，亦会随之超越国界。文化交流、思想传播，早已溢出特定的意识形态领域和文化交流渠道，泛化为我们日常生活的组成部分。在全球化过程中，民族的、地域的、本土的文化价值扬弃了自身僵硬、封闭与保守的状态，积极参与到全球性的文化交流与对话中，促成了一切"异域价值"与"本土价值"共时存在的价值多样化事实。原来在不同历史时期以及不同文化背景下存在的价值观念被全球化进程挤压在同一个平面上，使本国的、外国的，传统的、现代的、后现代的，计划的、市场的等文化价值观互相交织、相互碰撞，混杂在一起。需要特别指出的是，转型时空下的中国，异域价值与本土价值之间的冲突又往往是和传统价值与现代价值（即现代化过程中形成和发展起来的价值）之间的冲突纠缠在一起。在这样的文化氛围下，人们必然面临着多种价值选择。一般说来，多元价值并存并不一定导致多元价值冲突，但由于不同价值之间客观存在的差异性和不可通约性，"异域价值"与"本土价值"之间的矛盾和内在张力便是不可避免的。而中国正处于社会转型过程中主流价值文化的建构的关键时期，各种价值相互竞争、相互争夺、相互激荡，更加剧了原本多元交织的价值冲突。这一共时性的价值冲突，不论是在其广度上还是深度上都是以往无可比拟的，它使日常生活世界中的人们陷入了主流价值的认同困境。

三是由于社会结构日益分化，政治、"技术—经济"和文化各领域相互分离并相互竞争造成了结构性价值冲突。在人类发展史上，任何社会都是由一定的经济、政治和文化构成的有机统一体，它们相互依存、相互制约、相互贯通。一般来说，社会技术—经济体制往往要与其政治体制、文化体制相互适应，形成耦合关系才能稳定，但是这些体制又都具有一定的独立性，各领域都有自己的价值诉求。当前我国市场经济条件下，三个领域的发展速度不一致，经济的发展要求凌驾于一切之上。于是，经济领域以效率为核心的价值日益占据主导地位，渗透到生活的各个领域，而政治领域与文化领域缺乏对其有效的应答与约束，三个领域发展极不均衡。经济领域所要求的以效率、效益为核心的价值追求与日常道德所标榜的人文关怀、自我价值实现以及政治领域所主张的平等、正义和权利的价值日益断裂。在效率和公平、自由和平等、知识与幸福等价值之间存在着内在的不可调和的矛盾。人们往往在这三种领域的价值诉求之间发生道德判断的冲突。因此，在现代化进程中，技术经济、政治与文化三个领域的结构性价值冲突也导致了日常生活世界主流价值认同困境。

（三）文化传播模式的转变与主流价值的认同危机

文化传播模式转变是造成主流价值认同困境的第三个重要原因。在传统的文化传播模式中，类似于"四书五经"的经典文化是以精英为核心的单维度的文化表达：少部分作为中心的文化制造者，制造出文化产品并向周边人群传播。这是一种"精英—大众"、"表达—接受"的单向文化传播模式。随着文化工业的兴起、大众传媒技术和商品市场的发展，网络、流行、时尚与消费文化走进人们的日常生活，成为现代人生存的一个基本维度，文化领域的世俗化日益改变着当前人们的文化接受模式——由被动接受转向主动参与。我们被带入了一个交互式大众广泛参与的文化时代。经典文化以精英为核心的单维度权威主义文化模式被颠覆，代之而起的是大众广泛参与的多元交互的文化模式。① 权威主义的式微和多元交互的尴尬带来了主流价值认同困境。

　　一方面，在传统单维度的文化表达方式中，权威主义沿用"精英—大众"、"表达—接受"的单向文化传播模式，在主流价值的引导认同上往往采取的是"宣传—接受"的价值传播模式。这种文化传播模式在催生和强化大众价值认同方面发挥着巨大的作用。精英阶层作为主流价值制造者，往往通过强制灌输或者亲身示范的一元传播方式引领价值认同。人群只是被动的接受者，只能接纳给定的价值，没有自己的作品，或者即便是有他们的文化价值意愿却不能直接获得公共表达的渠道。这是一种典型的知识精英"独语"的话语权力机制和旨在消除差异性、特殊性和独立个性的价值秩序。因此，在只存在一个独语者的传统文化表达条件下，主流价值作为精英阶层的作品，依靠这种单向"宣传—接受"模式就可以顺利在日常生活世界实现主流价值认同。而现在，随着个人主体性的日益增强，草根性、渗透性与开放性正挑战着权威性、灌输性与封闭性，权威主义的"独语"播讲日益受到挑战。传统精英与大众的二元对立日趋模糊，在如今富于"主体性"的舞台上出现了更多平等的"游戏参与者"。至此，依靠单向灌输的"宣传—接受"主流价值传播模式日渐式微，它的大众凝聚力不断下降，主流价值认同在这样的文化条件下步履维艰。

---

① 　刘怀光：《流行文化及其对经典文化表达方式的颠覆——现代流行文化的后现代意义》，《理论导刊》2008 年第 6 期。

　　另一方面，多元交互模式自身的尴尬也造成了主流价值认同的困境。现代传媒技术的发展和文化的市场化引领我们进入了一个大众广泛参与的文化时代，公众的主体性得到充分发挥，文化模式发生了颠覆性的转变。作为一种新生的文化传播方式，多元交互的文化模式本身是对传统的消解和权威的打击，它打破了传统意义上权威话语权独享和价值观念大一统的局面，为大众提供了一个公共表达的途径。多元交互实质上是多元价值的语境和背景下，诸价值的碰撞、交流、冲突或融合。它是一个多元综合、交互碰撞的复杂过程，为人们在价值观念的甄别、认知和选择上提供了一个更为真实而宽阔的平台。然而，它混乱了人们价值观念生成和传播的社会生态，更无法遮蔽其自身多维性与无序性特征给主流价值认同带来的困境：首先，正如古希腊哲学家普罗泰勒斯所言，"人是万物的尺度"，一切的衡量都最终依赖于人；而每个人所认同的价值在面对自己时便实际地面对了他的实践界限，这些平等的"游戏参与者"各自的实践界限就构成了这种模式自身多维性特征。更何况，我们不能断定除了某一种价值其余的都是错误的，文化相对主义肯定所有参与者的地位与价值平等。其次，"各执一端"的多维性又往往导致价值认同的无序性。权威主义的分崩离析和多元交互的到来使我们发现似乎再也没有什么应当永远认同的普遍价值，"什么都行"就是普遍价值。虽然在多元交互的公众表达条件下，所有的参与者之间相互承认、尊重和理解，他们相互沟通、商讨甚至妥协，但是不同尺度下价值诉求的关系是复杂的：要么一致共存；要么相悖冲突；再者，不一致可共存；难免会形成一种"公说公有理，婆说婆有理"多元价值传播的尴尬无序的局面。多元交互文化模式的诞生本是人类主体性日益增强的必然结果，然而却僭越了保持人们价值秩序的历史惯性和体制惯性，这在某种程度上加剧了主流价值的认同困境。

（四）社会各阶层之间公平的缺失与主流价值的认同危机

　　改革开放以来，随着经济体制改革和市场经济发展，中国社会正经历着广泛而复杂的社会资源重新分配、利益关系深刻调整、阶层和群体分化重组。这使得我们原来的以单一的意识形态为标准的两大对立阶级的划分或以单一的社会身份为标准的工人、农民、知识分子三大阶层的划分都无法说明复杂的社会分化的现状。中国社会科院陆学艺等学者根据我国当前社会现状，从对社会资源（政治资源、经济资源和文化资源）的占有这个角度把中国社会分为十大阶层①，这反映出了当代中国社会结构的复杂性。不同的阶层实质上就是不同的利益群体。社会阶层或利益群体的分化一定会引起人们价值信念的变化，因此，中国社会意识形态呈现了空前复杂的状态，不同的阶层出于对自身利益的维护会接受或形成不同的价值主张。既有许多具备明确理论基础的社会思潮，如新自由主义和新左派，也有大量并没有明确理论基础但也包含一套价值信念的社会思潮，如不断崭露锋芒的新民族主义、广泛存在的愤青主义、普遍流行的怀疑主义、形式多样的新宗教或准宗教等，在表达着不同利益群体的价值信念。各种价值形态的出现正是当今中国社会高度分化的价值信念表达。

尽管目前中国出现了基于对社会资源占有而不同的各种社会阶层，但正是这种对社会资源不同占有缺乏社会的广泛认同，因而成为各阶层出现矛盾的根源。这种状况明显影响着社会心态的稳定，从而也影响着各阶层，特别是广大中下层阶层的人对主流价值的认同。社会各阶层的现有位序关系缺乏社会的广泛认同主要表现在以下几个方面：

一是资源配置与收入分配的不公平，影响阶层位序等级的合法性。在现阶段的中国社会，资源配置机制多元化，其中既有合理合法的机制，如市场机制和国家再分配机制等，也有一些不合理不合法的机制。无论是怎样的配置机制，都将影响人们所享有的资源的份额，从而影响人们的阶层地位。然而，形形色色的不合理不合法的资源配置机制的存在，却严重地影响着人们对现有阶层位序关系的认可和认同。在社会转型和经济转轨的过程中，一方面，随着市场经济的发展和相应的制度改革与创新，基于能

---

① 这十个社会阶层是：国家与社会管理者阶层、经理人员阶层、私营企业主阶层、专业技术人员阶层、办事人员阶层、个体工商户阶层、商业服务业员工阶层、产业工人阶层、农业劳动者阶层和城乡无业失业半失业者阶层。

力主义—业绩主义的资源配置原则在一定程度上得到了落实，但同时也出现了各种非法获取资源和机会的做法，譬如权钱交易、坑蒙拐骗、贪污腐败、卖官鬻爵、任人唯亲、拉帮结派等，这些现象严重损害了人们的社会地位获得的合法性和合理性，一些人通过这样那样的方式实现的向上流动，不但得不到社会的普遍认可，而且还广泛引起了社会的不满。一旦人们普遍对各种社会地位获得的合法性产生怀疑，整个社会对各阶层位序关系的认同就会受到不可挽回的损害。此外，某些制度性的垄断现象的存在，也影响着人们对现有各阶层的社会位序关系的认可。在这里，引起广泛争议并且得不到认可的垄断现象，主要是各种行业垄断和部门垄断，尤其是金融、电信、民航、铁路等部门的垄断。这种垄断之所以会引起广泛的社会争议和不满，就是因为它使社会分化机制不合理，在让一部分人获得不合理的高收入的同时，损害广大消费者的利益。不合理的资源配置机制与制度性垄断的存在，严重影响了人们对各阶层在收入分配结构中的实际地位的评价。不少人认为，现在是该富起来的人没能富起来，而不该富起来的人却富起来了。

二是不公正的制度性安排使得一些阶层缺乏对主流价值的认同动机。社会各界对一些阶层或群体的阶层地位给予否定性评价，甚至出现认识混乱的原因，不仅与各种不合理不合法的资源配置机制的存在有关，也与国家未能及时从制度上充分确认各种合理合法地获致的阶层地位的问题有关，其结果是使得一些阶层或群体处于制度性安排的盲区，他们的各种社会利益得不到制度性保障，从而对社会产生怨恨情绪，当然也就无法认同主流价值。在这方面，受到严重不利影响的社会群体之一是农民工以及随他们进城生活的"农二代"。改革开放以来，大量农村劳动力怀着对城市生活的美好憧憬，离开土地，进入城市务工经商，已经成为城市发展的重要力量，但现有制度无视他们对城市发展做出的巨大贡献，迄今为止还没有给予他们在城市生活应有的社会地位和社会保障。他们在城市居民身份、医疗、教育、住房等方面的合法诉求长期得不到有效满足，这必然产生严重的社会不公。

主流价值的认同只有不断增强自身的感召力、说服力才是可行的、有效的。主流价值形态要让人接受，必须给出让人接受的理由，而且必须让人们觉得这个理由是站得住脚的。一种价值形态之所以能得到社会各阶层的认同，是因为它能满足社会大多数阶层成员的希望和渴求，或者说，社会成员对一定的价值形态的认同在很大程度上依赖于这种价值形态对他们"应得"的经济利益和政治权利的承认和维护。在这里我们尤其强调对政治权利的承认和维护，是因为在现代社会里，物质利益的满足已经不能完全满足一个人对自身身份的认同，只有同时尊重人们的政治权利，主流意识形态才会真正获得人们的认同。当前我国城乡二元结构、公有制与非公有制、计划和市场等的二元并存的格局，使得城镇居民和广大农民、国有企业与私营企业之间在制度上存在利益分配和资源配置的差异。正如邓小平曾经指出："社会主义是一个很好的名词，但是搞不好，不能正确理解，不能采取正确的政策，那就体现不出社会主义的本质……空讲社会主义不行，人民不相信。"[①]

（五）主流文化的边缘化趋势与主流价值的认同危机

主流文化是在文化竞争中形成的，具有高度的融合力、较强的传播力和广泛认同的文化形式。随着经济的高度发展，高新科技革命对人类文化的发展正在产生着以往任何时代都无法比拟的影响，使原来居于主导地位的主流文化面临着被边缘化的局面。至少有两个方面原因：一是社会核心价值体系脱离大众，二是民众幸福感受度的降低。社会核心价值体系脱离大众直接导致主流文化边缘化。面对当今低俗文化流行的态势，为响应文化界提出反对"三俗"的呼声，《人民论坛》杂志曾就主流文化如何重塑、人们对主流文化的态度等问题展开问卷调查。就"您认为当前主流文化面临哪些问题"调查结果显示，排在前两位的分别是：73.6%的受调查者认为"主流文化缺乏现实关怀"；54.3%的受调查者认为"宣传得多，说教得多，难以打动人心"。就"主流文化如何重塑"的问题，排在第一位的

---

① 《邓小平文选》第二卷，人民出版社 1994 年版，第 313—314 页。

是"主流文化主动融入大众"，占63.6%。"您认为主流文化重塑应从哪些方面入手"调查结果显示，66.7%的受调查者选择了"媒体应该提高自律，主动拒绝为低俗文化提供平台"，排在第一位；排在第二位的是"主流文化大众化，让普通民众乐于消费"，占受调查者的58.5%；另有46.8%的受调查者选择了"加大对低俗文化提供者的惩处和监管力度"。① 从以上数据中我们可以看出，主流价值文化的缺失与民众参与度有着重要的关系，主流文化没有融入大众，或者说是大众文化消费缺少核心价值诉求直接导致大众文化消费淡出主流文化，表现为主流价值文化的缺失。

当前我国主流价值文化缺失的主要表现是大量"三俗"文化的泛滥。随着社会文化的发展，大量低俗的内容不仅充斥着互联网，而且颇有扩大的趋势，广播、电视、电影、书刊、报纸等主流媒体也不能免受其害，与庸俗、媚俗搅和在一起，构成了"三俗"文化。"三俗"文化在当前的主要表现为：(1)恶意诋毁、谩骂党和政府及领导人，捏造传播领导人负面新闻；夸大或编造群体性事件，煽动网友聚集闹事；肆意篡改历史，宣扬汉奸有理、爱国有罪的谬论。(2)网络诈骗、网络赌博现象突出。(3)"偷文化"流行，恶意传播侵害他人隐私，极尽窥探之能事，通过大曝自己隐私提高点击率或无限制"挖掘"名人隐私，制造"门文化"，过分关注明星的绯闻、丑闻、诉讼和生活琐事。(4)迷信活动死灰复燃，神秘主义思潮盛行。(5)宣扬血腥暴力、恶意谩骂、侮辱他人等的内容。以残忍为噱头，发掘人性之恶，网络游戏非伦理化虚拟上述内容。(6)"恶搞文化"超越道德底线、泛娱乐化。用无厘头的搞笑调侃亵渎经典，颠覆优秀传统文化；以恶搞、整人来娱乐观众，解构英雄，把丑化人、贬损人、恶心人作为取悦观众的笑料。(7)"非主流"文化流行，告别崇高，宣传另类。(8)炫富、追富，宣扬骄奢淫逸，忘记艰苦奋斗，提倡不劳而获的劳动价值观；对享乐津津乐道，对靓妞、大款、名车、豪宅、名包、高级娱乐场所大肆渲染。(9)无原则解读传统经典文化："大话"、"水煮"、"戏说"、"新

---

① 艾芸：《73.6%受调查者认为主流文化缺乏现实关怀——"主流文化怎么了"问卷调查分析报告》，《人民论坛》2010年第24期。

编"经典，黄世仁、妓女、汉奸成为崇拜对象等不一而足。

"三俗"之风的成因非常复杂，涉及文化传播方式、政府管理、媒体和文化产品的生产以及受众等方方面面的原因，这些因素往往交织在一起的。就传播方式而言，由于新技术的推动带来的传播模式革命，使网络传播的虚拟性可让人们在现实生活中根本不可能实现的愿望，甚至法律和道德不能允许的行为变为现实，最大限度地满足人们的"底层欲望"和原始诉求，其中恰恰一大部分是"俗"的。人们性格的两面性在网络的虚拟性与社会现实性之间迷失，在社会现实中中规中矩的一个人，在网络虚拟中可以表现得低俗无比。而网络传播的个性传播、互动性可以极大限度地渲染和夸张一些文化行为，包括真善美、假恶丑。网络传播的低门槛、网络信息的自由性，使每个人都可以自由、方便地发表言论，上传图片、音频、视频，使私密空间成为公共领域，个性自由、个性解放、个性发展成为低俗很好的借口。就媒体自身而言，随着社会主义市场经济的建立，文化体制不断融入其中。一部分文化产品实行市场化运作，文化产业领域片面追求票房、收视率、发行量、销量，使传媒经济成为"眼球经济"、"注意力经济"，只顾经济效益不顾社会效益。某电影导演说：现在拍电影就是怎么痛快、怎么舒服就怎么来。大众文化与商业运作相结合，在繁荣文化市场的同时，也催生出一些低俗、庸俗、媚俗之作。有些新闻媒体社会责任感淡化，新闻职业道德滑坡，只管收视率、经济效益，不顾社会效益。盲目追求"产业化"的结构和"商业化"的运作，传媒消费主义过度开发与张扬，对"三俗"文化把关不严甚至恶意炒作、推波助澜，"电视台是收视率主义、电影是票房主义、出版社是畅销书主义"。就政府监管而言，在建设中国特色社会主义的过程中，政治建设、经济建设、文化建设、社会建设应该是"四位一体"、齐头并进，但是当前文化建设明显滞后。不能及时有效地跟踪、研究文化传媒中的新的传播方式，把握时代文化脉搏。国家相关部委出台了一些关于新闻传播和互联网的规定，行业协会也有许多自律的号召，但是在法律层面、行政层面、道德层面和学术层面都缺乏具有动态性、量化、可操作性的文化产品标准，使得文化产品鱼目混珠、良莠混淆，为"三俗"文化之风盛行提供了发展的空间。

二、强化主流价值文化的传播与社会认同

构建社会主义主流价值文化，必须把社会主义核心价值体系的要求渗透于文化建设的各个方面，融入到精神文明建设全过程。任何一种价值观念的形成，都需要营造良好的社会文化环境，让人们在生产生活的实践中更好地感知、领悟，更好地遵守、践行。也就是说，我们一方面要提炼具有中国特色的主流价值体系，另一方面是要让这种主流价值得到全社会的广泛认同。传播是认同的条件，而认同则是传播的目的。我们一定要坚守自己正确的价值追求，增强文化传播的社会责任意识，营造良好的认同氛围，加强对文化产品创作生产的引导，坚决抵制庸俗、低俗、媚俗之风，确保一切文化阵地、一切文化产品、一切文化活动都要体现社会主义核心价值体系的内容和要求，使之无所不在、无时不有，在人们心中深深扎根，充分发挥文化引导社会、教育人民、推动发展的重要功能。

（一）增强主流价值传播的政治认同

政治认同是社会成员对其所在政治共同体的一种政治态度，是人们从内心深处产生的一种对所属政治体制情感上的归属感，是社会成员组织在一起的重要凝聚力量。在现代社会中，任何一个社会都不能仅仅依靠强制的手段来维持其统治，必须通过对主流价值的构建使社会成员对其统治的价值从内心上加以认同，"任何一个政治系统，如果它不抓合法性，那么，它就不能永久地保持住群众（对它所持有的）忠诚心。这也就是说，就无法永久地保持住它的成员们紧紧地跟随它前进。"[①] 这是因为，"我们不能强迫别人赞同我们，不管我们对他们有多少权力，因为强制他们表达他们

---

① ［德］尤尔根·哈贝马斯:《重建历史唯物主义》，郭官义译，社会科学文献出版社2000年版，第264页。

的感激或赞扬将使这些表达毫无价值。行动可以被强迫，但情感的被迫表现仅仅是一场戏"①。当代中国社会正处于政治、经济、文化急剧转型的时期，人们的教育文化水平和个体意识都在不断提高，所有这一切都大大刺激着人们的经济欲望和政治期待，仅仅依靠共产主义理想的宣传和领袖的个人魅力获取民众认同的方式逐渐失去其应有的作用。在现代社会，主流价值的认同仅仅依靠强制力和教化手段是远远不够的，只治标不治本，只能解决一些群众认同层面上的表象，这种认同到头来也只能是一种被动认同，其作用也是短暂和有限的。主流价值认同过程本质上是一个社会化的心理过程，它的核心是要激发社会成员的认同动机。因此，对于主流价值文化的政治认同我们主要考虑以下几个方面：

一是以民生富裕引领主流价值的社会认同。孙中山先生认为民生就是社会一切活动中的原动力。人们的态度是一个极为复杂的心理体系，但其基本点总是与人们的需要、利益相联系的，因为它总是与价值判断联系在一起的。因此，人们从其信仰的政治价值中获利的多少，就决定着人们对政治价值认同度的大小。"群众对这样或那样的目的究竟'关怀'到什么程度，这些目的'唤起了'群众多少'热情'。'思想'一旦离开'利益'，就一定会使自己出丑。"② 主流价值形态是一个社会先进文化的核心，是社会前进的方向，也是统治阶级利益的表达，但要得到社会的广泛认同，就必须给社会成员带来实实在在的利益。社会公众不是看你怎么说，主要看你如何做，给他们带来多少利益。这是因为政治关系中首要的和基本的关系是利益关系，人们的一切努力所争取的都是以某种形式表现出来的利益。在一个开放的社会中，主流价值形态是可以存在的，但这并不意味着它是唯一合法或为大众所认同的，如果一个社会的主流价值仅仅给社会上大多数成员提供精神的港湾，不能够满足大多数民众的利益诉求，那么，"主流"可能成为"支流"。毛泽东就郑重指出："一切群众的实际生活问题，

---

① ［美］彼德·布劳：《社会生活中的交换与权力》，孙非等译，华夏出版社 1988 年版，第 19 页。

② 《马克思恩格斯全集》第 2 卷，人民出版社 1957 年版，第 103 页。

都是我们应当注意的问题。假如我们对这些问题注意了，解决了，满足了群众的需要，我们就真正成了群众生活的组织者，群众就会真正围绕在我们的周围，热烈地拥护我们。"①

自改革开放以来，我国经济发展取得了举世瞩目的成就，已经成为世界第二大经济体，人民群众的生活条件也得到极大的改善。但是，人民群众的期望与政府实际作为之间仍存在着比较大的落差，人民群众在生活中还面临着诸多困扰。目前，我国民众迫切关注的是个人的住房问题、医疗问题，入学、就业和养老等社会民生问题，住房难（贵）、上学难（贵）和看病难（贵）已经成为当代社会转型时期我国新的三大民生问题，民众迫切希望政府能帮助他们摆脱生存与发展中的困境。如果主流价值话语不关注群众的现实困难，仍然在缺乏鲜活生命力的概念上兜圈子或自言自语，而不能在经济高速发展的同时解决群众的民生问题，就很难避免事实上的非主流命运。如果大多数群众长期在生存线上挣扎时，他们可能曾经有的对未来生活的美好向往会慢慢地消失，自然也就不会对政党、政府、制度和主义再产生什么新的希望，他们眼中充满更多的是无奈和绝望，在这种状态下如果给群众谈抽象的理想和价值是不现实的，也是本末倒置的。要坚持以人为本，从解决群众最迫切、最关注的利益诉求入手，始终关注民生，不断改善民生和切实保障民生，才能从根本上解决民众对主流价值的认同问题。

二是以社会公正引导主流价值的认同。主流价值形态能否获得人们的认同，除了其本身的合理性以外，另一个重要因素是对社会现象和问题的解释力度。如果我们倡导的主流价值能够帮助人们理解各种社会现象，满足人们情感归属需要，就容易为大众认同。主流价值形态是通过具体制度设计来影响大众的思想进而影响大众行为，从而实现文化的整合。渴望公平、公正是人们一种本能的情感诉求，大多数群众的公平感是一个社会和谐的必要前提，也是群众认同一个社会制度与主流价值的底线。正如罗尔斯所说："正义是社会制度的首要价值，正像真理是思想体系的首要价值

---

① 《毛泽东选集》第一卷，人民出版社 1991 年版，第 137 页。

一样。一种理论，无论它多么精致和简洁，只要它不真实，就必须加以拒绝或修正；同样，某些法律和制度，不管它们如何有效率和有条理，只要它们不正义，就必须加以改造或废除。"① 自改革开放以来，我国经济建设所取得的巨大成就已经为我国主流价值社会认同打下了坚实的物质基础，但是，由于各种原因造成的在地区之间、社会不同阶层之间以及不同行业之间的分配不公现象比较严重的，尤其是广大处于社会中低层的群众在政治、经济和文化资源的获取上还存在比较大的制度性障碍。这些已经深深地伤害了广大群众对于社会主义的感情，其背后所蕴含的负面影响极为深远。群众的相对剥夺感增强，社会挫折感日益加深，一些人的失望、绝望、沮丧情绪不断产生，对社会制度不满乃至对立情绪滋长，群体性事件也在一些地方时有发生，这一切就使广大民众对主流意识形态和社会制度的认同度降低。

三是以增强群众对党的信任提升主流价值的认同。侯惠勤教授曾经作过一个调查，调查近年来人民群众对党和政府的信任程度，其中，只有 35.9% 的人认为对党和政府的信任度是提高了，14.4% 的人认为跟过去比没有什么变化，而有 49.7% 的人认为是下降了。通过对调查数据的分析，人民群众对党和政府的信任问题主要表现在以下几方面：一是用人方面的公平性和公正性；二是官员"为民"的动机；三是能否根治官员腐败。② 人民群众对党和政府的信任是主流价值被认同的前提条件。对于大多数普通群众来讲，他们对马克思主义的接受和相信并不是盲目的信仰，更多的是一种社会性的信任和信赖，这种信任和信赖是源于对党的信任。党员干部的一言一行、一举一动，对其他社会成员有着较强的示范作用，很大程度上影响着人民群众对主流价值形态的认同。在社会转型过程中，部分党员干部脱离了人民群众，成为民众认同马克思主义和社会主义理想的最大障碍。民众对党的部分干部有许多不满，集中在党内腐败问题上。惩治腐败是我们党的一贯立场和方针，近几年来，惩治腐败的力度逐

① ［美］约翰·罗尔斯：《正义论》，何怀宏等译，中国社会科学出版社 1988 年版，第 3 页。
② 侯惠勤等：《关于"四信"问题的调查分析》，《淮阴师范学院学报》2003 年第 6 期。

年加大。但腐败并未得到有效遏制，在某些时期、某些地方、某些领域甚至还呈蔓延之势。信任是认同的基础，信任是一种重要的社会资本。一些党员干部理想信念动摇，对马克思主义信仰不坚定，口头上和公开场合宣称自己信仰马克思主义，但在行动上或私下里却以权谋私、贪污腐化。人民群众对党的信任是非常珍贵的社会资本，"如果党内腐败现象严重，就意味着在实际行动中背离了马克思主义，马克思主义成了一些人谋取个人利益的招牌。而同时党员干部还肩负着对民众进行马克思主义理论宣传教育的任务，这势必导致一些干部的言行不一和口是心非。行为上的反马克思主义，既愚弄了马克思主义，也愚弄了老百姓，但老百姓却将自己的不满迁怒于马克思主义，以为自己是被马克思主义所愚弄——因为马克思主义成了少数人用来谋一己私利的工具，人们不认同的是假马克思主义。"①因此，只有大力惩治腐败和纯洁党的队伍，不断增强党的威信，大多数民众才会拥护和支持中国共产党及其所倡导的主流价值，否则，主流价值的社会整合力就会减弱甚至丧失。所以，建立与不断完善各种制度，严惩腐败，加强和改进党的作风，提升中国共产党在广大民众心目中的形象，对主流价值形态的认同建构显得尤为重要与紧迫。

（二）增强主流价值传播的情感认同

正确的价值体系只有被人民群众普遍接受、理解和掌握并转化为价值认同，才能为人们所自觉遵守和奉行。所谓价值认同，是指价值主体在社会实践中对社会共同价值规范的自觉接受、自觉遵循的态度。它标志着价值主体在社会实践活动中，能够以某种社会共同的价值要求作为标准来规范自己的活动，并使之内化为自己实际行为的自觉的价值取向。所以，只有在情感上认同才能使主流价值体系内化为心理世界的道德自觉、价值支撑。我国传统社会的凝聚力在很大程度上是依靠对儒家思想的情感认同。儒学是我国古代社会的主流价值形态。当代中国社会以马克思主义为核心

---

① 侯惠勤等：《关于"四信"问题的调查分析》，《淮阴师范学院学报》2003 年第 6 期。

的主流价值与儒学并非同质的文化体系，但两者在获得社会的广泛认同上应该有着相似的心理基础。一方面，儒学具有浓厚的人文关怀意识，民本思想是儒学的核心内容，儒学是一种生活伦理，儒学提倡的是日常生活中最普通而又最重要的道理。儒学与宗教相比较，儒学带有更多的世俗性、经验性，较少神秘性色彩，儒学仍给人们提供一种精神性的安身立命的家园。"儒学所能打动民众情感的，并不是它的宗教性，而是它那浓浓的人文情怀，是它的世俗性。"① 另一方面，儒学的普及选择了生活化的传播方式。儒学不是少数哲学家的奢侈品，儒学关怀现实社会生活，它是百姓的日用之学，生活化是儒学普及的基本特色。"儒家思想能够在宋明时期得以普及的主要原因，就是将教化的思想内容植根于普通百姓的'生活世界'或'日常生活世界'之中，以至于'化民成俗'，从而取得了大众化的实际效果。"② 儒学传播与普及主要是通过两个传统来完成的，文献典籍是儒学的大传统，戏曲、小说、民间传说等民间文化形式流传下来的道德文化观念是儒学的小传统。儒学能够将教化内容渗透乃至植根于普通民众的日常生活世界之中，从而取得了"润物细无声"的实际效果。另外，儒学的格言、谣谚、俚语、故事等大多具备言简意赅、生动活泼的语言风格。正是依靠这种渗透于人们日常生活的小传统和老少皆宜的生活化语言使儒学逐渐被大众所认知和认同。儒学在传统社会是如何获得高度认同的经验是值得我们认真借鉴的。当前我国主流价值认同的重点在于如何提升主流价值的人文关怀，即如何解决民众对主流价值的情感归属问题。我们可以从以下四个方面着手③：

一是从"社会焦点"入手，增强对主流价值的情感认同。所谓从"社会焦点"入手就是要让主流价值通过回答现实提出的重大理论和实践问题来获得高度认同，增强创造力、说服力、感召力、吸引力和凝聚力。就是说，要把社会主义核心价值体系落实到党和国家制定实施的各项政策和各

---

① 郭建宁：《马克思主义与儒学》，《中国教育报》2010 年 7 月 1 日。

② 蒋国保：《儒学普世化的基本路向》，《中国哲学史》2003 年第 3 期。

③ 戴茂堂：《关于社会主义核心价值体系的认同问题》，《政策》2009 年第 4 期。

项工作中去，体现到不断实现好、维护好、发展好最广大人民的根本利益和解决好人民群众最关心、最直接、最现实的利益问题当中去。要通过切实解决好与群众利益密切相关的社会焦点问题，使人们感受到党和政府的温暖，感受到社会主义核心价值体系的重大实践价值，不断夯实形成价值共识的情感基础。二是从"日常生活"入手。从"日常生活"入手，就是从小处着眼讨论主流价值的认同问题。我们在平常百姓的感人行动和感人故事中，都可以找到社会主义核心价值体系认同的宽广土壤。因此，必须将主流价值的建设融入和渗透到普通大众的日常生活之中，引导和动员群众自觉践行社会主义核心价值，倡导广大民众从自我做起，从一点一滴的小事做起，把价值认同实践体现到日常生活、社会交往、凡人凡事之中，在为家庭谋幸福、为他人送温暖、为社会做贡献的过程中，增强价值认同，养成良好习惯，形成与社会主义市场经济相适应、与社会主义法律规范相协调、与中华民族传统美德相承接的社会主义核心价值体系。三是从"代表人物"入手。如果说从"日常生活"入手是从广度着眼讨论社会主义核心价值体系的认同问题，那么从"代表人物"入手则是从深度着眼讨论社会主义核心价值体系的认同问题。在社会实践中涌现出的模范人物是践行主流价值的杰出代表，是共产主义远大理想和中国特色社会主义共同理想的坚定信仰者，是科学发展观的忠实执行者，是社会主义荣辱观的自觉实践者，是社会和谐的积极促进者，是推进社会主义核心价值体系建设最鲜活、最生动的教材，有着很强的示范性和辐射力。我们在构建主流价值的社会认同过程中，要善于利用榜样的力量，要善于发挥旗帜的功能，在深度上增强社会主义核心价值体系的影响力、劝导力。四是从"艺术传播"入手。艺术是一种本真的生活，能够春风化雨、润物无声。社会主义核心价值体系的建设，如果止步于抽象的说教就会流于形式，陷入空谈。因此，要大力创新主流价值体系建设的方式方法，要逐步由以往那种意识形态化的"规定"和"灌输"，过渡到艺术化的潜移默化的"熏染"与"陶冶"。我们应更多地借用艺术的这种力量，自觉地把社会主义核心价值体系融入艺术活动的各个方面，善于采取灵活多样的方法和群众喜闻乐见的形式，宣传建设社会主义核心价值体系的生动实践和新鲜经验，来表现社会主核心价值体系的深刻内涵和精神实质。我们应更多地运用通俗易懂和娓娓动听的艺术语言，以更好更多的精神文化产品，解读社会主义核心价值体系蕴涵的理论和实践课题，在娓娓道来中把道理讲清楚、说明白，使群众在平等交流中受到教育。要积极生产更多的优秀文艺作品，组织更为丰富多彩的文化活动，构建覆盖全社会的公共文化服务体系，充实人们的业余生活，增强主流价值体系的感染力和吸引力，让人民群众在艺术享受和文化熏陶中，受到社会主义核心价值潜移默化的鼓舞和启迪，在潜移默化中培养和提升对主流价值体系的情感认同。

（三）增强主流价值传播的责任意识

党的十七届六中全会指出：发展文化产业是社会主义市场经济条件下满足人民多样化精神文化需求的重要途径。必须坚持社会主义先进文化前进方向，坚持把社会效益放在首位、社会效益和经济效益相统一，按照全面协调可持续的要求，推动文化产业跨越式发展，使之成为新的经济增长点、经济结构战略性调整的重要支点、转变经济发展方式的重要着力点，为推动科学发展提供重要支撑。不可否认，随着世界性产业结构地调整以及产业政策的调整，我国的文化产业正逐步地成为国民经济的支柱性产业，为我国精神文明建设作出重要贡献。当然，我们也应该清醒地认识到，在文化产业取得巨大的经济效益的同时，文化产业发展过程中的一些负面的影响也凸显出来，原先的文化事业的"社会意义"正被泛娱乐化下的文化产业所塑造的一系列价值观所颠覆、重构，主流价值在文化产业发展中的地位和影响力也因此受到愈益严峻的挑战。

有学者认为，当代中国与传统中国相比，一个根本的不同就在于：中国传统文化所表征的单线性时代精神遭到西方文化体系的全面冲击，使得中国文化在传统与现代、东方与西方、现代与后现代之间面临着总体危机。但我们也应该认识到，今天的中国与20世纪90年代的中国相比，最大的不同就在于：诸多的文化生活方式不仅遭到了西方文化体系的冲击，而且也遭到了之前社会转型结果的冲击，并且冲击的方式也由严肃的观念消解向裸露的利益驱动（表现为文化产业的繁荣）转变。文化产业的市场逻辑不仅改变了原先文化对人本身的关注方式，呈现出"泛娱乐化"的倾向，而且使主流价值在发挥现实影响过程当中出现的话语陈旧、内容教条、形式单调等问题不断凸显，主流价值观不断弱化。

一方面，文化产业的过度商业化导致主流价值观不断弱化。当代文化产业的发展不仅创造了巨大的经济效益，也构筑了一系列的科技神话、现代化神话、市场神话。如果说，20 世纪的传统与现代、东方与西方、新与旧的价值观是以冲突和新颖的方式凸显，那么在文化产业的繁荣中，这些冲突早已通过市场逻辑的方式而获得"和谐"的重构。"在这里，一切公众话语都日渐以娱乐的方式出现，并成为一种文化精神。我们的政治、宗教、新闻、体育和商业都心甘情愿地成为娱乐的附庸，毫无怨言，甚至无声无息"[①]。在现实生活中，我们能够深切地感受到如下的事实：大量的影视作品以更为逼真的人性和艺术形象为名充斥着情色、暴力；火爆的影视院校招生、频繁的选秀也因舞台上的炫目感和成就感成功地吸引不同年龄的人对此趋之若鹜；网络红人"芙蓉姐姐"、"菊花姐姐"、小月月等人更是将扭曲的审美观进行放大处理……而这无不反映出当代我国公民"理性文明"的缺失以及广泛存在的文化浮躁，社会伦理、家庭伦理、是非观、集体观念正在被"票房才是硬道理"的资本逻辑所改写和重构，审丑标准将"耻感文化"逼至毫无底线可言，恶搞、反英雄、物欲正被合法化。这种"泛娱乐化"现象导致的结果包括两个方面：一是公众对于政治漠不关心。公众长期"浸泡"在缺乏"公共性"的、低级趣味的娱乐节目中，他们不仅失去了关心公共问题的兴致，也失去了是非判断的能力。二是文化产品的制造者与传播者在经济利润和大众娱乐需求的诱惑下乐此不疲地经营着"次级文化产品"。媒体、文化公司等文化产品的制造、传播领域也在不断地助推着公众浸泡娱乐节目的习惯，不仅利用文化资本大量制作、"炒作"这类的文化产品，而且以这类的文化产品控制和主导着公众的舆

论以及公众关心的公共论题。在此之下，作为公众文化审美标准的"喜闻乐见"纷纷以过度的商业化、市场化形式表现出来。一直以来我们对于文化的要求都是"寓教于乐"，以浅显易懂的文艺娱乐方式完成主流意识形态的教化要求。在某种意义上，"乐"是在对"教"的依附中获得存在合法性的。但是自文化产业的经济效益不断凸显以后，"乐"不仅颠覆了对"教"的依附而取得了独立的地位和合法性，还使"教"逐渐丧失了对自身生存方式和价值存在自我解释的能力。在经济活动的伴生下，文化产品的娱乐化正在"有意识"地驱退主流价值的作用空间，主流价值教化的正当性以及主流价值自身也不断地被边缘化。

另一方面，今天的文化产品在话语表达方式上难以适应人们对文化的多样性需求。我国主流价值的话语体系一直带有僵化的意识形态特征，即在文化产品的表达上往往自觉地或是不自觉地延续着某种集体主义的主题：始终把作为正面价值的"集体"与作为负面价值的"个人"抽象地对立起来，以革命情感认同支撑着政党认同和主流意识形态认同。这就使得我们的主流价值传播往往缺乏现实关怀和对人性的关照。在文化"雅""俗"的选择上多数人还是希望能够在"消遣娱乐、放松心情"的同时实现"增长知识、提高修养"的满足，并对主流价值文化以及在主流价值发挥对文化产业的引导方面充满着期待。但当前主流价值对文化产业宏观性、原则性的强调和指导，文艺作品中的"高大全"形象并不能满足人们的这种期待，致使主流价值常常陷于"缺乏现实关怀"、"该管的不管"的"失语"境地。无疑，在对文化产品的价值引导上，文化管理机构应该发挥积极作用，但运用简单的"禁播"、"封杀"等权力和行政手段来捍卫主流价值在文化产业中的严肃性、权威性和纯洁性，却对"为什么禁播"、"禁播以后如何替代"等问题缺乏合理的解释和科学详实的论证，其结果往往是更加固化人们对主流价值过时僵化的认识，从而使得人们也因此缺乏对主流价值的认同。

面对这样的文化发展困境，增强文化产业发展的责任意识就显得尤为重要了。主流价值作为一种观念形态，它对文化产业发展的责任主要体现于两个方面：一是在尊重市场规律和社会规律的基础之上，通过政府、公众等多力量的共同参与来实现引导文化产品的创作者、传播者、市场经营主体的目的，使其自觉、自信地创作、传播出这样的文化产品：既能满足人民群众多样的精神文化需求，又能体现当代中国的时代和民族精神；既能以社会效益和经济效益的实现促进社会主义的精神文明和物质文明建设，又能鼓舞人民群众自觉地参与建构富有广泛影响力的主流文化和中华文化。二是通过文化产业的发展提升主流意识形态自身建设的能力。使其一方面能够以积极作为的方式确保文化产业中政治制度、核心价值、文化利益等的首要前置，加强主流意识形态在文化产业方面的指导权、主动权、话语权以及行动的服务监督，尤其需要增强主流意识形态应对文化失范以及各种意识形态冲击的抵制能力。另一方面能够真正理解人民群众多样的精神文化需求，在文化产业这一具体背景之下对意识形态的自律做出探究，以防止因主流意识形态的过分渗透而造成对文化产业的伤害。

（四）和谐社会的建构与主流价值的认同

当前，主流价值的认同除了诉诸政治认同、情感认同以及增强价值传播的责任意识之外，还需要营造一个和谐的社会环境。党的十六届六中全会提出：社会公平正义是社会和谐的基本条件，制度是社会公平正义的根本保证。必须加紧建设对保障社会公平正义具有重大作用的制度，保障人民在政治、经济、文化、社会等方面的权利和利益，引导公民依法行使权利、履行义务。因此，构建公平正义的社会制度是促进主流价值认同的必不可少的条件。社会公正的制度性建设包含两层意思：其一要实现制度的公正，即应当使制度本身具有公正性；其二要使公正制度化，即把公正的理念与要求具体化为制度，唯有制度化了的公正才是具有真实客观性的公正。具体而言，当前要保障社会公正，促进主流价值的认同，需要在政治、经济、法律及教育制度建设中体现社会公正。

一是在政治制度建设中体现社会公正，从政治平等上增强群众对主流价值的认同度。在现代社会中，民主政治成为国家政治制度的核心，加强政治制度建设，最重要的就是发展民主政治，通过民主政治建设，提高社会公正的程度。首先，必须坚持依法治国。法治是实现民主的有效途径，依法治国是实现民主和保证民主的关键。通过依法治国，逐步实现民主的制度化、法律化和有序化，有利于推进民主政治，同时也抓住了加强政治制度建设、实现社会公正的关键环节。其次，必须建立一套制约权力过分集中的政治制度。权力过分集中，就不能形成有效的监督约束机制，致使腐败蔓延而又得不到遏制，就会严重损害社会公正，引起广大群众的不满，影响社会的安定。因此，通过建立有效的权力监督制约机制，切实解决权力过分集中的问题，是创造公正社会环境的重要途径。

二是在经济制度建设中体现社会公正，从经济平等上增强群众对主流价值的认同度。一个国家的经济制度涉及经济生活的方方面面，直接影响到民众的切身经济利益。如何在经济制度的完善过程中不断提高制度设计的公平性、公正性，将是执政者必须考虑的一个重要问题。加强经济制度建设，其目标有以下两方面："第一，给人民提供充足的收入或生计，或者更确切地说，使人民能给自己提供这样的收入或生计；第二，给国家或社会提供充分的收入，使公务得以进行。总之，其目的在于富国裕民。"①这两个目标的实现可以建立起广泛的社会认同的经济基础。但强大物质基础并不一定会带来社会的团结，只有每个社会成员感觉到自己获得了公平的份额时，人们才会认同这个社会的价值标准，社会才可能呈现和谐的局面。为此，我们在经济制度建设方面应做到：首先，完善收入分配政策和制度，形成合理的分配格局。通过运用税收、金融、行政等调节干预手段，保护合法收入，整顿不合理收入，调节过高收入，取缔非法收入，使地区之间、城乡之间、阶层之间、行业之间的收入差距趋向合理。通过理顺和规范分配秩序，形成与之相适应的合理的分配格局，即形成以中等收入人群为主体的"两头小，中间大"的橄榄型的分配格局。其次，加快建立和完善与经济发展水平相适应的社会保障体系，确保每一个人都能有一个合理的生活水平。其中，我们尤其要注意的是城乡二元社会保障体系造

---

① ［英］亚当·斯密：《国民财富的性质和原因研究》（下卷），商务印书馆 1974 年版，第 1 页。

成了社会保障制度不公平的格局，弱化了社会保障的公平性原则。所以，当前还需要积极探索在中国最广大的农村建立养老保险、医疗保险、最低生活保障等社会保障制度，最终形成覆盖面广、运行有效的社会保障体系。

三是在法律制度建设中体现社会公正，从司法公正上增强群众对主流价值的认同度。一个国家的法律制度是一个社会基本价值的集中体现，从某种程度上讲，对主流价值的认同就集中体现在对法律制度的认同上。法律的公正则是社会公正的最后一道防线。只有具备完善的法律体系，社会生活的各个方面才有章可循、有法可依，人们对社会公正的评判才有标尺，同各种不公正现象作斗争才能拥有法律武器，社会弱势群体的利益才能得到有效保护，从而才能为社会和谐的实现提供坚实的法制基础。就实现法律公正而言，现阶段我国在立法上已经制定了大量的法律法规，形成了以宪法为核心的较为完备的法律体系。目前亟须解决的是执法领域即司法领域的问题。要确保法律公正，最根本的是要加强司法建设，严格依法办案，严格遵守法律程序，全面提高司法工作人员的综合素质。此外，还应当在司法实践中，不断完善独立的律师辩护制度、法庭回避制度、人民陪审员制度等。

四是在保障教育公平的政策和机制建设中体现社会公正，从教育公平上增强群众对主流价值的认同度。教育公平是实现社会公正最基本的前提，也是衡量社会文明程度的重要指标。但是，在我国现阶段，教育不公问题日益凸显，在城乡之间、区域之间及不同群体之间，受教育的机会差异很大，教育正在成为扩大社会不公的加速器，严重影响了人们对国家政权的认同与支持。近年媒体报道的某中学"三无学生滚蛋"的言论可以说是一个近些年来我国教育缺乏公正的极端事例。对此，我们必须高度重视并采取有效措施予以解决。具体说来，为了更好地促进教育公正，政府必须加大对教育的投入和对农村教育的支持，建立有效的教育资助体系；完善国家资助贫困学生的政策和制度；消除身份地域歧视，确保每一个孩子入学的门槛一样高，体现分数面前考生人人平等的原则，确保接受高等教育的机会公平；坚决制止借口所谓"教育产业化"而乱收费的腐败现象；

必须深化教育改革，优化教育结构，合理配置教育资源，提高教育质量和管理水平，满足广大人民对文化教育的需求，等等。这些措施都将有效地促进教育公平，保证社会成员享有平等的受教育权利，真正发挥教育的先导性、基础性和全局性作用，从而切实维护社会公正，促进群众对主流价值的认同。

报告七

思想政治教育与我国主流价值文化的构建

姚才刚

教育是立国之本，主流价值文化的贯彻落实也有赖于教育，而思想政治教育尤其应贯穿于主流价值文化构建过程的始终。思想政治教育与我国主流价值文化的构建之间是什么关系？如何创新思想政治教育，进而推动我国主流价值文化从理论形态向实践形态转化？这是需要我们深入探讨的一个重大理论与实践问题。

一、思想政治教育对于构建我国主流价值文化的作用

所谓思想政治教育是指"一定阶级或政治集团为了实现其政治目标和任务，运用意识形态的教育理论，对受教育者施加的一种有目的、有组织的社会教育活动"[①]。我国的思想政治教育是以马克思主义为理论基础的，

[①] 荆兆勋等：《思想政治教育的学科定位及建设思路研究》，山东人民出版社 2011 年版，第 8 页。

同时吸纳了政治学、教育学、伦理学、心理学、社会学等学科的理论和方法。思想政治教育具有较强的导向功能、保证功能与育人功能，对我国主流价值文化的构建起着十分重要的作用。

（一）两者之间的一致性

思想政治教育与构建主流价值文化之间具有十分密切的关系。就当代中国而言，两者至少存在以下两方面的一致性：

一是内容上的一致性。我国主流价值文化即是中国特色社会主义价值文化，其核心在于体现社会主义核心价值观的社会主义核心价值体系。因此，构建我国主流价值文化的关键在于建设社会主义核心价值体系[①]。思想政治教育所涉及的内容则较广，在不同历史时期，其具体内容也会有所变化与调整。从当前来看，马克思主义中国化的最新理论成果，如中国特色社会主义理论体系、社会主义和谐社会理论、社会主义核心价值体系、社会主义新农村建设理论、党的先进性建设理论等都可被纳入到思想政治教育的范围之内；另外，人的理想信念问题、"三观"问题（世界观、人生观、价值观）、"三个主义"（爱国主义、集体主义、社会主义）、"三德"问题（社会公德、职业道德、家庭美德）等也是当前思想政治教育所要探讨的问题。这些问题尽管数十年一直被学者及思想政治教育工作者们反复讨论、宣讲，但它们并没有过时，时至今日也未能完全解决好，因而仍然属于当前思想政治教育的重要内容。从这个角度来看，思想政治教育所涉及的内容远比主流价值文化宽泛，主流价值文化本身也是思想政治教育的内容之一。主流价值文化在外延上尽管无法与思想政治教育比肩，但也不可对其作过于狭义的理解。毫无疑问，我们可从价值论、伦理学、文化学等层面来把握主流价值文化的内涵；除此之外，主流价值文化也与马克思主义理论、政治学、社会学、哲学、历史学、心理学等学科息息相关，构建主流价值文化，需要借鉴这些不同学科的理论与方法。可见，思想政治

---

① 江畅：《我国主流价值文化构建的三个问题》，《光明日报》（理论版）2012 年 6 月 21 日。

教育与主流价值文化都具有很强的综合性，而不是一两个学科所能囊括的。同时，两者也都具有很强的应用性、实践性。

思想政治教育与构建主流价值文化在内容上的一致性尤其表现于价值观、价值体系方面，价值观、价值体系是思想政治教育与构建主流价值文化得以融通的一个中介。所谓价值观就是"人们在实践中形成的关于价值和价值关系的根本观点、根本看法和根本态度。具体地说，价值观是人们心目中关于某类事物的价值的基本看法、总的观念，是人们对该类事物的价值取舍模式和指导主体行为的价值追求模式"。所谓价值体系是指"由相互联系的价值观念、价值实践、价值目标、价值实现条件、价值制度等要素共同组成的一个有机联系的系统"。与价值体系密切相关的另外一个概念是核心价值体系，核心价值体系是指"在一个社会的多样价值体系中，居于主导、支配地位，反映现实生活和社会发展内在要求以及统治阶级根本利益的基本价值体系"①。不同的国家或地区、不同的社会制度具有不同的价值观，也具有不同的核心价值体系。核心价值体系不仅作用于经济、政治、文化和社会生活的各个方面，而且对每个社会成员的世界观、人生观、价值观都施加着深刻的影响。我国是社会主义国家，我国的核心价值体系自然是体现社会主义核心价值观的社会主义核心价值体系。

社会主义核心价值观是社会主义核心价值体系的灵魂，是其中最基础、最核心的部分。若进一步用简洁、凝练的语言来加以概括，社会主义核心价值观则可表述为幸福、富裕、和谐、公正、法治、民主、自由、责任、德性、智慧和优雅。同时，社会主义核心价值观又是我国主流价值文化的深层结构。因而，社会主义核心价值观、社会主义核心价值体系与我国主流价值文化是三个密切相关的概念。我们甚至可以说，我国主流价值文化是社会主义核心价值观或社会主义核心价值体系的另外一种表达方式。而当前我国思想政治教育的一项重要工作恰好也是围绕社会主义核心价值观、社会主义核心价值体系的理论阐释与贯彻落实而展开的。社会主

---

① 吕振宇主编：《社会主义核心价值体系》，山东人民出版社 2009 年版，第 12—21 页。

义核心价值观、社会主义核心价值体系丰富了当前我国思想政治教育的内容，亦是创新思想政治教育的重要理论依据之一。当代中国的思想政治教育工作需要进一步强化用马克思主义的指导思想引导社会成员坚定政治方向，用中国特色社会主义共同理想引导社会成员树立正确的人生信念，用民族精神引导社会成员培育社会责任感，用时代精神引导社会成员培育创新能力，用社会主义荣辱观引导社会成员塑造良好的道德品质，同时引导社会成员确立"幸福、富裕、和谐、公正、法治、民主、自由、责任、德性、智慧、优雅"等社会主义核心价值观。可以说，当代思想政治教育已深度融合了社会主义核心价值观、社会主义核心价值体系等元素。

二是目标上的一致性。构建我国主流价值文化的目标可分为两个层面：首先，从国家和社会的层面来说，构建我国主流价值文化的目标在于促进中国特色社会主义文化的自觉和自信，推动中国特色社会主义文化大发展大繁荣，尤其要致力于在全社会确立社会主义核心价值观和核心价值体系；其次，从社会成员个体的层面来说，构建我国主流价值文化的目标则是促使每个社会成员形成健全、合理的思想价值观念，注重德性养成，进而拥有幸福的、有尊严的人生。

思想政治教育的内容具有多层次性，因而其目标也不是单一的。思想政治教育的根本目标是要培养具有一定思想政治觉悟和道德素养、符合统治阶级要求的人。在这一根本目标的指引下，思想政治教育是一个动态的持续的过程，这一过程又涵盖了一系列更为具体的目标，如思想教育目标、政治教育目标、道德教育目标、心理健康教育目标，等等。具体来说，现代社会思想教育的目标是立足于对主观世界的改造，促进人的正确思想观念的形成和发展，解决现代人的思想观点和立场上的种种问题，从而树立正确的世界观、人生观、价值观，促进人的自我和谐、人际关系的和谐、社会的和谐，推动社会的发展。政治教育的目标是通过提高受教育者政治认识、培养政治情感、锻炼政治意志，使受教育者具备正确的政治立场和政治观点，确立坚定的政治信念，有较高的政治觉悟，从而最终养成良好的政治行为。道德教育的目标是通过提高社会成员的道德认识，培养其道德情感、道德信念，从而养成良好的道德行为。心理健康教育的目标是对人的心理进行教育与引导，使其认知、情感、态度等发生变化，解决其心理问题，消除心理困惑，提高心理素质，塑造健康人格①。

　　思想政治教育的目标也与一定时期的意识形态及社会发展目标密切相关。就当代中国而言，思想政治教育的目标应紧密围绕如何贯彻落实社会主义核心价值观及核心价值体系来制定。因而，当前思想政治教育最重要的目标与任务即是用马克思主义中国化的最新理论成果武装全党、教育人民，从而引导更多的党员干部及社会成员真正信仰马克思主义；用中国特色社会主义共同理想凝聚力量，从而增强社会成员对我国改革开放和社会主义现代化建设的信心，增强对党和政府的信任，同时促使社会成员将共同理想和个人理想紧密结合，自觉投身于中国特色社会主义建设的伟大事业之中；用以爱国主义为核心的民族精神和以改革创新为核心的时代精神激发社会成员的爱国情怀与创造活力，从而鼓舞社会成员的斗志，提升社会成员的民族自尊心、自信心和自豪感，增强使命感和创新意识，为把我国建设成为创新型国家、为实现中华民族的伟大复兴而共同奋斗；用社会主义荣辱观引领风尚，从而使社会成员形成正确的荣辱观念，并自觉践行社会主义荣辱观。思想政治教育除了注重体现国家意志、强调政治与道德的教化之外，也十分关注社会成员个体的生存状态、生存意义与价值，把社会成员个体获得幸福、尊严与独立人格视为自己的目标之一。由此可见，思想政治教育与构建我国主流价值文化在目标上具有一致性。

　　当然，思想政治教育与主流价值文化之间毕竟是两个不同的概念。思想政治教育既是人类的一项教育实践活动，又是一个发展较为成熟的学科门类，从事与此相关的教学、研究或实际工作的人数较多，成果丰富，且广为人知。主流价值文化则是与核心价值观、核心价值体系密切相关的一个概念。每个文化体系的灵魂、精髓即是其价值观，其深层结构则是它的价值体系，而价值体系是价值观的具体化。价值观和价值体系一起构成了一种文化的价值层面，体现核心价值观及核心价值体系的文化即是主流价

---

① 参见赫文清主编：《现代思想政治教育学》，合肥工业大学出版社 2008 年版，第 234—244 页。

值文化。一种价值文化要成为主流的价值文化有两个条件：其一，一个社会必须是价值多元化的，或者说，社会管理者允许多种价值文化存在。如果一个社会价值文化是一统的，不允许所推行的价值文化以外的价值文化存在和流行，那么，这个社会就不存在主流、非主流价值文化的问题，因为它只有一种推行的价值文化流行。其二，在多种价值文化中，有一种价值文化真正能起主导作用，其他价值文化不与之相对立、相抗衡，相反与之共存共荣，并且接受它的引领和指导。否则，即使有多种价值文化流行，也没有一种主流价值文化，我国春秋战国时期的情形就是如此[1]。需要说明的是，核心价值观及核心价值体系常为学者们所提及，但"主流价值文化"的概念尚较少见诸学术期刊或媒体[2]。2011 年，江畅教授申报的国家社会科学基金重大项目"构建我国主流价值文化研究"获准立项，自此以后，以江畅教授为首席专家的科研团队投入到有关我国主流价值文化的研究之中，研究成果被陆续推出，主流价值文化的概念也渐渐进入学者、党政官员以及广大社会成员的视野之中。

（二）思想政治教育应有的作用

无论是在革命战争年代还是和平建设时期，思想政治教育一直被我们党视为一切工作的"生命线"，是社会主义国家的政治优势。当前我国主流价值文化的构建、传播与普及仍然离不开这条"生命线"。主流价值文化可被视为思想政治教育的内容之一，而思想政治教育乃是主流价值文化得以现实化的一种重要方式，是促进主流价值文化从理论形态向实践形态转化不可缺少的一个环节。

主流价值文化是一种理论形态，要使这种理论转化为社会成员内心的

---

① 参见江畅：《我国主流价值文化构建的三个问题》，《光明日报》（理论版）2012 年 6 月 21 日。

② 学者们也论及"主导价值观"等概念，如陈章龙发表的《论主导价值观》（江苏人民出版社 2006 年版）、刘小新等发表的《当代大学生主导价值观研究》（首都师范大学出版社 2005 年版）。"主导价值观"与"主流价值文化"这两个概念有一定的相似之处。

理念，进而将其付诸实践，则有赖于教育。在诸多类型的教育中，思想政治教育侧重于提高社会成员的思想政治觉悟、提升社会成员的道德品行以及引导社会成员确立合理的价值观念，它专门探讨、宣扬人的世界观、人生观、价值观、道德观、政治观、法纪观等问题。主流价值文化也是当前我国思想政治教育的重要内容或主题之一。无论是对马克思主义指导思想地位的坚持与巩固，对中国特色社会主义共同理想的维系与坚守，还是对民族精神和时代精神的弘扬和培育，对社会主义荣辱观的自觉践行以及对幸福、富裕、和谐、公正、法治、民主、自由、责任、德性、智慧、优雅等中国特色社会主义核心价值理念的信奉与持守，都需要坚持不懈地开展思想政治教育工作。

值得思考的是能否通过思想政治课堂教学的方式将主流价值文化内化为社会成员的信念，并转化为社会成员的行为呢？依我们的看法，未必能够。社会成员在接受相关的教育之后，还须进行自我反思，参加社会实践活动，在此基础之上方能获得对主流价值文化的真切体认，进而"入脑"、"入心"，并贯彻落实于具体的行为之中。但是，思想政治教育对主流价值文化的普及并不是无所作为的，而是能够发挥积极的、正面的作用。在课堂教学中，教育者至少可从学理层面向受教育者阐释主流价值文化或中国特色社会主义核心价值理念的内涵、意义以及其他相关的理论问题，这将十分有益于受教育者认同并践行当代中国的主流价值文化或核心价值理念。

江畅教授在剖析"德性是否可教"的问题时指出：德性不是知识，不能够通过学习理解掌握；德性也不是能力，不能通过教育直接培养。德性是品质，需要长期的实践才能形成。但教育者却可以通过有关德性知识的传播，使受教育者了解德性的实质、要求、意义以及德性形成的规律等，从而促使他们德性意识的觉醒，并有意识地自觉进行德性修养。德性教育不只是知识的传授，还应该包括日常的德性教育，这种德性可以产生德行并可能形成德性。父母经常告诫自己的孩子要诚实，不要撒谎，这也是德性教育。这种教育也会通过影响孩子的行为而使孩子逐渐形成相应的德性。人的许多具体的德性都是在父母、教师或其他人教育下逐渐形成的，特别是那些我们称为自发德性的那些德性，不仅是个人自发地在环境的影响下形成的，同时也是在他人教育下形成的。离开了他人的日常教育，单靠环境的影响，人们很难形成各种具体的德性。当然，完整的德性需要通过修养才能获得，而不能仅通过教育获得，教育在这里的作用是为修养提供知识的准备①。江畅教授所得出来的结论同样也适用于主流价值文化的传播与普及问题，从而印证了我们上面的看法。也就是说，作为知识或理论形态的主流价值文化是可教的，而受教育者内心能否真正接受主流价值文化则是另外一码事，显得较为复杂。为了进一步澄清这个问题，我们有必要介绍思想政治教育中的接受理论。

"接受"一词具有认可、接纳、承受、验收等意，思想政治教育接受则特指发生在思想政治教育领域内的接受活动，它是受教育者对教育者所传递的思想文化信息进行反映与择取、整合与内化、外化与践行的连续的、完整的、能动的活动过程。20世纪90年代以来，国内一些学者开始研究思想政治教育领域的接受问题，并在实践中将其加以推广应用，从而纠正了以前思想政治教育重视"灌输"而轻视"接受"、重视教育者的主导性而轻视受教育者主体性的偏颇。思想政治教育接受从本质上说，是受教育者出于提高自身思想道德素质、更好地适应社会、追求更高社会价值和人生境界的需要，而对思想政治教育的内容、观点进行判断、选择和接受的过程。接受效果的优劣则取决于多种因素，如教育者、受教育者、教育内容与方法、接受环境及载体形式等因素均会影响到思想政治教育接受的效率。这里试举数例。其一，教育者作为思想政治教育活动的主导者、设计者和实施者，其理论水平、知识结构、业务素质、思想修养、人格魅力对思想政治教育的接受具有十分重要的影响。可以说，受教育者往往先接受教育者，然后才接受他们所传授的教育内容，教育者的人格形象、感召力、亲和力、责任心等均影响到受教育者对教育内容的认可度。其二，受教育者的需要、动机、兴趣、情感、意志及其已有的思想基础、道德觉悟、思维方式、接受能力、社会阅历等也影响着接受活动的开展，影响着

---

① 参见江畅：《德性论》，人民出版社2011年版，第603—604页。

其所能接受的深度和广宽。其三，教育内容本身的价值、可信度、新颖性等亦直接影响到受教者的接受态度。其他方面的影响因素不再逐一列举。思想政治教育接受的最终目的则是促使受教育者形成一定的世界观、人生观和价值观，确立某种理想和信念①。

借鉴、运用思想政治教育的接受理论，将会有助于引导越来越多的社会成员认同、践行主流价值文化，进而促进主流价值文化从理论形态向实践形态转化。一方面，应积极推动主流价值文化进教材、进课堂，以便使其成为各级各类教育机构思想政治教学课程的重要内容，并着力提高教育者自身的素质；另一方面，要充分尊重受教育者的接受意向、接受态度及接受能力，调动社会成员自身的主体性与主体能力，以便尽可能地将主流价值文化内化为社会成员的坚不可摧的信念。内化不同于服从或同化。单纯的表面服从行为可能不是出于个体的真实意愿，而往往是外在压力造成的。同化是指个体长期在特定环境的熏陶下，逐渐自愿接受他人或群体共有的观点、意见，使自己逐渐与他人或群体的要求相一致。服从、同化不是真正的接受。内化在境界上则高于服从、同化。所谓内化，是指把客观的、外部的东西通过主体的建构，转化为个体精神财富的过程。只有到了内化阶段，个体才会从内心深处相信并接受他人或群体的观点，使这些观点纳入到自己的价值观念或信念之中，进而将自身内化形成的信念逐步外化于行为之中，指导自己的实践。社会成员经过多次反复的学习、反思与实践，才能形成与主流价值文化要求相应的行为习惯，并通过联动性扩展到其他社会群体中，推动主流价值文化成为大多数社会成员一致的价值追求，成为社会成员共同的精神力量②。也只有这样，思想政治教育才能避免出现低效、无效的现象，才能最大限度地发挥其在主流价值文化构建、传播与普及中的作用。当然，主流价值文化的构建对思想政治教育也有非同寻常的意义，它保证了思想政治教育的正确方向，丰富了思想政治教育

① 参见王勤：《思想政治教育学新论》，浙江大学出版社2004年版，第273—289页。
② 参见杨晓慧：《社会主义核心价值体系融入大学生思想政治教育全过程的基本问题研究》，人民出版社2011年版，第94—97页。

的内容，且有利于思想政治教育在当代的创造性发展。

二、我国思想政治教育存在的主要问题与面临的挑战

（一）"人学空场"

思想政治教育的研究对象既然是人，那么也应该以人为中心而展开。可是，在实际的思想政治教育过程中，人却被疏忽了，甚至出现"人学空场"的现象。这里所谓的"人学空场"，是指思想政治教育过程中无视人的存在的做法或现象，它虽然不具有普遍性，但其危害不可小觑。"人学空场"的具体表现是：在功能上，仅把思想政治教育看作是实现社会目标的工具的活动，而不是将其视为培养全面发展之人的活动。如此一来，受教育者便被置于手段、工具的地位，其成为什么样的"材"，完全取决于外在的社会的需要。受教育者被看作是盛装思想政治教育内容的"袋子"、"容器"、"洞穴"等客体，而不是活生生的、有思想、有感情的人，否认了受教育者是思想政治教育的主体。在思想政治教育目标上，培养的是失去主体性的、被动地遵守社会道德规范的人。在思想政治教育内容上，不是按照受教育者的需要、思想发展的特点与规律选择和安排内容，而是脱离了受教育者的现实生活，进而按照学科的逻辑来选择、组织思想政治教育的内容。在思想政治教育的评价上，评价内容脱离受教育者的实际状况，偏重于受教育者对相关客观知识的理解和掌握情况的评价。在思想政治教育的管理上，采用标准化、规范化的管理模式，受教育者所具有的特质不被尊重。总之，思想政治教育中的这种"无人化"的做法泯灭了受教育者的尊严和自由，扼杀了受教育者的学习积极性，这使得思想政治教育缺乏吸引力和感染力，最终导致了思想政治教育的低效或无效[1]。

---

[1]　参见范树成：《当代学校德育范式转换与走向研究》，人民出版社 2011 年版，第 311—312 页。

　　思想政治教育需要"把人当人看"，教育者与受教育者双方都应如此。每人既应把自己当人看，也把他人当人看。因为，每人都是一个独立自主的个体，有独立的思考能力，有自主的决定能力，有思想与行为的自由。每人都有权由自己的意志和思想出发来决定自己的行为，当然，权利与责任是密不可分的，人应对自己的行为负责。教育者在对受教育者加以正确引导的前提下，也应尊重受教育者思想的自由、意志的自由和情感的自由①。尊重受教育者的思想自由，受教育者才能作出独立的思考与探索，教育者与受教育者双方才可能有真正的交流互动；尊重受教育者的意志自由，受教育者才有可能心悦诚服地接受教育者传授的内容，并将其转化为内心的信念；尊重受教育者的情感自由，教育者与受教育者之间才能产生真切的情感共鸣，在此基础上，才能增强思想政治教育的实效。

　　思想政治教育究其实质是人的价值的自我追寻，它不能异化为舍弃了人性内涵的空洞说教，不能以牺牲人的个性、人的独立性、人的主体精神为代价。中国传统上固然有像孟子这样极力倡导独立人格的思想家，但从整体上看，自主意识和独立人格问题在中国文化脉络里并未受到足够的重视，服从意识和整体观念则得到过分的渲染，这是我们文化传统里的一个不足之处，今日应当克服此种弊端。当代思想政治教育应当以马克思主义人学思想为指导，充分尊重人的价值、人的独立性以及人的全面发展，从而使思想政治教育中的"人学空场"转变为"人学在场"。当然，我们在构建人的自主意识，培养人的独立人格的同时，又不能诱发人们对名利的过分追逐，更不可陷入极端个人主义的价值观误区之中，这是需要加以防范和警惕的地方。

（二）与受教育者的生活世界疏离

　　"生活世界"是颇受目前学界重视的一个概念。此概念也有助于我们反思当前思想政治教育的弊端，有助于推进思想政治教育在当代的合理

---

① 　参见许苏民：《人文精神论纲》，《学习与探索》1995 年第 5 期。

转向。

生活世界是德国哲学家胡塞尔提出的一个概念，它具有以下方面的内涵：其一，生活世界是一个"前……"的世界。相对于科学，它是一个"前科学"的世界，是一切科学理论和科学知识的前提；相对于理论，它是一个"前理论"的世界；相对于实践，它是一个"前实践"的世界。生活世界对于各种派生的和分化的世界具有优先的和第一性的地位，是这些世界的"基础设施"和"下层建筑"。其二，生活世界是一个作为"基地和边域"的世界，是现实具体的周围世界，是我们生活于其中的真正的实在。其三，生活世界是一个直观的经验世界，是一个与我们的直观视阈有关的世界。这种直观的经验世界与其他非直观、非经验的世界相比具有优先性。每一种特殊的世界，不管是科学的、理论的还是实践的，都必然以"原初的"经验世界和直观世界为基础和发源地。其四，生活世界是一个主观的、相对的世界。生活世界随着自我主观视阈的变化而不断改变。对于同样的一个"现实具体的周围世界"，每个人所感受到的内容并不一样。一样的生活世界，在不同人眼中具有不同的意义。其五，生活世界是一个总体的世界，是一个由所有被认为是理所当然的东西所组成的囊括万有的整体世界。在胡塞尔看来，生活世界不是由某一个或某一些方面的原初经验所组成的，它是我们所生活的世界之中所有被认为是理所当然的东西的总和①。胡塞尔倡导的生活世界理论对 20 世纪西方哲学产生了深远的影响，海德格尔、哈贝马斯等哲学家在胡塞尔的启发之下，又分别从不同的视角对生活世界理论作了新的阐发。胡塞尔等西方哲学家的相关论说对我们的研究不无启示意义，当然，我们需要消解胡塞尔生活世界理论中所蕴涵的先验意识的内涵，而代之以马克思的日常感性活动。

思想政治教育也应开启一个活生生的生活世界。空洞的理论说教不能完全取代生活世界中的亲历、亲为，恰恰相反，教育者与受教育者双方都应置身于某个特定的生活世界的场景之中，进行对话与沟通，开展思想与心灵的碰撞、交流，用交互主体观统摄思想政治教育的过程，最终达到教

---

① 参见舒红跃：《技术与生活世界》，中国社会科学出版社 2006 年版，第 53—57 页。

育者与受教育者双方的"视阈融合"，从而增强思想政治教育的针对性。

可是，现实思想政治教育却未能与人的生活世界有机融合，具有一种疏离感。这突出表现在思想政治教育没有贴近受教育者的实际生活，知识化、概念化、抽象化、口号化的倾向愈来愈严重。思想政治教育的确需要有一个系统的、严谨的专业理论知识传授的体系或模式，这样既可避免在教育过程中的随意性，也保持了思想政治教育学科的相对稳定性与可持续发展。不过，凡事有一利则必有一弊。思想政治教育一旦成为一个"专业"或一门"学科"之后，便面临着与其他专业、学科一样的命运，即教育课程化、课程知识化、教学灌输化。教育者会按照已有的专业培养方案及教学大纲将现成的知识传授给受教育者，受教育者则按部就班地听着课、记着笔记、背着笔记与教材、应付着考试。如此教法与如此学法都不可能取得良好的效果。

思想政治教育不同于一般知识和技能的学习，但"在科学主义及科学教育的强大压力之下，必须遵循新的'游戏规则'，即必须按照知识教育的方法进行，否则就是不科学的，就会有生存之虞"[1]。如此一来，思想政治教育也采取知识化的课程形态，将教育内容按照一定的逻辑顺序编排，将需要传授给受教育者的思想道德观念浓缩为若干德目，进而把这些德目作为对象性知识灌输给受教育者。思想政治教育俨然成了无关乎受教育者的生活世界、无关乎受教育者的情感与个性的纯粹客观知识教育。这种知识教育将思想信念、政治觉悟与道德情操等方面的内容看成与科学知识一样，"是外在于人、外在于生活的存在物，是可以像探寻外在的、客观的、对象化的自然知识一样来'研究'和'学习'的"[2]。这样一来，势必会粗暴地将思想政治教育从人的生活世界中剥离出来。

因此，不可单纯将思想政治教育的内容化约为知识，否则便与开设思想政治教育课程的初衷是背道而驰的。

---

[1]　高德胜：《知性德育及其超越——现代德育困境研究》，教育科学出版社 2003 年版，第23 页。
[2]　同上书，第 37 页。

（三）多元价值文化的冲击

我们今天所处的时代是一个文化及价值观逐渐走向多元化的时代，"多元化成为人们必须面对、无法回避、无法否认的客观事实。无论人们是否承认、是否愿意，多元化都无可争辩地呈现在人们面前，成为人们生活、生存、发展的一个必不可少的社会条件，对人们的日常生活、思想观念、行为方式发挥着不以人的意志为转移的深刻、广泛而长久的影响"①。文化及价值观的多元化趋向对当前我国思想政治教育既具有正面效应，也具有负面影响。

文化的存在状态本身就有多样性。文化的主体是人类，其本质即是"人化"。文化是人类在其物质活动与精神活动的各种具体形式中的自我创造、自我生产；是人类为实现自身的本质、满足自身的需要、适应生态环境而创造出来的生活方式的过程和累积下来的物质与精神的成果。从世界范围内来看，不同的国家或地区、不同的民族在自己的文化土壤上创造出了不同的、各具特色的文化系统，如中国文化系统、印度文化系统、阿拉伯文化系统、希腊罗马文化系统等。即使是同一个文化系统，其内部的差别也是很大的。在当代社会，文化多元发展的趋势得到了进一步的强化，以前曾畅行无阻的"西方中心主义"的论调逐渐失去了说服力，原来被认为是落后的文化系统也在争取生存、发展的空间，进而追求一种与其他文化系统进行平等对话的权利。从中国文化的历史发展来看，中国早就有文化多元共存的历史传统，夏、商、周文化不但具有前后相承的关系，而且也具有并行的关系，三种文化之间既有共同点，也有差异之处。春秋战国时期是中国文化发展的一个高峰时期，该时期除了涌现出诸多派别、不同派别之间积极开展学术争鸣之外，还发展出了特色鲜明、异彩纷呈的区域文化，如邹鲁文化、荆楚文化、三晋（韩赵魏）文化、燕齐文化、巴蜀文化、秦陇文化，等等。即使是秦统一中国之后，中国文化仍能够体现出多

---

① 范树成等著：《多元化视阈中的德育改革与创新——德育应对诸领域多元化的对策之专题研究》"前言"，中国社会科学出版社 2010 年版。

层、多元的特质，各民族、各地域的文化既可融合统一，又保持了各自的特点，并非铁板一块。汉民族文化在中国文化系统虽然占据支配地位，但汉民族文化与中国其他少数民族文化之间并没有产生明显的文化冲突，而是形成了不同民族文化相互融和、取长补短的趋势[①]。当今中国文化更是呈现出多元发展的格局：有以马克思主义为指导的中国特色社会主义文化，有通过各种渠道渗透到中国内地的西方文化，有一部分中国传统文化通过改头换面仍然在当代延续……可以说，当代中国是传统文化、现代文化和后现代文化并存，本土文化和外来文化并存，主流文化和非主流文化并存，精英文化和大众文化并存。

价值观是文化的核心部分，与多元文化并存局面相应的是，当前我国在价值观方面也趋向多元化（当然，中国特色社会主义价值观乃是其中的核心价值观）。

多元价值观的形成可以说是内部原因和外部原因共同作用的结果。其内部原因主要有：其一，过去我国实行单一的计划经济，公有制是唯一合法的所有制形式。这种所有制形式决定了利益主体相对比较单一，因此，人们的价值选择和价值取向也比较单一。随着改革开放的深入发展，我国的经济结构发生了重大的变化，比如，实行了以公有制为主体、多种所有制共同发展的多层次的所有制结构；在分配方式上实行按劳分配与按生产要素分配的有机结合，鼓励人们通过诚实劳动和合法经营创造财富。生产资料所有制结构和分配方式的重大变化使生产的组织形式、就业方式、利益关系等方面日趋多样化，进而使利益主体出现了多元化。利益主体的多元化导致了人们从各自的需要出发选择价值目标，这就形成了多元的价值观。其二，市场经济体制引入的效益原则与竞争原则使利益主体的主动性得以彰显，使人们的主体意识得到空前的提升，这就造成了两种结果：市场经济肯定竞争和效益，从而形成了重视效率与创新的现代价值观，造成传统价值观与现代价值观的冲突；同时由于市场经济对主体性的肯定也容易诱发个人主义思想的产生，造成个人价值取向与集体价值取向的冲突。

---

① 参见郭齐勇：《文化学概论》，湖北人民出版社 1990 年版，第 16—18、103—106 页。

市场经济所引发的两种价值取向进一步加深了价值观多元化。其三，随着我国政治体制改革的不断深入，民主和法治观念深入人心，人们对平等和自由表现出更为强烈的追求，人们的主体性地位得到了空前的提升。同时，民主和法治的日益健全也给人们处理人与人、人与社会、人与自然之间的关系提供了更多的手段和尺度，人们在遇到价值选择的问题时不再仅仅诉诸传统的社会道德、价值规范，而是可以通过法律等手段解决问题。这些都是价值观多元化产生的重要原因。价值观多元化形成的外部原因则是经济全球化的影响。我国经济、社会的转型从一开始就与全球化处于同一时期，这使得我国的改革开放自始就处在经济全球化的大背景下。加入世界贸易组织之后，经济全球化对我国的影响更是直接和深入。在经济全球化的影响下，我国与世界的交流变得日益广泛和深入，经济、政治、文化等多领域逐渐由封闭走向开放。经济全球化的一个重要的影响就是导致了各种意识形态和文化背景下的价值观相互碰撞、交融。经济全球化对我国原有的单一的价值观格局造成了不小的冲击。[①] 此外，信息与网络技术的发达对于多元价值观的传播起着明显的推波助澜作用。目前我国网民已达4.2亿，通过网络了解信息、浏览新闻、学习知识、休闲娱乐，已经成为人们丰富文化生活、满足精神文化需求的重要途径。不仅如此，越来越多的人通过网络参与文化建设，借助博客、播客、维客等进行文化创造，广大网民既是网络文化的享受者，又是网络文化的创造者。网络技术在满足人们文化需求、激发人们创造热情的同时，也孕育了具有信息时代特征的文化形态，催生了网络音乐、网络游戏、网络视频、网络文学等新的文化样式。以上这些方面均推动了多元价值观的衍生与传播。

当前，我国多元文化及价值观并存的局面对于思想政治教育是一把"双刃剑"。一方面，它激发了思想政治教育的活力。过去在价值观比较单一的情况下，人们选择价值观的余地较小，教育者往往是从国家政治以及社会职业需求等角度出发来塑造人，思想政治教育差不多变成了为政治、

---

① 参见范树成等：《多元化视阈中的德育改革与创新——德育应对诸领域多元化的对策之专题研究》，中国社会科学出版社2010年版，第154—155页。

经济服务的工具。在这种情况下，思想政治教育常常带有某种强制性的色彩，受教育者的自主性不强，其个体权益亦没有得到有效的维护，思想政治教育之缺乏活力便在所避免了。而到了现在，整个社会变得日益开放和多元，每个人都可以选择自己的生活方式，甚至可以过上很另类的生活，在思想观念和价值取向的选择上也灵活多样，人们具有了很强的自主性，不同的价值观念之间则相互激荡、相互渗透。随着受教者主体意识的增强，思想政治教育的活力也相应地得到提升。

另一方面，我国多元文化及价值观并存的局面又给思想政治教育带来了挑战。文化及价值观趋向多元化，这是我国改革开放和现代化进程中必然会出现的现象。它虽然在一定程度上反映了社会的进步，但同时也引发了人们内心的失衡和焦虑，进而可导致社会层面上的文化及价值观建设的混乱状态。也就是说，当一个人无法进行选择的时候，他可能内心较平静，至少可以保持表面上的平静；可是，当有很多选项可供其选择时，他反而会显得躁动不安、无所适从，或者把握不好自己，作出了错误的价值抉择，进而将错误的价值观念付诸行动，对个人、他人及社会均造成了伤害。多元文化及价值观并存的局面对当前我国的思想政治教育工作带来了挑战，也提出了更高、更新的要求。

当前，我国社会本位及集体主义的价值观正在不断地被弱化，个人本位及功利主义的价值观日渐抬头。有少数人还信奉"人不为己，天诛地灭"的极端个人主义价值观，或者信奉"理想理想有钱就想，前途前途有钱就图"的拜金主义价值观。我国社会道德虽然不能够被描绘成"整体大滑坡"、"世风日下"，但的确存在不少令人忧虑的地方，在物质繁荣的背后潜伏着某种伦理道德的危机。"当代不少社会成员在自己身边砌了一堵'道德围墙'，只遵守'墙内'家庭的、朋友的、单位的、熟人的道德规范，而到了陌生的公共环境中就表现得冷漠无情，对那些应该共同遵守的道德规范视若无睹"[①]。更为可怕的是，在多元文化及价值观并存的环境下，不

---

① 杨翠华：《社会公德领域中的道德"围墙"现象——从女司机的悲剧谈起》，《河北理工大学学报》（社会科学版）2006 年第 4 期。

少人失去了道德评价及价值判断的标准，不知道什么样的行为是好的或不好的，什么样的道德及价值观念是应该加以肯定或拒斥的，以至于是非观念模糊，价值取向扭曲，陷入到道德与价值虚无主义的泥淖之中，甚至连做人的底线道德都守不住。凡此种种，都给当前我国的思想政治教育提出了严峻的挑战。

三、思想政治教育创新的三大途径

思想政治教育的基本原则及方法具有相对的稳定性，但它同时又是一个开放的体系。随着社会环境的变迁，思想政治教育也需要与时俱进，推陈出新。当代中国的思想政治教育创新，就是根据时代发展的需要，按照党和国家的要求，以科学发展观为指导，以社会主义核心价值观或主流价值文化为立足点，以当前社会发展面临的新情况为主轴，以促进社会成员的全面发展为旨归，针对当前思想政治教育中存在的问题而进行的改进和提高[1]。通过创新思想政治教育，进一步推动当前我国主流价值文化的传播与普及。

（一）理念创新

理念是人们对于某一事物或现象的理性认识、理想追求及所持的思想观念或哲学观点[2]。理念往往成为引领人们生产、生活实践和社会变革的核心观念和推动力量，理念的创新则是其他一切创新的基础和前提。为了更好地发挥思想政治教育在我国主流价值文化的构建中的导向、保证和育人功能，首先应该有理念创新。

---

[1] 参见邓卓明主编：《高校思想政治教育创新研究——以构建和谐校园为视角》，人民出版社 2009 年版，第 7 页。

[2] 王东莉：《德育人文关怀论》，中国社会科学出版社 2005 年版，第 173 页。

1. 彰显以人为本的理念

以人为本是科学发展观的核心，也是我国通过思想政治教育构建、传播与普及主流价值文化应遵循的重要理念之一。这里的"人"是指全体社会成员。以人为本即意味着一切依靠人，一切服务于人，一切为了人的发展。它"强调无论办任何事情都要注意关怀人、尊重人、理解人、相信人、依靠人、解放人、发展人、为了人，总之，一切从人出发。关怀人，即把人挂在心上，重视和爱护人，对人有爱心和有深厚、真挚的情感，对人负责，保护人的政治利益。尊重人，即尊重个体生命的独特性，尊重人的尊严、价值、独立人格、需要、兴趣、能力差异、自主性和自由性，尊重人发展的权利。理解人，即在心理上、情感上走进他人的心里，体验他人的感受，设身处地地为他人着想，将心比心，己所不欲，勿施于人，能对人产生移情。相信人和依靠人，即相信人在社会进步和发展中的作用，相信人发展的潜力，把人作为自己发展的主人，作为促进社会发展和进步的主体，靠人自己发展自己，促进社会的进步与发展。解放人和发展人，即改革束缚人发展的体制、机制，不断创新和完善促进人发展的机制和条件，使人的潜能和创造性得到最大限度的发挥，把人过幸福、完满的生活作为追求，以促进人的自由、全面、和谐发展为最终指向。为了人，即把人作为思考问题、办事情的出发点和落脚点。在处理人与自然、人与社会关系时，在坚持人与自然、人与社会和谐的前提下，把人的发展作为终极的目标"①。

以人为本不同于"以 GDP 为本"，它不否认经济发展的极端重要性，主张把谋求社会成员的福祉作为经济发展的出发点和落脚点，"多谋民生之利，多解民生之忧，解决好人民最关心最直接最现实的利益问题"②。以人为本虽然是以绝大多数人的根本利益为本，却又不排斥少数人的合法权益。以人为本的理念虽然已广为人知，但在落实此理念的过程中，难

① 范树成：《当代学校德育范式转换与走向研究》，人民出版社 2011 年版，第 326—327 页。
② 胡锦涛：《坚定不移沿着中国特色社会主义道路前进，为全面建成小康社会而奋斗——在中国共产党第十八次全国代表大会上的报告》，人民出版社 2012 年版。

免会产生一些偏差：有时流于形式，在实施过程中效果不够理想；有时以维护多数人的利益为名而侵犯了少数人的合法权益；部分社会成员的人格尊严、隐私权等未能得到充分、有效的维护，等等。在思想政治教育过程中，以人为本的理念同样未能得到很好的贯彻落实，甚至出现了我们在本书中提到的"人学空场"的现象。

以此之故，教育者应把受教育者作为思想政治教育的出发点和落脚点，把受教育者看作是具有独特的个性、意志和情感的主体，在教育过程中充分考虑受教者的个体感受和需求，通过调动和激发受教育者的积极性、主动性和创造性，使受教育者自觉树立科学的世界观、人生观和价值观，形成正确的思想道德素质和高尚的道德品质，促进受教者自由而全面的发展。教育者和受教育者应在民主、平等、和谐、合作中相互作用、相互促进、教学相长、共同提高。当然，思想政治教育也应把尊重个人与服务集体、个人发展与社会发展、人文关怀与坚持原则性有机结合起来[1]。也就是说，在满足受教育者合理诉求的情况下，也应引导受教育者认同社会主义核心价值观，自觉接受主流价值文化的熏陶，在言行方面符合社会主义社会的基本价值准则。

2. 回归生活世界

主流价值文化的内容、原则及方法均来自于生活实践，也是在生活实践中逐步完善、发展起来的。离开了生活实践，思想政治教育所传播的价值文化就变成了僵死的条文和抽象的原则，失去了其应有的生命力。因而，担负着传播和普及主流价值文化的思想政治教育应关注生活，体现生活，引导生活，提升生活。生活是德性生命、价值生命成长的沃土。生活是一个过程，既具有现实性，又具有超越性，通过思想政治教育传播与普及主流价值文化的就是要引导人从当下的现实生活逐渐走向未来的可能生活，这个过程是真、善、美价值的充盈过程。任何美好生活都是在追求美好生活的过程中实现的，任何的道德及价值选择也都是为了这一生活本身，而不是凌驾于生活之上。换言之，生活的目的不是在生活之外实现

---

[1]　骆郁廷主编：《当代大学生思想政治教育》，中国人民大学出版社2010年版，第75—78页。

的，道德及价值理想也不可能在生活之外完成。生活不可能不向道德及价值展开，而道德及价值必然围绕着生活，为着生活。通过思想政治教育传播与普及主流价值文化从终极意义上来说，是为了引领人们开拓、创造新的美好的可能生活。同时，也是为了人的生命的发展，为了让生命在美好生活中绽放光彩。思想政治教育以及主流价值文化的传播与普及要植根于生活之中，直面生活的问题和困境，而不是脱离生活，在知识的"真空"中进行。主动回归生活世界，将受教育者引向丰富的生活世界，积极建构丰富而完整的生活内容，感悟深奥的生活智慧，追求生活的完整性，使人在完整生活的建构中同时获得德性的完满，这是思想政治教育在当今应有的发展方向①。教育者只有贴近真实的生活，将理论知识与丰富多彩的社会生活密切结合起来，善于从受教育者的生活中敏感地捕捉有教育价值的课题，善于调动和利用受教育者已有的生活经验，那么教育者对受教育者所宣讲的观点才能更富有感染力和启迪性，进而从内心深处打动受教育者。作为受教育者，只有从生活世界出发，以个人独特的生活阅历来理解静态的理论知识，理论知识才能转化成生命的真实，变成个人内在的一种信念，指导自己的行为。

3. 在多元文化及价值观中寻求共识

我国文化及价值观日益走向多元化，这是一个无法回避的事实。在这种形势下，思想政治教育工作者应该如何有效地加以应对？我们认为，应该避免两种错误的态度或做法：一是对文化及价值观的多元走向视而不见，文过饰非，这种做法实际上是掩耳盗铃式的自欺行为，它不可能解决人们在现实生活中遇到的有关思想、道德及价值选择等方面的问题或困惑，因而在实践中是行不通的；二是无原则地迁就"多元"、"多样"，不论是非，不辨善恶，不分美丑，甚至对危害到他人的生存、自由、权利与尊严的言行也放任不管，不进行必要的干预和引导。这种做法在现实生活中的危害更大，它会使人们的思想观念发生混乱，并会使腐朽、没落的文化滋生蔓延。应对多元文化及价值观状况的正确做法是：正视、包容、引

---

① 王东莉：《德育人文关怀论》，中国社会科学出版社 2005 年版，第 224—225 页。

导。也就是说，我们要正视多元文化及价值观并存的局面，而不是有意加以回避，更不是使用行政强制力量去控制非主流价值文化或人为地将其取消，而是"尊重差异，包容多样"①，只有做到这一点，才能激发社会活力，才能建设繁荣昌盛的中国特色社会主义文化。除此之外，我们还需要在多元文化及价值观中寻求基本的共识，并加以正确的引导，尤其应做到"用社会主义核心价值体系引领社会思潮、凝聚社会共识"②，以社会主义核心价值体系为中心构建主流价值文化，以主流价值文化引导非主流价值文化，对各种错误和腐朽的思想坚决地加以抵制，进而做到尊重差异与寻求共识相统一，弘扬主旋律与文化、价值观的多元开展相统一。

为此，我们需要从学理上进一步澄清"一"（一元或统一性）与"多"（多元或多样性）之间的辩证关系。一般说来，文化及价值观多元化的趋向会产生两种可能：一是良性循环，由多元化而丰富社会文化的方方面面；二是恶性循环，即要么不能达成起码的共识，要么严重冲击主流文化。因而，多元、开放虽然为大势所趋，但若不加限制，演变为自由放任，甚至到了一种不可收摄的地步，就会衍化为一种社会弊病。一个社会如果仅仅是多元而缺少某种内在的统一性，那么这就不是真正的多元，而是一种杂多，这个社会就不是凝聚的而是离散的。从这个角度讲，妥善处理"一"与"多"之间的关系就显得十分重要。

反过来，如果片面强调抽象的一元或统一性（或对其加以曲解），同样也会滋生弊病。抽象的普遍主义者即将"一"与"多"、"同"与"异"对立起来，将统一性、普遍性视为超乎具体事物之上的抽象理念。柏拉图认为，普遍的、统一的、不变的理念是独立存在于一切事物和人的意识之外的精神实体，理念是原型，是第一性的。多样性的、变动不居的具体事物是第二性的，是由理念派生出来的。斯宾诺莎把多样性的事物看成是唯一实体的变形，实际上是以普遍性吞灭个别性。直到今天，少数鼓吹普遍

---

① 胡锦涛：《高举中国特色社会主义伟大旗帜　为夺取全面建设小康社会新胜利而奋斗》，《十七大以来重要文献选编》（上），中央文献出版社 2009 年版，第 27 页。

② 胡锦涛：《坚定不移沿着中国特色社会主义道路前进，为全面建成小康社会而奋斗——在中国共产党第十八次全国代表大会上的报告》，人民出版社 2012 年版。

主义的西方学者依旧在步柏拉图、斯宾诺莎的后尘。比如，新雅各宾派就将在特定历史条件下形成的民族与社会的多样性看成是人类实现其真正命运的绊脚石。他们憧憬的是道德、文化与政治的统一，而他们所谓的统一又是以牺牲多样性为代价的，认为一切阶级、种族、宗教、国家和文化的差别全部淡化、消失后，全人类就有了共同的利益，而成为真正的兄弟姐妹。① 这样的统一性很明显是一种抽象的普遍主义，是排斥多样性、特殊性的简单的同一性，它是对现实生活的扭曲。实际上，当代西方学者宣扬此类普遍性的真正动机，无非是将他们固有的一套价值观念加以普适化，并把它视为人类放诸四海而皆准的真理，能够适用于任何民族和地区。这种统一性是一种文化上的霸权主义，它不会给西方以外的其他民族带来真正的繁荣。相反，它会使劣势民族文化丧失平等对话的权力，以至于再次被沦为西方的文化殖民地。

在文化及价值观多元化的趋向中，我们所持的态度应该寻求一种低限度的共识，并加以正确的引导。

（二）内容创新

思想政治教育所涉及的内容非常宽泛，马克思主义基本理论教育、马克思主义中国化的最新理论成果（含中国特色社会主义理论体系、社会主义和谐社会理论、社会主义核心价值体系等）教育、党的基本路线教育、理想信念教育、基本国情与形势政策教育、爱国主义教育、道德与价值观教育、人文教育、身心健康教育等尤其是当前我国思想政治教育中的重点内容。思想政治教育的具体内容并非一成不变，随着时代的变迁，其内容也应作相应的调整。思想政治教育的内容创新必须坚决坚持党性原则，必须牢牢把握住社会主义方向，必须有利于当前我国主流价值文化的构建、传播与普及。在我国主流价值文化构建过程中，应当把社会主义核心价

---

① 转引自 [美] 克莱斯·瑞恩：《异中求同：人的自我完善》，张沛、张源译，北京大学出版社 2001 年版，第 49 页。

值体系教育、理想信念教育以及人文精神教育作为思想政治教育的重要内容。

1. 社会主义核心价值体系教育

社会主义核心价值体系教育是我国思想政治教育不可缺少且富有时代气息的一项内容，也是宣传、普及我国主流价值文化的重中之重。

党的十六届六中全会明确指出："马克思主义指导思想，中国特色社会主义共同理想，以爱国主义为核心的民族精神和以改革创新为核心的时代精神，社会主义荣辱观，构成社会主义核心价值体系的基本内容。"党的十七大报告也着重强调："社会主义核心价值体系是社会主义意识形态的本质体现。要巩固马克思主义指导地位，坚持不懈地用马克思主义中国化最新成果武装全党、教育人民，用中国特色社会主义共同理想凝聚力量，用以爱国主义为核心的民族精神和以改革创新为核心的时代精神鼓舞斗志，用社会主义荣辱观引领风尚，巩固全党全国各族人民团结奋斗的共同思想基础。"党的以上重要文件阐明了社会主义核心价值体系的要义，也为社会主义核心价值体系教育指明了方向。社会主义核心价值体系教育"能够促使实践主体认同社会主义核心价值体系，真切地拥护社会主义制度，在指导思想、共同理想、民族精神和时代精神、荣辱观等方面形成坚定不移的信念；能够激励实践主体以强大的精神力量投入建设中国特色社会主义的伟大实践，在坚持社会主义基本经济制度基础上，大力发展社会生产力，不断推进经济建设、政治建设、文化建设和社会建设的协调发展和全面进步"①。

社会主义核心价值体系教育主要是民族精神教育和荣辱观教育。

民族精神是民族文化的核心和灵魂，也是社会主义核心价值体系的基本内容之一。所谓民族精神是指"一个民族在长期的生活和斗争中积淀下来的、支持和维系该民族生存发展的心理和人格力量"②。当前，我国十分重视中华民族精神的研究、宣传和教育，目的是为了增强民族凝聚力。没

---

① 邹宏秋：《社会主义核心价值体系教育论纲》，浙江大学出版社 2008 年版，第 6 页。
② 宋移安：《当代大学生应具备的民族精神探析》，《学校党建与思想教育》2006 年 10 期。

有民族精神，就没有民族凝聚力，更不可能自立于世界民族之林。民族精神教育应处理好以下两方面的关系：一是正确处理民族精神与传统文化的关系。民族精神同传统文化之间存在着密切的联系，弘扬和培育民族精神，应当继承我国的优秀文化传统。在五千多年的发展史中，中华民族形成了一系列优秀品质：深厚的爱国主义情结，牢固的民族凝聚力，高尚的民族正义感，独立自主的民族主体精神，爱好和平与勤劳勇敢的民族精神特质，等等，这些方面是我们需要继承并加以发扬光大的精华部分。不过，中国传统文化中也存在诸如突出尊卑等级、缺少平等观念、忽视独立人格等方面的缺陷。因而，我们又应对中国传统文化中过时的内容进行解构，对其加以改造和转换。民族精神本身就不是僵化不变的，对待民族精神，要采取与时俱进的态度，要根据时代特点对民族精神作出新的概括和总结。二是处理好民族精神与外国精神文化的关系。也就是说，弘扬中华民族精神，却不能将其发展成为狭隘的民族主义，更不能发展成为民族沙文主义或文化上的原教旨主义。我们在珍视本民族文化遗产的同时，也应以包容的心态对待外来文化，并善于吸收和利用其他国家和民族的优秀成果，加速自身文化的发展。

荣辱观教育同样是社会主义核心价值体系教育的有机组成部分之一。2006 年 3 月 4 日，胡锦涛在看望出席全国政协十届四次会议的民盟、民进联组委员时发表了关于树立社会主义荣辱观的讲话，这个讲话不仅在两会代表中产生了强烈反响，也引起了全社会的广泛共鸣。胡锦涛指出："要教育广大干部群众特别是广大青少年树立社会主义荣辱观，坚持以热爱祖国为荣、以危害祖国为耻，以服务人民为荣、以背离人民为耻，以崇尚科学为荣、以愚昧无知为耻，以辛勤劳动为荣、以好逸恶劳为耻，以团结互助为荣、以损人利己为耻，以诚实守信为荣、以见利忘义为耻，以遵纪守法为荣、以违法乱纪为耻，以艰苦奋斗为荣、以骄奢淫逸为耻。"[①] "八荣八耻"集中地体现了社会主义荣辱观的内容体系，是社会主义荣辱观的核心。

---

① 　胡锦涛：《牢固树立社会主义荣辱观》，《人民日报》2006 年 4 月 28 日。

以"八荣八耻"来概括社会主义荣辱观的基本内涵，这种概括很准确、全面，也很平实，绝大多数普通百姓也能够认同，它克服了以往的道德宣传过于理想化的偏差。"荣"，即光荣或荣誉，是指人的行为受到社会的褒奖，从而在内心深处产生的荣耀与自豪的情感；"辱"，即耻辱，是指人的行为、言语受到社会谴责，在灵魂深处产生的内疚和耻辱感。其中，耻辱感所涉及的是关于道德底线问题的看法，而光荣或荣誉感所涉及的是关于道德理想问题的看法。就当代中国而言，培养一种耻辱感比培养荣誉感显得更为迫切。因为，耻辱感的缺失可能会带来底线伦理的崩溃，底线伦理崩溃的一个重要特征是人们内心深处耻辱感和罪感意识淡化以至消失：没有了羞耻感、知耻感、耻辱感，对任何羞辱的事情也无所谓；没有了负罪感、内疚感、忏悔意识，就什么也不怕，什么也敢干。当前，我国社会还没有发展到底线伦理崩溃的程度，但一部分人群耻感和罪感意识淡化和缺失的情况确实相当严重[1]。因此，荣辱观教育应把培养社会成员的耻感意识作为其中的一项重要任务。我们不能奢求每个社会成员都能成就光荣，但必须保证每个社会成员都具有一种耻感意识，不僭越底线伦理。

2. 理想信念教育

我们党自成立以来，一直将理想信念教育作为思想政治教育的核心内容。理想信念教育在当前我国思想政治教育活动中仍有着不可取代的重要地位，它也是构建、传播与普及我国主流价值文化不可缺少的内容之一。我们应根据时代发展的新变化、新要求，赋予理想信念教育以新的内涵，并对其作出新的诠释。

我国思想政治教育中的理想信念教育，主要是指通过一定的教育方式，引导广大社会成员树立中国特色社会主义共同理想和共产主义远大理想，坚定社会主义、共产主义必胜的科学信念。社会主义、共产主义的理想和目标是中国人民在实践的基础上经过比较以后而作出的理性选择。早在"五四"新文化运动时期，初步具有共产主义理想的知识分子，通过多

---

[1] 参见李荣渠主编：《大学生社会主义荣辱观》之"序言"（江畅序），湖北人民出版社2006年版。

次论战，从各种各样的社会思潮中选择了马克思主义学说，决心走社会主义、共产主义的道路。在数十年来的革命和建设过程中，我们党不断深化了对社会主义、共产主义的认识，中国特色社会主义理论体系的形成使我们党对理想信念的理解又提升到一个新的高度。目前，我们党较好地处理了最高理想与当前理想、共同理想与个人理想之间的关系。理想信念问题对于当代中国人来说并不是抽象的、高不可攀的东西，而是与国家的强盛、人民的幸福密切地联系在一起的。应该说，通过多年的宣传、教育，多数共产党人在理想信念方面是坚定的，绝大部分的普通民众也能够认同中国特色社会主义共同理想，这是主流。不过，任何一个社会，在其转型的过程中，不可避免地会出现一定程度的理想信念的危机。就目前中国而言，理想信念问题也不容乐观。一部分中国人只是稀里糊涂地生活着，说不上有什么理想信念可言。在承认自己有理想信念的人群中，他们的理想信念也逐渐趋向于多元化：有的皈依宗教信仰；有的将理想信念庸俗化，一味沉迷于对钱、权的追逐之中；有的热衷于封建迷信活动；有的甚至参与到邪教活动之中；还有一部分青少年陷入到对歌星、影星及体育明星的偶像崇拜之中，这同样不利于个人的身心健康发展，等等。以上这些方面都会对当前我国的思想政治教育以及主流价值文化的传播与普及带来一定的冲击。

加强理想信念教育乃是当务之急。一个国家或民族如果缺乏共同的理想信念的长久支撑，表面的物质繁荣绝不会持久，人的精神与灵魂世界的危机会反过来导致经济的危机。比如，国有企业的领导如果在理想信念方面出现问题，腐化堕落，便有可能导致一个企业的效益下滑乃至破产。对党政领导干部而言，没有理想信念，就不可能形成一支高素质的干部队伍，就不可能凝聚社会人心，这不但不利于我国的经济发展，还有可能影响到我们政权的稳固。心理学的研究成果表明，共同的目标会使人们产生一种认同感，这种认同感是维系整个群体的纽带。共同的理想信念可使群体成员变得十分接近，从而具有强大的凝聚力。理想信念可以说是一个国家、一个民族所不可缺少的精神支柱。西方一些发达国家也较为重视理想信念的宣传与教育，比如，美国历届政府就对公民的价值观以及理想信念教育采取了比较坚定的方针政策，其中心内容即是"爱美国"，即爱美国的制度和生活方式，相信美国是世界上最合理、最优越的国家，进而由爱和信任而产生信念和忠诚①。我国强化理想信念教育，同样是为了凝聚人心，为了振奋中华民族精神。如果说法制代表了社会的"硬约束力"，那么理想信念则代表了社会的"软约束力"②。这种"软约束力"如果抓得好，它也会无形地对人们施加着广泛的影响。

我国目前仍然处于社会主义初级阶段，不但在经济及社会发展方面显得较为滞后，而且人们的思想道德素质也有待极大的提高。因而，我们不能以共产主义的理想信念和道德标准来要求所有社会阶层的人。比如，对于作为市场经济主体之一的私营企业主、民营企业家，我们就只能引导，而不能强求。因为他们既然要从事某种经营活动、参与市场经济的运作，那就需要谋求利润的最大化，以便能够在激烈的竞争活动中趋利避害。如果强求他们发扬共产主义大公无私的精神，让他们根据国家和人民的需要，去生产经营什么，或不生产经营什么，那么，这种做法就不是市场经济了，而是重新回到了计划经济、命令经济的老路上去了，这是一种退步，而不是进步。应该说，绝大多数的私营企业主、民营企业家都做到了遵纪守法、自觉纳税，为国家的经济社会发展作出了很大的贡献。他们中间也有一部分人是慈善家，扶危济困，乐善好施。能够做到这一点就很好了，未必以共产主义的高调理想来向他们宣讲。当前，我国的理想信念教育最为重要的即是引导人们积极投身于建设中国特色社会主义的伟大事业之中。建设中国特色社会主义事业是我们现阶段的共同理想，它不仅体现着共产党人对于共产主义理想社会的追求，而且体现着所有中国人对于民族振兴、国家强盛的愿望和期待。江泽民在庆祝中国共产党成立八十周年大会上的讲话中不但强调要坚定马克思主义、共产主义的信仰，坚定对社会主义的信念，而且还强调要增强对我国改革开放和现代化建设的信

---

① 参见吴锋：《道德教育的核心是价值教育》，《扬州大学学报》（高教研究版）2011年第6期。

② 参见谢成宇：《议信仰低谷》，《咸宁学院学报》2004年第5期。

心，增强对党和政府的信任①。后两条内容对普通民众而言较为切实可行，它们是对前两条内容的具体化、现实化。理想信念的贯彻落实，除了靠宣传、教育之外，也需要尽快提高我国的综合国力，加快小康社会建设步伐，改善民生；同时想方设法使政治保持清明，使官员做到廉洁、公正。可以说，社会主义国家生产力越发展，人民越富裕，政治越民主，社会越进步，就越接近社会主义、共产主义理想信念的要求，而思想政治教育以及传播与普及主流价值文化等工作就会做得越好。

3. 人文教育

思想政治教育以及构建主流价值文化的一个重要目标是塑造、培养具有良好的道德品质、独立健全的人格以及积极乐观的人生态度的现代合格公民，而要达到此目标，就应加强人文精神的培养、教育。可是，在过去数十年的教育中，我们往往较为突出政治教化，却忽略了人文教育，社会成员的人文素养十分薄弱，人文精神欠缺。因而，当前我国思想政治教育及主流价值文化的传播、普及应强化人文教育，以便弥补受教育者在人文素养方面的缺陷。

所谓人文精神是指"一个民族、一种文化的内在灵魂和生命，是贯穿在人们的思维和言行中的信仰、理想、价值取向、人格模式和审美情趣。它是特定环境里各类精神价值的综合，是时代文化精神的核心"②。它有别于"天道"（自然），也迥异于"神道"（宗教），而是一种"人道"观（人文法则），侧重于探讨人的价值、人的生存意义以及人类自身的命运。具体说来，人文精神又包含三个层面：第一，对于"人之异于禽兽"而为人所特有的文化教养的珍视；第二，对于建立在个体精神原则基础上的人的尊严、人的感性生活，特别是每一个人自由地运用其理性的权利的珍视；第三，对于建立在教育有素基础上的每一个人在情感和意志方面自由发展的珍视③。

---

① 《江泽民文选》第三卷，人民出版社 2006 年版，第 277 页。
② 骆郁廷主编：《当代大学生思想政治教育》，中国人民大学出版社 2010 年版，第 143 页。
③ 参见许苏民：《人文精神论纲》，《学习与探索》1995 年第 5 期。

人文精神在不同时代有不同的主题。当代人文精神的主题是"立足中国社会现实，吸取中国传统文化精神和西方文化精神的精华，消除传统计划体制下不合时宜的思想观念，把完善人的主体精神及现代人格作为其根本价值的归趋，催生一种与中国社会现代化和现代市场经济健康发展相配套的文化精神，并为之保驾护航"①。我们需要破除原来盛行的等级观念、长官意识、依附心态，进而倡导自由、平等意识与独立意识，要将利己主义与利他主义、个体自由和社会责任、物质感官享受和精神追求有机结合起来。当前人文精神的重建以及与此有关的宣传、教育活动应注意以下几方面的问题：

一是正确引导大众文化。大众文化是时代的产物，深受大众的欢迎，其娱乐休闲的价值毋庸置疑。大众文化的繁荣反映了人民生活水平的提高，这是值得肯定的一方面。可是另一方面，大众文化深层的价值取向又颇令人担忧。也就是说，当前的大众文化带有一种明显的倾向：否定一切人生意义方面的关怀，嘲笑一切高尚的追求。它认为所有这样的关怀和追求都是"让人活得太累"，都是"假清高"，都是"玩儿深沉"。在大众文化看来，快乐地活着就是一切，其余都是无足轻重的。这种倾向无疑有其偏颇之处。文化是人的生存方式，它大体上可以分为三个层次：谋生文化、乐生文化、意义文化。谋生文化是指解决人的衣食住行、满足人的生理需要的文化；乐生文化是指追求生活愉悦的文化，也即玩乐文化，如游戏、歌舞、影视等文化产品可归入此类；意义文化是解决人生的意义及价值的文化，这种文化集中体现了文化中的人文精神。当前大众文化的审美倾向，正在逐渐偏离文化的意义层面，向着吃喝、玩乐的方向倾斜，从而加速了人文精神的失落。有些大众文化产品主要是刺激着人们的种种欲望，说不上有多少艺术的成分在里面。因而，我们在肯定大众文化作用的同时，一定需要有一种批判的声音，有一支制衡的力量，对其进行规范和引导，这样，大众文化才不至于走向仅仅以吃喝玩乐、寻求感官刺激为能

---

① 熊在高：《人文精神的历史演进及其当代主题》，《湖北大学学报》（哲学社会科学版）1997 年第 6 期。

事的意义虚无、价值虚无。我们以前的文化产品过于突出道德、政治等方面的教育功能，而轻视其娱乐及休闲功能，贬低个体的幸福，这种做法固然不对，但若矫枉过正，否定一切人生意义的关怀、嘲笑一切高尚的追求，恐怕更不对，因为它只它只会又把人异化为动物[①]。

二是培养独立人格。人格是人类的共同规定性与个人区别于任何其他人的独特自我规定性的统一。它以人性禀赋的潜能为基础，以满足更好生存的需要为旨归，通过人的认识、情感、意志和行为等各种活动塑造并体现在这些活动中，由观念、能力、知识、品质等方面的个性心理特征构成，表现为一个人的具有一致性和稳定性的总体个性特征和完整精神面貌。一个人的人格也可以说是这个人不同于任何其他人的独特自我，这种自我是与环境交互作用的，表现为一个持续的社会化过程[②]。人格是共性与个性的统一。可是在现实生活中，人的个性往往被抹杀掉，个性淹没在共性之中，而独立人格的缺失是人文精神失落的主要标志之一。因而，当前人文教育应着力培养社会成员的独立人格。一般来说，一个人的自我意识越强，就越能够以自己独特的方式看待世界、理解人生、处理人际关系，他的独立人格就表现得越充分。独立人格的养成既有赖于个人的学习、实践与涵养，也需要教育者对受教育者进行有意识的启发与引导。

三是积极开展人文类经典著作的研读活动。研读人文类经典著作是提升社会成员人文素养的主要途径之一。人文类经典著作是指具有原创性、集中体现人类精神精华，并能够产生持续性影响力的文学、史学、哲学、宗教、艺术等方面的著作，如中国的《论语》、《孟子》、《大学》、《中庸》、《老子》、《庄子》、《坛经》、唐诗宋词、明清小说以及西方的《荷马史诗》、《理想国》、《形而上学》、《圣经》、《人性论》、《社会契约论》、《思想录》、《神曲》、《哈姆雷特》、《巴黎圣母院》、《复活》、《钢铁是怎样炼成的》，等等。人文类经典书籍传承着历史和文化，是人文精神的集中体现。如果说，人们物质生活的不断提高和改善依赖于物质生产的进步和发展，那么，精神

---

① 参见成复旺：《呼唤失落的人文精神》，《中国人民大学学报》1994 年第 3 期。

② 江畅：《德性论》，人民出版社 2011 年版，第 122 页。

生活的日益丰富和灿烂则离不开那些承载着历史的厚度、哲学的深度、文学艺术的审美等诸种文化要素的传世经典。人文类经典书籍是各个民族情感文化、心理结构的积淀，是各个民族薪火相传的血脉，割断了它们就相当于割断了人类赖以生存、因之发展的生命源泉。人文类经典书籍的震撼力是永恒的，它们的价值是不朽的，它们用智慧、理性、善良的光辉普照着大地，孕育着万千生灵。社会成员研读人文类经典书籍，即相当于与历代思想家们进行直接的对话与沟通，这能够使社会成员开阔眼界、增长知识、获得智慧；能够促进社会成员进一步思考人性以及如何为人处世的问题，从而提高德性修养、健全人格、完善人生；能够提高社会成员的审美情趣，培养优雅气质。总之，研读经典可使社会成员悟真向善、识情知理，使社会成员变得睿智、豁达、优雅、美丽，从而可以在较大程度上提升社会成员的人文素养。各级各类学校可以开设经典研读类课程（中小学可称为经典诵读，大学及研究所称为经典研读），由专任教师指导学生读经典，让学生直接感受经典的深邃与厚重，从而激发他们对宇宙、社会、人生作深入的思考①；而文化、宣传、教育等部门亦可面向社会大众举办有关人文类经典著作研读的讲座，以便营造全民研读经典的良好氛围。

思想政治教育其他方面的内容创新，我们不再逐一详论。只有创新思想政治教育的内容，才能有效应对来自国内外的挑战，才能夯实思想政治教育的理论根基，才能增强思想政治教育对社会成员的吸引力。

（三）方法创新

我国已逐渐步入多元、开放社会的行列，人们能够获取信息的渠道多而便捷，相应地，人们的思想观念也在发生着日新月异的变化。在这种形势下，思想政治教育方法的创新就显得非常迫切。如果在方法论问题上因循守旧、不求变革，将会使我国的思想政治教育陷入非常被动的局面。

---

① 参见姚才刚、王玉真：《从经典研读的角度看当代大学生人文精神的培养》，《湖北大学成人教育学院学报》2008 年第 5 期。

1. 注重对话与沟通

在过去的数十年间，我国的思想政治教育较为强调灌输的教育方法，这种方法曾发挥了其应有的作用，但在当前流行多元文化及价值观的背景下，它表现出了一定的局限性，即无法充分调动受教育者的积极性，甚至使受教育者产生反感和抵触的心理，这使得思想政治教育的效果大打折扣，收效甚微。为此，我们应改变单纯依赖灌输或"一教二训三指导"的老一套做法，进而倡导"引导与双向互动相结合"的教育方法：一方面，不可忽略教育者对受教育者的引导义务；另一方面，又须强化教育者与受教育者之间的对话与沟通。

实践证明，灌输教育思想是有其特殊的价值和意义的，尤其是革命战争年代，在这一思想的指导下开展的无产阶级政党的思想政治工作，起到了发动群众、凝聚力量的巨大作用。随着时代的发展和社会的进步，对于灌输教育思想的继承和发扬应该与时俱进，应与我们所处的网络时代、信息时代的特点相适应，而不能生搬硬套、机械理解，更不能将其作为一种一成不变的教育模式。灌输作为一种具体的教育方法被应用到实际的思想政治教育或德育工作之中，往往会产生一些偏差，主要表现在：教育者把一些理论知识或观念单向传播甚至强加给受教育者，要求受教育者无条件地接受和遵照执行，不允许他们对这些知识或观念进行选择、解释、质疑；教育者与受教育者之间是一种权威与服从的关系，教育者是思想政治教育活动的中心、权威，具有绝对的话语权，而受教育者则成为了"单向度、被教育、被塑造"的靶子、对象和客体；将教育内容从受教育者的生活中孤立出来，进行空洞的理论说教，使思想政治教育失去了活力和魅力；忽视受教育者的自我教育、自我感悟与自我体验，造成了受教育者对思想政治教育工作具有一定的逆反心理，等等[①]。显然，灌输不能使受教育者完成对主流价值文化的体认，进而"入脑"、"入心"，真正认同并内化为受教育者的信念与价值观。

因此，思想政治教育必须从灌输走向对话与沟通，这是当前及今后

[①] 参见王东莉：《德育人文关怀论》，中国社会科学出版社 2005 年版，第 333—340 页。

思想政治教育以及传播与普及主流价值文化在方法论问题上进行变革的方向。

2. 不可忽视隐性教育

隐性教育的理念与方法备受当前学界、教育界的关注。美国教育社会学家杰克逊（P.W.Jackson）1968 年在其专著《班级生活》一书中，首次使用了"隐性课程"的概念。随后，利比特（L.K.Lippit）和怀特（R.K.White）进一步研究了隐性课程的相关问题，认为隐性课程所包含的教育性因素对学生成就和学习态度的影响比显性课程还要大，这使得隐性课程在学校教育中的作用得到了广泛的关注。隐性教育则是对"隐性课程"加以拓展之后的一个概念。我国学者从 20 世纪 80 年代末 90 年代初开始探讨隐性教育。近年来，对隐性教育的研究日益深入。

隐性教育与显性教育是两个相互对立而又相互依存的范畴。所谓显性教育是指教育者通过有意识、直接、外显的教育活动使受教育者受到影响且同时可以被明确感知的思想道德教育。相对于显性教育，隐性教育是教育者为了实现其教育目的而实施的不为受教育者明确感知，从而使受教育者在无意识中接受教育的思想道德教育。隐性教育具有如下特征：一是在教育目的上具有隐蔽性。心理学实验证明：如果思想教育的劝导性太明显或强度过大，受教育者就会感到自己的选择自由受到限制，从而激起对教育信息的排斥，这就是人们通常所说的逆反心理。现行的显性教育由于教育者的教育意图、灌输训导明显已经使不少受教育者产生了排斥和距离感。隐性教育是"隐"教育意图于活动或环境氛围之中，受教育者没有意识到自己在接受某一特定信息的教育，该隐性信息的获得往往不是活动本身所指向的目的，而是附加衍生物，这种信息是受教育者通过直接体验或间接观察获得的。二是在教育内容上具有渗透性。任何环境或社会现象都渗透、传递着一种信息，是一种潜在、无形、无声的教育力量，它以非强制性的隐性作用方式，影响和制约着受教育者的思想情感、道德水平、价值取向和行为方式，从知、情、意、信、行等方面综合塑造他们的人格品质。相对于显性教育具有确定的教育主体、明确的教育目的、相对集中的教育场所来说，隐性教育的独特之处在于此种教育方式的渗透性，即它是通过潜在于班级、学校和社会中的隐含性教育因素及外在的环境潜移默化地引起受教育者心理情感、知觉改变和建构的一种学习过程。三是在教育效果上具有顺然性。思想道德教育的最终目的不仅要让受教育者掌握有关的道德规范、原则和价值观念，而且还要将其转化为他们某种深刻而稳定的心理结构，继之外化为自觉的行为习惯。隐性教育由于并不是受教育者出于显性外在的灌输和强制，而是通过其自身自愿接受、内化和顺应而潜移默化地起作用。它从受教育者思想不设防的心理感受层面入手，使其在日常的、自然放松的状态下不知不觉地、顺乎自然地深入到思想体系层面，其效果必然要比显性教育持久和稳固得多①。

当前我国思想政治教育及主流价值文化的普及、传播可采用隐性教育的方法。把握隐性教育的关键之处即在于这种教育方式注重启发、暗示。比如，高校开设的思想政治理论课属于显性教育课程，但如果将马克思主义理论、主流价值文化渗透于哲学、文学、历史、地理、经济学、社会学、法律乃至部分自然科学的课程之中，学生在无意识中获得了思想启迪，提高了政治素质、道德素质，这就是一种隐性教育了。显性教育与隐性教育之间并不存在冲突，而是可以并行不悖的。在思想政治教育及主流价值文化的普及、传播过程中，一方面需要开门见山地阐释理论、陈述道理；另一方面也需要通过营造良好的工作、学习及生活环境，开展积极向上的社会实践和文化娱乐等活动，在潜移默化中提升受教育者的道德修养与思想境界，同时使受教育者获得主流价值文化的熏陶，提高价值认知水平和价值判断能力，最后达到理想的教育效果。这种教育方式更值得倡导。

3. 强化情感教育

长期以来，我国的思想政治教育、价值文化教育重视知识、凸显理智，但却忽略人的情感、轻视感性，以至于"显得有些冷漠、刚硬，缺乏

---

①　参见熊来平：《隐性教育与大学生社会主义核心价值体系教育》，《福建论坛》（社科教育版）2011 年第 12 期。

亲和力"①。事实上，情感是人类精神生活的重要组成部分之一，人的情感可以有多寡之分，但却不可泯灭情感，完全没有情感的人是很难想象的。当然，人的情感并不都是正面的，也有负面的。正面情感与负面情感的划分主要是以情感是否有利于人的生存为根据的。有利于个人、他人和整体生存的情感是正面的情感，不利于或有害于个人、他人和整体生存的情感则是负面的情感。正面情感大致分为四种主要类型：第一类是与人的本能相联系的天然情感，主要包括自爱、乡情、同情；第二类是后天获得的对他人的个人情感，主要包括亲情、爱情（含性爱）、友情；第三类是后天获得的对他人和环境的社会感情，主要包括美感、道德、事业心；第四类是在前三类情感基础上升华的情感，主要包括仁爱、博爱、圣爱。负面情感难以进一步作出类型的划分，大致上包括自私、贪婪、猜忌、嫉妒、歹毒、愤懑、艾怨、憎恨、仇视这样一些情感。除了正面的与负面的情感之外，也有一些中性的情感，如喜悦、忧愁、抱怨、好感、美感和丑感、厌恶、愤怒等。正面情感通常是人们和社会称道的情感，中性情感是人们和社会认可的情感，而负面情感则是人们和社会不认可或讨厌的情感②。

情感教育是对知识教育的一种补充。思想政治教育中的情感教育，即是指"通过情感交流触发人们积极的情感体验，唤起人们自我教育的主动性，促使人们在相互依赖、彼此尊重的心理基础上，将正确认识转化为行动的教育"③。情感教育既是思想政治教育的一项内容，也具有方法论的意义。教育者除了要用深刻的理论去引导受教育者之外，还需要用情感的力量去打动受教育者的内心。人在一定程度上是一种"情感动物"，亲情、爱情、友情、家国情、师生情等情感或兼而有之，或者某种情感在一生中的某一阶段占据着特别重要的地位，人很难逃离到情感之外。外在的思想政治理论、道德规范及价值原则要内化为人的信念，也需要通过情感这个中介。没有情感的介入，所有的理论、规范、原则都只能是外在于人的东

---

① 戴茂堂：《敞开伦理学的情感维面》，《光明日报》（理论版）2010 年 2 月 16 日。

② 参见江畅：《德性论》，人民出版社 2011 年版，第 404 页。

③ 徐志远、龙宇：《现代思想政治教育中情感教育的机制和规律》，《思想教育研究》2011 年第 4 期。

西，而不可能"入脑"、"入心"，更不能成为人们行动的指南。中国古人也揭示出了"道始于情"的道理，此语出自《郭店楚墓竹简》中的《性自命出》篇，该篇曰："性自命出，命自天降，道始于情，情生于性。"[①] 所谓"道始于情"，即指道是从引导、调适"情"的过程中发展出来的。

情感教育能够引发人的共鸣。也就是说，情感虽然具有个体性，但同时也能够超越个体的局限而获得人与人之间广泛的共鸣。在思想政治教育中，可从对父母的感恩教育开始，培养人们对家、国以及社会的感恩之情；从激发人们对父母的爱（或父母对子女的爱）开始，进而唤醒人们对其他亲人的爱、对朋友的爱、对陌生人的爱、对国家与社会的爱以及对地球上所有生命和环境的爱，最后引导人们接受、认同体现"爱"的精神的道德准则和主流价值文化。教育者若能运用情感教育的方法，使教育者的内心受到震撼，这将比单纯的理论说教更能触及受教育者的心灵，进而可实现"随风潜入夜，润物细无声"的效果[②]。当然，情感既然具有正面情感、负面情感之分，那么，教育者就应引导受教育者努力培养正面的情感，同时抑制负面的情感[③]。情感教育的运用及推广势在必行，它既有利于人们成就德性、确立正确的价值观念，也可陶冶人们的情操，使人们感到身心愉悦。

---

① 　荆门市博物馆编：《郭店楚墓竹简》，文物出版社 1998 年版，第 179 页。
② 　参见王丽英：《情感教育嵌入思想政治教育的理论分析》，《理论月刊》2011 年第 6 期。
③ 　参见江畅：《德性论》，人民出版社 2011 年版，第 434—435 页。

报告八

西方近现代主流价值文化构建的
经验教训与启示

江　畅

从人类思想文化史看，真正意义的主流价值文化是西方近代才出现的。此前的人类社会，有思想价值多元的时期，也有价值文化一统的时期，但没有真正意义的主流价值文化时期。在历史上的文化多元时期，多元价值文化并存，但其中没有一种文化成为主流，如西方的古希腊时期、中国的春秋战国时期；在价值文化一统的时期，如西方的中世纪、中国的汉代以后的专制社会，除统治者主张的价值文化之外，根本不允许其他价值文化存在。"一种价值文化要成为主流的价值文化有两个条件：其一，一个社会必须是价值多元化的，或者不如说，社会管理者允许多种价值文化存在……其二，在多种价值文化中，有一种文化真正能起主导作用，其他文化不与相对立、相抗衡，相反与之共存共荣，并且接受它的引领和指导。"[①] 近现代西方的主流价值文化就是资本主义价值文化，这种文化具备了上述两个特点，因而可以说是一种主流价值文化。资本主义价值文化不是自然而然形成的，而是资产阶级自觉构建的结果。今天看来，这种构建

---

① 江畅：《我国主流价值文化构建的三个问题》，《光明日报》2012 年 6 月 21 日第 11 版。

是人类社会自觉构建主流价值文化的成功范例，其中有不少值得总结的经验教训，这些经验教训对于我国主流价值文化的构建具有启示意义。

一、文化渊源和推动力量

西方近现代主流价值文化不是无源之水，而是与西方文化传统的基本精神一脉相承的。古希腊文化、古罗马文化、古希伯来文化和意大利早期的市场经济文化是西方近现代主流价值文化的文化渊源，这些文化中的自由主义、共和主义、法治主义（律法精神）、利己主义、逻各斯精神（表现科学主义和理性主义）等构成了近现代主流价值文化的基调。近现代西方价值文化对西方传统文化不是简单的继承关系，而是在新的历史条件下，不仅对其进行兼收并蓄，而且对其转换和开新，使之成为一种新的价值文化，即资本主义价值文化。这种转换和开新有其推动力量，这就是市场经济。正是市场经济推动了西方传统价值文化向近现代价值文化的转换，西方近现代价值文化也完全是适应市场经济兴起和发展的需要自主构建的。

（一）文化渊源

西方历史文化是一种多源头的断裂而又兼容的复杂历史文化。人们一般认为，西方文化的源头主要有两个：一是古希腊文化，二是古希伯来文化。如果从近代以来的历史看，实际上西方文化的源头不止两个，而是四个。除了普遍公认的古希腊世俗文化和古希伯来宗教文化这两个源头之外，还有古罗马的政治文化和近代意大利的商品文化或市场文化。最早的古希腊文化是重视个人世俗生活的文化，个人幸福是这种文化的主题，整个文化是围绕着"什么是幸福"、"如何获得幸福"展开的。因此，这种文化是幸福主义文化。古罗马文化是西方文化的另一个最早的源头，它更重视社会公共生活的管理，政治、法制是这种文化的主题，整个文化是围绕着如何管理公共生活展开的。古罗马经历了共和制到帝国制的过程，但都诉诸法制管理社会。因此，这种文化更具有法治主义文化的性质。古希伯来文化是重视个人来世幸福的宗教文化，信仰上帝是这种文化的主题，整个文化是围绕着如何按上帝的戒律行事获得拯救展开的。这种文化在希腊、罗马文化的影响下产生了以"爱上帝并爱上帝之爱以获得来世幸福"为主要特征、其前提仍然是信仰上帝的基督教文化。因此，这种文化是信仰主义文化。自13世纪开始兴起的意大利市场文化是重视商品经济的文化，利己主义是这种文化的主题，整个文化是围绕着如何在市场竞争中取胜以获得更多的利益展开的。

以上这四种文化不止是西方文化的源头，同时也是西方先后占主导地位的四种文化。最初是古希腊世俗文化占主导地位，然后是古罗马政治文化占主导地位，再接下来是主要源自古希伯来文化的基督教文化占主导地位，最后是源自意大利的经济文化占主导地位。这四种文化就其核心价值观念而言是各不相同的，不同文化的更替使西方历史文化具有明显的断裂性。但是，后一种文化对前一种文化的替代是核心价值观念的取代，而不是全盘否定。罗马文化吸收了希腊文化的幸福主义内容，使兴盛起来的古罗马文化不只是先前古罗马文化的简单延续。基督教文化则更是在希伯来文化的基础上吸收了古希腊文化和古罗马文化才成为完全不同于古希伯来文化的基督教文化。源自意大利的市场文化也是通过复兴古希腊、古罗马文化兴盛起来的，它虽然对基督教展开了无情的批判，但最终仍然将基督教文化包容在自身之中。因此，西方文化虽然是断裂性的，但同时也具有兼容性。它将不同文化中适合自身发展的有价值内容继承下来并发扬光大。

西方的历史文化虽然是多种历史文化兼收并蓄的复杂体系，但必须看到，古希腊文化的基本精神成为了后来整个西方历史文化的基调，也是西方近现代主流价值的精神源泉。这种基本精神至少有四个方面：一是尊重个人自主、维护个人权利、重视个人幸福的个人主义。个人主义在古希腊就已经较为完备，在古罗马，个人主义精神也存在，只是没有古希腊典型。个人主义在中世纪发生了异化，不过并未完全被否定和抛弃，而是被湮没、被扭曲。二是追求知识、追求真理的科学主义。这种精神主要源自于古希腊。希腊早期的哲学家就追求真理、探究知识，到苏格拉底那里知识（主要是关于善的知识）被看作是德性，由此形成了崇尚真理和知识的传统。三是推崇民主共和、重视依据法律治理的法治主义。倡导民主主要源自于古希腊，推崇政治制度的共和制主要的源自于古罗马，而重视法律治理则在古希腊特别是古罗马、古希伯来有共同的渊源。四是推崇理性、注重开发和运用理性的理性主义。早在希腊，人们就十分推崇"逻各斯"（logos），逻各斯的含义很丰富，但主要是理性。对于古希腊和古罗马人来说，理性不只是人的认识能力，而是人之所以为人的根本规定性，它既是知识、真理的源泉，也是道德、法律的源泉。这四种精神自古希腊产生之后，深深植根于西方文化之中，并随着历史的发展而时显时隐，但始终不曾被抛弃和被否定。即使是信仰主义占主导地位的中世纪基督教文化，也将来世幸福作为人生的追求，主张人人在上帝面前平等，重视"摩西十诫"等律法，而且努力运用理性证明上帝的存在，并把上帝看作是全智、全善和全能的。

（二）推动力量

上面所说的西方文化实际上指的是近代以来的西方文化，西方文化的四个源头就是西方近现代主流价值文化产生的历史背景。在四个源头中，自意大利开始兴起的市场文化不仅是近现代西方文化的直接源头，而且作为其经济和社会基础的西方市场经济是西方主流价值文化得以产生的不竭动力源泉。西方市场经济的兴起和发展是迫使以西方资产阶级为代表的西方社会自觉构建资本主义价值文化并使之成为西方社会的主流价值文化的根本推动力量，西方近现代主流价值观念及其结构就是西方社会适应市场经济运行和发展的需要构建起来的。这里我们以近代西方的五个核心价值理念即利益、自由、平等、民主、法治为例作一些简要的分析。

市场经济是追求利润最大化的经济，而利润就是市场主体从经济活动中获得的归自己所有的经济利益。在市场经济条件下，追求和实现自身利益最大化是市场主体从事经济活动的主要的甚至是唯一的动机，而且也只有如此，市场主体才能不断增强竞争实力，市场经济才能获得发展，社会财富也才会快速增长。追求利益最大化不仅是市场经济的客观要求，而且是市场经济的本质。由于经济利益的实现需要许多其他社会资源支持，这些资源对于个人来说，也体现为不同的利益，如政治权力、社会地位和声望、受教育的机会等。当然，这些资源对于个人在社会生活中也是意义重大的。于是，个体利益就成为了人们经济活动乃至其他活动的普遍追求。这就是法国哲学家爱尔维修说的，"利益是我们的唯一推动力"①，"人永远服从他理解得正确或不正确的利益，这是一条事实上的真理；无论人们不把它说出来还是把它说出来，人的行为永远会是一样的"②。

市场经济是一种多元主体自主经营的经济，它要求市场主体有充分的自由，可以自我决策、自我经营、自我负责，同时也要求所有社会成员都能自由地成为市场主体。这种经济要求就是对社会成员自由权利的要求，西方近现代的自由的价值理念就是这种要求的体现。

市场经济是一种多元主体公平竞争的经济，它要求市场主体平等地以主体的身份参与市场竞争并凭实力取胜，所有市场主体都有平等的机会，享有平等的权利和履行平等的义务，并且在市场规则面前人人平等。这种经济要求就是对社会成员平等权利的要求，西方近现代的平等价值理念的原初根源就在于此。

市场主体以及所有社会成员的自由、平等以及其他经济权利，需要上升为政治权利，需要有政治的保障。在专制制度下，社会不可能为社会成员提供这样的权利保障，只有在民主制度下，这样的权利保障才有可能。民主说到底就是社会成员自主和自治，社会成员在政治上自主，他们就具有自由，也才会有彼此之间的机会、权利、人格以及法律上的平等。因此，市场经济需要有民主政治与之相适应，没有民主政治，就不会有自

---

① 北京大学哲学系外国哲学史教研室编：《十八世纪法国哲学》，商务印书馆1963年版，第537页。

② 同上书，第536页。

由、平等，也就不会有市场经济存在和发展的条件。至少现代意义的民主是市场经济的客观要求，西方近现代的民主的价值理念与这种要求直接关联。

市场经济的正常运行和发展需要良好的社会秩序，这种秩序需要法律制度加以维护，要求市场主体和社会成员除了法律之外享有最广泛的自由，也就是说，法律是社会的最高权威，也是社会成员活动必须遵循的底线，政治权力必须在法律范围内、在法律之下行使。同时，这种法律是社会成员意志的体现，社会成员遵循法律就是遵循大家的公共意志，就是社会成员的自治。这就是现代意义的法治政治。显然，这种法治政治是民主的要求，同时也是民主的保障。民主也好，法治也好，归根结底都是市场经济的客观要求，都是与市场经济相适应并为之提供政治保障的核心价值理念。

不可否认，西方近现代的主流价值文化的形成，离不开西方自古以来的个人主义、科学主义、法治主义和理性主义的基本文化精神，但西方近现代市场经济发展的客观要求无疑是其主流价值文化构建的真正动力源泉，正是在这种动力的强力推动下，西方传统的个人主义、科学主义、法治主义和理性主义精神才得到了真正的弘扬和充分的贯彻。在这种意义上，我们也可以说近现代西方价值文化是一种市场经济取向的价值文化。市场经济的核心是资本，以市场经济为取向也就是以资本为取向。这种取向被看作是资本主义的，所以，近现代西方价值文化是资本主义的价值文化。

二、构建的历程

西方近现代价值文化与西方传统文化虽然在基本精神上有继承关系，但两者之间存在着本质的差别，西方近现代价值文化的构建是对西方传统文化特别是中世纪基督教文化的革命。其间，代表西方近现代价值文化的资产阶级与代表中世纪教会文化和封建文化的中世纪教会势力和封建势力进行了殊死的斗争，经历了一个"血与火"的艰难过程。经过一系列革命斗争，资产阶级最终构建起了资本主义价值文化，建立了资本主义社会。在资本主义价值文化构建方面资产阶级思想家作出了特殊的贡献，资产阶级政治家发挥了关键作用。前者提出和设计了资本主义价值文化的理论蓝图和实施方案，后者按照这种实施方案将蓝图变为现实。资本主义价值文化虽然总体上说是有其独特性质和特征的价值文化形态，但在它的基本构建完成之后，由于 20 世纪上半叶以来社会历史条件的巨大变化，特别是面临着科学技术迅猛发展、现代文明高度繁荣以及社会主义价值文化挑战的新情况，因而它还在发生着重大的变化。因此，我们可以说，西方资本主义价值文化构建到目前为止还是一种未完成的构建。

（一）从血雨腥风中走过来

尽管早在古希腊就已经形成了个人主义和理性主义传统，但在中世纪，这两种传统都发生了异化。在基督教教会的统治之下，个人主义异化成了教会一统天下的教会整体主义，理性主义也异化成了基督教的信仰主义。同时，古代希腊、罗马的奴隶与自由民之间的不平等演化成了封建的等级制、教会内部僧侣等级制、教会之内与教会之外的不平等以及正统与异端、天主教与异教之间的不平等。基督教教会成了当时封建社会的最高统治者，它建立了一套严格的等级制度，把上帝当作绝对的权威。哲学、文学、艺术乃至一切学问都得遵照基督教经典《圣经》的教义，谁都不可违背，否则，宗教法庭就要对他制裁，甚至处以死刑。科学家布鲁诺被烧死在罗马鲜花广场就是一个典型的案例。这样，社会当然也就是不民主的社会，而是专制的社会。这种专制社会也有法律，但这种法律名义上来自上帝，实际上却是来自教会，体现的是统治者的意志，维护的是统治者的利益。对于被统治者来说，特别是对于异端、异教徒和反天主教者来说，这些法律实际上是枷锁和镇压反抗的工具。西方近现代主流价值文化就是在这样的现实社会条件下作为天主教文化的对立物并在同天主教教会和封建主阶级的统治斗争的过程中走上历史舞台的。

　　从西方近现代历史看，资本主义价值文化并不是资产阶级与天主教教会和封建统治者作斗争的一个意外结果，而是他们自觉地构建起来的。这个构建过程是一个新生资产阶级与代表占统治地位的基督教文化的僧侣阶级和封建主阶级反复较量、生死搏斗的持久而残酷的过程。正是在这个过程中，资产阶级构建起了西方近现代的资本主义价值文化。如果我们从西方文艺复兴算起一直到第二次世界大战结束，西方近现代主流价值文化的构建前后经历了约六百年的时间。其间，经历了文艺复兴、宗教改革、海外殖民、启蒙、资产阶级（政治）革命、产业革命、科技革命、哲学革命以及两次世界大战等血雨腥风的过程。在所有这些运动中，文艺复兴、启蒙和资产阶级革命对于近现代西方主流价值文化构建具有奠定的意义，并发挥了关键作用，这里着重加以阐述。

　　文艺复兴是 13 世纪末在意大利各城市兴起，以后逐渐扩展到西欧各国，于 16 世纪达到鼎盛的一场思想文化运动。文艺复兴字面的意思是"希腊、罗马古典文化的再生"，但其实质是资产阶级在思想文化领域反教会统治、反封建主义的思想解放运动。它与其说是"古典文化的再生"，不如说是"近代文化的开端"；与其说是"复兴"，不如说是"创新"。文艺复兴的核心思想是人文主义。人文主义者以"人性"反对"神性"，用"人权"反对"神权"。他们要求以人为中心，而不是以神为中心；他们歌颂人的智慧和力量，赞美人性的完美与崇高，反对基督教宣扬的自我否定；他们重视个性解放和自由，要求现世幸福和人间欢乐，藐视关于来世幸福或天堂的虚无缥缈的神话；提倡科学文化知识，否弃宗教神学和愚昧主义。总之，人文主义者发现了人和人的伟大，肯定了人的价值、自由和幸福，其集中体现就是"我是人，人的一切特性我无所不有"的口号。

　　文艺复兴运动的历史意义是广泛而深远的，从西方近现代主流价值文化构建的角度看，它最深刻的意义在于冲破了西方中世纪基督教教会的专制统治和神学思想对人的束缚，奠定了西方近现代主流价值文化的个人主义、世俗主义、幸福主义的基调，唤醒了西方人的自由、平等、尊严的个性意识和主体意识。它还最直接地为启蒙运动做了思想准备，正是在文艺复兴的人文主义思想文化基础上，西欧爆发了启蒙运动这场旗帜更鲜明、作用更彻底、影响更深刻的空前的思想解放运动。

启蒙运动是继文艺复兴运动之后在 17、18 世纪欧洲发生的又一场反封建、反教会的资产阶级思想解放运动。1784 年德国哲学家康德所著的《什么是启蒙》中指出：启蒙就是使人们脱离未成熟状态，把人们从迷信或偏见中解放出来。启蒙运动的矛头直接指向"黑暗的中世纪"。当时的人即用"启蒙时代"这个概念，表明那是以光明驱逐黑暗的历史时代。启蒙思想家将自己视为大无畏的思想文化先锋，认为启蒙运动的目的是要引导世界从专制的、等级制的、非理性的黑暗愚昧时期走向自由的、平等的、理性的人间天堂。他们以理性反对愚昧，用政治自由对抗专制暴政，用信仰自由对抗宗教压迫，用自然神论和无神论来摧毁基督教权威和宗教偶像，用"天赋人权"的口号来反对"君权神授"的观点，用"人人在法律面前平等"来反对贵族和僧侣的等级特权。与文艺复兴运动相比较，启蒙运动有以下突出特点：一是启蒙思想家不再以宗教辅助文学艺术复兴，而是力图以经验加理性思考建立独立于宗教影响的文学艺术，并致力于建立中世纪被排斥的现代科学知识体系。二是启蒙思想家不再通过文学艺术的手段表达对教会、神学以及封建制度的不满情绪和对人及其感性生活的渴望和憧憬，而是旗帜鲜明地从理论上证明封建制度、教会统治的不合理，矛盾直指基督教教会和神学，对现实社会展开了无情的批判。三是启蒙思想家不再借助文学艺术的形式间接地宣传新观点、新主张，而以自然状态说、自然权利说、社会契约说等理论为根据提出了一整套政治纲领和社会改革方案，要求建立一个以"理性"为基础的社会。

启蒙运动是西方资产阶级思想家自觉为构建资本主义主流价值文化作出的巨大努力，如果说文艺复兴运动更多地具有情绪化的特征，那么启蒙运动则具有鲜明的理智化的特点。启蒙运动对于资本主义主流价值文化的构建具有两方面的重要意义。

其一，从理论上构建了资本主义主流价值文化的观念体系。具体体现在：一是确立了资本主义社会追求的终极价值目标，这就是社会成员自由平等地追求自己利益。换言之，从理论上确定了社会成员追求自己利益的天然合理性。二是确立了资本主义社会的核心价值理念，其中最突出的是：自由、平等、民主、法治、理性以及勤俭、冒险、市场、科技、利益等。三是确立了资本主义社会的基本价值原则，如个体至上原则（个体原则）、利己乃人的天性原则（利己原则）、私有财产神圣不可侵犯原则（私产原则）、天赋人权原则（人权原则，包括自由原则和平等原则）、人民主权原则（民主原则）、在法律下治理国家原则（法治原则）、权力分立与制衡原则（分权原则）、政府不干预经济活动和经济活动由市场调节的原则（市场原则），等等。这一切为西方资产阶级进行政治革命和建立资本主义社会提供了理论依据和体系构架。

其二，从舆论上为资本主义主流价值文化在全社会确立做了充分的准备。大多数启蒙思想家不仅是思想理论家，而且是宣传鼓动家。他们一方面猛烈抨击基督教教会和神学以及专制制度，无情地揭露其腐败的行径和虚伪的面目，使社会公众普遍认清了它们的罪恶及腐朽没落性；另一方面又大力宣扬自然状态说、天赋人权说、社会契约说、人民主权说、三权分立说、权力制衡说等，使资本主义主流价值文化的核心理念广泛深入人心，为社会公众所普遍认同。

这两方面的工作使在全社会确立资本主义主流价值文化具有势在必行、势不可挡之势，直接导致了法国大革命和美国独立战争。

启蒙运动强力推动了资产阶级革命的时代来临。早在 1566 年，尼德兰爆发了历史上第一次成功的资产阶级革命。这次革命是通过民族解放战争的形式完成的，革命后建立了资产阶级共和国。在欧洲还普遍处于封建专制统治的时期，荷兰共和国的出现具有重要意义，它为资本主义在欧洲北部的发展开辟了广阔的道路，也使人类历史的前景出现一抹灿烂的曙光。继尼德兰革命之后，英国爆发了资产阶级革命。这次革命从 1640 年查理一世召开新议会的事件开始到 1688 年詹姆斯二世退位的事件结束，以新贵族阶级为代表推翻了封建君主专制，确立了自己的统治地位，君主立宪制的资产阶级统治开始确立起来。英国资产阶级革命是人类历史上资本主义制度对封建制度的一次重大胜利，不仅为英国资本主义迅速发展扫清了障碍，而且揭开了欧洲和北美资产阶级革命运动的序幕，推动了世界历史发展的进程，被认为是世界近代史的开端。1775 年莱克星顿枪声打响的美国独立战争，是世界史上第一次大规模的殖民地争取民族独立的战争，给大英帝国的殖民体系打开了一个缺口，为殖民地民族解放战争树立了范例。它推翻了英国的殖民统治，创造了美利坚合众国，确立了资产阶级民主政治体制，为美国资本主义的发展扫除了障碍，同时也有力地推动了18世纪的欧洲革命。1789年爆发的法国大革命更是一次广泛而深刻的政治革命和社会革命，它摧毁了法国的封建专制制度，建立起资产阶级的政治统治，促进了资本主义经济的发展。它也是一次欧洲范围的革命，震撼了整个欧洲大陆的封建秩序，推动了欧洲的反封建专制的斗争，传播了资产阶级自由、民主的进步思想，促进了欧美资产阶级政治统治的建立。

资产阶级革命是资产阶级政治家用资本主义制度取代封建主义和基督教教会统治的政治运动，也是用资本主义价值文化取代基督教价值文化作为社会主导价值文化的文化运动。就近现代资本主义主流价值文化构建而言，资产阶级革命的意义主要体现在，通过资产阶级革命按照启蒙思想家的理论价值体系建立了资本主义国家政权，同时又运用政权的力量推翻了基督教价值文化的统治，确立了资本主义价值文化的主导地位，其集中体现就是颁布了后来西方资本主义法律体系所体现其精神和内容的《权利法案》、《美国独立宣言》、《人权宣言》等著名文献。

英国资产阶级革命期间颁布的《权利法案》（全称为《国民权利与自由和王位继承宣言》）以法律形式对国王的权力进行制约，确立了议会高于王权的政治原则，并由此逐步建立了"君主立宪制"、"议会制"。它标志着人类社会由专制转向民主，由人治转向法治。

作为美国立国文书的《美国独立宣言》不仅宣告北美13个殖民地脱离英国独立，美利坚合众国由此诞生，而且宣布了一切人生而平等，人们有生存、自由和追求幸福等不可转让的权利；政府是为了保障这些权利而建立的，其正当权力是经被治理者的同意而产生的，其赖以奠基的原则和组织权力的方式的唯一根据在于使人民获得安全和幸福；如果政府企图把人民置于专制统治之下，不能保障人民的权利和使人民安全幸福，人民便有权利改变或废除它，以建立一个新的政府。

法国大革命期间颁布的《人权宣言》（全称为《人权与公民权宣言》），

以《美国独立宣言》为蓝本，采用 18 世纪的启蒙学说和自然权利论，确定"社会的目的就是共同的幸福"，提出"主权在民"，宣布自由、财产、安全和反抗压迫是不可剥夺的天赋人权，肯定言论、信仰、著作和出版自由，确立司法、行政、立法三权分立，法律面前人人平等，私有财产神圣不可侵犯等原则，并且表示如果政府压迫或侵犯人民的权利，人民就有反抗和起义的权利。

这些在资产阶级革命期间产生的著名文献，虽然不一定是以法律形式出现的，但所确立的终极价值目标、核心价值理念和基本价值原则，后来都写进了所在国家的宪法或法律，而且得到了所在国家公众的普遍认同。这些文献虽然出自于不同的国家，但具有共同的思想基础和理论依据，它们一脉相承，前后相继，相互支持，相互补充，共同构成了完整的西方资本主义价值体系。

（二）尚未完结的构建

西方近现代主流价值文化的思想理论构建，到 19 世纪就已经基本完成，而其实践构建大致上到第二次世界大战前后基本完成。但是，这种主流价值文化在其构建的过程中就已经暴露出了不少的问题。这些问题早在 19 世纪中叶就为西方思想家所注意和揭露，但只是到第二次世界大战前后才为政治家所重视。这些问题的出现是与西方经济社会发展，特别是现代文明的繁荣直接相关的，因而基本上都是近现代西方价值文化的理论设计者由于时代的局限而未曾预料到的。自第二次世界大战以来，西方的思想家和政治家一直都在致力于根据新的社会历史条件解决这些问题。他们的这种努力并不是对西方近现代价值文化的完全否定，而是对它的改革、修正、补充和完善。这个过程虽然通常被认为是西方现代价值文化向后现代的转换，但并不是一种新的价值文化形态的构建，而在一定意义上可以说是西方近代开始的资本主义价值文化构建在新的时代条件下的继续。

西方当代主流价值文化构建对近现代构建的修正、补充和完善主要体现在以下三个方面：

第一，在终极价值目标方面，由近现代只注重利益的追求和占有转向了同时注重生活享受。近代西方人虽然也将幸福作为终极价值目标，但将幸福主要定位于对利益的获取，于是获取利益（主要表现为金钱和财富）实际上成了近现代西方人追求的终极目标。自20世纪30年代开始，刺激消费逐渐成为市场经济发展的主要动力。政府的干预政策以及现代传媒对高工资、高福利和高消费的强力推动，使消费主义在西方风行起来。高消费的直接后果就是耽于享受。在这种新的社会条件下，人们不仅追求利益的获取，而且追求生活的享受，就普通的社会公众而言，生活享受更成为追求的主要目标。对于今天的西方人来说，幸福已经不仅意味着利益的获取，更意味着生活的享受。

第二，在核心价值理念方面，近现代的勤俭、冒险、理性理念有所淡化，出现了重视公正、责任、环保和德性的明显倾向。在市场经济不发达和社会物质财富不充分的近代西方，人们为了获取更多的利益，积累更多的财富，非常勤劳和节俭，过着勤扒苦做、节制欲望的生活。勤劳和节俭被看作是富裕之路。"没有勤劳和节俭，就会两手空空，有了它们，就会丰衣足食。"① 进入20世纪后，市场经济的发展带来了丰富的物质财富，科学技术的发达大大减轻了劳动强度和缩短了劳动时间，再加上消费主义盛行，这一切使勤劳和节俭的德性逐渐为人们遗忘。同时，伴随着西方国家法制的健全，世界殖民地瓜分完毕以及殖民地国家纷纷独立，过去西方盛行的为了获得金钱和财富敢冒天下之大不韪的冒险行径也基本上绝迹。推崇理性和高扬理性使西方快速发达起来，但也导致了诸多的问题，如经济技术一体化导致的个性丧失、情感缺失以及科学技术发达导致的环境污染、现代大规模杀伤战器制造，等等。这些严重的问题及其对人类生存的威胁，使当代西方人不再像过去那样推崇和张扬理性，甚至还引起了对理性的反感。20世纪以来西方广泛流行的非理性主义和反理性主义就是这种情形的极端表现。

---

① ［德］马克斯·韦伯：《新教伦理与资本主义精神》，于晓、陈维纲等译，三联书店1987年版，第33—35页。

在勤俭、冒险、理性等价值理念淡化的同时，当代西方出现了一些新的价值理念，其中特别值得注意的有公正、责任和德性。

在近代，自由和平等是反封建和反教会的孪生兄弟，但随着西方社会的发展，自由与平等之间的矛盾日益凸显。追求自由的结果是社会的贫富两极分化，而这是与社会平等的要求相冲突的。为了解决自由与平等的冲突，自20世纪30年代起西方开始重视社会公正问题，到20世纪70年代初罗尔斯的《正义论》发表，社会公正问题成为西方社会普遍关注的重大社会问题。社会不仅要自由，而且要平等，而平等又不能损害自由，就是说，自由也好，平等也好，都需要以公正为限度。这样，社会公正就成了当代西方社会公认的核心价值理念和基本价值原则。

随着市场营销观念的盛行，以满足客户需要为中心实现企业利润最大化成为西方企业家经济活动的主要动机。然而，客户的需要并不都是健康的，一味以客户的需要为经济活动的中心可能造成对客户长远利益和整体利益的损害，可能导致对生态环境的破坏和不可再生资源的迅速消耗。在这种情况下，企业的社会责任问题成为人们关注的焦点问题。由企业社会责任问题进一步引发了人们对政府、组织、公民所承担的社会责任的思考，于是社会责任问题也成了西方社会关注的重大社会问题。个人应该追求自身利益和权利，企业可以通过满足客户的需要实现利润最大化，政府也可以通过干预经济社会生活谋求发展，但这一切都必须以对社会、当代人以及后代人负责为前提。这样，社会责任作为核心价值理念和基本价值原则也就得到了公认。

20世纪下半叶以来，由于工业有害液体和气体的大量排放、森林面积的急剧减少、不可再生资源的迅速消耗等多方面的原因，自然环境污染日益严重，生态平衡遭到严重破坏，人类生存面临着严重威胁。西方国家大多是工业发达国家，它们是导致环境问题的最早祸根，也最早意识到环境保护的极端重要性。1962年在美国问世的《寂静的春天》，首次向西方人发出了环境问题十分严重的警告。从此以后，环境保护问题进入了西方各国的视野，环保也成了当代西方人的普遍共识。

自近代以来，自由被视为个人最重要和最基本权利，但为了保证社会成员自由的普遍实现，近代西方在充分肯定个人的自由权的同时也十分重视社会的规范，力图使人们的自由行为纳入社会的秩序范围。西方人以为只要人们在社会规范的范围内享有充分的自由，社会就会达到理想的境界。然而，现代文明的诸多弊端表明，即使人们普遍遵循社会规范，社会仍然会出现许多影响人类生存和幸福的问题，而这些问题是与人们忽视了"人应该成为什么样的人"这一问题直接相关，或者说，与人们不注重自己的品质、不具有德性品质直接相关。这样，自20世纪50年代开始，西方思想家开始重视德性问题，试图复兴西方古典的德性传统。人们逐渐认识到，一个人要幸福，一个社会要美好，不仅个人要享有充分的自由，社会要有良好的秩序，还需要人们有德性品质，有健全的人格。到今天，个人德性问题也已经成为西方社会关注的一个重要问题。不过，从总体上看，西方资本主义价值体系虽然包含一些个体德性的德目，但似乎尚未从整体上将这类德目作为核心理念。

第三，在基本价值原则方面，主要体现在对利己原则和自由原则有所修正。西方近现代将个人追求自己的利益看作是天然合理的、道德的，只要这种追求不妨碍和伤害他人。自19世纪开始流行功利主义进一步强调在利己不损人的同时还要给他人带来益处。就是说，不仅要无损于人，而且还有益于人。20世纪中叶兴起的市场营销观念，促进了西方利己主义原则内涵的进一步扩展，使之成为一种服务他人的原则。这种原则要求，个体（特别是企业）不仅要无损于人，有益于人，而且要通过他人利益最好的实现来实现自己的利益。对于企业来说，要以客户为中心，将其作为上帝，为之提供方便、快捷、周到的服务，而且企业内部的结构和机制也要以客户的需要为轴心来建立。这种原则实质上是利己主义的，因为服务他人的最终目的是为了自己获得更大的利益，但它已经不是那种低级的利己主义，而是一种高级的利己主义。服务他人包含了无损于人，但超越了它，在一定程度上消除了个体与他人、整体的对立，因而更具有合理性。

自由原则是西方近现代的根本价值原则，其重要体现就是国家或政府不能干预经济生活和社会生活，更不能干预个人在法律范围内的自由。但自19世纪以来，市场经济的迅速发展导致经济危机和社会危机频繁发生，在这种情况下，传统的自由放任主义面临挑战。为了保证经济和社会生活的稳定，避免经济和社会危机的风险，20 世纪的思想家提出了政府适度干预社会生活的国家干预主义。这种思想为政治家所接受并将其确定为社会的基本价值原则。不过，国家干预主义的出现并不意味着对近现代的自由原则的否定，而只是对它的修正。这主要体现在两个方面：其一，国家干预是适度的干预。干预的环节主要在于社会资源的再分配上，而不是社会资源的初次分配上；干预的手段和途径主要不是行政上的，而是通过法律的。其二，国家干预所涉及的是社会资源分配方面，而不涉及个体特别是个人的私生活方面，个人在其生活领域享有充分的自由，这种自由权利国家不能以任何理由剥夺和侵犯。

三、要素、结构和特征

西方近代以来主流价值文化是西方资产阶级自觉构建的，而且其实践构建是以理论构建为前提和依据的。因而今天来看，西方近代以来的主流价值文化已经形成了较为完整的体系，具有明显区别于其他国家或地区价值文化以及西方传统价值文化的特征。

（一）基本要素及其结构

西方近代以来的主流价值文化就是西方资本主义核心价值体系的现实化。就其核心结构而言，它大致上可以划分为三个层次，即终极目标、核心理念和基本原则。其中，核心理念和基本原则各自又是成体系的，有不同的构成要素。它们与终极价值目标一起构成了西方资本主义核心价值体系的基本要素，西方资本主义核心价值体系就是由这些基本要素构成的体系。

社会核心价值体系中通常都包含着终极价值目标，西方资本主义核心价值体系的终极目标是个人幸福。这种价值目标首先肯定幸福是每个人的，个人是幸福的主体，个人对自己负责，个人的幸福主要靠个人去追求和实现。社会在个人追求和实现幸福的过程中，只能为之提供安全稳定的社会环境，制定防止人们在追求幸福的过程中相互妨碍和伤害的规则，并确保这种规则得到遵守。社会不承担为个人提供幸福的责任，这即是所谓"人人为自己，上帝为大家"、"各自只扫门前雪，休管他人瓦上霜"。不过，后来的资本主义社会给自己增加了一项职能，这就是为那些不能自食其力的社会成员提供基本生活保障。这种价值目标所确定的幸福的内容经历了一个变化过程。近代西方主要将幸福理解为利益，认为只要获得了利益，人们就可以过上幸福生活，因此，鼓励人们追求自己的利益，"白手起家"，发财致富。于是在近代西方利己主义幸福观盛行。20 世纪后西方为了刺激经济增长，又将享受纳入幸福范围，不仅鼓励人们追求自己的利益，而且鼓励人们消费享受，消费主义、享乐主义幸福观又流行开来。实际上，这两者并不是分离和矛盾的，相反是相互关联的。追求利益、占有资源归根结底是为了满足欲望，享受生活。只是在不同时期社会有不同的需要。近代资本主义社会经济尚不发达，因而鼓励人们节制欲望，积累财富，将积累用于扩大再生产，以增加社会财富的总量，使社会走向富裕；而到了 20 世纪之后，资本主义社会经济走向发达，因而鼓励人们大量消费，通过高消费刺激经济增长。无论哪一种情况，经济增长都是内在的驱动力，这也许就是资本主义价值体系的本质。

"核心价值理念则是终极目标的具体体现，它们本身具有目的性，同时又是体现着终极价值目标的要求并服务于终极目标实现的。因此，它们在核心价值体系中具有核心的地位。"[1] 西方资本主义价值体系的核心理念近代以来有些变化，但没有多大的实质性改变，有些核心理念还处于变化之中，未完全确定。就得到公认的而言，西方资本主义价值体系有以下十个核心理念，即利益、市场、科技、环保、责任、自由、平等、公正、民主、法治。其中，前五个理念是与经济生活直接关联的，而后五个理念则是政治生活的追求，它们一起构成了资本主义核心价值理念体系。

---

[1] 江畅：《我国主流价值文化构建的三个问题》，《光明日报》2012 年 6 月 21 日第 11 版。

西方资本主义价值体系是以市场经济为其基础的，整个价值体系的出发点和目的都是利益。这里所说的利益最初主要是指经济利益，在经济生活中体现为资本，如金钱、土地、财富、人力资源以及其他经济资源，但后来进一步扩展到能获取经济利益的其他资源，如政治权力、教育机会、社会地位和名望等。这些非经济的资源在市场经济条件下也都可以转化为资本。资本是可以增殖的，即可以带来利润，这样，对利益的追求在市场经济条件下转变为对资本增殖的追求。资本主义价值体系和价值文化是以获取利益尤其以资本增殖为终极目标的，整个资本主义社会的运行也是以资本的增殖为追求和驱动力的。资本主义价值文化因其推崇资本和追求资本增殖而具有了资本主义的性质。

资本主义价值体系所追求的利益不像以前社会那样靠自给自足或战争掠夺获得，而是靠在市场经济中通过自由竞争获取。市场是人们利益获取的主要战场，而市场经济则是这种战场运行的机制。市场经济是以追求利润为目的、以商品生产和交换为主要内容、以市场为主要经济调节手段的经济。市场经济是人类社会自古以来就有的，但只是在资本主义价值体系中它才成为社会经济的唯一形式，才成为整个价值体系的基础和支柱。资本主义价值体系是在市场经济兴起和发展中催生的，西方资产阶级在构建其价值体系的过程中不仅认可了市场经济，而且以市场经济发展为取向并适应其发展构建自己的价值体系，使之成为自己的基本价值理念。

科学技术与市场经济不一样，西方资产阶级一开始就有意谋求其发展的。不过这种谋求最初并不是为了发展市场经济的需要，而主要是针对中世纪的蒙昧主义。但当资产阶级发现作为近现代知识的科学技术可以极其有力地促进市场经济发展的时候，它就致力于科学技术的发展，使科学技术成为促进市场经济发展和改变社会面貌的主要力量。科学技术自古以来就存在，只是到了近代以后才成为以实验为基础的科学与以科学为基础的技术两者有机结合的科学技术。市场经济发展必然会要求科学技术发展，而科学技术发展又成为市场经济发展的加速器，这两者最终在资本主义价值体系中、在资本主义实践中有机地结合了起来，并大大增强了资本主义社会及其价值体系的物质基础。

市场经济与科学技术的相互促进一方面使西方社会经济繁荣，另一方面又导致了环境和生态危机。为了解决日益严重的环境问题，西方人的保护环境意识普遍增强，环境保护也就逐渐成了当代资本主义价值体系的一个重要价值理念。在当代西方，环境保护理念的含义已经从最初单纯的防止自然环境的恶化，对青山、绿水、蓝天、大海的保护，包括不能私采（矿）滥伐（树）、不能乱排（污水）乱放（污气）、不能过度放牧、不能过度开荒、不能过度开发自然资源、不能破坏自然界的生态平衡等，逐渐扩展成了保全物种、养护植物植被、保护生物多样性、让动物回归、尊重动物的权利以及为了保证社会发展而扩大有用自然资源的再生产，等等。今天，环保已经作为一种重要的价值要求渗透到当代西方社会生活的各个方面。

实行环境保护是西方人对自然也是对人类的生存环境负责的一种重要体现，但西方当代的责任理念不只是涉及对自然环境负责的问题，还扩展到了人类生活的各个方面。自 20 世纪 50 年代以来逐渐纳入西方价值体现的责任理念，是一个含义十分广泛的概念。就其主体而言，不只是指个人，而且指企业、政府乃至其他各种社会组织，特别是强调企业对客户和社会的责任。就责任对象而言，不仅指对自然环境负责，而且指对社会环境、对他人负责；不仅对当代人负责，而且对子孙后代负责。就责任范围和程度而言，不仅指直接责任，而且指间接责任；不仅指显性责任，而且指隐性责任；不仅指当前的责任，而且指长远的责任。对于当代西方来说，责任不只是指相对于权利而言的责任，也指并不与权利相对应、相匹配的一些责任；不只是指与社会角色相应的责任，也指具体角色之外作为一般人特别是作为人类成员应承担的责任；不只是指责任主体应承担的责任，也指对责任主体自己的行为负有的一切责任。西方责任理念的确立归根结底是人类社会日益一体化的必然要求。

自由是资本主义价值文化最推崇的核心价值理念，这不仅因为自由是专制的对头，只有用自由才能取代专制，而且因为人们的普遍自由是市场经济得以存在和运行的条件。对自由有种种不同的理解，作为资本主义核心价值理念的自由，其含义是确定的，这就是每一个人都能按自己的意愿行事。要如此，不仅需要每一个人有自由意识，而且要有允许人们自由的环境，特别是社会环境。资本主义社会就是根据这种自由的要求建立起来的。对于生活在资本主义社会中的人来说，除了法律之外，人们可以不受任何其他东西的约束，而法律本身至少在名义上是每个社会成员意志的体现。

资本主义是以人们自由地追求利益为动力机制的。由于人们各方面的条件不尽相同，追求所获得的利益自然不相同，因而人们在结果上或事实上不平等。从这种意义上看，资本主义是不平等的社会。但是，资本主义的价值文化又确实是肯定人人平等的，而且在实际生活中贯彻了这种平等的要求，只是这种平等不是结果的、事实上的平等，而是马克思所说的"形式上的"平等。这种平等就是人格的平等，即不论出身、种族、贫富、强弱、老幼、男女都有平等的人格尊严；权利的平等，即所有人都享有相同的社会权利；机会的平等，即社会的一切机会向所有人开放；规则的平等，即像在法律面前人人平等那样的规则适用于一切人。这种平等虽然是形式上的，但并不是虚假的，而是实在的。如果没有这种平等，整个资本主义社会就无法运行。

普遍自由与社会结果或事实上的不平等是资本主义价值文化的内在的深刻矛盾。在资本主义早期，这种矛盾并不明确，但随着资本主义的发展，这种矛盾日益突出。正是为了解决这个问题，社会公正便得到了重视。社会公正的一般含义是使社会成员各得其所，对于资本主义价值体系而言，其公正只能是这样的：即在肯定和维持自由竞争导致的社会事实上的不平等前提下，使自由与事实上的不平等控制在一定的范围之内，使这两者之间的矛盾不至于导致严重的社会冲突。其实际的处理方法就是给社会的弱者提供适当的社会保障，使他们能正常生活下去，尽管不富有。因此，资本主义的公正实际上就是自由竞争加上必要的社会保障。这即是资本主义意义的社会成员各得其所。

当每一个社会成员都成为自由的主体的时候，社会就是民主的。民主实际蕴涵在自由之中。在当代资本主义社会，民主不仅意味着每个人是社会的主体，更意味着各种社会利益集团（常常以组织的形式存在）是社会的主体。社会利益集团，特别是政党，取代公民而成为了社会真正的主人。资本主义早期的主权在于民演变成了主权在利益集团，社会的政治权力最终落到了在政治竞争中取胜的政党手中。资本主义的议会政治或代议政治，实际上是利益集团政治或政党政治。相对于传统的专制社会而言，当代西方社会确实是民主政治，但社会的主权不在民，而在掌握着政治权力的利益集团。一个利益集团能否掌握政治权力，虽然主要取决于所代表的阶级或阶层的经济实力，但也取决于它能否兼顾全体社会成员的利益。

法治是与民主相伴的，一个社会要成为真正自由、民主的社会，必须有法治作保障。资本主义价值体系之所以推崇法治就是因为只有法治才能维护资本主义自由和民主。资本主义法治的基本内涵在于政治权力在法律的范围内行使。在法律范围内行使的权力不但不能侵犯个体的自由和权利，而且要维护和扩大他们的自由和权利，并确保社会秩序的正常。只有这样，社会成员才能自由，才能成为社会的主人，他们自由竞争而不造成社会秩序的破坏。要使法律具有这种限制权力的作用，它本身必须是社会成员意愿和意志的体现。

"基本价值原则是终极价值目标和核心价值理念的实践要求。"① 资本主义价值体系作为一种完备的社会价值体系，包含着一系列体现其终极价值目标和核心价值理念的价值原则。其中基本的我们可以列出以下八条：(1) 个体至上原则（个体原则）。这是资本主义价值体系的根本原则，它要求在个体与整体特别是与国家的关系上以个体为本位、为实体，国家服从个体并为个体服务，在两者发生冲突时以个体利益为重。在所有个体中，个人又是终极的实体。(2) 利己乃人的天性原则（利己原则）。这一原则承认个体追求自己的利益是本性使然，是天然合理的，也是道德的，因而要求国家的制度和管理只能顺应这种本性，为这种本性实现服务，而不能违背这种本性。(3) 天赋人权原则（人权原则）。这一原则肯定个人的基本权利是与生俱来的，是任何人都不可剥夺的，也是个人自己不可转让的，法律和政府必须维护人的基本权利。人权原则中又有两条最重要的

---

① 江畅：《我国主流价值文化构建的三个问题》，《光明日报》2012 年 6 月 21 日第 11 版。

原则，即自由原则和平等原则。自由原则即按自己的意愿行事原则，这一原则将自由看作是人最重要的天赋权利，法律和政府都要确保公民和其他个体的这种权利。平等原则即人格、机会、权利、义务平等原则，这一原则以平等是人的基本权利为前提，要求政府在不影响自由竞争的前提下、在所有可能的方面实现人人平等，使所有社会成员普遍平等。(4) 私有财产神圣不可侵犯原则（私产原则）。这一原则以承认个人享有私有财产权是人的自然权利为前提，把保护私有财产看作是政府首要的、不可推卸的职责，政府也不能以任何理由侵犯私有财产。(5) 个体主权原则（民主原则）。这一原则要求所有的社会个体都应该成为社会的主体和主人，社会管理者是个体自主选择的并且是为个体服务的。(6) 在法律下治理国家原则（法治原则）。这条原则也是法律至上原则，它要求一切公共权力必须在法律范围内运行，并必须依据和服从法律。(7) 权力分立与制衡原则（分权原则）。这一原则要求国家的权力分设，由不同部门来掌管，使权力不仅受到法律的制约，而且受到权力之间的相互制约。(8) 国家适度干预经济社会生活原则（干预原则）。它要求政府适度干预经济社会生活来维护社会公正和社会秩序，但这种干预必须在法律的范围内并通过法律的途径实现。

(二) 根本性质和主要特征

近现代西方价值文化虽然看起来是个体主义、自由主义的，但其根本性质是资本主义的。或者更确切地说，它的出发点和目的是个人解放、自由和幸福，但这种价值体系在使人解放和自由的过程中却发生了异化，最终走向了以资本增殖为轴心，资本渗透它的整个结构和功能，资本控制一切。其结果，个人虽然从专制之下获得了解放，也获得了自由，但根据这种价值体系构建的社会整个地被资本所控制，个人也因此而为新的奴役力量即资本所奴役，而没有真正获得解放、自由和幸福。正因为如此，我们不能简单地说它是个体主义价值文化，而应该说它是资本主义价值文化。

资本主义价值体系的资本主义性质使它不同于封建主义价值体系，也不同于社会主义价值体系。就与封建主义价值体系的区别而言，它不再像封建主义价值体系那样追求统治者权力的长久，而追求个体的自由和平等。它肯定个体至上，给个体以充分的自由和平等，创造条件特别是建立完善的法律制度让他们自由竞争，使他们在竞争中优胜劣汰。这样一方面可以使社会充满生机活力，使社会文明繁荣；另一方面也能维持社会的正常秩序。显然，资本主义价值体系更与人性相适应，更适应人类生存，因而它不仅战胜了封建主义，而且经历几百年至今仍然生机勃勃，长盛不衰。资本主义价值体系与社会主义价值体系的区别不在于追求社会成员个人的自由平等，而在于前者的终极价值目标最终异化成了资本增殖，而后者的终极目标则是普遍幸福，包括个人的自由和平等。资本主义价值体系的终极目标是利益，在市场经济条件下只有资本增殖才能带来利益，因此，资本增殖就实际上成了资本主义价值体系的终极价值目标，并因而使之资本化。社会主义价值体系力图克服了资本主义价值体系资本化的缺陷及其导致的异化，使整个价值体系立足于全体社会成员的普遍自由和幸福，而不是立足于单个社会成员的自由平等权利。社会主义价值体系尚处于构建的过程之中，它能否战胜资本主义价值体系，关键在于它能否克服资本主义价值体系的异化，特别是社会的两极分化和资本化。

近现代西方主流价值文化从个人主义异化为资本主义，或者说，它是资本主义价值文化，这是近现代西方主流价值文化的本质特征。除此之外，它还有几个区别于封建主义价值文化和到目前为止的社会主义价值文化的特征。了解这些特征对于我们全面正确地理解资本主义价值文化以至西方近现代文化并借鉴其合理内容，对于构建我国社会主义主流价值文化是很有价值的。

个体至上——以个体为本位是近现代西方主流价值文化的一个根本特征，也是西方近现代文化的一个共同特征。西方近现代价值文化产生的缘由就是为了反对封建和基督教教会的专制主义，而按马克思的说法，专制主义的本质在于把人不当人看。反对专制主义就是要使人成为独立自主的主体，成为社会的实体，国家要服从和服务于个体。这里所说的个体最初既指个人也指民族国家，后来进一步包括各种社会组织。在个人与国家及各种组织的关系中，个人又被看作是终极实体，在社会中具有至高无上的地位。从这个意义上看，个体至上，实质上是个人至上，公民至上。这种观点的主要依据不仅在于人具有与生俱来的自然权利，而且在于个人被看作是社会的主人，国家的主权在于公民。西方的个人至上所强调的是个人利益至上。个人至上的基本含义和根本要求就在于要把个人的利益作为个人和社会的终极目标加以追求。个人利益是一个含义广泛的概念，个人权利被认为是个人利益中的基本方面。在个人的权利中，自由权在近代又被看作是最重要的，因而个人权利特别是自由权在西方近现代价值体系中受到了高度重视。正是因为上述原因，西方近现代主流价值文化被看作个体主义的、个人主义的、自由主义的。在西方与自由主义同时存在的还有共和主义，共和主义的渊源比自由主义更早。共和主义更强调平等、公民政治参与和公共精神，但共和主义也肯定个人的至上性，认为政治权力必须来源于人民的同意。20 世纪西方兴起了共同体主义（社群主义），它力图克服自由主义过分强调个人自由的偏颇，而强调共同体对于个人生存发展的意义，但也不否认个人的至上性。而且，无论共和主义也好，共同体主义也好，它们都不是西方的主流价值观。应该说，个体至上是西方主流文化和非主流文化共同认同的价值理念和原则。

推崇理性——西方近现代主流价值文化主张个人至上，就社会而言，主张个人的权利至上，就个体自身而言，则主张个人的理性至上。推崇理性是近现代西方主流价值文化的一个突出特征。西方近现代思想家最初是为了反对中世纪教会实行的蒙昧主义而推崇理性的，因为理性可以使人获得知识和真理，而知识和真理能使人心明眼亮。同时，他们还发现诉诸理性可以解决因倡导自由而可能导致的社会秩序混乱，因为理性可以使人意识到他人和社会秩序对于人生存和利益的重要性，并出于自己更好生存和获取更大利益制定和遵守规则（道德的和法律的），这样他们都极力倡扬理性、诉求理性。后来的社会实践不仅表明这些思想家的想法是正确的，而且还显示了理性更多的作用，特别是对于科学技术的作用，以及科学技术对生产力和经济发展的重要作用。于是理性至上、理性万能的观点曾一度十分流行。尽管自 19 世纪中叶开始在西方出现了非理性主义和反理性主义的思潮，但理性主义至今仍然是西方的主流价值观。

法律统治——西方推崇理性主义的一个重要的积极后果就是意识到法律对于现代社会的极端重要性，并且形成了在法律之下治理国家的法律至上理念和实践。法律自古以来就存在，但长期以来，法律不过是统治者进行统治的手段，统治者运用法律来对付老百姓，防止他们犯上作乱和破坏统治秩序。近现代西方思想家发现，统治者是人，而人既有理性、理智的一面，同时又有感性、情感的一面，如果统治者自己不受法律的约束，他们就有可能不按理性的规则行事，而一旦他们出于情感行事就会出现暴政、庸政、失职之类的问题。另一方面，社会是其成员通过订立契约建立的，社会成员才是社会的主体，由谁来掌握政治权力也得通过法定的程序来确定，而不能由强者说了算。因此，他们所构建的价值体系确立了法律在国家中的最高权威，社会管理者必须在法律范围内依法进行管理，而法律所体现的不是社会管理者的意志，而是全体社会成员的意志。不仅社会管理者必须在法律范围内依法进行管理，而且社会成员也必须遵守法律，以法律作为自己行为的基本准则。这样，在近现代西方价值体系中，法律就由以往的统治者的工具变成了统治者本身，社会的管理者（官员）不再是统治者，而是法律这一最高统治者的执行者。由于法律是全体社会成员意志的体现，因而社会的最高统治者实际上是社会成员的共同意志，是他们的理性的产物。社会成员的共同意志法律化，法律统治整个社会，社会管理者在法律范围依法行事，社会成员自觉遵守法律，这就是西方法律统治的实质内涵，也是近现代西方主流价值文化的一个突出特点。

宽容异己——主流价值文化是相对于非主流价值文化而言的，没有非主流价值文化就无所谓主流价值文化。西方主流价值文化之所以能称为主流价值文化，是因为它允许非主流文化存在。在此前的人类社会，要么文化一统，要么文化多元。前一种情形是统治者在推行自己主张的价值文化的同时压制甚至扼杀其他的价值文化；后一种情形是社会存在着多种价值文化而没有形成主流的价值文化。与这两种情形不同，近现代西方的价值文化是一种主流的价值文化与非主流价值文化并存，而且主流文化对非主流文化起引领和规范作用的文化。近现代西方文化之所以会出现这种局面，是因为近现代西方主流价值文化对其他各种非主流的价值文化采取宽容的态度，不仅允许它们存在，而且给它们的存在和发展提供必要的条件。大家都知道，近现代西方主流价值文化是在批判基督教文化的过程中建立起来的，但这种文化建立起来后，并不全盘否定基督教文化，相反承认其合法地位，并利用它为主流价值文化服务。近代以来的西方社会一直都是学派林立、学说纷纭，其中不少观点都是与主流价值观不一致甚至对立的，如与个人主义对立的社群主义、与自由主义对立的共和主义、与理性主义对立的非理性主义等。所有这些观点不仅允许存在和宣传，而且从法律上保证提出者和拥护者的言论自由。对于不少与主流价值观冲突的非主流价值观因其更具有合理性而为主流价值观所吸收，或用以取代主流价值观中不合理的内容，如国家干预主义取代自由放任主义、消费主义取代禁欲主义等。宽容异己不仅使西方资本主义价值文化成为真正意义的主流价值文化，而且使它能经受风吹雨打，始终充满生机和活力。

四、经验、教训与启示

近现代西方主流价值文化是人类历史上第一次通过自觉构建形成的主流价值文化。尽管这种主流价值文化存在着资本化的问题并导致了一些难以克服的问题，但总体上看这种自觉的构建是成功的，所构建的主流价值文化是有生命力的，并且至今充满着生机和活力。今天看来，西方近现代主流价值文化的构建既有成功，也有失败。我国当前正在致力于主流价值文化建设，西方近现代构建主流价值文化的经验和教训都值得我们借鉴，对于我国主流文化的构建具有重要启示意义。

（一）社会核心价值体系设计至关重要

一个社会的面貌、性质取决于占统治地位的价值文化，而占统治地位的价值文化是其核心价值观，特别是其核心价值体系的体现。因此，核心价值体系设计得是否正确合理，是这种价值体系能否现实化为正确合理的文化的前提，也是它能否成为社会的主流价值文化的前提。西方资本主义价值文化之所以能成为西方社会的主流文化，重要的原因之一是西方资本主义核心价值体系是经过长期精心设计形成的，有其合理性；而它之所以存在着诸多的问题，为许多思想家所批判，并为许多国家所抵制，则是因为它的设计存在根本性缺陷和诸多问题。这种根本性的缺陷集中体现为它从个体主义异化为资本主义，并导致社会的全面异化。

西方近现代主流价值文化从个体主义异化为资本主义是这样发生的。资本主义价值体系在最初设计的时候其目的是要把人从一切束缚中解放出来，使之获得自由、平等和幸福。但这种最初的设计存在着以下问题：首先，在当时普遍贫穷的社会条件下，设计者只考虑到了让人们自由地、平等地获得财富（利益），由穷变富，而没有考虑到在自由平等的社会，其终极价值目标不能仅仅定位于利益。在市场经济条件下，资本才能带来利益，以利益为终极价值目标实际上就意味着以资本为终极价值目标。以资本为终极价值目标就会使整个价值体系的运行都指向资本及其增殖，这样就会使整个价值体系的结构和功能资本化。在这种资本化的价值体系中，资本统治着人，人为追求占有资本和实现资本增殖而生存，人成了资本占有和资本增殖的手段，于是异化就发生了。其次，设计者们只考虑到了让每一单个的人解放、自由和平等，没有考虑到人们之间存在的那些不可能完全克服的差异，后来事实证明在每一个人都能自由平等追求自己利益的情况下，这些差异导致了人们之间事实上的严重不平等。因为对这种可能导致的不平等缺乏意识，因而在价值体系设计时不会考虑如何避免这种不平等或将其控制在一定的限度内。再次，设计者们只看到市场经济的积极方面，特别是过于看重市场经济使社会富裕的作用，没有考虑到不受控制的市场经济可能导致自然资源迅速消耗、环境污染以及导致整个社会和个人生活市场化和资本化，因而没有提供如何避免和克服市场经济负面作用和影响问题的对策。

有这三方面缺陷的价值体系设计变成的现实是：人们的自由平等身

份与利益追求、市场竞争三者相结合所导致的社会的两极分化和整个社会的资本化。一方面，在资本主义社会中，人们在竞争中被分为富人和穷人，富人占有大量的社会财富和资源，而穷人则只能获得最低的生活保障。那些在自由竞争中取胜的人形成不同的利益集团，这些利益集团之间为维护和扩大自身的利益而竞争政治上的权力，那些经济实力雄厚的利益集团往往在竞争中取胜并控制着政治上的权力。而那些在自由竞争中失败的或处于劣势的普通社会成员则通常与政治权力无缘。在这种政治权力分配的格局中，他们没有成为真正的社会主人，相反成了被统治者，虽然他们仍然具有人身自由和平等的机会。另一方面，由于社会经济和政治机会对所有社会成员都是开放的，所有的社会成员包括那些在自由竞争中取胜的人都得不断地追求实力的增强，追求占有更多的资本，以便跻身于富人的行列，获得更高的社会地位。他们都为经济利益所驱动，为获取更多的利益而生存，人的自由、幸福和全面发展丧失。富人与穷人的划分由于竞争不断地进行而不断地进行着，因而富人也需要不断地赚钱，不断地争取政治权力。这样，社会生活和所有人的个人生活实际上都资本化了，不仅普通人没有真正的自由和幸福，那些富人、那些掌握着政治权力的强者实际上也没有自由和幸福。整个社会就发生了全面的异化。如前所述，资本主义价值体系最初设计所暴露出来的问题，为后来人所注意并加以改进，如为克服严重两极分化而建立社会保障制度等。但是，由于这一体系设计上的问题是根本性的，因而今天的西方资本主义价值体系和文化仍然是有缺陷和问题的，而且它们是很难在这个体系的框架内加以克服和解决的。

　　西方价值体系设计的问题所导致的社会全面异化的教训告诉我们，要高度重视社会主义核心价值体系的理论设计，使之具有充分的科学性、正确性和合理性。设计上差之毫厘，实践上会谬之千里，甚至导致南辕北辙。当然，社会主义核心价值体系的理论设计不是一蹴而就的，而是一个不断总结实践经验教训、不断深化理论探讨的与时俱进过程。只有在这个过程中，社会主义核心价值体系才会逐渐达到完备、圆熟。在社会核心价值体系设计涉及的方方面面上，所有这些方面都要精心设计，尤其要高度重视正确道路的选择和规划。胡锦涛在党的十八大政治报告中在总结我党的历史经验时深刻地指出："道路关乎党的命脉，关乎国家前途、民族命运，关乎人民幸福。"① 中国特色社会主义道路是中国共产党为中国社会选择的实现民族振兴、国家富强和人民幸福的正确道路。我国在设计和构建社会主义核心价值体系的过程中，要认真汲取近现代西方国家的教训，不仅要坚定不移地走中国特色社会主义道路，而且要在设计上防范各种可能发生的偏差，努力实现中国特色社会主义事业的全面进步和科学发展。

（二）顺应人的本性

西方近现代所构建的主流价值文化之所以能得到西方世界的广泛认同，具有很强的社会感召力、渗透力、影响力，之所以能成为当今世界的强势价值文化，从其内容上看，是因为这种价值文化顺应了人的本性。它是根据人的本性的要求并致力于满足人本性的要求设计和构建起来的。

对于人的本性是什么，自古以来思想家有不同的看法，但有一点是大家比较公认的：这就是人的本性具有利己的自然倾向，要求自己生活（存）得更好；另一方面人又具有理性的本性，人会利用自己的理性来谋求自己的利益，实现自己生活得更好的要求。西方近现代思想家清醒地注意到人的这种本性，并且在尊重和顺应人的这种本性的前提下来构建整个社会的价值体系和价值文化。

近现代西方思想家首先论证人的利己的自然倾向是天然合理的，因而也是道德的。对于人的利己本性，西方近现代思想家有不同表达，有的称之为"自私"（马基雅弗利），有的称之为"自然权利"（霍布斯），有的称之为"自爱"（爱尔维修）。但是，他们并不因为这种本性的利己性而否定它，而是在肯定和尊重它的前提下探讨如何使它更好地得以实现。他们通

① 胡锦涛：《坚定不移沿着中国特色社会主义道路前进，为全面建成小康社会而奋斗——在中国共产党第十八次全国代表大会上的报告》，人民出版社 2012 年版。

过探讨发现，如果每个人都任由自己的利己本性行事，必然导致人与人之间的相互妨碍和相互伤害，必然导致"弱肉强食"，这样人间就会成为战场，就会出现"人对人是狼"的可怕战争状态。假如这样，不仅人的利己的本性和生活得更好的要求根本不可能得以实现，而且人的生存都会受到严重的威胁。为了避免这样的情况发生，人就需要运用自己的理性。人的理性具有反躬自省的能力，它能使人意识到人们既追求自己利益的实现又不相互伤害的重要性，并且会要求人们如此。同时，理性也会告诉人们，要追求自己利益的实现又不相互伤害，就需要制定一些大家都遵守的规则。即使有了规则，也有人会违反规则。因此，就需要有保证规则实行的机构，这就是国家。国家是大家通过订立契约建立的、保证人人都应遵守的规则得以遵守的社会管理机构。国家的主人是社会成员，这种规则是社会成员自己制定的法律，作为国家的管理机构的政府在法律的范围内依法管理社会事务，使社会成员的更好地实现自己的利益。他们同时承认，道德在社会生活中也有重要作用，它不仅要求个人利己不能损害他人（无损于人），而且要求有益于人，服务他人，从而实现大家的利益共进。西方近现代主流价值体系大致上是按照这个思路设计的，西方近现代主流价值文化也是以此为根据构建的。

从以上简要分析来看，西方近现代主流价值体系完全是以肯定人的利己本性为出发点，顺应这种本性，并诉诸人的理性而设计和构建的。这种设计和构建一方面基于人的利己本性引导人们从利己走向利他、从爱自己走向爱他人，从而使人们更好地实现自己的利益；另一方面，也根据人利己本性更好实现的要求处理个人与国家、政府的关系，使国家和政府服务于社会成员的利益共进。正是因为这种价值体系具有人性化、人道化的性质，它看起来是为了更好地实现个人的利益，所以它更容易为人们所认同和接受。这种价值文化虽然看起来世俗而不圣洁、现实而不理想，但便于普通百姓理解和接受，非常有亲和力。西方近代以来几百年的实践表明，尽管这种主流价值文化受到过一些冲击，也因为这些冲击和社会变化而不断地被改进，但它的基本性质和核心内容没有面临严重危机和挑战，没有被否定。西方近现代主流价值文化及其构建给我们的重要启示在于，我们所构建的价值体系，必须尊重和顺应人的本性，然后在此基础上构建能使人的本性得以更好实现的政治结构和社会结构。

（三）既要大力发展市场经济又要有效防范其负面作用

西方近现代主流价值文化是适应市场经济兴起和发展构建的。市场经济发展与这种价值文化的构建处于一种良性互动的关系。一方面，市场经济既是它生长的土壤，又是它发展的动力；另一方面，它的形成和完善又大大地促进了市场经济的发展，而市场经济的发展又促进了这种价值文化的形成和完善。在这种关系中，尤其值得注意的是市场经济发展对西方近现代主流价值文化构建的意义。.

首先，市场经济客观上要求与之相适应的价值文化，西方近现代主流价值文化正是适应这种要求建立起来的。资本是市场经济的命脉，市场经济运行的目的就是资本的增殖。市场经济的这种性质要求与之相适应的价值文化必须为资本的增殖服务，使一切资源（包括物质资源和人力资源）都资本化，并能带来更多的资本。这样的价值文化就是一种资本化的价值文化。西方近代主流价值文化是资本主义价值文化，而资本主义价值文化的根本性质和基本特征是这种价值文化的资本化。它是围绕着如何使资本增殖构建起来并运行的。西方近现代主流价值文化中备受推崇的自由、平等、民主、法治等，无不是服务于市场经济所追求的资本增殖的。显然，没有市场经济就不会有西方近现代主流价值文化的萌生，没有市场经济的发展就不会西方近现代主流价值文化的繁荣。市场经济是西方近现代西方主流价值文化的根基和动力。

其次，市场经济以其自身的优势最终打败了中世纪的一切之与不相适应的价值文化，从而为西方资本主义价值文化成为主流文化扫清了障碍。基督教价值文化在西方统治达千年之久，它有强大的教会势力和世俗的政治权力作支撑，而且渗入到西方社会生活的方方面面和社会成员的灵魂。西方近代为推翻这种价值文化的统治进行了不懈的努力，如文艺复兴运动、宗教改革、启蒙运动，等等。这些努力对于推翻基督教价值文化的统治和构建资本主义价值文化无疑具有重要作用，但需要注意的是，最终从根本上动摇基督教价值文化统治并使之退出历史舞台的是市场经济的发展。而且上述的革命运动本身也是适应市场经济发展的要求爆发的。因此可以说，市场经济是一种生命力强大的经济，具有击败一切与之不相适应的价值文化的革命性力量。

最后，西方的市场经济为与之相适应的西方近现代主流价值文化充满生命力和扩张性奠定了基础并提供了保证。市场经济是一种充满生机和活力的经济，它为了资本的增殖而永不满足现状，不断开拓进取，不断向内挖潜和向外扩张。与之相适应的西方近现代价值文化也具有同样的性质，这种价值文化是一种充满生命力的价值文化，也是一种扩张性的价值文化。今天西方国家在全世界到处推行他们的价值文化，其根源就在于作为这种文化基础的市场经济的扩张本性。

但是，市场经济又是一种有缺陷的经济。这主要表现在：它会导致社会不公。市场经济实质上是只讲经济效率，不讲社会公平的，如果没有政府的干预，必然导致富者愈富、贫者愈贫的两极分化问题和社会不公问题。市场经济还会产生负面效应。由于市场经济本质上是一种唯利是图，只要可能就会不择手段的经济，因而当这种经济充分发展时，其负面效应就会特别突出而且特别严重。如在市场经济条件下人们的那些不正常的、病态的需求不仅得不到遏制，相反被刺激、强化；市场经济引导和开发需求的结果会改变人们的需求结构，那些更有钱可赚的需求就会被放大，使之恶性膨胀，其结果会使人的需求结构畸形化；拼命地利用和开发无主的、无偿的自然资源，而不管其他人和子孙后代；厂商只要有钱可赚，在有可能逃避限制和处罚的情况下，就会不顾可能污染环境，破坏生态的严重后果。不受控制的市场经济也会导致人性异化。在市场机制的作用下，利益逐渐成为了人们一切活动的唯一动机，谋利是为了活着，活着就是为了谋利。金钱是利益的货币表现，于是金钱成为人追求的终极目标，成为人生价值的尺度，成为人一切行为的指挥棒。人的一切都被还原为金钱。人为金钱而生，为金钱而死。金钱至上、金钱万能成为了人们生活的信条。所有这些市场经济的问题在近现代西方社会一直都存在，没有得到有效的克服和防范。

西方的经验告诉我们，虽然市场经济是一种有缺陷的经济，但在人类有史以来的经济形式中，市场经济仍然是一种最先进的经济形式。只有以市场经济为基础并适应市场经济的要求构建的价值体系才可能是先进的价值体系，也只有借助市场经济的力量才能冲破一切旧的价值文化的束缚，战胜旧的价值文化，清除一切旧价值文化的消极影响。西方的经验也告诉我们，我们要战胜旧的价值文化，肃清其消极影响，必须借助市场经济的力量，必须大力发展市场经济。另一方面，我们也要吸取西方近现代的教训，不能仅仅以市场经济为基础构建价值文化，否则所构建的价值文化就会是资本化的，而资本化的价值文化并不能使社会成员普遍幸福。

（四）思想家享有充分思想自由

资产阶级是在批判和反对旧的价值文化中提出和确立新的价值文化的，同时又用新的价值文化批判和反对旧的价值文化。在这种破旧立新的过程中，资产阶级政治家发挥了决定性的作用，是他们的政治实践建立了资本主义社会，最终用资本主义价值文化取代了基督教价值文化。但是，他们的政治实践是以新的思想理论为依据的。新的思想理论是通过艰苦的理论创新创立的。思想理论的创新，是西方近现代价值文化构建的前提和先导。只有从理论上创立了有生命力、感召力、战斗力的新价值文化，才能通过斗争打败旧价值文化，建立新价值文化。在西方近现代，从理论上创立这种新价值文化的并不是政治家，而是思想家，尽管政治家适时地选择了这种理论并使之付诸实践。近现代西方涌现出了一大批思想巨子，他们从不同角度对西方近现代主流价值文化及其构建作出了首要的贡献。

西方近现代价值文化的构建过程大致上说是这样的：首先由思想家提出各种不同的价值观；然后政治家在各种价值观中进行挑选，并设计方案；最后政治家将设计方案制度化、法律化，并贯彻到社会生活的各个方面。在这个过程中，思想家提出的价值观是前提性的，没有他们提出的关于价值观的各种观点，不可能有随后的方案设计，也就不可能使价值观转变为社会的价值文化。虽然西方近现代思想家提出的价值观不尽相同，如有的是自由主义的，有的是共和主义的，但这些观点给政治家构建价值体系提供了素材和智慧，政治家可以在其中进行挑选和提炼，并进一步设计自己需要的价值体系方案。我们所说的西方近现代价值文化是一个统称，实际上西方各国的价值文化并不完全相同。它们之所以不同，就是因为它们所依据的价值观不同，所设计的价值体系不同。对于西方各国近现代主流价值文化构建来说，思想家的贡献无疑是首要的。

西方近现代思想家之所以能提出各种价值观，是因为思想家享有较充分的思想自由。从西方近现代历史看，除法国启蒙时期之外，西方各国虽然处于社会转型时期，基督教教会势力和封建势力仍然十分强大，但一系列革命运动给思想家营造了思想和言论自由的环境。在西方至今流传着伏尔泰的一句名言："我可以不同意你的观点，但我誓死捍卫你说话的权利。"这句名言深刻表达了西方近现代对思想和言论自由的充分尊重。正因为有这样的自由环境，思想家才能够自由地思想，自由地发表言论。我们可以设想，如果思想家不享有充分的思想自由，像霍布斯的《利维坦》、洛克的《政府论》、亚当·斯密的《国富论》、约翰·密尔的《论自由》等具有反叛性的西方近现代价值观的经典著作是不可能问世的。即使是在封建专制主义势力十分强大的法国启蒙运动时期，也出版了孟德斯鸠的《法的精神》、卢梭的《论人类不平等的起源》和《社会契约论》等革命性的著作。自近代以后，西方资产阶级在构建资本主义价值文化的过程中，也仍然十分重视社会环境的自由，确保思想家思想和言论自由的权利。应该说，思想家的思想和言论自由成为了这种价值文化的一个组成部分，成为了一种文化传统。正是在这种思想和言论自由的环境之中，20世纪以来西方思想家提出了更多的关于价值观的观点，出版了不计其数的相关著作。这一切又为西方主流价值文化从近现代到当代的转换提供了依据。

要构建一种先进的价值文化就必须有先进的价值观，但先进的价值观并不是一个人能提供的，而必须集中大量思想家的智慧。思想家要出智慧，首先必须有思想的自由，周围的环境允许他们自由地思想，最好还能给他们的自由思想提供条件。当然，思想家也要有追求真理、探索真理、捍卫真理的精神。西方近代现代主流价值文化的经验告诉了我们这个道理。有思想自由，才可能有好的价值观，才可能构建好的价值文化，也才能建设社会主义文化强国。党的十八大报告指出："建设社会主义文化强国，关键是增强全民族文化创造活力。要深化文化体制改革，解放和发展文化生产力，发扬学术民主、艺术民主，为人民提供广阔文化舞台，让一切文化创造源泉充分涌流，开创民族文化创造力持续迸发、社会文化生活更加丰富多彩、人民基本文化权益得到更好保障、人民思想道德素质和科学文化素质全面提高、中国文化国际影响力不断增强的新局面。"[1] 全民族文化创造活力产生和持续迸发的一个必要前提，就是思想家和文化工作者享有充分的思想自由和创作自由。

（五）政治家履行好自己的职责

前面我们已经提到了政治家在西方近现代主流价值文化构建中的作用。这种作用可以概括为四个方面：第一，熟悉当时各种价值观的基本观点。西方近现代政治家都比较了解当时思想家的思想，甚至非常推崇他们的思想。据说法国大革命时期的罗伯斯庇尔就是卢梭的忠实信徒，他被称为"行走中的卢梭"。第二，对这些观点进行挑选，并在此基础上根据国情设计价值体系。这既是一个择优的过程，也是一个集中思想家的智慧的过程。例如，英国选择了君主立宪制，而法国、美国选择了总统制。它们都是根据启蒙思想家的思想及本国的实际情况作出选择，并设计价值体系方案的。其中最典型的是美国。美国的开国政治家们就是根据启蒙思想家孟德斯鸠的"三权分立"的思想设计美国的政治体制的。第三，将这种价值体系的终极目标、核心理念和基本原则制度化、法律化。我们看到，近代西方政治家在基本上完成价值体系的设计之后，就将其文本化为制度和法律。英国的《权利法案》、美国的《独立宣言》以及随后的《美国宪

---

① 胡锦涛：《坚定不移沿着中国特色社会主义道路前进，为全面建成小康社会而奋斗——在中国共产党第十八次全国代表大会上的报告》，人民出版社 2012 年版。

法》、法国的《人权宣言》及随后的宪法，都是这样产生的。第四，根据法律治理国家。自近代开始，西方各国都实行法治，它们将价值体系制度化和法律化后按照法律管理国家，通过国家的行政管理，使制度和法律得以贯彻落实，从而使所选择的价值观和所设计的价值体系现实化，成为价值文化。

从以上分析可以看出，政治家在构建西方近现代主流价值文化中的主要作用，是在思想家提出的各种观点中进行选择，设计价值体系方案并使之法制化、现实化，而不是提出有关价值观的思想理论观点。在这里，思想家提出各种观点在先，政治家进行选择和构建活动在后。西方政治家一般不做思想家所做的事情，更不是首先由政治家提出观点，然后由思想家再对政治家的观点进行阐释和论证。政治家并不是不能提出有关价值观的观点，实际上每个人都有它自己的价值观，但政治家根据自己的价值观来进行社会价值体系的设计有很大的局限。首先，如果这样，他们就不会在各种思想观点中选择最正确、最先进的。当然，他们自己的思想观点有可能是最正确、最先进的，但更有可能不是这样。政治家成天忙于政治事务，没有精力从理论上研究价值观问题，从而获得真理性的知识，而且他们通常也不具备从事这方面理论研究的专业能力。他们的价值观也像普通人一样是通过学习和经验形成的，不系统、不完整，也没有经过理论的论证，基本上是常识性的价值观。显然，以这样的价值观为根据设计的社会价值体系很难是科学、正确和先进的。其次，政治家有自己的利益，并且代表着一定的利益集团，因而他们的价值观很难摆脱这种利害关系，成为真正公正的。如果以他们自己的价值观设计社会价值体系，这种价值体系就有可能是偏私的，不能代表全体社会成员的利益。西方近现代以至当代的政治家清醒地意识到了上述问题，将提出价值观的任务交给思想家，自己则将精力放在集中思想家的智慧上，有选择地根据他们的思想观点构建方案并付诸实施，这是十分开明、明智的。

西方近现代政治家在构建价值文化的过程中给思想家以自由，让他们自由地研究和提出思想观点，并尊重和采用他们的思想观点。这些做法给我们的重要启示在于，政治家要开明、明智，要意识到就价值文化构建而言自己不是思想家，而是设计师，尤其是工程师；要意识到自己有自己的职责，有自己的优势，也有自己的局限；不能因为自己的位高权重，就认为自己的观点、看法正确，是真理；不能唯我独尊，不去了解和吸取思想家的观点，相反要思想家来为自己的观点作阐释、作辩护或唱颂歌，甚至对与自己观点不一致的观点大加讨伐。当然，我们也要借鉴西方近现代的做法，从制度上保证思想家的思想自由，防止政治家以自己的价值观作为社会价值体系的依据。在社会主义文化强国的建设过程中，政治家要像党的十八大报告所要求的，一方面"必须走中国特色社会主义文化发展道路，坚持为人服务、为社会主义服务的方向"，另一方面必须"坚持百花齐放、百家争鸣的方针，坚持贴近实际、贴近生活、贴近群众的原则"。①

（六）制度化和法律化是关键

近现代西方政治家在构建其主流价值文化的过程中，采取的一个关键步骤就是使所设计的价值体系制度化、法律化，其重要体现就是以宪法为中心的民主政治。它是民主与法治的结合，它通过民主的途径形成全社会的共同意志并建立宪法，同时又通过宪法规范整个社会生活，包括政权的组织形式和运行模式。从主流价值文化构建的角度看，就是将所设计的价值体系方案通过一定的程序转变成具有最高权威的宪法，通过宪法的权威性使价值体系及其要求贯彻到政治生活以及其他社会生活的各个方面，任何人包括政治家都不能改变价值体系的内容，不能违背价值体系的原则。西方近现代价值体系之所以能在西方社会现实化为主流价值文化，一个重要的原因就是西方各国使价值体系制度化和法律化。在一定意义上可以说，西方国家的宪法就是它们的价值体系制度化和法律化的集中体现。美国在《独立宣言》发布之后，很快就根据其内容和精神制定了美国宪法，法国在《人权宣言》发布之后，也很快制定了法国宪法，西方其他国家也

---

① 胡锦涛：《坚定不移沿着中国特色社会主义道路前进，为全面建成小康社会而奋斗——在中国共产党第十八次全国代表大会上的报告》，人民出版社 2012 年版。

都仿效美国和法国这种体制，以美国宪法为范例制定本国宪法。正是在实行民主政治的过程中，西方近现代主流价值体系，特别是其中的最终目标、核心理念和基本原则得以制度化和法律化，它们在民主与法治的结合中成为了一种文化，即资本主义文化。

使价值体系制度化、法律化，对于将其现实化为社会的主流价值文化具有非常的作用。首先，制度化、法律化的过程，特别是立宪的过程，是一个民主参与的过程。在这个过程中，不仅使所设计的价值体系广为人知，而且让广大的社会成员参与讨论，在讨论的过程中形成共识，进一步完善价值体系，并使之得到公认。这样，所设计的价值体系就具有了广泛的群众基础和权威性。其次，当社会价值体系的基本精神和原则转变为宪法条文之后，它们就上升为了国家意志，具有最高的权威性，必须在政治和社会生活中得以贯彻，任何人和任何机构包括政治家和政府都不能违背它，否则就会受到追究和惩罚。这样，社会价值体系的现实化就获得了强有力的保障，也就会形成与价值体系相一致的社会价值文化。最后，法律，特别是宪法具有稳定性、连贯性，当社会的价值体系法律化之后，就可以保证它的稳定性、连贯性。一种价值体系的具体内容是可以根据时代的变化而改变的，只有这样价值体系才能与时俱进，充满生机和活力，但是它的终极目标、核心理念和基本原则总体上不能变，否则它就不是它自身，而是其他的价值体系。要保持价值体系的核心价值的稳定性和连贯性，就必须通过法律特别是宪法的形式将其中的内容确定下来。宪法是保持社会价值体系稳定性、连续性的主要方式。美国宪法 1787 年制定、1789 年生效以来，两百多年除了后来制定的 27 条修正案之外，基本上没有什么变化。美国宪法的稳定性保证了美国主流价值观的稳定性，正因为有这种稳定性才逐渐形成了美国的主流价值文化。

西方近现代将主流价值体系制度化、法律化的经验告诉我们，在构建我国主流价值文化的过程中，关键是要将民主与法治结合起来，将主流价值体系方案的制订与宪法的修订结合起来。一方面，要将宪法修订的过程变成全民对主流价值体系方案形成共识的过程，变成集中全社会智慧完善主流价值体系方案的过程；另一方面，要将主流价值体系的主要内容（终极目标、核心理念和基本原则）制度化和法律化，使之成为国家意志，成为具有权威性和约束力的政治规范。与此同时，还要进一步提高宪法在国家中的地位，使之真正成为国家的最高权威，使之成为我国主流价值体系得以有效贯彻的可靠保证和我国主流价值文化构建坚强有力的凭借。党的十八大政治报告指出："人民民主是我们党始终高扬的光辉旗帜。""法治是治国理政的基本方式。"① 我们要按照党的十八大报告的要求，在构建我国主流价值文化的过程中，不断推进民主制度和机制建设，不断推进法治建设，使制度化和法律化有机结合起来，为我国主流价值文化构建提供牢固基础和可靠保证。

---

① 胡锦涛：《坚定不移沿着中国特色社会主义道路前进，为全面建成小康社会而奋斗——在中国共产党第十八次全国代表大会上的报告》，人民出版社 2012 年版。

报告九

中国近现代价值文化构建的历史反思

周 鸿 雁

　　中国自觉的主流价值文化构建问题严格说来是在改革开放后才提上议事日程的。在自鸦片战争到改革开放约一个半世纪的中国近现代社会，由于缺乏市场经济的必然要求和西方不同价值观的影响，其价值观纷繁复杂，社会推行的价值观因为政治权力的变化而像走马灯一样变化不定，一些价值观根本没有来得及形成价值文化就被更替。虽然不同时期的政治家都有自己的价值观，有的也致力于价值文化的构建，但基本上带有文化一统和排他的色彩。政治家们所奉行的价值观，或所致力于构建的价值文化性质不同甚至根本对立，但所采取的构建战略基本上都是传统的，而不是现当代的。他们都自觉不自觉地将所主张的价值观与其他的价值观完全对立起来，通过压制甚至消灭其他价值观来推行所主张的价值观，追求价值观清一色、主导价值文化一统天下的社会文化局面。因此，近现代中国社会有价值文化构建，但没有主流价值文化构建。主流价值文化是以多种价值文化共存为基本前提的，不允许其他价值文化存在的价值文化构建，不能说是主流价值文化构建。不过，近现代中国的价值文化构建为当代中国主流价值文化构建作了铺垫，而且有不少经验教训值得我们认真地反思。进行这种反思不仅可以提高当前我国主流价值文化构建的自觉性，而且可以使我们今天的构建吸取近现代的教训，避免走弯路，彻底告别价值文化构建的混乱、多变的状况。

一、文化与时代背景

中国近现代价值文化的构建是在一种非常特殊的文化和时代背景下进行的。鸦片战争之后，中国没有西方近代早期那样的市场经济对新的价值观的必然要求，但西方列强的入侵在加快了旧的专制价值文化瓦解的同时，也促使中国人在救亡图存的压力下寻求新的价值观取代旧的价值观，构建新的价值文化。由于中国缺乏思想家所提供的新的价值观作依据，因而近现代中国不得不在西方思想库中寻求思想观念，出现了所谓的"西学东渐"。近现代中国价值观之争实际上不过是西方不同价值观之争，当然其中也不乏复古派参与其中。另外，近现代中国市场经济不发达，没有产生对与市场经济相应的价值观的诉求，人们主要诉诸政治权力，特别是通过武力来达到确立新的价值观的目的。于是，价值观的争斗演变成了权力之争和武力之争，谁在争斗中取胜，就确立谁信奉的价值观。这就是中国近现代价值文化构建的主要文化和时代背景。

（一）专制主义价值文化的衰落

中国专制主义 ① 价值文化源自先秦儒家价值观，至汉武帝"罢黜百家，独尊儒术"正式确立、推广，一直延续到清代，持续了两千多年。这种价值文化是一种道德价值文化，其核心内容是"仁义"道德，具体展开为"仁、义、礼、智、信"（五常）核心价值理念，其基本原则是"君为

---

① 过去通常将先秦或汉代至清代看作是中国的封建社会，冯天瑜教授对这种观点提出了质疑，并提出以"宗法地主专制社会"代替"封建社会"作为这段时期中国社会形态的名目，秦至清两千余年可简称为"皇权时代"（参见冯天瑜：《"封建"考论》，武汉大学出版社 2006 年第 1 版，中国社会科学出版社 2010 年修订版），他的批评引起了广泛的关注。鉴于这种情况，我们将汉代到清代这段历史时期统称为专制主义时代。

臣纲，父为子纲，夫为妻纲"（三纲），而其终极指向维护专制统治秩序，即君君臣臣、父父子子的和谐伦理秩序。中国专制主义价值文化是伦理化的，而不是法制化的。法律在这种文化中不仅只是手段，而且是用来对付老百姓，即所谓"刑不上大夫，礼不下庶人"。法律在国家中不具有至高无上的地位，具有至高无上地位的是王权。这样一种伦理化的价值文化是整体主义的，个人在这种价值体系中都没有独立性、主体性，没有自由和权利，个人不过是整体中的一个部分或零件，其功能在于为社会和谐秩序和统治长治久安作出自己的应有贡献。这种贡献有不同的等级，最高的等级是圣人，其次是贤人，再次是君子，最低的是小人。这种整体主义中的整体是"家国同构"的整体。在中国专制社会实际上除了国家和家庭之外没有什么其他的整体，这两种整体在专制主义价值体系中被有机地联系起来，国家是家庭的扩大，家庭是国家的缩小，在家尽孝才能为国尽忠。这种家国一体的结构同时又是国家和社会同构的结构。国家就是社会，社会就是国家，政治生活不是社会生活的一个层面，而是社会生活的全部，即所谓"治国、齐家、平天下"。在这种家国同构、国家与社会同构的社会中，不仅没有个人的独立和自由，也没有其他社会个体（如企业等）生存的空间。

　　中国专制主义价值文化的传承并不像西方中世纪基督教文化那样是持续的、不间断，而是断裂的。西方中世纪的基督教文化一直有教会系统推行，其间教会虽然发生过分裂，但教会组织基本上是一直延续的，因而基督教文化在中世纪以至今天都没有明显的断裂。中国专制主义价值文化与此不同，它虽然自形成之后在民间是延续的，但每当发生一次朝代的更替，就要对这种价值体系进行一次再确认，这种确认并不是必需的，也不是朝代一更替就马上进行的。特别是当少数民族入主中原成为统治者后，往往需要一个相当长的时期才认可和推行专制主义价值文化，元朝、清朝都是如此。这种情形与日耳曼人攻破西罗马帝国之后对待基督教的态度有些相似。尽管统治者最终都选择了这种文化，但从逻辑上看，它是否延续取决于王权，就是说，王权可以选择它也可以不选择它，而不是有制度或法律规定必须选择它。

中国专制社会中新的朝代之所以最终都采用专制主义文化，可能主要有三方面的原因：其一，专制主义价值文化最适合用来维护专制统治者的统治，这也许是历代专制统治者都采纳源自儒家的价值文化的主要原因。其二，自汉代开始，甚至更早，儒家的价值观深入到了中国社会生活，在很大程度上已经成为日常价值文化。统治者既然没有更有效的其他价值文化，他们当然会利用这种文化土壤实行统治。其三，在先秦之后一直到清代，中国社会没有出现任何与儒家学说根本不同而又有利于社会稳定和发展的学说（如西方的启蒙思想）。与中国已有的其他学说相比，儒家的价值观一直都是最有效的，无论是汉族的专制统治者还是其他民族的，都没有什么选择的余地。

上述原因中的第三个原因值得我们重视。专制主义价值文化一直能延续下来，是因为在封闭的中国专制社会没有其他更先进的价值文化，甚至也没有能与之抗衡的价值文化，而一旦这样的文化出现，专制主义的价值文化就不仅会面临挑战，而且最终会衰落。中国历史的进程正是这样。当西方列强入侵中国后，专制主义的中国与资本主义的西方形成了鲜明的对比，他们的"坚船利炮"、科学技术和法律制度中国没有。更何况到了19世纪末，晚清王朝也已经走到了尽头，清政府腐败无能，专制主义的价值文化也已经走向了没落。

（二）"西学东渐"

19世纪60年代，日本在受到西方资本主义工业文明冲击的背景下进行了由上而下、具有资本主义性质的全面西化与现代化改革运动，即是"明治维新"运动。在这一运动中，日本开展了"西进运动"，就是主动地、全面地向西方学习，不仅学习西方的科学技术、管理方式、社会制度，而且学习西方的文化。与日本不同，中国在鸦片战争之后，清政府被迫部分地向西方开放，最先只限于购买西方的武器装备，后来派留学生到西方国家学习，同时在国内也开始设置现代工厂，即洋务运动。自洋务运动开始，西方的价值文化开始逐渐地传入中国。这个过程被看作是"西学东渐"的过程。虽然这个过程早在明末清初就已经开始，但只是到了鸦片战争之后才对中国社会产生了越来越大的影响。与日本的"西进运动"不同，中国的"西学东渐"基本上是被动的、被迫的，而且官方基本上是抵制的。其典型的表现就是洋务运动中提出的"中学为体，西学为用"。就是说，我们可以学习西方的科学技术，甚至管理经验，但我们必须坚守中国的价值文化和社会制度，学习的目的不是为了国家富强和人民幸福，而是"师夷长技以制夷"。

由于统治者不主动地、全面地学习西方的主流价值文化和社会制度，相反采取抵制政策，因而西方的各种价值观都通过非官方的渠道传入了中国，无所谓主流非主流。不同的中国学者在不同的西方国家、从不同的途径、师从不同的老师，学到了不同的价值观，他们都主张按他们所学习到的、所信奉的观点来改造中国。当时中国的情形与西方不同，虽然西方近现代出现过各种不同的价值观，但它们只有一种最适合市场经济发展需要的，因而这种观点就成为了主流的价值观，中国则没有市场经济的发展，因而也很难辨别哪一种价值观更适合中国。而且这时西方出现了许多问题，国内一些人（如孙中山）将这些问题归结为主流价值观，因而认为西方的主流价值观也不一定是最好的。在这个时候，十月革命又给中国送来了马克思主义和列宁主义。到 20 世纪初，中国成了西方及俄国的各种学术观点纷呈、交锋的辩论场，持不同观点的人各自认为只有自己信奉的观点才是真理，才能拯救中国。最后只能靠武力解决问题，谁能在战争中取胜，谁就能推行自己所信奉的价值观。当然，历史事实证明，只有那种得到人民群众拥护的价值观才能最后在战争中取胜，这种价值观才能成为主流价值文化。

西学东渐是一个被动地吸收西方思想的过程，但在这过程中中国人毕竟接触到了西方国家的各种价值观，使自春秋以来一直没有新价值观的中国有了各种不同的新价值观可供比较、选择。尽管不同人信奉其中不同的价值观而不能达成一致，但大家普遍认为专制主义的价值观已经过时、腐朽，都主张用流入中国的外域价值观取代专制主义的价值观。在西学东渐的过程中出现过某些"复辟"专制主义价值文化的闹剧，但都在国人的唾骂中草草收场。应该说，西学东渐以及外域思想的传入构成了中国近现代价值文化构建的主要文化背景。中国近现代价值文化构建的过程，在某种意义上看，就是引进、吸收、消化外域价值观，并使之与中国实际情况相结合的过程。到 20 世纪中期，中国共产党领导的新民主主义革命取得了胜利，马克思主义、列宁主义价值观成为占统治地位的价值观，并在此基础上逐渐形成了社会主义价值观。但马克思主义和列宁主义也都是从西方和俄国来的，这应该说是"西学东渐"在中国结出的对中国历史进程影响极其深远的最重要成果。

（三）无经济根基的政治诉求与争斗

在中国近现代没有市场经济基础的社会，选择一种什么样的价值观，因为没有经济发展的必然要求而具有较大的偶然性，特别是在国外有两种对立的价值观已经占统治地位并各有其优势的情形下，人们可以选择其中的一种，也可以选择其中的另一种。这就要看谁最终能成为政治上的统治者。一种价值观被选择为占统治地位的价值观，通常是与它的信奉者成为统治者直接相关的。当然，也有某些相反的情形，即政治上的统治者夺取政权并不是为了构建某种价值文化，而是为了其他的目的。中国近现代史上就有不少军阀并不是为了实现某种价值理想，构建某种价值文化，而仅仅是为了一己私利或为了称王称霸、满足自己的权力欲而争夺政权。不过，即使像这样的无思想和无理想的专制军阀，一旦坐稳了江山，也得信奉某种价值观，构建某种价值文化，否则它的统治就无法进行下去。在中国近现代史上，这两种情形都有，不过总体上看前一种情形是主要的，戊戌变法、辛亥革命、旧民主主义革命、新民主主义革命都是属于这种情形。

由于近现代中国市场经济这种先进的经济形式非常弱小，完全没有显示出它的力量和要求。在这种情况下，谁能成为政治上的统治者就取决谁拥有军事力量，谁能在军事争斗中取得胜利。实行戊戌变法的人都是一些学者文人，他们没有掌握任何军事力量，他们的政治诉求从根本上触动了清王朝的利益，因而很快就被实际掌权的清统治者镇压下去了。辛亥革命凭借武力打响了推翻专制统治的第一枪，但以孙中山为首的资产阶级革命党人并没有真正拥有武装力量，最后被掌控着清朝军事力量的袁世凯窃取了民国的最高统治权，成为临时大总统、大总统，最后称帝。孙中山及其所领导的国民党从失败的教训中意识到，要夺取政权必须拥有自己的军事力量，于是创办了黄埔军校，并参考苏联军事制度组建国民革命军。从1925 年国民党建立的中华民国政府到北伐战争结束时成为中国唯一合法的政府，国民党成为中国的统治者。中国共产党在革命实践中也意识到要掌握政权必须建立军队，走武装夺取政权的道路。经过艰苦卓绝的不懈奋斗，共产党领导的人民军队最终推翻了中华民国政府，建立了中华人民共和国。

从袁世凯最终逼清帝逊位并当选为临时大总统，到中国共产党建立中华人民共和国，前后不到四十年时间。在这四十年内，袁世凯虽然是清朝的反叛者，但并没有接受新价值观，而且他作为统治者不过四年时间，其间政治一片混乱，他根本无心选择价值观和进行价值文化构建。以孙中山为代表的国民党基本上接受了欧美的主流价值观，同时又与中国的实际结合起来，提出了具有中国特色的民族、民权、民生的三民主义。但是，自蒋介石执掌国民党大权后，将注意力用来对付共产党及其所领导的军队，其间又得面对日本的侵略，因而并没有真正贯彻实行孙中山的三民主义。蒋介石于 1934 年到 1949 年开展了"新生活运动"，这一运动在某种意义上可以说是一种自觉的价值构建活动，但由于其核心内容"四维"（即"礼义廉耻"）基本上是传统的，而且由于国民政府忙于战事并没有取得什么实质性成效，后来随着国民党统治的倒台草草收场。在这段时间，真正利用政治和军事的力量致力于价值文化建设的是中国共产党。中国共产党最初在党内、在军队中宣传贯彻马克思列宁主义价值观，后来又在所领导的解放区以这种价值观构建新民主主义价值文化。新中国成立后，中国共产党又在全国范围内推行社会主义价值文化，并使之成为占统治地位的价值文化。这段时期的历史表明，中国共产党之所以能更自觉地进行价值文化构建，一方面是因为它找到了能引导中国人民翻身求解放的先进思想武器，即马克思列宁主义价值观，而且因有更明确的价值文化意识而更自觉地贯彻马列主义价值观；另一方面是因为它注重武装夺取政权的斗争，不但发展壮大自己的军事力量，最终获得了政权，并运用政权的力量进行社会主义文化建设。

二、中国近现代价值文化构建的历程

中国近现代价值文化构建的过程是从戊戌维新运动前后开始，可以说以它为标志。此前出现的洋务运动（又称自强运动，约 1861 年至 1894 年）是清朝政府内的洋务派在全国各地掀起的"师夷之长技以自强"的改良运动。洋务派虽然主张利用官办、官督商办、官商合办等方式发展新型工业，增强国力，但它是以维护清政府的专制统治为目的的，因而洋务运动不能划入中国近现代价值文化构建的范畴。中国近现代价值文化构建的过程大致上从戊戌维新前后开始到改革开放，前后经历了约一百年的时间。这一过程大致上经历了三个阶段：第一个阶段是 19 世纪末 20 世纪初。这时由于西方以及苏俄的各种价值观的传入而出现了百家争鸣的局面。在这一阶段，不同的知识分子因接触和信奉的外域价值观不同而宣传和主张不同价值观，这为后来的政治家选择不同于专制主义价值观的各种价值观提供了可能；第二阶段是从辛亥革命开始一直到中华人民共和国建立。在这一阶段，国民党试图构建具有中国特色的资本主义价值文化，所依据的主要是孙中山的三民主义；而共产党则致力于构建新民主主义价值文化，所依据的是马克思主义、列宁主义以及后来的毛泽东思想。这是两种性质完全不同的价值文化的构建，其结果是新民主主义取代旧民主主义而成为占统治地位的价值文化；第三个阶段是新中国成立后到改革开放。这是共产党所领导的社会主义价值文化构建，所依据的是主要是毛泽东思想。在这整个构建的历程中，共产党对于中国近现代价值文化的构建作出了杰出贡献，其突出体现在于，它在中国构建起了一种完全不同于专制主义价值文化的全新价值文化，即社会主义价值文化。这种价值文化本身及其构建今天看来有不少局限和缺陷，但所构建的毕竟是一种先进的价值文化。

（一）世纪之交的百家争鸣

发生在 19 世纪末 20 世纪初的百家争鸣，是改革开放以前中国历史上继春秋时期的百家争鸣之后的第二次。这是中国近现代价值文化构建的第一个阶段，是中国知识分子传播外域价值观和各价值观碰撞、争鸣的时期。

19 世纪末和 20 世纪初，百家争鸣的发生与西学东渐直接相关。西学东渐从明末清初开始。明末清初西学开始传入中国，西学中受到注意的主要是技术方面，如天文历法、测量以及"西洋奇器"等。当时中国的少数士大夫开始认识到西方学问有优于中国之处，但这并未改变中国人对中国文化的自信，对于中国文化本身的影响和冲击不大。当时最流行的说法是"西学源出中国"，认为一些中学不及西方的事物，其实是中国古代已有而传入西方，只是中国自己反而失传的事物。例如，黄宗羲认为一些数学原理是周公时代西传的；王夫之认为西学大多是"剽窃中国之绪余"；钱大昕认为西方天学算学，是源自于在中国已失传的祖冲之的著作。这样的看法使时人能很安心承认并学习西方的一些先进的文化和技术。

鸦片战争前后，中国人与西方人有了更多的接触。当时大多数人根本不重视甚至排拒西学的存在，仅有少数有识之士如林则徐、魏源等人，开始注意到西学有其优越之处。不过，他们仍不把西学看作是与中学对等的学术文化，西学不过是"夷学"，其中虽有可取之处，但其地位远不及中学。在洋务运动早期，大多数中国人仍存有这种看法，随着与西方文明接触的增加，"西学"一词逐渐取代了"夷学"，许多官员及知识分子开始正视西学，并开始探讨如何融合二者的优点来实现中国富强。当时在政界、学术界都有重要地位的张之洞提出的"中学为体，西学为用"，是晚清新式知识分子最典型的观点。他们认为，西学在器物、制度上胜过中学，但在基本的思想道德等方面不如中国。到了辛亥革命前后，这种观点已开始受到挑战。越来越多的知识分子对传统文化不满，并开始视西学以及其他外域的学问为"新学",热衷于宣扬和倡导新学,认为新学高于中学而应当取代中学。"五四"前后出现的新文化运动,提倡民主与科学("德先生"与"赛先生"),反对专制、愚昧和迷信;提倡新道德,反对旧道德;提倡新文学,反对旧文学。这是一次由受过西方教育的知识分子发起的思想解放运动。在这次运动中,新学与旧学之间以及不同的新学之间展开了激烈的论战。

1915年《新青年》一问世就提出"打倒孔家店"的口号,大张旗鼓地倡导新思想、新文化、新道德,反对旧思想、浊文化、旧道德,并宣称"所谓新者就是外来之西洋文化,所谓旧者就是中国固有之文化",公开主张以先进的西方文化来取代落后的专制文化。"西洋文化"主要是指西方资产阶级的"民主"和"科学"思想,而"中国固有之文化"是指中国传统的儒家思想。

"五四"运动之后,传统文化已受到了猛烈冲击,西方文化已如"洪水"般涌入,不可阻挡,新文化得到了广泛的传播,完全拒绝外来文化的论调已没有什么市场。于是有一些知识分子提出了中西文化"调和论"、"化合论"。1919年秋天起,章士钊到处讲演,鼓吹新旧调和之说。他认为"调和者,社会进化至精之义也","不有旧,决不有新","不善于保旧,决不能迎新"。杜亚泉(枪父)等人也赶紧呼应这一论调,进一步提出中国固有文明不但不能"革除",而且"救济之道,在统整吾国固有之文明"。这实际上仍是一种改头换面的文化守旧论。李大钊坚决反对这种调和论,从经济基础的决定因素方面分析了新文化取代旧文化的客观必然性。《新青年》、《新潮》、《民锋》、《每周评论》等杂志都积极参加了这场论战。这次论战一方面进一步传播了与专制传统文化彻底决裂的新文化精神,同时也开了"全盘西化"论的先河。

20世纪20年代初期,中国社会围绕着人类社会未来的走向又展开了论战。1918年,梁启超自欧洲归国后在《欧游心影录》中发表了大量观感,认为欧洲一百年来虽然物质文明高度发展,却带来了许多灾难,要想解放"物质文明破产,哀哀欲绝的喊救命"的西方世界,只有依靠中国的古老文明。梁漱溟也呼应梁启超的观点,认为西方文化"是以意欲向前要求为其根本精神的"，印度文化"是以意欲反身向后要求为其根本精神的"，而中国文化"是以意欲自为调和持中为其根本精神的"。他提出，这三种文化系统代表了人类文化发展循序渐进的三个阶段，而西方文化的路已经走到了尽头，紧接着"便是中国文化复兴成为世界文化的时代"。胡适等人立刻起而应战。胡适认为，现在全世界大通了，当初鞭策欧洲人的环境和问题现在又来鞭策我们了。将来中国和印度的科学化与民治化，是毋庸置疑的。李大钊、瞿秋白等人受俄国十月革命的影响，开始站在马克思主义立场上参与这次论战。瞿秋白指出：西方文化，现已经资本主义而至帝国主义，而东方文化还停滞于宗法社会及专制制度之间，两者都应为当代社会所摒弃，只有进行无产阶级的世界革命，方能有真正文化的发展。

"五四"运动之后，在新文化阵营内部还发生了"问题与主义"之争。"问题与主义"之争是一场发生在新文化阵营内部的、具有学术辩论性质但在内容上又带有浓厚政治色彩的争论。它事关如何解决中国社会政治问题的根本道路，反映了二者价值观上的分歧。

这一时期的学术论战是中国人的一次西学的洗礼。通过这次洗礼，中国人对于世界、历史、政治、经济、社会、自然界的看法，都有了巨大的改变，而中国传统的思想文化则被以西方思想文化为标准重新估定其价值，先秦诸子被湮没的一些思想受到重视，而儒家思想及一些风俗信仰文化则受到强烈的批判。在论战的过程中，西方及苏俄近现代主流价值文化观念传入中国，议会制、民主制度等概念，个人主义、自由主义、无政府主义、社会主义等思想，对于晚清中国的政治局面产生了重大影响。戊戌维新的发起、晚清新政的推行、立宪运动的尝试、辛亥革命的爆发、民初议会制的推行、"五四"运动、联省自治运动、北伐统一，一直到后来由中国共产党领导的革命等，都受到了这些外域思想文化的重大影响。世纪之交的百家争鸣相似于西方的文艺复兴和启蒙运动，是一次思想解放过程，为中国近现代价值文化的实践构建提供了可供选择的价值观。正是因为有了这种思想观点和宣传舆论上的较充分准备，所以才有了国民党和共产党领导的构建价值文化的实践。

（二）国民党努力的失败

中国国民党是中国的第一个资产阶级政党，也是中国有史以来第一个现代意义的政党。从 1919 年孙中山将中华革命党改组为中国国民党到 1949 年国民党政权在中国大陆彻底失败，国民党在中国大陆存在 30 年，如果追溯到国民党的前身兴中会成立，它的历史长达 65 年。这段历史可以大致上以 1925 年孙中山去世为界划分为两个时期：孙中山领导时期和蒋介石掌权时期。这两个时期的国民党虽然都较自觉地进行价值文化的构建，但前后的情形存在着很大的差异。在前一时期，国民党在孙中山的领导下，确立了具有中国特色的资产阶级价值观——三民主义，形成了后来证明是卓有成效的中国资本主义价值文化构建方案，并在推翻专制王朝的基础上在 1927 年实现了形式上的全国政权统一，初步建立了资本主义制度，迈出了资本主义价值文化构建的关键一步。在后一时期，国民党在蒋介石的控制下，不仅走向了专制、独裁，为了对付共产党和抵抗日本的侵略而将国家军事化，无心集中精力进行价值文化构建，而且统治集团利用政权聚敛财富，搜刮民膏民脂，使全国民不聊生。这样，国民党的政权就走向了孙中山三民主义初衷的反面，它被代表广大人民群众利益的共产党推翻就成为不可避免的必然。在这一阶段，国民党在价值文化构建方面没有什么实质性的进展，基本上停留在孙中山去世前后的水平，孙中山主张的三民主义最终没有得到公众的普遍认同，没有成为完全意义上的价值文化。国民党在中国近现代价值文化构建方面确实作出了努力，也有所贡献，但由于后来误入歧途而最终没有取得成功。

孙中山领导的国民党（及其前身兴中会、同盟会）在构建中国近现代价值文化方面作出了以下几方面的努力，并取得了显著成效。

首先，清醒地意识到中国社会专制主义价值文化已经腐朽，必须以新的价值文化取而代之，而且其途径只能是革命，而不能是改良。孙中山等资产阶级革命党人在 19 世纪末就清醒地意识到清王朝已经腐朽没落，必须推翻它，建立民主共和国。兴中会成立时确立的入会誓词就是"驱除鞑虏，恢复中华，建立合众政府"，后来三民主义的提出进一步表达了孙中山等人以新价值体系取代旧价值体系的愿望。与资产阶级改良派康有为等人不同，他们完全不寄希望于清王朝的改良，而诉诸于革命达到价值体系变更的目的。

其次，提出了三民主义这一具有中国特色的资本主义价值观。孙中山在学习和借鉴西方近现代主流价值文化，并充分考虑中国国情的基础上，提出了三民主义的价值观。民族主义的主要内容就是"反满"。清王朝是一个由满族贵族"宰制于上"的专制政权，而且已经成为"洋人的朝廷"，因此必须加以推翻。民权主义的基本内容是揭露和批判专制主义对人权的剥夺，主张经由"国民革命"推翻专制帝制，代之以"民主立宪"的共和制度，结束"以千年专制之毒而不解"的严重状态。民生主义旨在发展资本主义经济，使中国由贫弱至富强，其中也包含了关怀劳动人民生活福利的内容。三民主义不仅是中国资产阶级民主革命的纲领，同时也表达了中国资产阶级的价值观。这种价值观对于当时的中国来说，是先进的、进步的。

再次，为将三民主义价值观转变为新的价值文化作出了巨大的努力，并取得了显著成效。孙中山等革命党人长期颠沛流离，为资产阶级革命作出了长期艰辛的努力。他们注重学习和借鉴外域思想文化，关注和研究中国传统和现实，提出了系统的资产阶级政党纲领；他们成立兴中会，组建同盟会，改组国民党，为资产阶级革命提供了组织保障；他们亲力亲为，组织和参与反清的军事斗争；他们与时俱进，根据新的形势调整战略策略，实行"联俄、联共、扶助农工"的三大政策，如此等等。通过不懈努力，他们推翻了清王朝，建立了国民政府；建立了中国第一个资产阶级政党国民党；制订了《中华民国临时约法》、《中华民国宪法》等宪法文件，初步走上了宪政之路；发动北伐战争并取得胜利，结束军阀割据和混战的局面，建立了基本上统一的政权。这些成效表明，以孙中山为代表的国民党所确立的价值观是基本正确的。

然而，由于孙中山的逝世，三民主义价值观中的民权、民生等主要内容在当时并没有转变为现实。到蒋介石掌权之后，完全放弃了三民主义，甚至走向了反面。

孙中山逝世后，蒋介石采取各种手段攫取国民党军政大权，破坏国共合作，全面改变孙中山的革命策略，战胜各派武装势力，击败了汪精卫、胡汉民、孙科等派系的对抗，从而巩固了自己的独裁统治。在孙中山所开创的三民主义价值文化构建方面，蒋介石控制的国民党几乎没有作出努力，也无心作出努力。在抗战前，国民党先是忙于对抗各派新军阀，统一党内派系，接着忙于"围剿"红军，逮捕共产党。西安事变后，国民党被迫结束十年内战，组织全国军民抗御日本侵略者。抗战一结束，又全面发动内战，直至最后彻底失败。蒋介石控制的国民党将精力几乎全部用于对付共产党及其所领导的军队，因而根本无心进行孙中山开创的中国近现代价值文化建设。孙中山的三民主义没有贯彻到底，特别是其中的民权、民生问题。三民主义仍然是一种总体方案，没有在政权管理中加以贯彻落实，没有得到全社会普遍的认同。这一切表明，在蒋介石执政期间，孙中山的三民主义价值观没有真正成为中国占统治地位的价值文化。孙中山逝世后，三民主义价值文化构建几乎是停滞的，没有任何新的进展；相反，在不少方面的做法是与三民主义原则相违背的，如：在政治上和思想文化上实行专制独裁，剥夺公民的思想和言论自由，随意逮捕和屠杀持不同政见者，等等。

孙中山领导下的国民党充满生机活力，具有博大的胸怀，对不同政见和价值观持宽容态度，他们根据 20 世纪 20 年代初中国和国际形势的变化提出了"联俄、联共、扶助农工"的三大政策。当时的情形表明，他们对价值文化的构建具有开放性，所致力于构建的价值文化显示了主流价值文化的端倪。然而蒋介石统治下的国民党却放弃了这一主张，在中国近现代主导价值文化构建方面无所作为，断送了孙中山领导的国民党已开辟的良好局面，将中国推向了内战、专制、独裁、恐怖、贫穷、苦难的深渊。究其根本原因在于蒋介石统治下的国民党没有将人民当作国家的主人和价值的主体，无视人民应有的自由和权利，其价值体系的终极目标是维护国民党一党的利益以及所代表的官僚资产阶级的利益，并且不择手段地追求这一目标的实现。

（三）共产党艰苦卓绝的奋斗

中国共产党是在俄国十月革命的影响下诞生的，是以马克思主义、列宁主义为思想理论依据的，并将马列主义与中国实际相结合。中国共产党在构建中国近现代价值文化方面作出了长期艰苦的努力，经过28年艰苦卓绝的奋斗，最终通过夺取政权而使马克思主义价值观成为中国主导价值观，社会主义价值文化取代了三民主义价值文化和专制主义价值文化，成为中国现当代的主导价值文化。

中国共产党成立于辛亥革命发生约十年后，这时清朝已经被推翻。因此，共产党与作为国民党前身的兴中会、同盟会不同，它的首要目的不是要推翻清朝，而是像其他派别一样是为了反帝反专制，救亡图存。反帝反专制在当时是国民党以及其他政治派别的共同目的，共产党与国民党的不同之处在于，它反帝反专制不是为了建立资产阶级共和国，而是为了按照马克思列宁主义的理想像俄国那样通过民主主义革命建立真正的民主共和国，并通过社会主义革命建立无产阶级专政，逐渐建立阶级消灭的共产主义社会。

中国共产党是在共产国际的指导下参照俄国共产党（布尔什维克）组建的。于1921年召开的中共第一次代表大会确定党的名称是中国共产党；党的性质是无产阶级政党；党的奋斗目标是以无产阶级革命军队推翻资产阶级的政权，消灭资本家私有制，由劳动阶级重建国家，承认无产阶级专政，直到阶级斗争结束，即直到消灭社会的阶级区分；党的基本任务是从事工人运动的各项活动，加强对工会和工人运动的研究与领导；党的组织方面的规定为，在全党建立统一的组织和严格的纪律，地方组织必须接受中央的监督和指导等。中国共产党于1922年召开二大，分析了国际形势和中国社会半殖民地半专制的性质，阐明了中国革命的性质、动力和对象，指出：当前的中国革命性质是民主主义革命；革命的动力是无产阶级、农民和其他小资产阶级，民族资产阶级也是革命的力量之一；革命的对象是帝国主义和专制军阀；革命的前途是向社会主义革命转变。大会制定了中国共产党的最低纲领和最高纲领。其最低纲领，即党在民主革命阶段的主要纲领是：消除内乱，打倒军阀，建设国内和平；推翻国际帝国主义的压迫，达到中华民族完全独立；统一中国为真正的民主共和国。其最高纲领是：组织无产阶级，用阶级斗争的手段，建立劳农专政的政治，铲除私有财产制度，渐次达到一个共产主义社会。党的一大和二大基本上确立了党的近期奋斗目标和终极奋斗目标，明确了党在现阶段和未来的任务，即最低纲领和最高纲领。在中共七大之前，它的文件虽然没有明确党以马克思列宁主义为指导思想，但从一大和二大的有关文件可以看出，它是根据马克思列宁主义理论建立并且以之为指导思想的，它的价值观是马克思列宁主义的。

在新中国成立之前，中国共产党的基本任务是反帝、反专制，实现国内和平和民族独立，建立真正的民主共和国（党的七大称之为"独立、自由、民主、统一与富强的新中国"）。为了实现这一目标，中共的奋斗经历了四个阶段：第一次国共合作时期（共产党成立至1927年7月）；土地革命时间（1927年8月至1937年7月）；抗日战争时期（1937年7月至1945年8月）和解放战争时期（1945年8月至1949年10月）。

共产党成立之初，虽然党员人数很少，但积极开展工农运动和反帝反专制斗争。共产党与国民党建立了革命统一战线，参加与帮助国民党召开第一次全国代表大会，参加和推动了北伐战争。第一次国共合作的意义不仅在于年轻的共产党积极推动和参与了反帝反封建的斗争，而且锻炼了干部队伍，积累了政治经验，并在血的教训中分清了敌友，明确了革命的对象。

第一次国共合作破裂之后，共产党没有被国民党的屠刀所吓倒，英勇地高举起反帝反专制的革命大旗，创建红军，建立革命根据地和红色政权，以武装斗争反对国民党恐怖统治，深入开展土地革命。在党内"左"倾教条主义的错误使革命力量遭受很大损失的情况下，遵义会议确立了毛泽东在新的党中央中的领导地位，之后取得了长征的历史性的伟大胜利，并为建立抗日民族统一战线进行了大量艰苦、复杂的斗争。在土地革命时期，党在极其艰苦的斗争中探索出了一条具有中国特色的农村包围城市，最后夺取全国胜利的革命道路，积累了建立人民军队、工农政权的经验，并且在革命根据地进行了构建红色（革命）价值文化的尝试。

西安事变的和平解决推动了国共两党再次合作，团结抗日。抗日战争是中国全民参战的一场反对帝国主义侵略的战争。在华北地区，正面战场作战基本结束后，共产党领导的敌后游击战争上升到主要地位。根据中共中央和毛泽东的指示，八路军总部迅速作出了充分发动群众、开展独立自主的敌后游击战争的部署，开启了创建敌后抗日根据地的道路。敌后战场的开辟和抗日根据地的建立，成为坚持长期抗战的中流砥柱。抗日战争虽然是一场极其残酷的反帝国主义侵略的战争，但共产党在战争期间扩大了影响，壮大了力量，丰富了政治管理经验，特别是延安整风运动进一步在全党范围内形成了对马克思主义价值观的共识和信念，推动了马克思主义与中国实际相结合，价值文化构建的自觉性和主动性得到空前的加强。这不仅为打败国民党的反动统治做了充分的准备，而且为新中国的建立奠定了坚实的思想基础。

抗日战争结束后，国民党发动了全面内战，中国人民解放军在中国共产党的领导和广大人民群众的支援下，经过三年的浴血奋战，推翻了国民党统治，解放了全中国。全国的解放不仅标志着新民主主义革命的结束和社会主义革命的开始，标志着共产党基本实现了它的最低纲领并开始实施它的最高纲领，同时也标志着共产党领导的价值文化构建由革命的价值文化构建转向社会主义价值文化构建。"1949 年新中国宣告成立，新民主主义由理想变为现实，代表了近代中国文化自觉的圆满完成。"①

共产党之所以能推翻国民党的统治，从价值文化构建的角度看，首先是因为它找到了一种适合中国国情的价值观，即马克思列宁主义价值观；其次是因为它将这种价值观与中国的实际相结合，或者说，使之中国化，制订了将马克思列宁主义价值观转变为革命的、大众的价值文化的正确的价值文化构建方案，即党的纲领以及后来的毛泽东思想；再次是因为共产党不谋私利，全心全意为人民服务，为了这一方案变为现实的价值文化不怕牺牲、浴血奋战，深得人民群众的拥护和支持。

---

① 　张绍军：《近代中国文化自觉的历程》，《光明日报》2012 年 11 月 22 日第 11 版。

（四）"祖国山河一片红"

新中国成立以后，中国共产党在马克思列宁主义、毛泽东思想指导下，领导全国各族人民进行社会主义革命和社会主义建设并取得巨大成就。社会主义制度的建立，是我国历史上最深刻最伟大的社会变革，是我国今后一切进步和发展的基础。建立和巩固了工人阶级领导的、以工农联盟为基础的人民民主专政即无产阶级专政的国家政权。实现和巩固了全国范围（除台湾等岛屿以外）的国家统一，根本改变了旧中国四分五裂的局面。战胜了帝国主义、霸权主义的侵略、破坏和武装挑衅，维护了国家的安全和独立，胜利地进行了保卫祖国边疆的斗争。建立和发展了社会主义经济，基本上完成了对生产资料私有制的社会主义改造，基本上实现了生产资料公有制和按劳分配。在工业建设中取得重大成就，逐步建立了独立的比较完整的工业体系和国民经济体系。农业生产条件发生显著改变，生产水平有了很大提高。城乡商业和对外贸易都有很大增长。教育、科学、文化、卫生、体育事业有很大发展。

从价值文化的角度看，中国共产党运用政治的力量（主要是政权的力量和政党的力量）大规模、全方位地进行社会主义价值文化构建，取得了巨大的成就。最主要体现在，通过构建，在推翻半殖民半专制社会的基础上，在全社会完全确立了马克思主义价值观，形成了社会主义价值文化，实现了"祖国山河一片红"，即社会主义价值文化成为我国的主导价值文化，并且得到了广泛的认同。不过，这段时期我国的主流价值文化构建也存在一些明显的问题。其中最主要的问题是价值文化的单一化。

导致新中国成立后三十年社会主义价值文化构建出现偏颇和问题的原因很多，其中最直接的原因是把政权的巩固看作是压倒一切的任务。中国共产党取得政权之后，缺乏管理经验，新生的政权比较脆弱，敌对势力又十分强大，在这种情况下重视政权的维护和巩固是无可厚非的。但是，不能长期如此，否则就会影响社会的正常发展和正常生活，特别是影响经济的发展和人民权利的维护。社会主义价值文化构建过程中的一个直接问题就是过分看重政权的维护和巩固，到"文化大革命"期间，甚至将巩固无产阶级专政当做了国家和社会的终极目的，当作压倒一切的中心任务，导致整个社会生活政治化、革命化。

除了把政权的维护和巩固看得过重之外，导致社会主义价值文化构建偏颇和问题的原因还有其他一些比较重要的：

第一，思想禁锢。新中国成立以来，由于政治运动不断，思想家不能也不敢自由地进行思想，过去一些富有创新思想的思想家，这时都在进行自我批判，努力使自己的思想与官方保持一致。在这一段时间，中国的思想家已经不再是思想家，而是政治家思想的辩护者和歌颂者。这样一来，国家的决策者就没有了思想来源和理论依据。

第二，对最高领导人的狂热崇拜。在当时，几乎所有人都认为国家最高领导人的思想才是唯一正确的，而且是战无不胜的；同时国家领导人也是伟大的领袖、伟大的导师、伟大的舵手，他完全可以将他的正确思想变为现实。把领导人的思想理论作为唯一的决策依据，难免会出问题。

第三，权力高于法律，政策作为准则。既然以领导人的是非为是非，领导人说的话就是法律，就是政策，因而就是国家管理的依据和准则。邓小平在谈到这种问题时指出："现在的问题是法律很不完备，很多法律还没有制定出来。往往把领导人说的话当作'法'，不赞成领导人说的话叫做'违法'，领导人的话改变了，'法'也就跟着改变了。"[1] 在这种情况下，制度和法律就成了可有可无的东西，充其量也不过是领导人进行管理的一种手段，即法制的手段。

第四，实行计划经济，市场经济被看作是资本主义的而被排斥。在新中国成立初期，中国基本上没有什么市场经济，而且仅有的那么一点市场经济又因为与资本主义挂上了钩而被扼杀掉了。在盲目地排斥市场经济的同时，盲目地跟随"苏联老大哥"搞计划经济。这不仅导致生产力落后，国家贫穷，人民困苦，而且导致主流价值文化构建和形成缺乏根本动力。历史经验表明，没有市场经济作为基础，可能构建出某种占统治地位的或

---

[1]　邓小平：《解放思想，实事求是，团结一致向前看》，见《邓小平文选》第二卷，人民出版社 1994 年版，第 146 页。

一统的价值文化，但不可能构建出主流价值文化。

三、深刻的反思

中国近现代价值文化构建最终以马克思主义价值观取代了儒家价值观，以社会主义价值文化取代了专制主义价值文化，使中国社会从传统走进现代，从半专制半殖民地社会走进了社会主义社会。任何人也不能否认这种变化是根本性的，这种构建取得了历史性成就。但是，中国近现代价值文化构建的思想理论依据多变，构建的主体多变，构建的过程复杂曲折，其最终结果也未尽如人意，留下了许多缺憾和问题。今天在我们致力于构建我国主流价值文化的时候，我们更要注意对中国近现代价值文化构建进行深刻的反思，避免走弯路。其值得认真反思的。

（一）重视经济的决定和推动作用

前面已经说过，中国近现代价值文化构建的根本原因或推动力量是政治的，而不是经济的。中国近现代价值文化的构建并不是经济发展到了需要有与之相适应的价值文化而进行的，而是在外强入侵面前中国屡屡战败，为了救亡图存而进行的。构建者在救亡图存的过程中希望通过改良来改革价值文化或者希望通过革命来重构价值文化。无论哪一种构建方式，都是出于政治的需要，而不是出于经济发展的必然要求。因为没有经济力量的强有力要求，所以构建者只能参照国外的模式来进行。在当时，国外的价值文化又有两种鲜明对立的模式：一是西方的资本主义价值文化模式，二是苏联的社会主义价值文化模式。这两种模式实际上都源自西方，只不过一个是自近代早期开始形成的资产阶级价值观，另一个是19世纪马克思、恩格斯针对资本主义价值文化的弊端提出的反资本主义价值文化的马克思社会主义价值观。在当时缺乏经济必然要求的情况下，选择这两种方式中的任何一种都是可能的，事实上，这两种模式在中国都实行过，但是马克思社会主义价值观取得了最后的成功。

如果说在对两种模式作出选择的过程中有分歧甚至进行战争还可以谅解的话，那么，在取得政权之后，就应该致力于经济的发展，要通过经济的发展来强化文化构建的必然性，并增强构建的力量。然而实际的情形并不是这样。国民党在1927年前后基本上统一了中国并取得了政权之后，就忙于排除异己，特别是将主要精力用于消灭共产党，以巩固自己的政治统治，并不致力于经济的发展。在国民党统治中国的二十多年里，中国的市场经济几乎没有得到发展，社会经济状况越来越糟。经济不仅没有成为国民党政权的坚强基础，相反是国民党政权溃败的重要诱因。中国共产党非常重视社会的经济问题和民生问题的，它是靠进行土地革命以彻底改变中国专制社会土地占有的不公平状态，赢得占人口绝对多数的农民的支持并最终取得胜利的。新中国成立后的头几年进行土改调动了广大民众的积极性，注重重工业的发展，取得了明显的成就。但是，很快或者说同时又将主要精力用于抓阶级斗争，不重视甚至忽视经济建设，致使经济发展停滞不前。

历史经验告诉我们，价值文化的构建不只是思想文化的问题，而必须有相应的经济基础，在与之相应的经济基础不具备的情况下，必须大力加强这种经济基础。就当代人类而言，真正现代意义的主流价值文化只能以市场经济为基础，因而在构建主流价值文化的同时，必须大力发展市场经济，同时又要根据市场经济的客观要求来构建主流价值文化，使两者之间实现良性互动。

（二）以创新思想作先导和依据

自觉构建价值文化不同于自发形成的价值文化，需要理论的价值观作为依据。一种价值文化是一种价值观的现实化，构建一种新的价值文化需要有一种新的价值观作为理论依据。构建一种新的价值文化所需要的价值观不能是一种日常的价值观，而必须是一种新的理论的价值观。新的理论的价值观具备两个源泉：一是社会历史的必然性，特别是经济发展的客观要求；二是直接借鉴和学习外域的理论价值观。但是，无论是源自哪里，都必须是思想家经过研究提出与本地实际相一致并具有历史必然性的理论价值观。西方近现代价值观的源泉属于前一种情形，即当时西方的市场经济客观上要求建立与之相适应的价值文化，西方思想家根据这种客观要求提出了与之相适应的价值观；中国近现代价值观的源泉属于后一种情形，中国当时市场经济还很不发达，没有产生建立与之相适应的新的价值文化的客观要求，中国思想家是在"西学东渐"的过程中从外域吸收的价值观。中国思想家虽然从外域吸收了各种不同的理论价值观，但并没有根据这些价值观创建自己的理论价值观。

在 19 世纪末 20 世纪初，中国出现过百家争鸣的学术局面，但这时的百家争鸣与先秦诸子百家的百家争鸣不同。先秦的"百家"提出的是自己的思想主张，而 19 世纪末 20 世纪初"百家"的思想主张要么是中国传统的，要么是外域的，很少是他们根据中国国情及其历史必然性提出的。当时主要有四种价值观：其一是"中学为体，西学为用"的价值观，这种价值观基本上是传统的或儒家的价值观。其二是"全盘西化"的价值观，这种价值观主张全面接受西方的价值观，如胡适就主张美国杜威的实用主义价值观。其三是"三民主义"的价值观，这是根据我国的国情及历史必然性对西方价值观的借鉴和改造。其四是苏俄的"马克思列宁主义"价值观，这种价值观来自于俄国—苏联，后来由此产生了毛泽东思想的价值观。在这四种价值观中，"三民主义"和"毛泽东思想"都是基于外域价值观的创新，是具有中国特色的近现代价值观。中国近现代价值文化的构建缺乏新思想作为先导和理论准备，这是中国近现代价值文化构建的先天不足。

中国近现代价值文化构建给我们留下重要教训之一，就是构建价值文化必须要有相应的理论价值观作为前提和依据，必须集中思想家的智慧，而这种价值观和智慧的产生必须有享有充分自由权的思想家。思想家不能自由思想，就不是思想家而可能成为辩护者，有思想家才有新的理论价值观，才有智慧可以集中，才有新的价值文化的构建。

（三）加强法制化建设

在价值文化构建的过程中，当价值文化构建内容和方案确定之后，一个关键的环节就是要使构建的内容和方案法制化。这里所谓的法制化，是指首先要将方案制度化，在制度化的同时使之法律化，特别是要通过宪法将其确定为国家的制度。法制化的重要意义在于，使构建内容和方案在全社会得到的共识，在国家管理中得到贯彻和实施，并使之确定下来，保持它的稳定性、连续性和一贯性，不经过法定的程序任何个人和组织都不能随意更改。当价值文化的内容被法律化后，它就具有最高的权威性，政治权力必须服从它，为它的贯彻实施服务。

中国近现代价值文化构建的过程始终没有解决好这个问题，价值文化构建的内容和方案要么没有法制化，要么法制化了但为在它之上的权力所随意更改甚至蹂躏，最后成了通常所说的"有法不依，执法不严"。一般说来，构建一种新的价值文化是一场革命，它不可能在旧的法制框架中形成，相反需要打破旧的法制，因而在构建的早期往往是一个没有法制或法制不健全的时期。但是，在新的政权建立的过程之中特别之后，要尽快将价值文化的基本内容法制化，使价值文化构建纳入法制框架之内，否则原来确定的价值文化的内容和方案就可能走样甚至异化。

中国近现代法制不健全的最重要体现就是宪法至高无上的权威性得不到尊重，制定宪法草率，修改宪法随意，违背宪法不究。周永坤在《中国宪法的变迁——历史与未来》一文中指出，20 世纪上半叶中国的宪法变迁史简直不堪回首。它以"君权宣言"开始，以破坏宪政的"临时条款"结束，历时 41 年（1908—1949）。其间宪法性文件变动频繁。经立法机关（含宪法起草委员会）通过的各类宪法、临时宪法（约法）、宪法草案共 15 件，尚不包括同样变动频繁的组织法、选举法，其中胎死腹中的宪法草案 5 部（不包括合法性成问题的 1930 年"太原中华民国约法草案"），真真假假的宪法（包括破坏宪法的"临时条款"）共 10 部，平均约 4 年出台一部宪法，不到 3 年 1 部宪法和宪法草案。如果去掉 8 年抗战非常时期，则立宪修宪的频率更高。即使不与美国 200 多年就一部宪法相比，宪法变动之多恐怕在世界上也数一数二。但是这些文件中，除破坏宪法的"临时条款"以及政府组织的条款、国民党党治的条款得到实施外，凡涉及真正现代法治原则的几乎未见兑现。真正生效的宪法只有 1923 年曹锟宪法和 1946 年宪法，两者加起来不到两年，且两者生效时国家并不统一。所以，在全国范围内生效的宪法（哪怕是形式上）一天也没有过。[①] 他认为，近百年来，中国宪法经历了从上半叶的随意性修宪和下半叶的斗争型宪法到建设型宪法的转变。其主要特点有：变动频率大，宪法实效差，政治导向过浓，修宪程序化程度低，宪法直接效力和违宪司法审查未能入宪，推倒重来的多，新内容少，正式修宪与非正式修宪并存。之所以造成如此状态的原因主要有：悠久的人治文化传统，立宪主体与政治权威的合一，修宪社会力量不足，独立的法学家群体缺乏，法理念的工具论。中国近现代宪法的这种状况表明，权力仍然在法律之上。长期法制不健全本身表明，所选择的价值观或所确定的价值文化构建方案本身有问题，因为在它们框架内不能解决自身的法制化问题，使权力有可能凌驾其上。无论是在西方还是在中国，近现代价值文化不仅必须法制化，而且它本身包含了实行法治的要求，它的法制化本身就是它实行法治的结果，两者互为表里。如果所构建的价值文化不是这样的，那么它就不是真正近现代意义的，即法治意义的，而是人治意义的。

法制化是价值文化构建的关键环节，不能实现法制化是中国近现代价值文化构建的致命性的问题。今天我们反思这段历史，就是要从其中吸取教训，从价值文化构建的内容和方案两个方面使它们本身的法制化与它所要求的法治有机地结合起来，根据它所要求的法制化实现它本身的法制化，并进而实现整个社会的法制化。

（四）充分保障人权

从价值文化的内容来看，近现代价值文化与传统价值文化的一个基本

---

① 参见周永坤：《中国宪法的变迁——历史与未来》，《江苏社会科学》2000 年第 3 期。

区别在于，它充分保障人的基本权利。人类的权利内容很多，而且随着时代的变化而不断地丰富。不过，也有一些被认为是人类权利母体，并得到世界普遍公认的权利，即所谓基本人权。根据联合国的《世界人权宣言》（1948 年联合国大会通过）等人权文件，人权中最重要的是生存权、平等权、自由权。生存权（或生命权）是人类权利体系中的第一人权或首要人权。没有生存，人就不可能进行活动，因而没有生存权就不会有人权。生存权的原初的、最基本的含义是"生"（生命）和"存"（安全）这两方面。但是，随着人类生存质量的提高和生存受到越来越多的威胁，生存权的内涵在日益丰富。今天，免受饥饿和贫困的权利、发展权、防卫非法暴力权、社会救济权、特殊主体的生存权（如残疾人生活和工作的保障，对战俘的人道主义待遇等）、和平权、环境权、人道主义援助权等都被列入生存权范围。平等权是指人们在政治、经济、文化、社会各方面的平等权利，主要包括在法律面前人人平等、民族和种族平等、男女平等。自由权主要包括人身自由权、人格尊严权、住宅不受侵犯权和通信自由权，还包括信仰自由。这两项基本人权虽然得到了越来越多的国家承认，但在不少的国家并没能真正得到保证。争取和保证平等权和自由权仍然是当今人类争取人权的重要内容。[①] 所有这些权利都必须在近现代价值文化中得到法律的充分保障。

　　然而，在中国近现代价值文化的构建中公民的基本人权没有得到应有重视，更没有法律的充分保障。1911 年各省代表制定的《临时政府组织大纲》，被认为是中国历史上第一个以"民意"代表名义发布的宪法性文件，也是第一个共和制的宪法性文件。在这部宪法性文件中，就无人权规定。虽然从 1912 年参议院制定的《中华民国临时约法》（它是中国历史上第一部真正生效的临时性宪法）开始到后来制定的多部宪法，一般都有关于公民权利的规定，并有相应的保障要求，但是这些规定和要求由于这些宪法没有得到贯彻实施而实际上流于形式。

　　在国民党统治时期，为了对付共产党和社会各种反对势力，国民党及

---

① 　参见江畅：《幸福与和谐》，人民出版社 2005 年版（2008 年重印本），第 142—144 页。

其政府置法律不顾，不仅通过特务等组织大肆抓捕共产党人和其他异己分子，而且采取各种手段禁止人们自由发表言论，禁止持不同政见人士集会，禁止人们游行示威等。如"七君子事件"。1936 年 5 月 31 日，马相伯、宋庆龄、何香凝、沈钧儒、章乃器等社会贤达在上海成立全国各界救国联合会，通过《抗日救国初步政治纲领》，向全国各党各派建议：立即停止军事冲突，释放政治犯，各党各派立即派遣正式代表进行谈判，制定共同救国纲领，建立一个统一的抗日政权等。南京国民政府竟然以"危害民国"罪在上海逮捕了救国会领导人沈钧儒等七人，对他们提出起诉，并在江苏省高等法院两次开庭审讯。这一事件表明，在国民党统治下，不仅不同政见者、普通百姓，甚至社会贤达也没有言论自由。

"文化大革命"期间，个人的权利被践踏到了极点，各种摧残肉体、侮辱人格、败坏名誉之类的行为时有发生。例如，搞武斗，抄家，隔离审查、隔离办学习班，关牛棚，惩罚性的劳动改造，挂木牌、破鞋等长时间弓腰批斗，戴高帽游街，写大字报揭露隐私和谩骂，父母子女、夫妻之间划清界限，等等。当时，所有这些侵犯人权的事情随处发生，随处可见，人们对此木然，见怪不怪，人们普遍缺乏维权意识，甚至受害人也没有意识到这是对自己人权的侵犯。在这种环境中生活的人，成天胆战心惊，生怕说错一句话或做错一件事，甚至在家里也不敢如此，因为夫或妻、子女也会站出来揭发。一旦有了所谓的"反党、反社会主义"的言行就是反革命，就要挨批斗、游街、隔离审查，甚至坐牢杀头。

基本人权得不到保障，近现代价值文化就不能真正形成，所进行的价值文化构建活动也不可能真正取得成功。中国近现代价值文化构建失败或不成功，其根源就在于此。对于这个深刻教训，我们要认真地反思和记取。

四、走向新时代

中共十一届三中全会标志着中国社会一个新时代的到来，我们将由此开始的新时代称为中国的当代。十一届三中全会具有多方面的重大而深远的意义，对于价值文化构建来说，意义最重大、最深远的是作出了改革开放的重大决策。实行改革开放以来，中国社会发生了翻天覆地的变化，社会主义价值文化构建也呈现出全新的局面。

（一）发展社会主义市场经济

长期以来，不论是马克思主义者，还是西方资产阶级政治家和学者，都把市场经济看成是资本主义特有的经济形式，强调市场经济只能与私有财产制度相联系，认为市场经济与社会主义是根本对立的，从而否定市场经济在社会主义制度下存在与发展的可能性。改革开放以后，中国选择了社会主义市场经济，是对这一传统观念的突破，使中国的经济体制从计划经济逐渐走向社会主义市场经济。

对于中国实行社会主义市场经济体制，早在 1979 年邓小平就指出："说市场经济只存在于资本主义社会，只有资本主义的市场经济，这肯定是不正确的。社会主义为什么不可以搞市场经济？这个不能说是资本主义。我们是计划经济为主，也结合市场经济，但这是社会主义的市场经济。"[①]1992 年春，邓小平在南方谈话中进一步指出："计划多一点还是市场多一点，不是社会主义与资本主义的本质区别。计划经济不等于社会主义，资本主义也有计划；市场经济不等于资本主义，社会主义也有市场。"[②]邓小平的谈话对中国市场经济的兴起和发展产生了重大的影响。邓小平以改革开放的总设计师的敏锐触角，坚信实行社会主义市场经济势在必行。

三十多年来的事实证明，社会主义国家不仅可以实行市场经济体制，而且可以使市场经济获得迅速发展。今天，任何人也不能否认，市场经济

---

① 邓小平：《社会主义也可以搞市场经济》，见《邓小平文选》第二卷，人民出版社 1994 年版，第 236 页。

② 《邓小平文选》第三卷，人民出版社 1993 年版，第 393 页。

使中国强大起来，广泛而深刻地改变了中国社会的面貌，使中国走上了现代化之路，走上了与世界文明接轨之路。从价值文化构建的角度来看，市场经济不仅为社会主义价值文化构建奠定了坚实的经济基础，而且对社会主义价值文化的内容和方案提出了新的要求。主要表现在以下几个方面：第一，它要求承认每一个市场主体追求自己利益的合理性和合法性；第二，它要求尊重市场主体充分的自由和自主，他们有权按自己的意愿行事；第三，它要求给市场主体提供平等地参与市场竞争的机会；第四，它要求将市场主体以及所有社会成员的自由、平等以及其他经济权利上升为政治权利，要求对这些权利给予政治保障；第五，市场经济要求制定人人同样遵守的规则，并使之法律化，这种法律具有至高无上性，即要求实行法治。所有这些都是社会主义价值文化现代化的要求，也是中国社会主义价值文化与当代世界文明对接的客观需要。随着我国社会主义市场经济的发展，市场经济的内在要求正在逐渐体现在我国社会主义价值文化构建的内容和方案中。

我国社会主义市场经济的迅速发展，为我国主流价值文化的构建提供了强大的动力。在市场经济的物质基础的推动作用下，我国主流价值文化构建的自信与自觉逐渐增强，构建我国主流价值文化的步伐日益加快；反之，必须大力发展市场经济，把发展市场经济作为构建我国主流价值文化的物质支撑和基础建设。

（二）马克思主义时代化

社会主义价值文化的理论依据是马克思主义价值观，构建社会主义价值文化必须以马克思主义为指导和依据。如何使马克思主义与现时代的中国实践结合起来和与中国的国情结合起来，即"马克思主义时代化"和"马克思主义中国化"问题。这"两化"十分重要，缺一不可。单一"中国化"，可能是符合中国国情的，但不一定是先进的；单一"时代化"，它可能是先进的，但不一定是符合中国国情的。只有当两者有机地结合起来，才会既是先进的，又是符合中国国情的。

　　中国共产党成立就以马克思主义为指导思想，就以马克思主义价值观为指导和依据进行革命价值文化的构建。但在改革开放前，共产党更重视马克思主义的中国化，即将它与中国实际结合起来。中国共产党从最初的对马克思主义的教条主义态度走出来，将它与中国的实际结合起来，也经历了一个艰难的过程。将马克思主义与中国的实际结合起来，是中国共产党从血的教训中得出的结论。当中国共产党意识到要将马克思主义与中国的实际结合起来并致力于此半个多世纪之后，即在实行改革开放之后，才意识到还必须将马克思主义与时代结合起来。

　　许多过去在资本主义国家出现的问题在社会主义中国也出现了，这些问题已经成为当代人类的共同问题，这些问题是经典马克思主义理论所不能解决的；另外，资本主义不但没有腐朽和没落，相反充满生机和活力，资本主义国家有许多东西值得我们学习和借鉴，而且还要与它们长期和平共处和友好交往，这种新情况是经典马克思主义理论解释不了的。正是针对这些新的情况，不仅要求马克思主义中国化，而且要求马克思主义时代化。

　　从我国主流价值文化构建的角度看，马克思主义时代化的主要意义和要求在于，要在坚持马克思主义的基本立场和观点的前提下根据当代人类的社会实践、时代精神和发展趋势进行价值观理论的创新。当然，这种创新必须考虑当代中国的实际，更要着眼于世界和时代。我们不能将马克思主义时代化一般地理解为坚持和发展马克思主义，而要更准确地理解为坚持的前提下根据新的时代精神和必然性进行理论的创新，通过创新形成马克思主义理论的当代形态。与传统的马克思主义比较起来，这种当代的马克思主义至少具有以下三个特征：首先，它是建设性而非革命性的，即它是以建设社会主义为使命的。其次，它是人本的而非物本的，即它不再以发展生产力为终极追求，而以人的全面而自由发展即幸福为终极追求。再次，它是民主的而非专政的，即所致力于建设的社会是民主与法治相统一的社会。只有形成了这种当代形态的马克思主义，我们才能形成和完善我国主流价值文化的新方案，也才能构建出既具有中国特色又具有当代特色的社会主义价值文化。

（三）主流价值文化观形成

中国从 19 世纪末就有了自觉的价值文化构建，但这种价值文化构建不是主流的价值文化构建，而是占统治地位或者说一统的价值文化构建。这种价值文化构建的目的是用构建者所主张的价值文化战胜并取代另一种价值文化。例如，孙中山所领导的国民党就是试图用三民主义的价值文化打败并取代清王朝的专制主义价值文化。这种战胜或打败的斗争是你死我活的，斗争的双方不能同时并存，战胜者为了防止战败者复辟，可将对手置于死地，让它永世不得翻身。通过打败对手所建立起来的价值文化，我们可将其称为"一统价值文化"。在中国整个 20 世纪，基本上都持这种价值文化观，中国价值文化观的转换是进入 21 世纪以后的事情，准确地说是从党的十七大开始的。党的十七大政治报告中明确指出："积极探索用社会主义核心价值体系引领社会思潮的有效途径，主动做好意识形态工作，既尊重差异、包容多样，又有力抵制各种错误和腐朽思想的影响。"[①]这段话中讲的不是用社会主义价值体系战胜或消灭其他的社会思潮，而是要引导它们，尊重差异，包容多样。很明显，这段话不仅已经有了明确的主流价值文化意识，而且提出了我们党对待非主流价值文化的态度。这种态度不是消灭它们，而是尊重和引导它们。这种价值文化观是一种主流价值文化观。

主流价值文化观是党中央根据当代世界价值文化多元的新格局确立的。今天的时代是价值文化多元化的时代。在当代，任何一个社会都存在着多种文化，特别是存在着多种价值文化，这是不争的事实。社会阶层多样化导致价值观的多样化，导致各种价值文化都可以找到自己的市场。网络空间对于价值观多元化和多种文化的传播起着明显的推波助澜作用。经济全球化带来了文化交流和文化冲突的新课题，日益强大的中国需要自己的话语权和独特的价值观。我国文化建设还涉及传统文化与现代文化、本

---

① 胡锦涛：《高举中国特色社会主义伟大旗帜　为夺取全面建设小康社会新胜利而奋斗——在中国共产党第十七次全国代表大会上的报告》，人民出版社 2007 年版。

土文化与外来文化、先进文化与落后文化、一元文化与多元文化等棘手问题。在这种复杂的社会文化背景以及面临的诸多棘手难题面前，我们不能因保留一种价值文化而扼杀其他的价值文化，而是要在多种价值文化并存的情况下通过自觉的构建凸显主流价值文化，巩固和加强主流文化的主导地位，在共存共荣的前提下引导其他价值文化的健康发展。同时，也要在构建主流价值文化的过程中吸收其他价值文化的合理内容，抵制不良价值文化。正是要通过这个相互影响、相互作用的良性互动过程，使社会价值文化成为一个"主旋律"与"多样化"协调和谐、共存发展的有机整体。

　　确立了这种主流价值文化观，我们就要将我国价值文化的构建的目的由构建一统价值文化转变为构建主流价值文化。构建主流价值文化，不是要消灭一切非主流价值文化，而是要用主流价值文化带动和引领整个社会文化的繁荣和发展，使主流价值文化与非主流价值文化相辅相成，相得益彰，交映生辉，相互促进，共同繁荣，不断巩固和壮大社会主义价值文化，"建设面向现代化、面向世界、面向未来的，民族的科学的大众的社会主义文化"①，实现整个社会和中华民族的文化繁荣发展。在构建我国主流价值文化的过程中，要坚持以马克思主义为指导，辨析主流和支流、区分先进与落后、划清积极与消极，强化主导，壮大主流，努力在多元中立主导、在多样中谋共识，实现弘扬主旋律与提倡多样化的有机统一，有效引领各种社会思潮、抵御腐朽文化影响，努力营造"百花齐放，百家争鸣"的文化繁荣发展局面。

---

① 胡锦涛：《坚定不移沿着中国特色社会主义道路前进，为全面建成小康社会而奋斗——在中国共产党第十八次全国代表大会上的报告》，人民出版社 2012 年版。

报告十

全球化背景下我国主流价值文化构建问题

戴 茂 堂

我们的时代正处于大发展、大变革、大调整时期。"冷战"结束以后，借助于不断发生的高新技术革命，尤其是交通与通讯的网络化和一体化，在农业社会不可思议的全球交往，在我们的时代已经成为现实。农业社会依赖的是手工工具和个体的经验，人们的生产和生活自给自足，各个不同民族与国家形成不了相互交往的绝对需求。而近些年来，信息技术革命以及交通通讯技术的创新，造成了不同社会经济、文化诸多方面的相互理解和接近，极大地改变了整个人类的生产方式、生活方式、价值观念以及思维方式，使整个世界最大限度地趋同，使全球化成为一种不可回避的现实。事实上，进入 21 世纪，与高新技术的研究与应用（如信息高速公路的建设）相伴随，全球经济、政治、文化的交往空前加强，全球化正以前所未有的速度扩展到世界上任何一个角落。地球正在被压缩而成一个"小村庄"，人们的交往空间不断扩大，交往深度不断拓展，正在越来越多地具有共同的经验；各价值主体的相互依存性、相互渗透性日益加剧，许多从前的主体性问题越来越具有了社会性、主体间性、国际性。同时，世界各地之间的联系越来越紧密，"全球市场"正在形成。孙伟平先生指出："生存环境、生存状况特别是相互交往的这种社会化、全球化，极大地突破了人们的狭隘视野、地方意识和封闭情结，突出了人类文化精神中的'类意识'、整体精神，要求不同民族、文化的不同群体、个人，摆脱既有的各种限制，真正作为'社会人'、'世界公民'、'普遍价值的主体'思考问题。在这种情况下，人们之间的封闭、对抗意味着代价、落后，而开放、合作则可能意味着双赢、共赢。这一切要求人们在相互交往过程中，必须超越种族、国别、地区、宗教、文化等的不同，超越具体主体的个性化需要和多样性诉求，在诸多共同的、统一的目的和需要导引下，从整体、全局的视角来看待问题，特别注意相互之间的关系、利益的协调一致。因此，在开放性、多样化的具体主体的价值取向之间，也必然存在着社会的、历史的统一性或一致趋势。"[①] 从当今全球交往日益频繁、日益普遍的角度来看，可以将我们的时代定性为全球化的时代。

全球化时代规定并强化了世界的相互依存性，也给人们提出了立足整体和全局的高度思考和解决问题的要求，特别是提出了要在世界不同价值文化相互碰撞、相互交融、相互竞争背景下去确认价值文化的民族性和世界性，去解决本国、本民族文化的核心竞争力和文化软实力的要求。在这种新的要求之下，如果还局限于一个国家和民族内部来讨论主流价值文化构建问题既不可能，也不可行，还不明智，当然也不会有好效果。

我们知道，文化就其实质而言就是价值观在社会实践中的对象化、现实化。文化的灵魂、精髓是它的价值观念或价值观，其深层结构是它的价值体系，而价值体系是价值观的具体化。价值观和价值体系一起构成了一种文化的价值层面，可以说是一种文化体系的价值文化层面。在价值观中，核心价值观或观念意义的核心价值体系（通常称为核心价值）处于核心的地位，它是价值文化乃至文化的灵魂和本质内涵，因而也是使一种价值文化与另一种价值文化、一种文化与另一种文化区别开来的根本规定性和主要标志。在这种新的世界格局中，如何深层次思考全球化背景下我国主流价值文化构建，提高国家文化软实力，对内凝聚全国人民的意志，对外打造中国的国际形象，是摆在我们面前的一个重大而紧迫的现实课题。

---

① 孙伟平：《价值差异与社会和谐——全球化与东亚价值观》，湖南师范大学出版社 2008 年版，第 34 页。

如果全球化不可阻挡，那么我们唯一可以做的就是，自觉地将我国主流价值文化纳入全球化背景下来构建，而不是逃避全球化。如果企图逃避全球化，无异是让我国主流价值文化构建孤立于世界，亦无益于我国主流价值文化从容地应对各种其他价值文化的冲击与挑战。

一、全球化：我国主流价值文化构建的国际语境

全球化是需要全球共同面对、共同参与的事业，也影响甚至主导着全球共同的责任、义务与权利。在全球化时代，构建我国主流价值文化，不仅要立足于国情，也要立足于世界。无论愿意还是不愿意，全球化作为当今世界不可阻挡的大潮流，已经构成了我国主流价值文化构建的国际语境。

（一）全球化及其对价值文化普遍性的诉求

"全球化"（globalization）一词是 20 世纪 80 年代在西方报纸上首先出现的。20 世纪 90 年代，联合国秘书长加利宣布"世界进入了全球化时代"。从此，"全球化"一词被广泛地引用到各个领域，渐渐成了既时髦又现实的话题。与此相关的概念如"经济全球化"、"全球一体化"等也随之而来。美国学者罗兰·罗伯森（Roland Robertson）认为："作为一个概念，全球化既指世界的压缩，又指认为世界是一个整体的意识的增强。"[①] 德国学者赖纳·特茨拉夫认为："全球化是一个极富讨论和争议的多含义多层次的概念，它是一种历史性的社会转型，包括多种相互交织的跨越边界的交流活动，这些过程在技术上已成为可能，政治上也为所有繁荣中心地区所要求。全球化应包括日益增加的资本、商品和人员的跨国流动；借助于

---

① ［美］罗兰·罗伯森：《全球化：社会理论和全球文化》，梁光严译，上海人民出版社 2000 年版，第 11 页。

新的通讯技术从而变得更加密切的网络化；通过分散不同产地的商品生产和服务所形成的更为复杂的国际劳动分工；思想、概念、图像和消费方式及消费品的快速流通；不断增强的全球风险与危机意识；跨国机构和全球网络化；政治运动数量的上升及其意义的增强。因此，它涉及这些过程在纵向和横向即在国家、次国家和跨国家层次上的相互渗透。"① 尽管全球化至今还没有一个通行的模式和权威的定义，但可以肯定的是，全球化描述的是一种全球范围的深刻变化，是带有全局性、超国界、全球性的力量在行动。从现在起，全球所发生的事情全部失去了地域的局限，全球性的交流、沟通和互动变得越来越重要、越来越受到关注乃至尊重。全球化是全球的全球化、全世界的全球化。在全球化的大潮中，没有谁是局外人或旁观者。既然如此，全球化也必然把每个国家的问题包括每个国家的主流价值文化构建问题"包裹"、"携带"进去，无论它愿意不愿意。

　　就全球化的产生来说，孙伟平先生指出："全球化是开放性和竞争性的商品流通，特别是市场经济高度发展的产物。""全球化的核心是经济全球化，包括资本、资源、金融、生产、贸易、服务等的全球化。"② 的确，全球化发端于经济领域。美国著名的社会预测学家奈斯比特对发端于经济的全球化是这样描述的："我们的世界经济正在朝相互依存的方向发展。世界经济的舞台上每天都涌现出越来越多的联系和联合，它们以人类历史上前所未有的方式和程度将我们紧紧联系在一起。"③ 虽然全球化发端于经济领域，但没有停滞在经济领域，而是很快就辐射到政治、文化领域。这是因为经济生活的同质化，要求和期待不同制度、不同发展水平的国家也必须遵循共同的游戏规则和制度安排，从而进一步加强和加深了不同文化、不同国家之间的政治接触，有力地推动着不同文化集团之间的交流与

① ［德］特茨拉夫：《全球化压力下的世界文化》，吴成军、韦苏等译，江西人民出版社2001年版，第4—5页。

② 孙伟平：《价值差异与社会和谐——全球化与东亚价值观》，湖南师范大学出版社2008年版，第5—6页。

③ ［美］奈斯比特：《大挑战——21世纪的指南针》，朱生坚译，上海远东出版社1999年版，第13页。

融合。有人认为，全球化仅仅指经济全球化，不应扩大到政治、文化等其他领域，那是为全球化人为设限，不足可取。其实，经济全球化的背后是不同文化的冲撞与交融，是不同思想的激荡与扬弃，是不同文明的竞争和共存。事实上，当今时代，一方面，政治、文化和经济一样，存在着全球共同利益，政治、文化自身当然也就有全球化的内在渴求。另一方面，"经济发展是一个文化过程"①，经济形势也与政治密切关联，如果不理会政治、文化层面的全球化，经济全球化根本就不可能实现。经济、政治和文化的全球化从来就是相互交织、难分彼此。

尽管经济、政治和文化的全球化从来就是相互交织、难分彼此。但从逻辑上看，全球化首先是把各个国家不可抗拒地纳入到世界经济发展的市场体系，然后向各个国家提出政治和文化方面的普遍要求。当今世界经济发展趋势表明，人类在满足基本物质需求条件下，必然向满足文化需求方向迈进。世界发达国家文化产业的崛起，既体现了产业演进的客观规律，更体现了人类从获取自然资源以满足物质需求走向发挥文化创造力、实现人的全面发展、实现人与自然和谐共存的伟大文明进程。世界范围内产业结构转变趋势表明，文化正在同土地、劳动和资本融合在一起，成为新的重要生产要素。所以，全球化从时间上看大致还是经历了先经济、再政治、再文化的历史过程。这一逻辑进程本身表明，经济和政治的全球化都有待于文化全球化的价值支持，全球化的核心、归宿和根本只能是文化的全球化。文化全球化是指不同民族的价值观、思想意识、风俗习惯、伦理道德在全球范围内交流、碰撞、理解和融合，并不断形成共识的历史过程。文化全球化要求不断超越本民族文化的国界并在人类的评判和取舍中获得文化的认同，不断将本民族的文化资源转变为人类共享、共有的资源。文化全球化依托信息革命，努力缩小、打破和消除了人们的文化界限，使知识信息在全球范围自由流动。由于全球作为一个整体首要的是一个社会文化系统，因此，全球化社会关键在于多元社会文化构成的全球文

---

① [美]塞缪尔·亨廷顿、劳伦斯·哈里森主编：《文化的重要作用——价值观如何影响人类进步》，程克雄译，新华出版社 2012 年版，第 89 页。

化系统，全球化只能在既定的多元社会文化系统中进行整合。所以，英国学者汤姆林森说："全球化处于现代文化的中心地位；文化实践处于全球化的中心地位。"① 他还说："文化对全球化是至关重要的，因为它是复杂的联结整个进程的一个内在的方面。"② 全球化的最高境界就是走向对价值文化普遍性的诉求，就是在文化上达成或完成价值共识或价值趋同。从价值文化层面看，全球化可以视为超越本土文化的狭隘性而逐步达到文化认同和价值认同的过程。

事实上，近代资本主义产生以来，就一直在努力进行着超越民族和国家的狭隘限制，并促进民族历史向世界历史转变的伟大实践。民族历史向世界历史的转变，使社会和人类作为一个有机的整体而生存、活动和发展，作为共时态意义上的类主体面对自然、整治社会和正视自身。在这种相关、相似甚至共同的生活实践经验的基础上，有些局部利益也正在整合而为人类的共同利益。当今世界已经产生了影响极大的寻求共同普遍价值的伦理实践，人们期望通过这样的实践在价值文化上来完成全球伦理构建。说起全球伦理，人们自然会想起瑞士基督教神学家汉斯·昆曾宣称："没有一种国际的世界伦理，则没有人类的共同生活；没有宗教之间的和平，则没有各国之间的和平；没有宗教之间的对话，则没有宗教之间的和平。"③ 1993 年 8 月在美国芝加哥召开了世界宗教议会第二次大会，来自世界现存各宗教的约 6500 位代表出席会议。由汉斯·昆起草、经过广泛讨论和反复修改的《走向全球伦理宣言》得到了大多数与会团体和个人的签署。该宣言指出：全球伦理指的是"有约束力的价值、不可取消的标准以及个人态度的基础共识"，《宣言》还指出："没有新全球伦理，便没有新全球秩序。"《宣言》提出了全人类都应当遵循的一项基本要求：每个人都应受到符合人性的对待。《宣言》还根据各大宗教都包含的不可杀人、不可偷盗、不可撒谎、不可奸淫四条戒律，提出了珍重生命、正直公平、言

---

① [英]约翰·汤姆林森：《全球化与文化》，郭英剑译，南京大学出版社 2002 年版，第 1 页。
② 同上书，第 30 页。
③ [瑞士]汉斯·昆：《世界伦理构想》，周艺译，三联书店 2002 年版，第 180 页。

行诚实、相敬互爱四项不可取消的规则。1995 年由德国前总理勃兰特领导的"全球政治管理委员会"发表了《全球是邻居》的报告，倡议以"全球性公民伦理"作为不同国家和文化之间合作解决全球性问题的基础。同年，由联合国前秘书长德奎利亚尔领导的"世界文化与发展委员会"发表了《文化多样性与人类全面发展》的报告，呼吁建立一种"适用于整个世界的全球伦理"。报告认为：全球伦理的核心原则是——人权与责任、民主与公民社会、维护少数人的权利、承诺和平解决冲突和公平谈判、代际之间的平等。报告还将国家政府、跨国公司、国际组织和全球公民社会视为全球伦理的四个重要执行者。1996 年，"相互促进委员会"在维也纳召开会议，通过"寻求全球伦理标准"报告书，呼吁制定一套全球伦理标准，应对 21 世纪人类所面临的全球性问题。1997 年，这一委员会又通过了《世界人类责任宣言》，旨在确立一种推动人类进步和保证人类追求完善的全球普适的价值标准。联合国教科文组织也于 1997 年启动了"普遍伦理计划"的研究项目，研讨建立全球性的"普遍伦理"的理论与实践问题。正是在全球化浪潮强有力的冲击下，在体制上，整个世界已经自觉不自觉地形成了一些风险共同体，如世界贸易组织、世界银行等。很显然，全球伦理、普遍价值已经成为一个不断成长着的不可逆转的历史趋势。应该说，寻求普遍价值的全球伦理实践植根于人类共同利益和人类精神的深层需要，是一种立足于人类整体的视角，在全球化背景下，理性、主动、积极地构建全球主流价值文化的努力，具有特别的意义①。

不仅在实践上，整个世界产生了影响极大的寻求普遍价值的伦理运动，而且在观念上，整个世界同质性正在不断加强，也达成了越来越多的价值共识，一些全球性观念正在形成。实际上，随着人类实践能力、交往范围的不断扩大，各国或主动或被动地学会了理解和宽容，并逐步开始了对普遍价值的认真关注；而当今不断深化的全球化过程更是构筑了形成普遍价值的现实语境。在今天的世界，绝大多数人都会同意活比死好、健康

---

① 参看孙伟平：《价值差异与社会和谐——全球化与东亚价值观》，湖南师范大学出版社 2008 年版，第 39—41 页。

比疾病好、自由比奴役好、富裕比贫穷好、教育比无知好、正义比不义好。事实上，正义、自由、平等、人权、法治、科学、民主、进步等越来越成为"全球性观念"，为越来越多的国家、民族和民众所认同和珍视。而暴力、强制、不公、歧视、恐怖、迷信、落后等也为越来越多的国家、民族和民众所反对和鄙视。就拿"进步"概念来说，"进步"概念曾经在那些坚持文化相对主义的人看来是可疑的，因为他们认为每种文化都有自己明确的目标和伦理，不能以另外一种文化的目标和伦理为尺度加以评价，西方无权把进步的概念强加于别人的文化。但是经过半个世纪的全球化冲击，"西方人所理解的进步已几乎成为普遍的愿望。进步的概念——生活得长寿一些，健康一些，负担轻一点，更满足一点——并非局限于西方，而且也清楚地表现在儒家学说以及一些非西方、非儒学的高成就的少数民族（如印度的锡克教信徒）的信念之中。我并不是说进步就是富裕的消费社会，然而脱离贫困显然是一个普遍的目标，而这就必然意味着提高消费水平。"[①] 普遍愿望更加广泛地表现在联合国《世界人权宣言》的条文之中：人人享有生活、自由和人身安全的权利，享有言论和信仰的自由，法律面前人人平等，人人有权得到无任何歧视的同等保护，人人有权直接地或通过自由选择的代表参与自己国家的治理，人人有权得到相当的生活水平，以保证其本人及其家人的健康和福祉，包括食、衣、住房和医疗照顾及必需的社会服务，人人享有受教育的权利……这也就是孙伟平先生所描述的："世界上各个民族、国家、地区，各种不同的宗教，各种不同的文明体系，在全球一体化、统一化的力量面前，正在主动或被动地、自觉或不自觉地'趋同'。例如，对自由、平等等基本价值的向往，对民主政治体制的追求，对市场经济秩序的尊重，对'以人为本'或基本人权的强调，对法治或依法治国的认同……似乎都正在成为全球普遍的'共识'。"[②] 全球化导致全人类的共同文化财产和共同价值观念比以往任何一个时代

[①]　［美］塞缪尔·亨廷顿、劳伦斯·哈里森主编：《文化的重要作用——价值观如何影响人类进步》，程克雄译，新华出版社2012年版，第34—35页。

[②]　孙伟平：《价值差异与社会和谐——全球化与东亚价值观》，湖南师范大学出版社2008年版，第18页。

都多，推动了世界性文化的生成。正如亨廷顿所说的："人类在文化上正在趋同，全世界各民族正在日益接受共同的价值、信仰、方向、实践和体制。"①

（二）对全球化语境的自觉对接

伴随全球化浪潮席卷世界各地，伴随一系列全球问题的凸显，具有全球品质的普遍价值的追寻，也理所当然地成为了当代中国的重要话题和实际行动。全球化所凸显出来的相互依存关系，所强化的共同利益，要求当代中国形成并认同相应的普遍价值。全球化使得离开世界谈论特殊的价值文化观，失去了原有的意义，有时甚至不可能。全球化必然突破局限于民族和国家的狭隘视野，要求人们站在世界公民的立场上，以一种新的全球性视角构建我国主流价值文化。对于全球化大潮，我们既无须全面迎合，也无须逃离与回避，更不能一味抵制和抗拒。面对全球化，如果表现出一种无动于衷、无所作为，结果只能是"被全球化"并迟早会"被全球化"，至多也只是等待西方提出价值文化建设方案，我们再来被动地发表意见，做出非常有限的修改和补充。既然全球化是大势所趋，那么，正确的选择只能是主动融入、自觉对接，只能是从世界发展大势中来定位和把握我国主流价值文化的发展前景，主动地与包括西方在内的世界各价值主体进行平等的对话，对于全球伦理、普遍价值提出建设性的主张。

唯有自觉对接，才能真正让世界了解中国主流价值文化。在主流价值文化交流方面，应该说中国对别国的价值文化的了解要多于别国对中国的价值文化的了解，这里有着一种极大的不平衡。如果不能让世界了解中国主流价值文化，一方面就不能展现出中国主流价值文化的特色与魅力，另一方面，也就不能化解这种交流中的不平衡性。经过改革开放三十多年的飞速发展，中国已经由世界舞台的边缘走到中心，中国境内发生的事情必

① ［美］塞缪尔·亨廷顿：《文明的冲突与世界秩序的重建》，周琪译，新华出版社1998年版，第43页。

然影响世界，就像世界发生的事情必然影响中国一样。当有人别有用心妖魔化中国主流价值文化的时候，当我们寄希望于追求一个好的国际环境的时候，就更加有必要向世界说明中国主流价值文化的真实情况，就更加有必要向世界实事求是地对自己的形象做出阐释。

也唯有自觉对接，才能真正让中国主流价值文化走向世界。世界的变化发展为我国价值文化的繁荣兴盛提供了历史性机遇和广阔舞台。在全球化的国际语境下，让中国主流价值文化走向世界，从表面上看，就是让中国主流价值文化"走出去"，从深层次上看，就是尽一个发展中大国的责任。让中国主流价值文化走向世界，目的不是把自己的主流价值文化强加于别国，更不是用中国主流价值文化取代别国主流价值文化，而是让不同的价值文化从相互交流、相互碰撞到相互融通、相互欣赏。

历史上，中华民族曾经表现出自我中心情结。这种自我中心情结，一言以蔽之，就是自认为，中华民族是礼仪之邦，是世界的中心，以"天朝上国"自命，而视域外的一切民族为夷狄，域外的一切文化为雕虫小技，域外的一切人等为穴居土人。鲁迅曾经为具有这种自我中心情结的人画过像。在《随感录三十八》中，他把这种中国人称为"爱国的自大"者，并把爱国自大者的意见概括为五种："中国地大物博，开化最早；道德天下第一"；"外国的东西，中国都已有过"；"外国的物质文明虽高，中国精神文明更好"；"外国也有叫花子、草舍、娼妓、臭虫"；"中国便是野蛮的好"。这种自我中心情结，从地理上看，就是断言：中国处于天下之中，占据着世界的中心位置，而四夷居天地之偏；这种自我中心情结，从文化上看，就是断言：中国之所以位于天之正中而得天独厚，是因为在九州之内，人们享有君臣、父子、夫妻、兄弟、宾客之三纲五常的伦理，享有礼乐、教化、衣冠、祭祀之文明，而四夷之所以居天地之偏，恰好是因为他们缺乏这样的文明。《唐律名例疏议释义》说："中华者，中国也。亲被王教，自属中国，衣冠威仪，习俗孝悌，居身礼仪，故谓之中华。"《战国策·赵策二》说："中国者，聪明睿知之所居也，万物财用之所聚也，……贤圣之所教也，仁义之所施也，诗书礼乐之所用也，异敏技艺之所试也，远方之所观赴也，蛮夷之所义行也。"梁启超在《新民说·论进步》中谈到，中国人往往以为"中国环列皆小蛮夷，其文明程度，无一不在我数等……纵横四顾，常常觉有上天下地唯我独尊之概"。林语堂也指出："在中国的古人眼里，中国的文明不是一种文明，而是唯一的文明；而中国的生活方式也不是一种生活方式，而是唯一的生活方式，是人类心力所及的唯一的文明和生活方式。'中国'一词，在古代课本里意为世界的文明部分，余者皆为蛮族。"① 这种自我中心情结，在近代中国社会演绎出"中体西用"论。"中体"就是坚持形而上的中国孔孟之道，坚守孔儒之学的文化正宗地位，"西用"就是采纳形而下的西方科技之器。中体西用论强调，中国孔孟之道作为主流价值文化的绝对优越性，即所谓"中国学术精微，纲常名教以及经世大法无不具备"，器用技术只是"卫吾尧舜禹汤文武周孔之道"之工具。这种自我中心情结，在近代中国社会还演绎出与"中体西用"论相配套的"西学中源"论。在西学中源论者看来，不仅西方政教出于中国，而且西方学术文化也俱出自中国。如西学的格物就是《中庸》所讲的尽物之性，西方的上议院就是《洪范》所讲之卿士、《孟子》所讲之诸大夫，西方的下议院就是《洪范》所讲之庶人、《孟子》所讲之国人，等等。

正是这种自我中心情结构筑了一道坚固的屏障，阻碍了中国价值文化与世界的自觉对接，延缓了中国社会和观念从古代向近代的转型步伐，导致了一度以坚强的本土化心态来抵御全球化，"不是锐意进取，而是被动防御，甚至惯于以空洞的口号、说教（如'物质文明落后，精神文明领先'）来遮蔽理论上的落伍和空虚，以曾经的辉煌来逃避现实中的尴尬与失落，从而在很大程度上偏离了全球主流文化价值观。因此，承认现实，直面现实，勇敢地走向世界，迎接全球化时代的挑战，建构性地发展自己……并在世界文化、文明的大视野、大格局中，理智地进行自我定位，寻找自己的角色，争取自己的地位，发挥自己的作用，是新时代的使命与当务之急。"②

---

① 林语堂：《中国人》，学林出版社 1994 年版，第 337 页。

② 孙伟平：《价值差异与社会和谐——全球化与东亚价值观》，湖南师范大学出版社 2008 年版，第 265—266 页。

今天，构建我国主流价值文化不能局限于自我实践和自说自话，而应主动融入国际语境和世界大潮，展开价值文化间的对话，提振我国主流价值文化的辐射力。在全球语境下，构建我国主流价值文化不需要徒劳地去复兴一个古老的文明，而是应该自觉地选择"国际接轨"，拥抱一个全球化的现代文明。在全球化背景下，全球利益、国际标准、国际惯例、国际公约将让任何主体无法抗拒。与世界同步、与国际接轨，必然成为每个要求进步的国家的行动口号。一个国家，如果过于强调价值文化的个性特征，否定其价值文化与人类价值文化的共性，只能使其主流价值文化建设远离人类政治文明而停滞不前。这种共性的东西，实际上体现了人类和人类社会对于政治法则、政治规范、普遍价值的认同和遵从①。如果执意背离人类政治文明的共性，就会造成人类文明的中断甚至倒退。全球化背景下我国主流价值文化的构建，不能满足于一厢情愿的自恋自爱，只能按照人类价值文化的普遍规律加以推进和拓展。

中国特色社会主义文化不仅是民族的，而且是世界的；不仅是自赏的，而且是共享的。新型的中国特色价值观不是与世隔绝、自我封闭的价值观，不是拒绝和排斥人类普遍、基本价值的价值观，而是与现代文明相适应的共同价值理想、价值取向。它不仅不否定全球业已取得的价值实践成果，而且还要主动纳入全球化的进程之中，在与世界的充分联系、交往互动中，吸取全球基本价值（科学、民主、人权、法治等）并以之作为自身的文化基础。因此，我国主流价值文化对全球语境的自觉对接，就只能是在全球化与中国化、全球基本价值与中国特色价值观之间保持必要的张力。

二、文化自强与我国主流价值文化的全球品质

全球化的推进，不同文化的碰撞、交流，使任何文化形态都要在全球

---

① 参看罗金远、戴茂堂：《伦理学讲座》，人民出版社2012年版，第27—32页。

化背景中思考和定位自身的生存与发展。中国作为世界大家庭中的一员，中国的发展离不开世界，世界的发展也离不开中国。全球化既是构建我国主流价值文化的背景，也是我国构建主流价值文化的机遇。一方面，全球化凸显了文化软实力的核心价值；另一方面，全球化给文化软实力的构建提供了绝好的机遇。作为背景，我国主流价值文化构建必须充分考虑全球化带来的世界经济、政治、文化一体化趋势，必须充分考虑文化软实力在世界经济和政治中的核心作用。作为机遇，我国主流价值文化构建恰好可以借助全球资源和世界平台来推进。

（一）全球化与文化霸权主义

全球化是一把双刃剑，既会促进不同价值文化的积极交流，也会加剧不同价值文化的摩擦、对抗和冲突。

当全球化意味着世界的普遍联系加强的时候，全球化可以拉近国家与国家之间的文化距离，也可以扩大人的生活空间，使得人作为类存在物变得更为真切和更加自由。马克思指出："人是类存在物，不仅因为人在实践上和理论上都把类——他自身的类以及其他物的类——当做自己的对象；而且因为——这只是同一种事物的另一种说法——人把自身当做现有的、有生命的类来对待，因为人把自身当做普遍的因而也是自由的存在物来对待。""只有在共同体中，个人才能获得全面发展其才能的手段，也就是说，只有在共同体中才可能有个人自由。"①

当全球化走向由发达国家主导游戏规则的时候，全球化就可能异化为国家经济实力和军事实力的博弈并助长文化霸权主义。这种情况表现为：只有发达国家，才更有可能拓展自己的文化市场，更有可能输出自己的文化产品，更有可能发出自己的响亮声音。发达国家借助强大的经济实力和军事力量，在全球范围内推广其价值理念和文化信仰，给不发达国家带来巨大的文化冲击，导致发达国家的文化殖民，导致不发达国家的文化流失

---

① 《马克思恩格斯全集》第 1 卷，人民出版社 1995 年版，第 45、119 页。

或被同化，甚至文化主权的丧失。尤其是伴随着西方国家的商品、货币、人、图像、技术、知识和思想等在全世界范围的大面积扩散和加速度流动，文化从强势的西方国家向发展中国家传播，诱导发展中国家及非西方国家的民众接受其文化，并淡忘甚至放弃自己的传统文化，从而形成了事实上的文化殖民主义或文化帝国主义格局。恰如孙伟平先生所言："伴随着全球化的进程，强势文化能够轻易地、'自然而然'地闯入经济发展滞后、文化相对'落后'的地区，而弱势文化则很难真正挤入强势文化的地盘。强势文化必对弱势文化形成压迫、挤压，令弱势文化感觉到前所未有的威胁，感觉到尖锐的生存危机。"①

毋庸讳言，近现代以来，西方文化在世界文化中一直占据着强势地位。当前，世界范围内各种思想文化交流、交融、交锋更加频繁，"西强我弱"的国际舆论格局没有根本改变。今天，西方文化特别是美国文化在全球处于霸主地位，西方发达国家依然掌控着今日世界文化的主导权，拥有最大影响力的文化品牌（如以好莱坞为代表的影视文化、以圣诞节为代表的节庆文化）。现在，世界文化市场的80%由欧美占据，传播于世界各地的新闻90%以上由西方七国垄断，美国出产的影片占全球总放映时间的50%以上、电影总票房的2/3。这些文化品牌正是西方发达国家输出它们价值文化观的绝好工具。国际社会借助于各种方式进行"西化"、"分化"的活动一刻也没有停止，西方国家四处推销自己的意识形态、社会制度、发展模式，总是想在全球化的名义下，把其他非西方国家的价值文化发展导入符合西方利益的轨道，使其主流价值文化更符合西方的价值文化观。当下的世界文化的全球发展，在看似差异化、多元化的表象下，实际上面临着趋同乃至死亡的"灰质化"结局，而这和强势的西方文化、资本逻辑是分不开的。走入异化的全球化往往在"同一"与"全球"的表象背后将既存的不平等的世界经济体系合理化和强化，并赋予强权随意界定和解读国家利益的自由，从而片面保护发达国家的特殊利益，全面牺牲不发达国

---

① 孙伟平：《价值差异与社会和谐——全球化与东亚价值观》，湖南师范大学出版社2008年版，第25页。

家的特殊利益。走入异化的全球化往往在权力垄断的背后把"全球自由贸易"包装和修饰成利益共享的大同世界和华丽口号，倡导的其实只是强者的自由，而对发展中国家而言，这却是一个失去自由的过程。这就是有学者所说的："自由的世界市场的预言家在全球的活动愈是成功（这意味着民族国家和领土国家的结构遭到侵蚀），受世界主义观念驱动的威胁就变得越大。西方的'人道主义干预'将威胁越来越多的世界居民。人们在推行新自由主义的世界政策的过程中，鼓吹并创造一种弱国家世界体系。在这样的世界体系中，帝国主义滥用世界主义使命将不再有任何障碍。"①

全球化的到来，一方面，增加了发展中国家经济发展的机遇和空间；另一方面，资本的全球化会加剧一些发展中国家的分配不公，放大国内矛盾，增大执政风险。这或许是全球化进程中不可避免的二律背反。以中东、北非国家为例，由于伊斯兰文明与西方基督教文明有巨大差异，因而其融入全球化的进程本身也是一个文明冲突的过程，既要面对外来文明的挑战，也要实现对本土文明的自我批判。然而，自从石油成为工业革命的血液以后，盛产石油的中东、北非地区注定了将在全球分工中变成国际资本与本国资本控制的对象和战场，这些国家的收入主要依赖从石油出口中赚取外汇，形成了以石油加工为主体的畸形产业结构。一旦石油价格下降，国民的收入也会下降。当执政党忽视或者不善于处理国内地区差异、贫富差异、党内腐败等问题的时候，底层"一盘散沙"的民众极有可能成为执政党的终结者。全球化真的就是一柄双刃剑。中东、北非的"革命"或许已经证明了这一点。

（二）全球品质以及国际影响力、竞争力的提高

作为双刃剑的全球化不断暗示出，我国主流价值文化的构建，直接关涉我国主流价值文化的普遍效应和国际地位。当然，这样的双刃剑效应也

---

① ［德］乌尔里希·贝克、哈贝马斯：《全球化与政治》，王学东、柴方国等译，中央编译出版社 2000 年版，第 44—45 页。

直接把关于我国主流价值文化构建的思考，提升到了全球战略的高度。也正是在这样的语境下，人们可以看到中国改革开放的巨大成绩，看到中华民族伟大复兴的光辉前景，也可以看到构建主流价值文化的暗流险滩，看到全球博弈下的中国危局。无论是前景还是危局，有一点是明确的，那就是：对于全球化大潮，特别是西方化和美国化的压倒性冲击，我们绝对不可以消极地走向反全球化，而应该积极扩大我国主流价值文化的国际影响力和竞争力。

站在全球化战略高度构建我国主流价值文化，对内来说是增强中华民族凝聚力的需要，这是因为民族文化是民族的黏合剂、民众的归宿感；站在全球化战略高度构建我国主流价值文化，对外来说是增强中华文化国际竞争力的需要，这是因为文化已经成为国家核心竞争力的重要因素，谁占据了文化发展的制高点，谁拥有了强大的文化软实力，谁就能在激烈的国际竞争中赢得主动。所谓文化软实力是指一个国家或地区基于文化而具有的凝聚力、生命力、创造力和传播力，以及由此而产生的感召力和影响力。在政治多极化的国际关系新格局中，"文化霸权"、"文化渗透"、"普适价值"、"价值观外交"、"文明冲突"、"为价值观而战"、"文化边界"、"文化版图"、"文化主权"等用语越来越被广泛地使用。这一切如果还不能完全让我们断定是否文明之间的冲突将左右全球政治，是否世界正在依照价值文化而进行重新划分。但这一切至少表明，在今天世界的大舞台，经济、政治、文化密不可分地交织、融汇在一起，文化软实力日益显示出在经济和政治格局中的影响力。在政治入侵、经济渗透越来越行不通的情况下，一些国家大打文化牌，今天的国际竞争空前地表现为文化实力即所谓软实力的竞争。世界范围政治斗争和经济较量的趋势表明，文化越来越成为民族团结力和战斗力的重要源泉、越来越成为综合国力竞争的重要因素，文化争锋和文明冲突已经越来越危及一国国家安全。文化不安全将引发思想认识的混乱、价值观的迷茫，进而带来社会的不稳定、不安定，造成更大的安全问题。随着全球化进程的加快，文化安全的重要性日益突出，成为深层次的国家安全。文化安全问题难以在任何一个民族、国家和地区范围内独立地加以解决，而需要更大范围的沟通、共识、协调与合作，甚至要求全球采取联合统一的行动。因而在社会上广泛流传着这样一句名言：19世纪靠军事改变世界，20世纪靠经济改变世界，21世纪靠文化改变世界。

面对全球化可能带来的西方文化侵略或文化霸权主义倾向，我们必须思考我国主流价值文化向何处去的问题。尽管我们拥有五千年的文明成果，是文化资源大国。但由于自身文化还不足够强势，结果是西方发达国家的文化产业、文化产品以前所未有的规模和速度进入中国市场，导致我国的文化贸易逆差非常严重。以美国为首的西方势力以新兴媒体为渠道，向中国大量倾销带有其政治模式、价值观念和生活方式的各类信息，潜移默化地影响中国公众的世界观、人生观和价值观，声称"要用互联网崩裂中国的长城"。因此，我国主流价值文化面临着被西方强势文化通过价值观和文化"西化"、"分化"的危险。面对西方强势文化的压力，我们只有自强不息，不断提高对外文化交流和传播能力，牢牢掌握民族文化、主流文化的自主权和话语权，才能有效维护国家安全。这个问题是中国人的精神家园建设问题，是中国人的人文世界的建构问题，是中国文化的复兴、繁荣与发展问题。如果我们对全球化可能产生的异化没有足够的警觉，我们就很难在全球化进程中趋利避害，我们的文化甚至面临着被融化、被改变的危险。

我们必须坚决地拒绝任何形式的全盘西化，反对任何形式的西方中心主义和霸权主义，旗帜鲜明地保持中国主流文化价值的个性与特色，并通过把中国主流价值文化发扬光大来提升其国际影响力和竞争力。从本质上讲，捍卫民族文化个性是一种历史责任，因为它关系到一个民族和国家的生存根据。坚守民族文化发展的个性是维护民族文化的心理认同的首要前提。一种文化形态生生不息向前发展的最持久动力来源于该文化的内在精神及其个性。同时，也正是这种内在精神及其个性，使该文化区别于其他文化形态并在世界文化之林中展示出其独特的魅力。越是具有民族性的价值文化，往往越具有个性和生命力，因而也就越能走向世界。甚或说，唯有文化的个性化发展，全球化历史进程才是真实的、富有成果的。全球化背景下构建我国主流价值文化不是要抛弃自己文化的"民族性"，而是要在全新的文化实践中，在新的文化全球化体系的建构中，提升民族性（特色），体现"世界性"。郭齐勇先生指出："21世纪的人类历史告诉我们：'世界性'、'现代性'与'民族性'、'根源性'并不是相互排斥的，而是同时并存、健康互动并可以整合在一起的。世界思潮与民族精神、现代性与民族本己性、普遍原则与特殊道路、东亚价值与全球价值，都是可以而且必须互动、整合的。"①

在全球化背景下，一个民族、国家，特别是像中国这样历史悠久、文化独特的大国，是不可能简单照搬世界上任何一种现成的发展模式的，我们必须自主探索自己的发展道路。这就要求我们要有强烈的文化自强意识。文化价值观上的独立与自强是一个民族、国家自信、自立、自强的根本。一方面必须在全国形成统一的精神坐标、共同的理想信念，另一方面又必须大力推进文化"走出去"、"送出去"、"融出去"战略，大力推进对外文化交流、对外文化传播和对外文化贸易，让中国文化影响世界，打造我国良好的国家文化形象和世界级文化品牌。塑造一个良好的国家文化形象，是实现"和平崛起"大国战略的重要一环。中国特色社会主义文化构建是"中国道路"、"北京共识"或"中国模式"的应有之义，是中华民族自立于世界的思想前提。中华民族要实现自己的伟大复兴，就必须高扬自己的文化理想，高举自己的文化旗帜，树立自己的文化形象。发展中国特色的社会主义文化是增强国际竞争的软实力之所需。国家软实力构建是立足于民族性的文化自主权构建，它应当以抵制西方文化冲击、建设中国新文化、维护中国国家安全为最终目标。唯有如此，我们才能在国内增强我国主流价值文化的凝聚力、震撼力、感召力，在国际上形成和扩大我国主流价值文化的世界竞争力、影响力，以及知名度和认可度。

与这种文化自强意识相反的是民族虚无主义，这是我们必须警惕的。晚清以降，在西方列强的侵略之下，很多中国知识分子丧失了对文化自强意识。出于一种强烈的屈辱感和自卑感，他们无限地丑化中国人或中国文明，譬如有人认为几千年的中国历史都是"吃人的历史"，四大文明只不

---

① 郭齐勇：《守先待后：文化与人生随笔》，北京师范大学出版社2011年版，第10页。

过是中国人的"遮羞布",等等。在他们看来,中国似乎根本没有任何资格被称为"文明",因为中国既没有民主,也没有科学,更没有"上帝"。对此,郭齐勇先生指出:"没有哪一个民族的现代化是脱离本民族精神资源的陶养的。一个多世纪以来,我们几代人对民族文化的伤害太严重了,犹如我们几代人对生态平衡的破坏一样。"① 与尽情地颠覆和解构中国文明相配套,有人不遗余力地制造了一个又一个的西方文明神话。这一神话的根本就是惊羡西方发达国家创造的经济奇迹,把西方文明看作是唯一真正的普世文明,看作是世界文明的救世主。以发达国家的先进性贬斥自己的落后,从传统的自大走向现代的自卑。郭齐勇先生以德国启蒙思想家为例深刻分析了民族虚无主义的理论局限和思维局限。他指出:"上上个世纪之交,当拿破仑的马队把启蒙思想家确立的科学、理性、自由、民主、真理、正义等'普遍价值'观念带到'保守'、'落后'的德国时,德国的、同样是启蒙思想家的赫尔德等人却提出'民族精神'的观念来保卫德意志文化传统。他们反对把法国文化变成'普遍形式',反对把世界文化同化于法国文化。他们认为,没有什么普遍的人类,只有特殊型式的人类;没有什么普遍价值与永恒的原则,只有区域性、民族性的价值和偶发的原则;没有什么'一般文化',而只有'我的文化'。在这里,实现近代(现代)化并不意味着一定要全盘否定传统文化,弘扬'民族精神'不一定意味着拒斥'时代精神'。文化启蒙与资源认同、现代性与民族归属感、个体发展与国家富强、世界大势与民族文化个性,并不是对立的两极。"②20世纪是我国传统价值文化遭遇彻底怀疑的世纪。人们不由自主地以西方近代以来的价值文化作为参照来反省自己的价值文化,就是有意无意地承认了传统价值文化的失败,步入了民族虚无主义泥潭。民族虚无主义把我国传统价值文化视为现代化的绊脚石,致使中国传统价值文化陷入深层的困境。这种民族虚无主义当然也是提升我国主流价值文化国际影响力、竞争力的绊脚石。

---

① 郭齐勇:《守先待后:文化与人生随笔》,北京师范大学出版社 2011 年版,第 4 页。
② 同上。

改革开放三十多年来，中国作为一个经济大国的地位已经获得举世公认，但中国主流价值文化的国际影响力、竞争力却还有很大的提升空间。改革开放以来，对于我国文化的发展、我国文化地位和作用的定位，经历了一个不断深化、逐步清晰的过程。随着中国特色社会主义实践的深入，党和政府越来越认识到文化是民族凝聚力和创造力的重要源泉，是综合国力竞争的重要因素，是经济社会发展的重要支撑。这种认识必将进一步推动中华文化走向世界，形成与我国国际地位相对称的文化软实力，提高中华文化国际影响力、竞争力。"建设社会主义核心价值体系，能够扩大中华文化的影响力。文化影响力的强弱，是衡量一个国家文化软实力的重要标志。中华文化富有独特魅力，是世界文化百花园中的奇葩。今天，中华文化得到了更广泛的传播，但中华文化的国际影响力与我国的发展中大国地位和世界渴望了解中华文化的愿望还不相适应。同时，西方思想文化对我国的渗透和影响在不断加剧。建设社会主义核心价值体系，充分挖掘和弘扬中华传统文化的有益价值，不断从时代的火热实践中汲取新鲜养分，有利于我们的文化保持民族性、时代性、先进性，展现中国特色、中国风格、中国气派；有利于抵御西方资产阶级腐朽思想文化的渗透，有效维护我国文化安全；有利于推动中华文化更好地走向世界，扩大我国的国际影响力。"①

当然，我国主流价值文化要保持中国特色，但不是说一定得拒绝人类已经达成普遍共识的价值文化；相反，我们必须大力塑造我国主流价值文化的全球品质和世界品格。从历史进化的角度看，全球交融、世界共存是大趋势，一个民族、一个国家总是有必要在坚持自我特质的同时，向其他民族、其他国家吸取异质文化的养分，从而与时俱进，发展壮大。如果我国主流价值文化能更多地吸纳人类业已达成普遍共识的价值文化，具有最大可能的全球品质，那么我国主流价值文化将更有国际影响力和竞争力。

---

① 中共中央宣传部编：《社会主义核心价值体系学习读本》，学习出版社2009年版，第11页。

三、价值自信与我国主流价值文化的全球眼光

在近代，面对西学东渐，中国知识分子提出"中体西用"、"西学中源"、"道本器末"等各式各样的解决方案，表现出中国文化的价值自信。只不过，那种自信包含了某种盲目的自我中心情结。在跨入 21 世纪之际，更多的中国人逐步变得理性。他们认识到，西化和泛西方化的思维定势需要修正和检讨，现代性需要重新界定。特别是中国经济的崛起，打破了韦伯理论的权威性，也打破了一切以西方现代化的模式为唯一参照标准的思想范型，为中国人在文化精神上摆脱对西方的依附状态提供了前提条件。更多的中国人认定，在世界范围内各种思想文化相互交织、相互激荡的复杂背景下，必须坚持一种价值自信。所谓价值自信是指一个国家、一个民族、一个政党对自身文化在价值上的充分肯定，对自身文化生命力的坚定信念。只有对自己文化有坚定的信心，才能获得坚守的从容，鼓起奋发进取的勇气，焕发创新创造的活力。而这种自信来源于我国主流价值文化自身的优越性、包容力和开放性。

（一）增强自信心和自豪感

中华民族素有文化自信的气度，正是有了对民族文化的自信心和自豪感，才在漫长的历史长河中保持自己、吸纳外来，形成了独具特色、辉煌灿烂的中华文明[①]。对于中华文明，我们应该有充分的肯定和欣赏，有足够的自信心和自豪感。这种自信和肯定至少表现在两个方面：

其一，在内涵上，相信并坚守自己文化的优势和优越。罗素曾经说过："中国至高无上的伦理品质中的一些东西，现代世界极为需要。""若

---

① 云杉：《文化自觉、文化自信、文化自强——对繁荣发展中国特色社会主义文化的思考》，载《红旗文稿》2010 年第 17 期。

能够被全世界采纳，地球上肯定比现在有更多的欢乐祥和。"[①] 中国曾经以自己独特的文明和文化贡献给世界以经验和智慧，包括四大发明为代表的科学技术成果，包括系统有效的国家和政府的作用所发挥的集体效能，包括打造稳定的社会秩序的经验，包括文明的包容性和同化力导致的文化持续延续，包括以和为贵的价值观对世界和平的贡献，等等。事实上，中华传统道德文化中讲仁爱、重道义、守诚信、崇自然、尚和合、求大同等等思想，积淀着中华民族最深层的精神智慧，不仅铸就了中华民族历史的辉煌，而且经过创造性转换，也可以开掘出极大的现代价值。在这里，我们要反对自卑自弃、自暴自弃。只有不卑不亢，才有文化的价值自信。

其二，在外延上，相信并扩大自己文化的实力和魅力。所谓扩大自己文化的实力和魅力，就是充满自信地将自己的文化普遍化地推向世界，并将能否普遍化地推向世界作为考察自己文化是否有实力和魅力的试金石。我们常说，越是民族的，就越是世界的。事实上，民族的并不一定都能成为世界的。这是因为，只有那些真正有实力和魅力的民族文化，才能成为世界的。因此，能否成为世界的，是对民族文化是否真正有实力和魅力的一个巨大考验。具体到文化自信这个问题来讲，只有那些具有最大普遍性价值的文化才是可以自信并值得坚守的。自我封闭、抱残守缺的道德，充满了私人性和偏见，是绝对没有实力和魅力的。文化必须通过它的实力和魅力来赢得最大的普遍性。优秀的文化往往扎根于民族的特有土壤，但又能够超越狭隘的民族利益，具有高度的开放性和绝对的普遍性，具有最大的普遍性价值。文化的这种所谓最大的普遍性价值，如果用康德的话来表达就是：让你的意志的主观准则任何时候都能同时被看作一个普遍立法的客观原理。文化具有最大的普遍性，就可以最大限度地凝聚社会思想共识和传递普遍价值观念。当今时代，世界一体化的趋势越来越明显，普遍交往和公共生活也越来越频繁。普遍交往和公共生活得以维系必然要求文化具有最大的普遍价值，并且还要求有对具有最大普遍价值的文化的普遍坚

---

① ［英］罗素：《中国问题》，秦悦译，学林出版社1996年版，第167页。

守。显然，最好的文化应该充满自信地提出什么是真善美，什么是假恶丑，应该充满自信地倡导坚持什么，反对什么，以便最好地为全体社会成员判断行为得失、做出价值选择提供普遍的价值标准和行为规范。

一个人要有自己的精神，一个国家也应该有自己的精神。人无精神不立，国无精神不强。一个国家如果政治、经济、军事实力不强，一打就垮；一个国家如果没有自己的精神，不打就垮。一个民族在政治、经济、军事上被打败不是最可怕的，一个民族最可怕的是在精神上被打败，从而放弃了自己文化的价值自信。国家精神体现着国家的尊严和形象。我国主流价值文化体现了鲜明的中国精神、中国气派、中国道路、中国模式。当今时代，我国主流价值文化就是中国特色社会主义价值文化，它的核心是社会主义核心价值观和核心价值体系。马克思主义指导思想、中国特色社会主义共同理想、以爱国主义为核心的民族精神和以改革创新为核心的时代精神、社会主义荣辱观构成社会主义核心价值体的基本内容。

社会主义核心价值体系是我们党在思想文化建设上的重大理论创新，是社会主义中国的精神旗帜。第一，社会主义核心价值体系是社会主义意识形态的本质体现，社会主义核心价值体系是社会主义制度在价值层面的本质规定，反映了社会主义基本制度的本质要求，是社会主义制度的内在精神之魂。第二，社会主义核心价值体系是全党全国各族人民团结奋斗的共同思想基础，是引领社会思潮的精神向导，无论顺境还是逆境，它都能以巨大的理论力量、精神力量、道德力量，凝聚人、感召人、鼓舞人，成为我们的主心骨。它能完美地回答时代究竟应该具有什么样的伦理风尚和精神风貌，并自觉地为时代真正能够具有这样的伦理风尚和精神风貌而开辟前行的道路，承担教化的使命。"社会主义核心价值体系是不可战胜的，因为它是科学真理；是不能动摇的，因为它代表最广大人民的根本利益；是不会消解的，因为它是中华民族的精神脊梁和道德操守。"① 第三，社会主义核心价值体系倡导一切有利于国家富强、社会和谐、祖国统一、人心

---

① 中共中央宣传部编：《社会主义核心价值体系学习读本》，学习出版社2009年版，第7页。

凝聚的思想和精神，有助于人们增强对科学发展、社会和谐的认同，有助于人们培育和谐文化、树立和谐理念、发展和谐精神，是实现科学发展、社会和谐的推动力量。能够担当起引领文化潮流、规范文化导向的主导作用。"内在地蕴涵着以人为本、科学发展的要求，包含着富强、民主、文明和谐的价值目标。"① 第四，社会主义核心价值体系是国家文化软实力的核心内容。国家软实力在很大程度上表现为民族凝聚力，这种凝聚力主要来自于人们对核心价值体系的认同和追求。社会主义核心价值体系是兴国之魂，是社会主义先进文化的精髓。社会主义核心价值体系深深植根于中华民族的精神血缘之中，植根于当代中国人民的伟大实践之中，具有无穷的力量。"社会主义核心价值体系体现了先进文化的前进方向，反映人类发展进步的要求，是能够引领时代前进的价值体系。"②

总之，中国特色社会主义价值文化既是历史的必然选择，也为现实所认定，具有得天独厚的优越性，这种优越性恰是我们价值自信的根据。有了价值自信，就能把我国主流价值文化转换为人民的自觉追求，并发挥它在各种价值文化中的主导地位和引领作用。经过三十多年的改革开放，我们成功走出了一条中国特色社会主义道路。这是一条使中国经济快速健康发展、人民生活不断改善提高、社会充满生机活力的道路，也是一条不断孕育新的思想文化的道路。在三十多年的历史进程中，我们实现的每一次大的突破，经历的每一次大的考验，取得的每一个重大成果，都孕育着新的思想、新的观念、新的意识。改革开放以来，中国人民的面貌、社会主义中国的面貌、中国共产党的面貌之所以发生了历史性变化，中国经济之所以能够长期保持平稳较快的发展，一个幅员辽阔、人口众多的大国之所以有如此强大的凝聚力、向心力，中国之所以能够举国一致办大事、同心同德克难事，其根本原则就是我们的制度优势，是中国特色社会主义实践中铸造的思想文化的力量。

---

① 中共中央宣传部编：《社会主义核心价值体系学习读本》，学习出版社2009年版，第16页。

② 同上书，第17页。

（二）提升包容力

我国主流价值文化自身要避免封闭和自恋，保持宽容和包容。这一点，在全球化背景下，实际上说的就是本土与外来的问题。

在世界范围内各种思想文化相互交织、相互激荡的复杂背景下，自信不应是盲目的，而应是坚持自主性和包容性的统一。我们要反对民族自大心理。民族自大心理即妄自尊大，自我中心，自以为本民族的传统文化是至善至美的，拒绝接受一切新东西，只看到文化的冲突，看不到文化碰撞带来互补的可能，无端排斥人类文化中富有价值的共同准则。以固步自封、夜郎自大的心态，有意放大不同文化间的对立，强化对外来文化的轻蔑和敌视。维持一份表面的虚荣和自足，其结果只能带来文化的衰落。每个民族的价值文化都积淀着该民族最深层的精神追求和行为准则，符合民族心理，反映民族特征，体现民族品格。因此，我们又要坚持实事求是，反对狭隘的、自大自傲的民族心理。每个民族的价值文化互有差异，但都各有所长，都以各自的方式为人类的文明作出自己的贡献，都是人类宝贵的精神财富，应该加以尊重和包容。最自信的文化最勇于反思自己的文化弱点，也最善于汲取和尊重人类创造的一切优秀文明成果。"实现中国传统价值观念的转换恰恰要求我们有勇气来正视民族的弱点，清理民族文化心理中普遍积淀着的落后的东西。如果不敢反思、不敢对民族的劫难进行忏悔，就不能抛开自己的精神负担。一个热爱自己民族的人是不怕与民族一起承担过去的痛苦的，只有勇于承担民族痛苦的人才能深入地、批判地反思传统价值观念。近代中国人正是由于抱着'中国中心'论的罗盘，找不到在世界坐标系的位置，丧失对自己的批判意识和对世界的开放意识，才迷失在愚昧无知和夜郎自大的汪洋大海中，而没有深入地推进中国传统价值观念的转型。这种古老的中心情结与改造传统价值观念的崭新目标是如此地不相容，以至于如果不能根除这中心情结，中国传统价值观念的任何转换都难以得到实质性进展。近代史的经验告诉我们，实现传统价值观念的转换必须首先突破这种中心情结，给予中国以及中国传统以合理的历史定位，以一种积极健康的心态与世界文化展开创造性对话。"① 一种文化越是具有价值自信，就越能够以积极的态度对待外来文化，越能够在同外来文化的互动交流中谋求共识，并得到丰富发展。"人类社会思想文化领域的多样化是一种正常状态。社会思想的多种多样，有利于促进思想的解放，激发起社会的活力，推动理论、科技、文化等各方面的创新。"② 只有海纳百川、博采众长、兼收并蓄、积极对话，文化才能突破自己褊狭的私人立场，从而拥有不竭的发展活力。"只有坚持'百花齐放、百家争鸣'，才能避免思想停滞、观念僵化、声音单调，增强社会主义学术和文化的生命力、吸引力和影响力。"③

　　构建我国主流价值文化不是要"罢黜百家"，而是要多样性文化共存共荣。构建社会主流价值文化不是要实行文化专制主义，保留一种价值文化而扼杀其他的价值文化，而是要在多种价值文化并存的情况下通过自觉的构建凸显主流价值文化，巩固和加强主流文化的主导地位，在共存共荣的前提下引导其他价值文化健康发展。同时，构建主流价值文化的过程，也是一个吸收其他价值文化的合理内容，抵制不良价值文化的过程。正是要通过这个相互影响、相互作用的良性互动过程，使我国价值文化成为一个"主旋律"与"多样化"协调发展、和谐共存、相辅相成、相得益彰、交映生辉、共同繁荣的有机整体。今天的时代是价值文化多元化的时代。不同文化之间应该多元并存、相互吸收、共同发展。文化多样性是指文化在不同的时代和不同的地方具有各种不同的表现形式。任何文化一元论的设想都已经变得没有市场了。"20 世纪人类思想史的最伟大的成就，是把东方与西方、中国与世界、传统与现代、物质与精神、科技与人文、工具理性与价值理性的冲突与紧张显豁出来，并昭示了以上的二元对峙将会最终被消解的前景。"④2001 年 11 月 2 日，联合国教科文组织第 31

---

① 戴茂堂、江畅：《传统价值观念与当代中国》，湖北人民出版社2001年版，第204—205页。

② 中共中央宣传部理论局：《六个"为什么"——对几个重大问题的回答》，学习出版社 2009 年版，第 12 页。

③ 同上书，第 14 页。

④ 郭齐勇：《守先待后：文化与人生随笔》，北京师范大学出版社 2011 年版，第 13 页。

届会议通过了《世界文化多样性宣言》，宣言指出："文化多样性是交流、革新和创作的源泉，对人类来讲就像生物多样性对维持生物平衡那样必不可少。""文化多样性是人类的共同遗产，应该从当代人和子孙后代的利用考虑予以承认和肯定。"本土文化应该以开放的胸怀、兼容的态度，尊重其他民族文化的丰富个性以及多样性，相互交流、取长补短、和谐共处共荣，最终趋向"各美其美，美人之美，美美与共，天下大同"。[①] 在全球化进程中，各个民族、各个国家、各个地区反而更主动、更热情、更执著地彰显自己，甚至比以往任何时候，它们都更强调自己的主权、独立权和自治权，即使它们认同和接受国际公约、国际惯例、国际标准，往往也可能有其本土化的独特解释，有其个性化的实施方案，而"地球村"又恰好为它们表达自己的真实利益，提出自己的个性要求，提供了最好的国际舞台。一个基本的事实是，与全球化浪潮相伴而来的是，世界上的主权国家不是越来越少了，而是越来越多了。做到文化自觉，就要求各民族首先要学会尊重与欣赏自己民族的文化，自觉把自己的文化看作是世界文化格局中的一部分，依循平等的原则来处理自己文化与其他文化的关系；更要尊重与欣赏别的民族的文化，既不妄自菲薄，也不妄自骄矜；既拒斥"文化霸权主义"，也反对"我族中心主义"；要秉承"和而不同"的立场处理好不同文化、不同民族之间的相互关系。

任何由于担心全球化会带来文化冲击和消极后果而主张文化上的"闭关自守"的观点，都是没有根据的，也是根本做不到的。只有积极调整文化心态，才能以"有容乃大"的包容心态和宽容精神去对待异质文化的理念、习俗、生活方式，用平等对话、理智沟通去最大限度地化解不同文化之间的张力和冲突。当代文化的全球化并不是文化的一体化，文化的全球化伴随着文化的多元化。当代文化的全球化并不否认文化的多元化。世界上没有任何一种文化可以成为普遍通用的文化而使所有其他文化服从自己。日本著名的国际文化理论家平野健一郎运用文化涵化理论，探讨经济全球化形势下的文化走向，得出的结论是：各种文化之间的接触越频繁，

---

① 费孝通：《反思·对话·文化自觉》，载《北京大学学报》1997 年第 3 期。

文化越趋于多样化。世界是丰富多彩的。各国人民走过了不同的历史发展道路，有着不同的经济发展水平、文化背景、社会制度和价值观念，延续着不同的生活方式，这是世界多样化的体现。可以说，文化多元化是当代文化全球化中的重要标志和主要形态。"差异是社会存在的客观现实，多样是社会发展的必然趋势。核心价值体系能否发挥主导作用，很大程度上要看它能不能包容和整合大多数社会群体的思想意识。尊重差异，就是要尊重广大群众在思想意识、价值观念上的差异性，既鼓励先进，又照顾多数，根据不同社会群体、社会阶层的思想实际提出不同要求。包容多样，就是要树立多样共生、和而不同的意识，不断扩大核心价值体系的包容度和影响力。尊重差异、包容多样，不是随波逐流、无所作为，而是要站在时代潮流的前头，坚持马克思主义为指导，密切关注社会思想变化，因势利导、顺势而为，在尊重差异中扩大社会共识，在包容多样中形成思想共识，有力抵制各种错误思想和腐朽文化的影响，引导社会思潮朝着积极健康的方向发展。"①

　　构建我国主流价值文化，不能在封闭的环境中完成，而要在交往实践中批判地吸收外来文化，来营养自己。要尊重文化个性，包容文化差异。既要深刻认识我国民族文化的历史意义和现实意义，注重从祖国文化宝库中汲取营养，也善于借鉴其他国家和民族文化的长处，充分汲取世界优秀文明成果的精华，积极开拓国际市场，推动中华文化更好地走向世界。中华文化是在不断吸纳内外各种文化精华，容摄各大文明要素的过程中形成的。中华文化对外来文化自古就宽容、顺达，就有很强的包容力、包容性和同化力，并且正是依赖这种包容力和同化力导致了文化持续延续。虽然占据主导地位的儒学不乏排他之举，但仍然援法入儒、援道入儒、援释入儒，表现出强大的兼容力。如董仲舒包容了法家、阴阳家的思想，宋明理学吸纳了佛道的思想，当代新儒学更是努力与民主、法治、人权等思想相协调。郭齐勇先生指出："中华文明甚至能够将聚族而居、不易消融解体的犹太族群与极具个性特点的犹太教吸收融化，可

---

① 中共中央宣传部编：《社会主义核心价值体系学习读本》，学习出版社 2009 年版，第 62 页。

谓文明史上的奇迹。正是因为中华文化能够容纳、消化不同的文化、族群、习俗、宗教、艺术，又坚持固有精神文明，吸收不同的人才、倾听不同的声音、接受不同的建议，中国才能形成开放的、兼收并蓄的、永不停息的民族文化。"① 在今天全球化背景下，世界文化多样化发展趋势日益明显，一个多元的世界文化格局初现端倪。任何一种文化都不可能与世隔绝，都需要在与其他文化的交往实践中汲取养分，自我完善。只有不断实现自我完善，并将自己的文化价值观放到世界文化平台上，通过有效竞争，通过优胜劣汰，才能拥有最大的主导性和范导力。对待外来文化，要有开放包容的胸怀，要有辩证取舍的态度，要有转化再造的能力。在今天经济全球化和我国对外开放不断扩大的情况下，我们更有条件把各种形式多样的文化聚集在一起，也更应该以开阔的视野、博大的胸怀对待外来文化，积极参与世界文化的对话与交流，大胆吸收借鉴一切有利于我国文化建设的有益经验和优秀成果。以什么样的态度对待外来文化，考验着一个国家的文化自信。

坚持"百花齐放，百家争鸣"的方针，多元文化是主流价值文化不可缺少的补充。我国主流价值文化要在与外来文化的交流融合中获得发展机遇，增强向外辐射的能力和抵御外来不良文化的能力。我们应该根据"兼容并包、和而不同"的原则，博采众长、求同存异，创建出一种融合东西方文化精粹、承载人类共同利益的文化新模式，实现民族文化走向世界。中国有句古话叫"和而不同"。"和"是指不同性质的东西相综合，它反映的是一种有差异的平衡或多样性的统一；"同"指的是相同事物的堆积，它反映的是无差别的同一或抽象简单的同一。"以他平他"，是以相异和相关为前提，相异的事物相互协调并进，就能发展；"以同裨同"，则是以相同的事物叠加，其结果只能窒息生机。"和而不同"的文化价值取向所强调的是在承认"不同"——多样性的基础上的"和"，就是在保持自身主体性的前提下承认不同的存在，尊重不同个体各自的特性，与其他个体和谐相处，既不屈己从人，也不强人从己，而是在平等的原则下相互吸收融

① 郭齐勇：《守先待后：文化与人生随笔》，北京师范大学出版社 2011 年版，第 69 页。

合，形成和谐统一的新形态。毫无疑问，人类文化正是在不断地追求"和"的历史中发展和繁荣的。"和而不同"既是推动文化健康的交流，促进文化合理发展的一条原则，也是当前世界文化多元化发展的趋势，更应该成为未来世界的文化图景。"当前，我国改革发展已进入关键时期，呈现出许多新的阶段性特征，社会思想观念和价值取向复杂多样，主流的和非主流的同时并存，先进的与落后的相互交织，呈现出多元、多样、多变的特点。社会思潮越是纷繁复杂，越需要主旋律，越需要用一元化的指导思想引领多样化的社会意识，牢牢掌握我国意识形态领域的主导权、主动权、话语权，最大限度地凝聚社会思想共识。建设社会主义核心价值体系，在多元多样中立主导，在交流交融中谋共识，在变化变动中一以贯之，既肯定主流又正视支流，有利于形成既有国家统一意志又有个人心情舒畅、既包容多样又有力抵制各种错误思潮和腐朽思想、既坚守基本的思想道德又向着更高目标前进的生动局面。"①

（三）扩大开放性

我国主流价值文化自身要避免僵化和复古，保持开放和创新。这一点，在全球化背景下，实际上说的就是古与今的关系问题。

任何一个国家的文化，都有其既有的传统、固有的根本。彻底背弃自己的传统，就失去了价值文化之根。就像完全放弃了自己的特色，就是放弃了自己本身一样。每个国家和地区在纳入全球化轨道时，都会从本国的国情和传统出发，理性地加以应对，都会在积极融入全球化进程之时维护本国的根本利益，保持自身的个性化特色，从而在世界文化和全球价值中寻找和确认自己的独特位置。抛弃传统、丢掉根本，就等于割断了自己的精神命脉。构建我国主流文化，不能彻底丢掉传统。我们必须继承和光大百年来我国社会历史中道德精神和伦理文化的巨大变革性的优秀成果。我国传统文化有些东西就有合理因素。比如，"儒教伦理和其他传统精神资

---

① 中共中央宣传部编：《社会主义核心价值体系学习读本》，学习出版社2009年版，第8页。

源是现代社群整合和高速经济增长的关键变项。其动态稳定的有序平衡的社会构架和修身为本、修己爱人、自省慎独、自尊尊人、敬业乐群的君子人格，是建立一个有文化修养的高度文明优雅社会的可现代化因素。传统价值观的合理汲取与转化，不仅可以和高度经济增长并行不悖，而且是它们的必要补充，是有序、健康的现代化的必需。有鉴于此，我们需要以平和的心态与古代的圣贤、智者作平等的心灵交流和思想对话，珍视和尊重他们的智慧！人类文明史上的原创性思想智慧，可以给现代人和现代社会提供精神食粮，并帮助我们克服浮躁心态。"①

　　然而，构建我国主流价值文化更要求我们发展传统。文化在任何时候都是一个动态的、开放的、不断发展变化着的系统。什么是开放性？前提是要打开。不打开怎么放射出去？不开就不能放。近代以来，由于固守而不开放，以儒家为主流的传统文化遭受了前所未有的挑战，并逐步退出主流文化的舞台是一个基本的历史事实。以中国传统文化为核心来构建我国的主流价值文化，显然已经成为一种不能实现的梦想，是一种守株待兔的心态。因此，中国主流价值文化构建需要着眼于未来的发展，在一个开放的文化环境中加以反思。当前，对待我国主流价值文化仍然有人试图诉求中国传统文化来解决，这显然是不切实际的幻想。文化创新、文化开放是我国主流价值文化建设的基本追求。"社会主义核心价值体系又具有与时俱进的品格和开放包容的气度，是坚持与发展的统一、主导性与包容性的统一、发扬传统与立足当代的统一。它善于吸收人类创造的各种优秀思想文化成果，不断用反映时代进步要求的思想观念来丰富人们的精神世界，是随着时代和实践发展而不断丰富完善的价值体系。这种开放性，是社会主义核心价值体系永葆生机活力的源泉。"②

　　历史上，中国文化尽管有落后、僵化、腐朽的一面，但更有它灵活的、开放的，能够吸纳、适应、自我调节、获取新的生命力的一面。近现代以来，在中西古今文化冲突的大背景下，中国就面临着开放与创新的问

---

① 郭齐勇：《守先待后：文化与人生随笔》，北京师范大学出版社 2011 年版，第 6 页。
② 中共中央宣传部编：《社会主义核心价值体系学习读本》，学习出版社 2009 年版，第 18 页。

题。自 1840 年鸦片战争外来文化对中国"横的切入"[1] 始，中国便开始了它在全球化背景下的文化重建与反思。先是魏源等人物质层面的"师夷长技以制夷"，再是康有为等人制度层面的戊戌变法，后有文化层面的"科学与民主"，一步步拓展着全球化背景下的中国价值文化重建与反思之路。在这反思与重建之路上中国文化显示了自己的再生能力，显示自己与时俱进、追求开放的一面。恰如郭齐勇先生所言："趋时更新，其实正是中国文化的主脉。"[2] 今日，全球化所导致的文化竞争的加剧，使得创新意识和创新能力日益成为我国能否在世界文化的竞争中掌握主权的关键因素。价值文化只有在交流甚至在冲突中才能显现出自己的个性，从而为进一步创新确立自己的方向。如果一种主流文化价值观失去了反思力，不具备自我批判的精神，失去了自我创新的能力，那么，这种主流文化价值观就难免日暮途穷了。充其量，也不过是给将死的传统披上一件现代的时髦外衣而已。今天，构建我国的主流价值文化，必须以创新为动力，从当代中国特色社会主义伟大实践中汲取新鲜养分。"创新是一个民族进步的灵魂，是一个国家兴旺发达的不竭动力。一个没有创新力的国家，难以拥有强大的文化软实力，不可能占据综合国力竞争的制高点。在建设创新型国家的今天，必须大力建设社会主义核心价值体系，弘扬改革创新精神，树立创新理念，培育创新文化，让一切创造的源泉充分涌流，让一切创新的热情充分焕发，使中华民族始终走在时代前列，在激烈的国际竞争中始终立于不败之地。"[3]

　　构建我国主流文化就是要增强文化自信，做到不忘根本、吸收外来、着眼将来。只有不忘未来、吸收外来、着眼将来，从世界文明发展大势中来审时度势，才能拓展文化自信的空间。当然，在一种文化内部，当文化全球化进一步深入之时，它往往会有各种保护性反应。面对全球化带来的剧烈震荡，很多人本能地希望退守到原先熟悉的、可以理解的传

---

① 柏杨：《丑陋的中国人》，古吴轩出版社 2007 年版，第 43—46 页。

② 郭齐勇：《守先待后：文化与人生随笔》，北京师范大学出版社 2011 年版，第 15 页。

③ 中共中央宣传部编：《社会主义核心价值体系学习读本》，学习出版社 2009 年版，第 10 页。

统之中去寻找精神慰藉和文化认同。这种自我封闭和过度保护，既与全球化浪潮背道而驰，又导致自我的边缘化，必然走向文化孤立主义。文化孤立主义无视各民族、各文化相互交流的内在需求，要求回到原汁原味的本土文化。这只不过是痴人梦想；相反，构建我国主流价值文化要保持一种开放的心态，并且这种开放一定是全方位的。在空间上，既向世界开放；在时间上，又向未来开放。当然，空间上的向世界开放，绝对不应该是所谓的"充分西方化"，而应该是一种立足于国情的中国与世界双向的交流、建设性的对话；时间上的向未来开放，绝对不应该是抛弃文化之根的"空穴来风"，而应该是一种立足于当下的传统与未来双向交流、建设性的对话。

主要参考文献

《马克思恩格斯选集》第 1 卷，人民出版社 1995 年版。

《马克思恩格斯全集》第 3 卷，人民出版社 1972 年版。

《马克思恩格斯全集》第 34 卷，人民出版社 1972 年版。

《马克思恩格斯全集》第 13 卷，人民出版社 1972 年版。

《马克思恩格斯全集》第 46 卷（下），人民出版社 1980 年版。

《毛泽东选集》第一卷，人民出版社 1991 年版。

《毛泽东选集》第三卷，人民出版社 1991 年版。

《毛泽东著作选读》下册，人民出版社 1986 年版。

《毛泽东文集》第七卷，人民出版社 1999 年版。

《邓小平文选》第二卷，人民出版社 1994 年版。

《邓小平文选》第三卷，人民出版社 1993 年版。

《江泽民文选》第一至三卷，人民出版社 2006 年版。

胡锦涛：《坚定不移沿着中国特色社会主义道路前进　为全面建成小康社会而奋斗——在中国共产党第十八次全国代表大会上的报告》，人民出版社 2012 年版。

胡锦涛：《高举中国特色社会主义伟大旗帜　为夺取全面建设小康社会新胜利而奋斗——在中国共产党第十七次全国代表大会上的报告》，人民出版社 2007 年版。

胡锦涛：《牢固树立社会主义荣辱观》，《人民日报》2006 年 4 月 28 日。

云杉：《文化自觉、文化自信、文化自强——对繁荣发展中国特色社会主义文化的思考》，《红旗文稿》2010 年第 15、16、17 期。

《中共中央关于深化文化体制改革推动社会主义文化大发展大繁荣若干重大问题

的决定》（2011 年 10 月 18 日中国共产党第十七届中央委员会第六次全体会议通过）。

《中共中央关于构建社会主义和谐社会若干重大问题的决定》（2006 年 10 月 11 日中国共产党第十六届中央委员会第六次全体会议通过）。

《公民道德建设实施纲要》（2001 年 10 月 24 日中共中央颁发）。

《中共中央关于加强社会主义精神文明建设若干重要问题的决议》（1996 年 10 月 10 日中国共产党第十四届中央委员会第六次全体会议通过）。

《中共中央关于社会主义精神文明建设指导方针的决议》（1986 年 9 月 28 日中国共产党第十二届中央委员会第六次全体会议通过）。

中共中央宣传部编：《论文化建设——重要论述摘编》，学习出版社 2012 年版。

中共中央宣传部编：《社会主义核心价值体系学习读本》，学习出版社 2009 年版。

中共中央宣传部理论局：《六个"为什么"——对几个重大问题的回答》，学习出版社 2009 年版。

［日］福泽谕吉：《文明论概略》，九州出版社 2008 年版。

［古希腊］亚里士多德：《范畴篇·解释篇》，方书春译，上海三联书店 1957 年版。

［英］亚当·斯密：《国民财富的性质和原因研究》（下卷），郭大力、王亚男译，商务印书馆 1974 年版。

［英］约翰·汤姆林森：《文化帝国主义》，冯建三译，上海人民出版社 1999 年版。

［美］E. 希尔斯：《论传统》，傅铿等译，上海人民出版社 1991 年版。

［美］托克维尔：《论美国的民主》下，董国良译，商务印书馆 1988 年版。

［美］约翰·罗尔斯：《正义论》，何怀宏等译，中国社会科学出版社 1988 年版。

［美］彼德·布劳：《社会生活中的交换与权力》，孙非等译，华夏出版社 1988 年版。

［美］莱斯利·里普森：《政治学的重大问题——政治学导论》，刘晓等译，华夏出版社 2001 年版。

［美］塞缪尔·亨廷顿、［美］伦斯·哈里森主编：《文化的重要作用——价值观何以影响人类进步》，程克雄译，新华出版社 2010 年版。

［美］迈克尔·W. 阿普尔：《意识形态与课程》，黄忠敬译，华东师范大学出版社 2003 年版。

［美］约瑟夫·列文森：《儒教中国及其现代命运》，郑大华译，广西师范大学出

版社 2009 年版。

　　[美] 杰拉尔德·古特克:《哲学与意识形态视野中的教育》，陈晓端译，北京师范大学出版集团、北京师范大学出版社 2008 年版。

　　[美] 罗兰·罗伯森:《全球化:社会理论和全球文化》，梁光严译，上海人民出版社 2000 年版。

　　[美] 郝大维、安乐哲:《先贤的民主》，何刚强译，江苏人民出版社 2004 年版。

　　[美] 彭慕兰:《大分流》，史建云译，江苏人民出版社 2003 年版。

　　[意] 乔万尼·萨托利:《民主新论》，冯克利、阎克文译，上海人民出版社 2010 年版。

　　[德] 尤尔根·哈贝马斯:《重建历史唯物主义》，郭官义译，社会科学文献出版社 2000 年版。

　　[德] 弗洛姆:《占有还是生存》，关山译，三联书店 1989 年版。

　　[德] 弗洛姆:《逃避自由》，陈学明译，工人出版社 1987 年版。

　　[德] 汉娜·阿伦特:《人的条件》，竺乾威译，上海人民出版社 1999 年版。

　　[德] 威廉·葛德文:《政治正义论》第 2、3 卷，何慕李译，商务印书馆 1980 年版。

　　[德] 马克斯·韦伯:《新教伦理与资本主义精神》，于晓、陈维纲等译，三联书店 1987 年版。

　　联合国教科文组织:《世界文化报告》(1998)，北京大学出版社 2000 年版。

　　丁学良:《辩论"中国模式"》，社会科学文献出版社 2011 年版。

　　干春松:《制度化儒家及其解体》，中国人民大学出版社 2003 年版。

　　万俊人主编:《现代公共管理伦理导论》，人民出版社 2005 年版。

　　马立诚:《当代中国八种社会思潮》，社会科学文献出版社 2012 年版。

　　王东莉:《德育人文关怀论》，中国社会科学出版社 2005 年版。

　　王勤:《思想政治教育学新论》，浙江大学出版社 2004 年版。

　　邓卓明主编:《高校思想政治教育创新研究——以构建和谐校园为视角》，人民出版社 2009 年版。

　　邓晓芒:《儒家伦理新批判》，重庆大学出版社 2010 年版。

　　吕振宇主编:《社会主义核心价值体系》，山东人民出版社 2009 年版。

　　朱伟方、袁蕴洁等:《中国社会政治文明建设探索》，中国矿业大学出版社 2004

年版。

刘明君等:《多元文化冲突与主流意识形态建构》,中国社会科学出版社2009年版。

刘钰等:《第三种文明:社会主义政治文明建设研究》,南京大学出版社2004年版。

衣俊卿:《现代化与文化阻滞力》,人民出版社2005年版。

江畅、戴茂堂:《西方价值观念与当代中国》,湖北人民出版社1997年版。

江畅:《比照与融通:当代中西价值哲学比较研究》,湖北人民出版社2010年版。

江畅:《论中国特色社会主义核心价值理念》,《社会科学战线》2012年第10期。

江畅:《我国主流价值文化构建的三个问题》,《光明日报》2012年6月21日第11版。

江畅:《幸福与和谐》,人民出版社2005年版(2008年重印本)。

江畅:《德性论》,人民出版社2011年版。

江畅主编:《现代西方价值哲学》,湖北人民出版社2003年版。

许纪霖、宋宏编:《现代中国思想的核心观念》,上海人民出版社2011年版。

孙伟平:《价值差异与社会和谐——全球化与东亚价值观》,湖南师范大学出版社2008年版。

李友梅等:《社会认同:一种结构视野的分析》,上海:上海人民出版社2007年版。

李辽宁:《当代中国思想政治教育意识形态功能研究》,武汉大学出版社2006年版。

李希光:《再论"妖魔化中国"——中国新闻奖新闻论文作品选》,重庆出版社1998年版。

李景治、熊光清等:《当代中国政治发展与制度创新》,人民大学出版社2009年版。

杨晓慧:《社会主义核心价值体系融入大学生思想政治教育全过程的基本问题研究》,人民出版社2011年版。

陈来:《孔夫子与现代世界》,北京大学出版社2011年版。

范树成:《当代学校德育范式转换与走向研究》,人民出版社2011年版。

范树成等:《多元化视阈中的德育改革与创新——德育应对诸领域多元化的对策

之专题研究》，中国社会科学出版社 2010 年版。

罗金远、戴茂堂：《伦理学讲座》，人民出版社 2012 年版。

郑永年：《中国模式：经验与困局》，浙江人民出版社 2011 年版。

郑慧主编：《回顾与思考：新中国的政治建设与政治发展》，中国社会科学出版社 2010 年版。

郑慧主编：《社会主义政治文明若干问题研究》，人民出版社 2004 年版。

荆门市博物馆编：《郭店楚墓竹简》，文物出版社 1998 年版。

荆兆勋等：《思想政治教育的学科定位及建设思路研究》，山东人民出版社 2011 年版。

胡联合、胡鞍钢：《繁荣稳定论：国家何以富强和谐》，中国大百科全书出版社 2009 年版。

俞可平：《民主是个好东西》，社会科学文献出版社 2006 年版。

俞可平：《治理与善治》，社会科学文献出版社 2000 年版。

俞吾金：《意识形态论》（修订版），人民出版社 2009 年版。

费孝通：《乡土社会》，北京出版社 2005 年版。

骆郁廷主编：《当代大学生思想政治教育》，中国人民大学出版社 2010 年版。

高德胜：《知性德育及其超越——现代德育困境研究》，教育科学出版社 2003 年版。

郭齐勇：《文化学概论》，湖北人民出版社 1990 年版。

郭齐勇：《守先待后：文化与人生随笔》，北京师范大学出版社 2011 年版。

郭湛：《社会公共性研究》，人民出版社 2009 年版。

舒红跃：《技术与生活世界》，中国社会科学出版社 2006 年版。

童世骏：《意识形态新论》，上海人民出版社 2006 年版。

赫文清主编：《现代思想政治教育学》，合肥工业大学出版社 2008 年版。

戴茂堂、江畅：《传统价值观念与当代中国》，湖北人民出版社 2001 年版。

戴震：《孟子字义疏证》，中华书局 1982 年版。

曹学成：《民心向背是衡量党执政基础是否牢固的根本标准》，《理论前沿》2005 年第 4 期。

董娅：《全球化背景下我国主导文化面临的受动性冲击》，《西南师范大学学报》

2002 年第 6 期。

戴木才：《社会主义核心价值观与核心价值体系的辩证关系》，《南昌航空大学学报》2012 年第 2 期。

戴茂堂：《敞开伦理学的情感维面》，《光明日报》2010 年 2 月 16 日。

黄士安、戴木才：《正确看待资本主义核心价值观的历史进步性和现实欺骗性》，《光明日报》2012 年 2 月 18 日。

熊在高：《人文精神的历史演进及其当代主题》，《湖北大学学报》（哲学社会科学版）1997 年第 6 期。

徐志远、龙宇：《现代思想政治教育中情感教育的机制和规律》，《思想教育研究》2011 年第 4 期。

张晓忠、刘光慧：《经济全球化条件下两种社会制度的新特点》，《红旗文稿》2001 年第 5 期。

周永坤：《中国宪法的变迁——历史与未来》，《江苏社会科学》2000 年第 3 期。

人名术语索引

（以汉语拼音为序）

责任编辑：张伟珍
封面设计：吴燕妮
责任校对：张红霞

图书在版编目（CIP）数据

我国主流价值文化及其构建研究 / 江畅，戴茂堂，周海春 等著 .
－北京：人民出版社，2013.6
ISBN 978－7－01－012134－5

I. ①我…　II. ①江…②戴…③周…　III. ①社会主义建设－价值论
－研究报告－中国　IV. ① D616

中国版本图书馆 CIP 数据核字（2013）第 105487 号

我国主流价值文化及其构建研究
WOGUO ZHULIU JIAZHI WENHUA JIQI GOUJIAN YANJIU
（研究报告集）

江畅　戴茂堂　周海春　等著

人 民 出 版 社 出版发行
（100706　北京市东城区隆福寺街 99 号）

北京中科印刷有限公司印刷　新华书店经销

2013 年 6 月第 1 版　2013 年 6 月北京第 1 次印刷
开本：710 毫米 × 1000 毫米 1/16　印张：23.25
字数：333 千字　印数：0,001 － 3,000 册

ISBN 978－7－01－012134－5　定价：48.00 元

邮购地址 100706　北京市东城区隆福寺街 99 号
人民东方图书销售中心　电话（010）65250042　65289539